刑 法 学

（第 2 版）

苗延波　编著

知识产权出版社
全国百佳图书出版单位

内容提要

本书是中国农业大学网络教育学院组织编写的供中国农业大学网络教育学院的法律专业学生使用的刑法学教材。全书分为刑法学总论和刑法学分论两大部分。在总论部分，结合案例分析，对刑法的基本原则、适用范围、犯罪构成与犯罪形态理论和刑罚的基本原理及其具体应用问题作了系统而有重点的阐释；在刑法学各论部分，着重对刑事司法实践中常见、多发、重点、疑难犯罪的罪刑规范，及其理论、常见的实践问题，进行了系统、深入地分析、研究。对刑法基本原理的论述和具体犯罪的阐释，有详有略、重点分明，做到理论上够用，突出操作性。其中最为突出的特点，即在总论部分的阐释中，结合具体的典型案例对理论问题进行进一步的探讨，既增强了本书的可读性，又为培养和训练学生对具体问题的分析能力，提供了条件。学生可以通过对案例的阅读、分析，很快掌握有关的理论知识。

读者范围：本书可作为网络教育学院、高等职业院校、高等专科院校、成人高等院校、本科二级学院、本科院校高职教育法律专业及相关专业学生学习使用，也可供五年制高职院校、中等职业学校及其有关人员参考使用。

责任编辑：龚　卫　　**责任校对**：董志英
封面设计：张小力　　**责任出版**：卢运霞

图书在版编目（CIP）数据

刑法学（第2版）/苗延波编著．—北京：知识产权出版社，2013.8

21世纪高等院校网络教育示范教材

ISBN 978-7-5130-2205-7

Ⅰ.①刑…　Ⅱ.①苗…　Ⅲ.①刑法—法的理论—中国—高等学校—教材　Ⅳ.①D924.01

中国版本图书馆CIP数据核字（2013）第179409号

21世纪高等院校网络教育示范教材

刑法学（第2版）

XING FA XUE

苗延波　编著

出版发行：知识产权出版社

社　　址：北京市海淀区马甸南村1号　　邮　　编：100088
网　　址：http://www.ipph.cn　　邮　　箱：bjb@cnipr.com
发行电话：010-82000860转8101/8102　　传　　真：010-82005070/82000893
责编电话：010-82000860转8120　　责编邮箱：gongwei@cnipr.com
印　　刷：北京雁林吉兆印刷有限公司　　经　　销：各大网络书店、新华书店及相关销售网点
开　　本：720mm×960mm　1/16　　印　　张：27.25
版　　次：2014年1月第1版　　印　　次：2014年1月第1次印刷
字　　数：498千字　　定　　价：60.00元

ISBN 978-7-5130-2205-7

前　言

《刑法学》是中国农业大学网络教育学院组织编写的供中国农业大学网络教育学院的法律专业学生使用的教材之一。刑法是国家的基本法律，对保护公民的合法权益、维护社会秩序和保卫国家利益，有着比其他部门法更为重要的作用。刑法学是法学体系中基本、重要的部门法学，是教育部所确定的高等法学教育专业核心课程之一。本书针对现代网络教育的特点，按照培养“基础理论知识适度、技术应用能力强、知识面宽、素质高的专门人才”的要求，坚持四项基本原则，贯彻理论联系实际和与时俱进思想，力求正确阐释刑法的基本原理和基本知识，直面刑事司法实践中的多发、重点、疑难犯罪问题，注重内容的科学性、应用性、时代性和相对系统性及稳定性。同时，认真关注我国刑事法律发展的轨迹，力求将我国最新的刑事立法动态传授给学生。针对远程教育的特点，在阐释刑法理论的过程中，采用案例教学的理念，力争做到理论与实践的结合，力图通过对具体案例的分析，使得学生能够在有限的时间内最大限度地理解刑法的基本理论和实践问题，提高学生学习的积极性和趣味感。因此，学生在学习刑法总论的过程中，在认真学习书中的理论内容的基础上，要认真阅读、思考书中所列举、分析的各个案例。这些案例有三个作用，一是帮助学生回顾前面所学过的理论问题，二是训练学生对具体问题的分析能力，三是帮助学生掌握分析案例的方法。案例的安排原则是，在阐释一个重要理论问题之后，通过对列举的比较典型的案例的分析，帮助学生更好地理解前面所讲过的理论问题，力图起到举一反三的效果。

本书在编写过程中吸收了学界不少观点，参考了一些专家的著作。由于作者水平，书中难免有不妥之处，敬请学界同仁批评指正。

编　者

2013 年 3 月

前言

目　录

上编　总　论

下编 各 论

上　编

总　论

第一章　刑法学概说

本章主要内容

本章介绍的是刑法的概念、分类、任务、本质以及我国刑法的历史沿革。同时，在明确我国刑法的任务和本质的前提下，正确认识我国的刑法体系和刑法解释等问题。

本章的重点问题

1. 刑法的概念和分类。
2. 刑法的任务。
3. 我国刑法的体系。
4. 刑法的解释的分类。

学习目标

了解我国刑法发展的创制和发展过程。掌握我国刑法的体系，刑法的概念、分类、性质和任务。理解刑法的体系、刑法的解释。

第一节　刑法的概念和分类

一、刑法的概念

刑法，是规定犯罪、刑事责任和刑罚的法律。具体地说，刑法就是规定什么行为是犯罪，以及如何适用刑罚的法律。

刑法在其历史发展过程中，经历了曲折的演变。在中国古代，刑法是法律的代名词，是法律的唯一形式，所谓“法者，刑也”，“刑，常也，法也”。法律就是刑法，刑法就是法律。刑法到了近代资本主义时期，才在法律体系中形成一个独立的部门法。

刑法一词，最初翻译自德语。除了译为“刑法”外，还有“刑罚法”“犯罪法”等多种译法。但是，一般通称为刑法。

二、刑法的分类

根据不同的标准，可以对刑法进行不同的分类。

（一）广义刑法与狭义刑法

根据形式的不同，刑法可以分为广义刑法与狭义刑法。

广义刑法是指所有以国家名义颁布的规定犯罪与刑罚的法律规范，包括以下三种形式：

（1）刑法典，即系统的刑事法律规范性文件。

（2）单行刑法，即单行刑事法律，就是国家立法机关为了补充、修改刑法典而颁行的，在形式上独立于刑法典而在内容上又是专门规定犯罪与刑罚的法律规范性文件。

（3）附属刑法，即附属刑法规范，又称非刑事法律中的有关刑事责任的条款，就是立法机关在所制定的非刑事法律中附加制定的有关犯罪与刑罚的刑事责任条款。

狭义刑法是指系统规定犯罪、刑事责任和刑罚的刑法典。

（二）普通刑法与特别刑法

根据适用范围不同，刑法可以分为普通刑法与特别刑法。所谓普通刑法，是指适用于一国领域内的所有人的刑法规范。在该国领域内的任何人只要实施了犯罪行为，都适用该刑法规范。其主要形式是刑法典，也可以表现为单行刑法或者附属刑法。特别刑法，是指仅仅适用于特定人、特定时间、特定地点或者特定条件的刑法规范。例如，专门适用于军人的军事刑法、专门适用于特定时间的战时刑法，以及专门适用于特定地区的戒严刑法等。特别刑法在适用上优先于普通刑法，表现为现行刑法典之外的单行刑法和附属刑法。

（三）单一刑法与附属刑法

根据法律规范文件的独立性和附属性，刑法可以分为单一刑法与附属刑法。单一刑法，是指内容全部或者基本上是关于犯罪与刑罚的刑法规范，表现为刑法典和单行刑事法律两种形式。附属刑法，是指行政法等非刑事法律中规定犯罪与刑罚的法律规范。在这些非刑事法律中，刑法规范不是主体部分，因而称之为附属刑法。

第二节 刑法的性质和任务

一、刑法的性质

（一）刑法的阶级性质

刑法的阶级性质是由国家的性质所决定的。在人类社会的发展历程中，一共出现了三种类型的剥削阶级国家和新型的社会主义国家，因此，出现了四种类型的刑法，即奴隶制国家的刑法、封建制国家的刑法、资本主义国家的刑法和社会主义国家的刑法。剥削阶级国家的刑法虽然在内容和形式上不尽相同，但都具有共同的阶级本质——维护生产资料私有制和反映剥削阶级意志，都是镇压劳动人民的工具。我国刑法是社会主义国家的刑法，是广大劳动人民意志的体现，目的在于保卫社会主义政治制度和经济制度，保护广大劳动人民的根本利益，因而与剥削阶级国家刑法具有根本不同的阶级性质。

（二）刑法的法律性质

刑法的法律性质，是指刑法在法律体系中的地位及其特点。犯罪必然就是违法，但违法不一定就是犯罪。在违法行为中，只有严重违反刑法并且依法应受刑罚处罚的行为，才构成犯罪。因此，违反民法或者行政法的违法行为，当严重到国家需要动用刑罚加以制裁的时候，就超出了民法或者行政法的调整范围，而应当由刑法予以惩罚。因此，刑法与其他法律部门中作为实体法的部门法（即民法、行政法）之间调整范围上的界限，正是违法与犯罪之间的界限。刑法在法律体系中，是宪法统帅下的其他部门法贯彻实施的最后保障，是最后一道法网。没有刑法作最后保障，其他部门法或者宪法乃至整个法律体系，就会变成一纸空文。

刑法是现代国家法律体系中的一个重要的部门法。在与刑事诉讼法共同构成的刑事法律部门中，刑法是实体法。同民法、行政法、刑事诉讼法、民事诉讼法、行政诉讼法等其他部门法相比，刑法具有以下两个显著特点：

1. 刑法所保护的社会关系的范围十分广泛

作为社会关系调整器的法律，都是以一定的社会关系为其调整对象的。例如，民法调整的是平等法律主体之间的一定的人身关系和财产关系，即横向的社会关系；行政法调整的是不平等法律主体之间的行政关系，即纵向的社会关系。而刑法所保护的社会关系涉及横向的和纵向的社会关系，无论哪一方面的社会关系受到犯罪行为的侵犯，刑法都要用刑罚对犯罪行为予以惩罚。从抽象意义上讲，刑法所保护的社会关系的范围广泛，因为它不局限于纵向或者横向社会关系的哪一方面。

2. 刑法的强制性最为严厉

任何法都有强制性，这是法的共性；一切违法行为都应当受到法律制裁，这是法的一般原则。违反民法或者违反行政法，行为人应承担的法律责任，无论是民事责任还是行政处罚，都只限于一定的财产权利或者人身权利被限制、暂时或者一部分被剥夺。但对违反刑法构成犯罪的行为人，所判处的刑罚不仅可以完全剥夺其人身自由、政治权利、财产权利，而且还可以剥夺其生命。这种惩罚之严厉是其他部门法所无法相比的。

二、刑法的任务

刑法的任务是由刑法的性质所决定的，而刑法的任务则又体现着刑法的性质。我国《刑法》第 2 条规定：“中华人民共和国刑法的任务，是用刑罚同一切犯罪行为作斗争，以保卫国家安全，保卫人民民主专政的政权和社会主义制度，保护国有财产和劳动群众集体所有的财产，保护公民私人所有财产，保护公民的人身权利、民主权利和其他权利，维护社会秩序、经济秩序，保障社会主义建设事业的顺利进行。”

从这条规定可以看出，我国刑法的任务，具体包括以下四个方面：

（1）保卫国家安全、人民民主专政和社会主义制度。（2）保护社会主义的经济基础。（3）保护公民的人身权利、民主权利和其他权利。（4）维护社会秩序。

第三节　刑法的创制和根据

一、刑法的创制

（一）我国刑法的创制过程

我国刑法的创制，经历了一个长期而曲折的过程。

1. 新中国成立初期的单行法规

早在新中国成立初期，国家就先后制定并颁布了一系列单行法规，如1951年的《中华人民共和国惩治反革命条例》《妨害国家货币治罪暂行条例》，1952年的《中华人民共和国惩治贪污条例》等。这些单行刑事法规在同危害国家安全、贪污、伪造国家货币等方面的犯罪斗争中起了重大的作用。与此同时，国家也开始了刑法典的起草工作。

2. 1950～1954年刑法最初的起草准备工作

刑法典最初的起草准备工作，是由当时的中央人民政府法制委员会主持进行的。自1950年至1954年9月，该法制委员会写出两个稿本：一是《中华人民共和国刑法大纲草案》（共157条）；二是《中华人民共和国刑法指导原则草案（初稿）》（共76条）。由于当时主客观条件尚不成熟，这两个稿本均未公布。

3. 1954～1957年刑法的起草工作

1954年9月召开了第一届全国人民代表大会，通过了我国第一部宪法，自此刑法的起草工作改由全国人大常委会办公厅法律室负责。从1954年10月至1956年11月，该法律室共写出13稿，至1957年6月28日，已写出22稿。经一届人大四次会议全体代表的审议，授权全国人大常委会根据人大代表和其他方面所提的意见将第22稿进行修改后，作为草案公布试行。但是，由于1957年“反右”斗争，该草案没有公布，并一度停止了刑法的起草工作。

4. 1961～1963年对刑法草案的修改、研究工作

从1961年10月起，全国人大常委会法律室又对刑法草案进行座谈研究，1962年5月开始，对刑法草案第22稿进行了全面的修改，到1963年10月9日写出第33稿，曾考虑公布，但因随后开始的“四清”“文化大革命”等政治运动的冲击，最终没能公布。

5. 1976～1979年第一部刑法的通过

1976年随着国家政治形势的改变，又恢复了对刑法的制定工作，从1978年10月开始，国家组成刑法草案的修订班子，对第33稿进行修订，并先后写

出两个稿本。1979 年 3 月中旬开始，全国人大常委会法制委员会先后写出 3 个稿本。第 2 个稿本于 1979 年 5 月 19 日获得中央政治局原则通过，接着又在法制委员会全体会议和第五届全国人大常委会第八次会议进行讨论审议，修改以后提交第五届全国人民代表大会第二次会议进行审议，最后于 1979 年 7 月 1 日获得一致通过，7 月 6 日正式公布，1980 年 1 月 1 日起施行。至此，我国第一部《刑法》正式诞生。这部《刑法》分总则、分则共两编，13 章，共 192 条。

（二）刑法典的完善过程

刑法作为国家的基本法律之一，一旦颁布之后，不宜频繁地变动，以免影响其稳定性、严肃性和权威性。1979 年《刑法》颁行以后，随着改革开放逐步深入，社会形势发生了巨大的变化，我国最高立法机关为了维护《刑法》的稳定性，对《刑法》进行了一系列的补充和修改。具体体现为：

1. 1981 ~ 1995 年先后通过的 24 部单行刑事法律

为适应国家改革开放中的新情况、新问题和惩治防范犯罪的实际需要，中国最高立法机构自 1981 ~ 1995 年先后通过了 25 部单行刑事法律，并在 90 余部经济、民事、行政、文化、军事、教育、环境、卫生、社会保障等方面的法律中附设刑事条款，对 1979 年《刑法》进行了较大幅度的修改。

2. 1982 ~ 1997 年修改刑法典的五个阶段

自中国最高立法机关于 1982 年提出修改《刑法》起，研究和修订《刑法》的工作历时 15 年，大体经历了五个阶段：

（1）酝酿准备阶段（1982 ~ 1988. 2）。这一阶段最高立法机关开始注意对《刑法》修改意见进行收集和整理。

（2）初步修改阶段（1988. 3 ~ 1989. 6）。这一阶段将《刑法》修改列入了立法规划，初步尝试性地草拟了《刑法修改稿》。

（3）重点修改阶段（1991）。这一阶段主要是对“反革命罪”修改为危害国家安全罪进行研讨、论证。

（4）全面系统修改阶段（1993 ~ 1996. 12）。这一阶段最高立法机关为全面系统修改《刑法》进行了紧张的工作，草案拟改频繁。

（5）立法审议通过阶段（1996. 12 ~ 1997. 3）。这一阶段最高立法机关广泛征求各界意见，对修订草案数次审议，最后经第八届全国人民代表大会第五次会议于 1997 年 3 月 14 日通过了修订的《中华人民共和国刑法》。这部《刑法》已于 1997 年 10 月 1 日起施行。

这部新《刑法》包括总则、分则、附则三部分，共 15 章，将 1979 年《刑法》的 192 个条文，增加到 452 个条文。

二、刑法的根据及特点

我国《刑法》第1条规定："为了惩罚犯罪，保护人民，根据宪法，结合我国同犯罪做斗争的具体经验及实际情况，制定本法。"由此可见，我国《刑法》的创制根据包括两个方面，即法律根据与实践根据。其法律根据即我国的根本大法——《宪法》；其实践根据即我国同犯罪作斗争的具体经验与实际情况。

新《刑法》是在总结1979年《刑法》施行17年的经验基础上修订的一部统一的、比较完备的《刑法》。其主要特点可以概括为以下几点：

（1）集十几年相关刑事立法之大成。新《刑法》将1979年以来全国人大常委会作出的有关《刑法》修改补充规定和决定（即单行刑事法律）研究修改后编入其中，并将一些民事、经济、行政等法律中"依照""比照"1979年《刑法》有关条文追究刑事责任的规定（即附属刑法规范），改为新《刑法》的具体条文。

（2）融入了已经比较成熟的相关法律草案，使之更加完备和全面。新《刑法》将已经较为成熟的《反贪污贿赂法》和《惩治军人违反职责犯罪条例》草案编入其中，在新《刑法》分则第八章和第十章中分别规定了贪污贿赂罪和军人违反职责罪两章。

（3）充实了罪种，尤其是新型犯罪，使之更加适应保护社会主义市场经济健康发展和维护国家社会安定的需要。从章节犯罪类型上看，新《刑法》分则除将军人违反职责纳入其中增设为一章、将贪污贿赂罪独立成章外，还增设了危害国防利益罪专章。同时，将第三章破坏社会主义市场经济秩序罪充实划分为8节；将第六章妨害社会管理秩序罪充实划分为9节。从罪种上看，新《刑法》除基本保留1979年《刑法》及其后补充的罪名外，新设了150余个罪名，使我国《刑法》中的罪名总数达413个。

三、刑法的修正案与立法解释

自1997年10月1日我国新《刑法》颁布，截至2011年2月25日第十一届全国人民代表大会常务委员会第十九次会议通过《中华人民共和国刑法修正案（八）》，全国人大常委会根据我国政治、经济形势的发展和司法机关同犯罪作斗争的实践经验，又先后通过了12部单行刑事法律和9项立法解释，对现行新《刑法》的100多个条文作了重要的修正和解释，对所涉及的90多个罪名作了修改、增设和取消。

十二部单行刑事法律是：

(1)《全国人民代表大会常务委员会关于惩治骗购外汇、逃汇和非法买卖外汇犯罪的决定》(1998 年 12 月 29 日)。

(2)《全国人民代表大会常务委员会关于取缔邪教组织、防范和惩治邪教活动的决定》(1999 年 10 月 30 日)。

(3)《中华人民共和国刑法修正案》·(1999 年 12 月 25 日)。

(4)《全国人民代表大会常务委员会关于维护互联网安全的决定》(2000 年 12 月 28 日)。

(5)《中华人民共和国刑法修正案》(1999 年 12 月 25 日)。

(6)《中华人民共和国刑法修正案（二)》(2001 年 8 月 31 日)。

(7)《中华人民共和国刑法修正案（三)》(2001 年 12 月 29 日)。

(8)《中华人民共和国刑法修正案（四)》(2002 年 12 月 28 日)。

(9)《中华人民共和国刑法修正案（五)》(2005 年 2 月 28 日)。

(10)《中华人民共和国刑法修正案（六)》(2006 年 6 月 29 日)。

(11)《中华人民共和国刑法修正案（七)》(2009 年 2 月 28 日)。

(12)《中华人民共和国刑法修正案（八)》(2011 年 2 月 25 日)。

九项立法解释是：

(1)《全国人民代表大会常务委员会关于〈中华人民共和国刑法〉第九十三条第二款的解释》(2000 年 4 月 29 日)。

(2)《全国人民代表大会常务委员会关于〈中华人民共和国刑法〉第二百二十八条、第三百四十二条、第四百一十条的解释》(2001 年 8 月 31 日)。

(3)《全国人民代表大会常务委员会关于〈中华人民共和国刑法〉第二百九十四条第一款的解释》(2002 年 4 月 28 日)。

(4)《全国人民代表大会常务委员会关于〈中华人民共和国刑法〉第三百八十四条第一款的解释》(2002 年 4 月 28 日)。

(5)《全国人民代表大会常务委员会关于〈中华人民共和国刑法〉第三百一十三条的解释》(2002 年 8 月 29 日)。

(6)《全国人民代表大会常务委员会关于〈中华人民共和国刑法〉第九章渎职罪主体适用问题的解释》(2002 年 12 月 28 日)。

(7)《全国人民代表大会常务委员会关于〈中华人民共和国刑法〉有关信用卡规定的解释》(2004 年 12 月 29 日)。

(8)《全国人民代表大会常务委员会关于〈中华人民共和国刑法〉有关出口退税、抵扣税款的其他发票规定的解释》(2005 年 12 月 29 日)。

(9)《全国人民代表大会常务委员会关于〈中华人民共和国刑法〉有关文

物的规定适用于具有科学价值的古脊椎动物化石、古人类化石的解释》(2005年12月29日)。

这些单行刑事法律和立法解释既大大丰富了我国刑事法律的内容，使得我国刑事法律体系更加完善，也有力地推进了新时期新阶段我国刑事司法工作的顺利开展。

第四节 刑法的体系和解释

一、刑法的体系

刑法体系就是指刑法的组成和结构。

(一) 刑法的体例

我国修订后的《刑法》分总则、分则和附则三个部分。其中总则、分则各为一编，在编之下，再根据法律规范的性质和内容有次序地划分为章、节、条、款、项等层次。

1. 刑法总则

刑法总则，是关于犯罪、刑事责任和刑罚的一般原理原则的规范体系，这些规范是认定犯罪、确定刑事责任和适用刑罚所必须遵守的共同的规则。

我国《刑法》第一编总则分设五章，即：

(1) 刑法的任务、基本原则和适用范围。(2) 犯罪。(3) 刑罚。(4) 刑罚的具体运用。(5) 其他规定。

2. 刑法分则

刑法分则，是关于具体犯罪和具体法定刑的规范体系，这些规范是解决具体定罪量刑问题的标准。

我国《刑法》第二编分则分设十章，即：

(1) 危害国家安全罪。(2) 危害公共安全罪。(3) 破坏社会主义市场经济秩序罪。(4) 侵犯公民人身权利、民主权利罪。(5) 侵犯财产罪。(6) 妨害社会管理秩序罪。(7) 危害国防利益罪。(8) 贪污贿赂罪。(9) 渎职罪。(10) 军人违反职责罪。

《刑法》总则除第一章和第五章外，其余章下均设若干节。

《刑法》分则大多数章下不设节，但第三章破坏社会主义市场经济秩序罪和第六章妨害社会管理秩序罪，因涉及具体犯罪较多、内容庞杂，而在该两章下均又分设了若干节。

3. 刑法附则

我国《刑法》附则部分仅一个条文，即《刑法》第452条。其内容包括：

（1）规定修订后的《刑法》开始施行的日期。

（2）规定修订后的《刑法》与以往单行刑事法律的关系，宣布在修订《刑法》生效后某些单行刑事法律的废止以及某些单行刑事法律中有关刑事责任的内容的失效。

（二）刑法的规范

刑法规范除附则外，按其内容属性，或者属于总则性规范，或者属于分则性规范。刑法总则性和分则性诸规范的总和，组成我国刑法典的全部内容。因而，我国《刑法》中452条内容，除附则中的内容外，有451个具体刑法规范，这些规范就构成了我国法律体系中刑法体系的全部规范。

（三）刑法的条文

组成刑法的诸规范，都以条文的形式出现。配置在各编、章、节中的刑法条文，全部用统一的顺序号进行编号。

条文之下分款、项。有的条文只有一款，如《刑法》第1条、第2条、第3条、第4条、第5条等。有的条文则包含数款，其第2、3、4款等均以另起一行来表示。例如，《刑法》第6条包含3款，第7条包含2款，第347条包含7款等。

在款的后面，用（一）（二）（三）（四）等基数号码表示项。例如，《刑法》第240条第1款包含8项，引用时应写成第×条第×款第×项，第315条只有1款，包含4项，引用时应写成第×条第×项。

有的条文在同一款里包含有两个或两个以上意思。例如，《刑法》第56条第1款规定："对于危害国家安全的犯罪分子应当附加剥夺政治权利；对于故意杀人、强奸、放火、爆炸、投毒、抢劫等严重破坏社会秩序的犯罪分子，可以附加剥夺政治权利。"这是两个意思，用分号隔开。一个条文的同一款中包含有两个或两个以上意思的，在学理上称为前段、后段，或者前段、中断、后段，或者第一段、第二段……

（四）刑法的"但书"

在具有上述结构的条款当中，如有用"但是"这个连接词来表示转折关系的，则从"但是"开始的这段文字，学理上称为"但书"。

我国《刑法》条文中的"但书"，所表示的大致有以下几种情况：

1. "但书"是前段的补充

例如，《刑法》第13条在规定了什么是犯罪之后，接着"但书"指出：

“情节显著轻微危害不大的，不认为是犯罪。”该“但书”对于划清罪与非罪的界限，具有重要的意义。

2. “但书”是前段的例外

例如，《刑法》第 65 条第 1 款规定：“被判处有期徒刑以上刑罚的犯罪分子，刑罚执行完毕或者赦免以后，在五年以内再犯应当判处有期徒刑以上刑罚之罪的，是累犯，应当从重处罚，但是过失犯罪和不满十八周岁的人犯罪的除外。”从这个“但书”中可以明显看出，过失犯罪和不满十八周岁的人犯罪无所谓累犯的问题。举一反三，凡是条款有“但是……除外”的，都属于这种情况。

3. “但书”是对前段的限制

例如，《刑法》第 21 条第 2 款规定：“紧急避险超过必要限度造成不应有的损害的，应当负刑事责任，但是应当减轻或者免除处罚。”在这里，“但书”对避险过当行为人负刑事责任作了限制性的规定。

二、刑法的解释

刑法解释就是对于刑法规范含义的阐明。

（一）按解释的效力分类

1. 立法解释

立法解释，就是由最高立法机关即全国人大及其常委会对刑法的含义所作的解释。它包括以下三种情况：

（1）在刑法中用条文对有关刑法术语所作的解释。例如，《刑法》第 93 条对于国家工作人员范围的解释，“本法所称国家工作人员，是指国家机关中从事公务的人员”等。

（2）由国家立法机关在法律起草说明或者修订说明中所作的解释。

（3）刑法在施行中如发生歧义，由全国人大常委会进行的解释。此乃宪法赋予的属于全国人大常委会行使的职权之一。

2. 司法解释

司法解释，就是由最高司法机关对刑法的含义所作的解释。

有权进行司法解释的是最高人民法院和最高人民检察院。1997 年 3 月修订的《刑法》施行后，最高人民法院和最高人民检察院对《刑法》施行中涉及的一些问题作出司法解释，如最高人民法院 1997 年 11 月 4 日关于审理盗窃案具体应用法律若干问题的解释，1997 年 12 月 9 日关于执行《中华人民共和国刑法》确定罪名的规定，1998 年 4 月 8 日关于审理拒不执行判决、裁定案件具体应用法律若干问题的解释等；最高人民检察院 1997 年 10 月 6 日关于检察工作中具体适用修订刑法第十二条若干问题的通知，1997 年 12 月 25 日关于适用刑法分则规定的犯罪的罪名的意见等。

3. 学理解释

学理解释，就是由国家宣传机构、社会组织、教学科研单位或者专家学者从学理上对刑法含义所作的解释。如刑法教科书、专著、论文、案例分析以及对《刑法》的注释等，都属于学理解释。学理解释在法律上没有约束力，但对于司法实践和立法工作都具有参考价值。

（二）按解释的方法分类

1. 文理解释

文理解释，就是对法律条文的字义，包括单词、概念、术语，从文理上所作的解释。例如，《刑法》第 20 条第 3 款规定："对正在进行行凶、杀人、抢劫、强奸、绑架以及严重危及人身安全的暴力犯罪，采取防卫行为，造成不法侵害人伤亡的，不属于防卫过当，不负刑事责任。"对其中"行凶"的范围究竟有多大，以及"杀人"是否包括过失致人死亡，就需要从文理上加以解释。

2. 论理解释

论理解释，就是按照立法精神，联系有关情况，从逻辑上所作的解释，又可分为扩张解释和限制解释。

扩张解释是根据立法原意，对刑法条文作超过字面意思的解释。

限制解释是根据立法原意，对刑法条文作狭于字面意思的解释。例如，1983 年 11 月 7 日最高人民法院、最高人民检察院等联合发布的《关于加强查处破坏邮电通信案件工作的通知》指出："邮电工作人员利用职务上的便利，从邮件中窃取财物，情节恶劣、后果严重的，应依照《刑法》第一百九十一条第二款的规定从重处罚。"这里使用了 1979 年《刑法》没有规定的"情节恶劣、后果严重"的字样，作为该条款适用的限制，这就是一种限制解释。

复习题

（一）思考题

1. 刑法的概念是什么？
2. 什么是刑法的任务？
3. 简述我国刑法体系。
4. 简述刑法解释的分类。

（二）名词解释

刑法　刑法体系　刑法解释　立法解释

司法解释　学理解释　文理解释　论理解释

（三）选择题

1. 刑法的解释按其效力可分为（　　）。

A. 立法解释　B. 司法解释　C. 学理解释

D. 文理解释　E. 论理解释

2. 刑法与其他部门法相比其所具有的显著特点是（　　）。

A. 阶级性　B. 战斗性　C. 严厉性

D. 调整、维护社会关系的广泛性和处罚方法的严厉性

3. 刑法解释，从解释的方法上分类，可以分为（　　）。

A. 文理解释和论理解释　B. 立法解释和学理解释

C. 司法解释和立法解释　D. 学理解释和文理解释

4. 我国刑法的目的是（　　）。

A. 惩罚犯罪　B. 预防犯罪

C. 改造犯罪　D. 消灭犯罪

5. 我国有权进行司法解释的主体是（　　）。

A. 全国人大常委会

B. 最高人民法院和最高人民检察院

C. 高级人民法院

6. 我国刑法制定的根据是（　　）。

A. 法律法规

B. 宪法

C. 我国同犯罪作斗争的具体经验和实际情况

D. 党的政策

（答案：1. ABC；2. D；3. A；4. A；5. B；6. BC）

第二章　刑法的基本原则

本章主要内容

本章介绍的是刑法的法定基本原则，即罪刑法定原则、刑法面前人人平等原则和罪责刑相适应原则。

本章的重点问题

本章的重点问题是罪刑法定原则的具体体现。

学习目标

掌握罪刑法定、法律面前人人平等、罪责刑相适应三项基本原则及其含义和各基本原则在我国刑法中的体现。

刑法基本原则，是指刑法本身所特有的并且贯穿刑法全部内容的根本性准则。

刑法基本原则必须是贯穿全部刑法规范，具有指导和制约全部刑事立法和刑事司法的意义。

在刑事立法上，为了解决定罪和量刑问题，需要制定出各种不同的法律原则，在刑事司法中也必须遵循这些原则。但是，并非每一个原则都是刑法的基本原则。只有那些对刑法的制定、修改、补充具有全局性意义，并且在刑法的全部规范体系中具有根本性意义的原则，才是刑法的基本原则。

第一节 罪刑法定原则

一、罪刑法定原则的含义

罪刑法定原则的含义是：什么是犯罪，有哪些犯罪，各种犯罪的构成条件是什么，有哪些刑种，各个刑种如何适用，以及各种具体罪的具体量刑幅度如何等，均由刑法加以规定。对于《刑法》分则没有明文规定的犯罪，不得定罪处罚。概括起来即是“法无明文规定不为罪，法无明文规定不处罚”。

二、罪刑法定原则在我国刑法中的体现

我国1979年《刑法》没有明确规定罪刑法定原则，相反却在其第79条规定了有罪类推制度。

1997年3月修订的《刑法》，明文规定了罪刑法定原则，并废止类推，成为《刑法》修订和我国刑法发展的一个重要标志。《刑法》第3条规定：“法律明文规定为犯罪行为的，依照法律定罪处刑；法律没有明文规定为犯罪行为的，不得定罪处刑。”该原则的价值内涵和内在要求表现在：

（1）《刑法》实现了犯罪的法定化和刑罚的法定化。

犯罪的法定化具体表现是：明确规定了犯罪的概念；明确规定了犯罪构成的共同要件；明确规定了各种具体犯罪的构成要件。

刑罚的法定化具体表现是：明确规定了刑罚的种类；明确规定了量刑的原则；明确规定了各种具体犯罪的法定刑。

（2）《刑法》取消了1979年《刑法》第79条规定的类推制度。

（3）《刑法》重申了1979年《刑法》第9条关于刑法在溯及力问题上从旧兼从轻的原则。

（4）在分则罪名的规定方面，《刑法》已相当详备。

条文由1979年《刑法》的103条增加到350条，罪名数由1979年《刑法》的110多个增加到413个。

（5）在具体犯罪的罪状以及各种犯罪的法定刑的设置方面，《刑法》增强了法条的可操作性。

对于大量犯罪，尽量使用叙明罪状；在犯罪的处罚规定上，注重量刑情节的具体化。

三、罪刑法定原则的司法适用

（一）正确认定犯罪和判处刑罚

对于《刑法》明文规定的各种犯罪，司法机关必须以事实为根据，以法律为准绳，认真把握犯罪的本质特征和犯罪构成的具体要件，严格区分罪与非罪、此罪与彼罪的界限，做到定性准确，不枉不纵，于法有据，名副其实。对各种犯罪的量刑，也必须严格以法定刑及法定情节为依据。

（二）正确进行司法解释

对于《刑法》规定不够具体的犯罪，最高司法机关通过进行司法解释，指导具体的定罪量刑活动。但是，进行司法解释不能超越其应有的权限，无论是扩张解释还是限制解释，都不能违反法律规定的真实意图，更不能以司法解释代替刑事立法。否则，就会背离罪刑法定原则。

第二节　刑法面前人人平等原则

一、刑法面前人人平等原则的含义

法律面前人人平等是我国《宪法》确立的社会主义法制的基本原则。《宪法》明确规定，任何组织和个人，“都必须遵守宪法和法律”，“都不得有超越宪法和法律的特权”，“一切违反宪法和法律的行为，必须予以追究”。为了使这一原则进一步得到贯彻执行，《刑法》第4条规定：“对任何人犯罪，在适用法律上一律平等。不允许任何人有超越法律的特权。”这就使《宪法》确立的法律面前人人平等原则，结合刑法的特殊内容，具体化为刑法面前人人平等这样一项刑法基本原则。

刑法面前人人平等原则的含义是：对任何人犯罪，不论犯罪人的家庭出身、社会地位、职业性质、财产状况、政治面貌、才能业绩如何，都应追究刑事责任，一律平等地适用刑法，依法定罪、量刑和行刑，不允许任何人有超越法律的特权。

二、刑法面前人人平等原则的具体体现

该原则具体体现在定罪、量刑和行刑三个方面：

（一）定罪上一律平等

即任何人犯罪，无论其身份、地位等如何，一律平等对待，适用相同的定罪标准。

（二）量刑上一律平等

即犯相同的罪且有相同的犯罪情节的，应做到同罪同罚。

（三）行刑上一律平等

即在执行刑罚时，对于所有的受刑人平等对待，凡罪行相同、主观恶性相同的，刑罚处遇也应相同，不能考虑权势地位、富裕程度，而使一部分人搞特殊，对另一部分人则加以歧视。

第三节　罪责刑相适应原则

一、罪责刑相适应原则的含义

我国《刑法》第5条规定："刑罚的轻重，应当与犯罪分子所犯罪行和承担的刑事责任相适应。"这条规定的就是罪责刑相适应原则。

罪责刑相适应原则的含义是：犯多大的罪，就应承担多大的刑事责任，法院也应判处其相应轻重的刑罚。做到重罪重罚，轻罪轻罚，罪刑相称，罚当其罪；在分析罪重罪轻和刑事责任大小时，不仅要看犯罪的客观社会危害性，而且要结合考虑行为人的主观恶性和人身危险性，把握罪行和罪犯各方面因素综合体现的社会危害性程度，从而确定其刑事责任程度，适用相应轻重的刑罚。

二、罪责罚相适应原则的立法体现

该原则在我国《刑法》中的具体表现是：

（一）确立了科学严密的刑罚体系

从性质上区分，我国刑法规定的刑罚体系，包括生命刑、自由刑、财产刑、资格刑；从程度上划定，有重刑也有轻刑；从种类上分，有主刑和附加刑。各种刑罚方法相互区别又互相衔接，能够根据犯罪的各种情况灵活地运用，从而为刑事司法实现罪责刑相适应奠定了基础。

（二）规定了区别对待的处罚原则

我国《刑法》总则根据各种行为的社会危害性程度和人身危险性的大小，规定了轻重有别的处罚原则。例如，对于防卫过当、避险过当而构成犯罪者，应当减轻或者免除处罚；对于预备犯，可以比照既遂犯从轻、减轻处罚或者免除处罚；对于未遂犯，可以比照既遂犯从轻或者减轻处罚；对于中止犯，没有造成损害的，应当免除处罚；造成损害的，应当减轻处罚。另外，在共同犯罪及一系列刑罚裁量与执行制度的法律规定中，分别区别不同的犯罪情节和危害社会的程度，规定了诸如对于共同犯罪中的主犯、从犯、教唆犯的不同处罚，以及累犯、自首、立功、缓刑、减刑、假释等刑罚裁量与执行制度。

（三）设置了轻重不同的法定刑幅度

我国《刑法》分则不仅根据犯罪的性质和危害程度，建立了一个犯罪体系，而且还为各种具体犯罪规定了可以分割、能够伸缩、幅度较大的法定刑。

三、罪责刑相适应原则的司法适用

根据该原则的基本要求，司法机关在贯彻该原则时，应当着重解决以下问题：

（1）纠正重定罪轻量刑的错误倾向，把量刑与定罪置于同等重要的地位。

（2）纠正重刑主义的错误思想，强化量刑公正的执法观念。

（3）纠正不同法院量刑轻重悬殊的现象，实现执法中的平衡和协调统一。

复习题

（一）思考题

1. 罪刑法定原则的含义是什么？

2. 刑法面前人人平等原则的含义是什么？

3. 罪责刑相适应原则的含义是什么？

（二）名词解释

刑法基本原则　　罪刑法定原则　　刑法面前人人平等原则

罪责刑相适应原则

（三）选择题

1. 我国刑法的基本原则之一是（　　）。

A. 一切从实际出发，实事求是　　B. 根据宪法

C. 维护国家主权　　D. 罪刑法定

2. 罪刑法定原则排斥的刑法解释是（　　）。

A. 文理解释　　B. 扩张解释

C. 类推解释　　D. 限制解释

3. 下列刑法基本原则中，属于刑法典明文规定的是（　　）。

A. 罪刑法定原则　　B. 刑法面前人人平等原则

C. 罪责刑相适应原则　　D. 主客观相统一原则

E. 罪及个人、反对株连原则

4. 下列刑法基本原则中，不是刑法明文规定的是（　　）。

A. 罪刑法定原则　　B. 刑法面前人人平等原则

C. 罪责自负原则　　D. 罪责刑相适应原则

（答案：1. D；2. C；3. ABC；4. C）

第三章　刑法的效力范围

本章主要内容

本章介绍的是刑法的效力范围，包括空间效力和时间效力。

本章的重点问题

1. 刑法空间效力的概念及其采取的原则。
2. 我国《刑法》属地管辖权、属人管辖权和保护管辖权的规定。
3. 我国《刑法》在溯及力上所采取的原则。

学习目标

掌握《刑法》在效力范围上的基本规定，能够运用相关知识分析解决刑法在空间效力和时间效力方面的实例。

第一节　刑法的空间效力

一、刑法空间效力的概念和原则

刑法空间效力，是指刑法对地和对人的效力，也就是要解决刑事管辖权的范围问题。刑事管辖权是国家主权的组成部分。

世界各国在解决刑事管辖权范围问题上所主张的原则不尽相同。概括起来，有属地原则、属人原则、保护原则、普遍原则等几种。

现在世界上大多数国家的刑法，都采属地原则为基础，兼采其他原则，即凡在本国领域内犯罪的，不论本国人或外国人，都适用本国刑法；本国人或外国人在本国领域外犯罪的，在一定条件下，也适用本国刑法。我国也采此原则。

二、我国刑法的属地管辖权

（一）原则规定

我国《刑法》第6条第1款规定：“凡在中华人民共和国领域内犯罪的，除法律有特别规定的以外，都适用本法。”

这里所说的我国“领域”，是指我国国境以内的全部区域，具体包括领陆、领水和领空。

此处的“法律有特别规定”是指：

（1）《刑法》第11条关于“享有外交特权和豁免权的外国人的刑事责任，通过外交途径解决”的规定。

（2）我国香港特别行政区和澳门特别行政区基本法作出的例外规定。

（二）在我国船舶或者航空器内的犯罪的属地管辖权

凡在中华人民共和国船舶或者航空器内犯罪的，不论该船舶或者航空器在何地点，我国均有管辖权。

（三）我国驻外大使馆、领事馆内的犯罪的属地管辖权

凡在我国驻外大使馆、领事馆内犯罪的，也应适用我国刑法。

（四）“在中华人民共和国领域内犯罪”的犯罪地标准

这是指犯罪的行为或者结果有一项发生在中华人民共和国领域内的，就认为是在中华人民共和国领域内犯罪。犯罪的行为和结果通常发生在同一地方，但有时行为实施地和结果发生地也可能彼此脱离而形成跨国犯罪的现象，这在

刑法理论上叫做隔地犯。例如，在国外伪造人民币而在我国域内使用；或者在国内蒙混寄运危险物品而在国外发生爆炸，等等。上述情况都属于在我国领域内犯罪，都适用我国刑法。

在我国领域内犯罪的，既有中国公民，也有外国人。所谓外国人，是指具有外国国籍的人和无国籍的人。根据《中华人民共和国外国人入境出境管理法》第5条“外国人在中国境内，必须遵守中国法律，不得危害中国国家安全、损害社会公共利益、破坏社会公共秩序”的规定，不论中国人还是外国人，只要在中国领域内实施犯罪的，就要受到我国刑法的追究。

（五）享有外交特权的外国人刑事责任的管辖问题

对于在中国境内犯罪的外国人，在适用我国刑法上也有例外，这就是《刑法》第11条规定：享有外交特权和豁免权的外国人的刑事责任，通过外交途径解决。

所谓外交特权和豁免权，是指一个国家为保证驻在本国的外交代表机构及其工作人员正常执行职务而给予的一种特殊权利和优遇。这种特权和优遇是建交国家之间按照相互尊重和对等的原则给予的。1986年9月5日制定的《中华人民共和国外交特权与豁免条例》，详细规定了外国使馆和外交代表享有的外交特权和豁免权的外国人不受我国刑事管辖。依照《刑法》第11条的规定，我们不能运用司法程序对享有外交特权和豁免权的外国人进行搜查、拘留或逮捕，而只能通过外交途径去解决其刑事责任问题。例如，可以要求派遣国召回，或者建议派遣国依法处理；对于其中罪行严重的，可以由政府宣布其为不受欢迎的人，限期出境。

三、我国刑法的属人管辖权

凡是中华人民共和国的公民，即使身在国外，也仍然受我国法律的保护。与此同时，他们也应遵守我国的法律。如果他们当中有人在国外犯了罪，原则上也适用我国刑法。《刑法》第7条第1款规定：“中华人民共和国公民在中华人民共和国领域外犯本法规定之罪的，适用本法，但是按本法规定的最高刑为三年以下有期徒刑的，可以不予追究。”

第7条第2款规定：“中华人民共和国国家工作人员和军人在中华人民共和国领域外犯本法规定之罪的，适用本法。”

根据上述规定，我国公民在我国领域外犯罪的，不论按照当地法律是否认为是犯罪，罪行是轻是重，以及是何种罪行，也不论其所犯罪行侵犯的是何国或何国公民的利益，原则上都适用我国刑法。只是按照我国《刑法》的规定，该中国公民所犯之罪的法定刑最高刑为三年以下有期徒刑的，才可以不予追究。所谓“可以不予追究”，是表明不予追究的一种倾向性，但不是绝对不追究，仍保留有追究的可能性。此外，如果是我国的国家工作人员或者军人在域外犯罪，则不论其所犯之罪按照我国《刑法》的规定法定最高刑是否为三年以下有期徒刑，中国司法机关都要追究其刑事责任。

根据我国《刑法》第 10 条规定，中国公民在我国领域外犯罪，依照我国《刑法》应当负刑事责任的，虽然经过外国审判，仍然可以依照我国《刑法》追究。但是，在外国已经受过刑罚处罚的，可以免除或者减轻处罚。这样的规定是合情合理的，体现了原则性与灵活性的统一。

四、我国刑法的保护管辖权

《刑法》第 8 条规定：“外国人在中华人民共和国领域外对中华人民共和国国家或者公民犯罪，而按本法规定的最低刑为三年以上有期徒刑的，可以适用本法，但是按照犯罪地的法律不受处罚的除外。”

这条规定表明，外国人在我国领域外对我国国家或者公民犯罪，我国《刑法》有权实行管辖，但这种管辖是有一定限制的：

（1）犯罪行为必须侵害我国国家或者公民的利益。这是我国对外国人在我国领域外犯罪行使刑事管辖权的前提条件。

（2）这种犯罪按我国《刑法》规定的最低刑必须是 3 年以上有期徒刑。这是我国对外国人在我国领域外犯罪行使刑事管辖权，在犯罪性质轻重方面所作的限制。

（3）按照犯罪地的法律也应受刑罚处罚。这是我国《刑法》对保护管辖权在避免法律冲突方面所作的限制。例如，故意杀人罪、抢劫罪、放火罪等，都符合这条规定。

对于外国人在我国领域外犯罪侵犯我国国家或者公民利益的犯罪的审判与处罚，《刑法》第 10 条规定的原则同样适用，即“凡在中华人民共和国领域外犯罪，依照本法应当负刑事责任的，虽然经过外国审判，仍然可以依照本法追究，但是在外国已经受过刑罚处罚的，可以免除或者减轻处罚”。

五、我国刑法的普遍管辖权

《刑法》第 9 条规定：“对于中华人民共和国缔结或者参加的国际条约所规定的罪行，中华人民共和国在所承担条约义务的范围内行使刑事管辖权的，适用本法。”

根据这一规定，凡是我国缔结或者参加的国际条约中规定的罪行，不论犯罪分子是中国人还是外国人，也不论其罪行发生在我国领域内还是我国领域外，只要犯罪分子在我国境内被发现，我国就应当在所承担条约义务的范围内，行使刑事管辖权。这也就是对这类罪行确立了普遍管辖权原则。

第二节 刑法的时间效力

一、刑法的生效时间

我国《刑法》于1979年7月1日通过，7月6日公布，自1980年1月1日起生效；1997年3月14日修订通过并公布后，新《刑法》从1997年10月1日起施行。

二、刑法的失效时间

其基本方式有两种：一是由国家立法机关明确宣布某些法律失效；二是自然失效，即新法施行后代替了同类内容的旧法，或者由于原来特殊的立法条件已经消失，旧法自行废止。

三、刑法溯及力

刑法的溯及力，是指刑法生效后，对于其生效以前未经审判或者判决尚未确定的行为是否适用的问题。如果适用，就是有溯及力；如果不适用，就是没有溯及力。

根据我国《刑法》第12条的规定，对于1949年10月1日中华人民共和国成立至1997年9月30日这段时间内所发生的行为，应按以下不同情况分别处理：

第一，当时的法律不认为是犯罪，而新《刑法》认为是犯罪的，适用当时的法律，即新《刑法》没有溯及力。

第二，当时法律认为是犯罪，但新《刑法》不认为是犯罪的，只要这种行为未经审判或者判决尚未确定，就应当适用《刑法》，即新《刑法》具有溯及力。

第三，当时的法律和新《刑法》都认为是犯罪，并且按照新《刑法》的规定应当追诉的，原则上按当时的法律追究刑事责任，即新《刑法》不具有溯及力。但是，如果新《刑法》比当时的法律处刑较轻的，则适用新《刑法》，即新《刑法》具有溯及力。

第四，如果依照当时的法律已经作出了生效判决，该判决继续有效。即使按新《刑法》的规定，其行为不构成犯罪或处刑较当时的法律要轻，也不例外。

复习题

（一）思考题

1. 简述我国刑法的属地管辖权。
2. 简述我国刑法的属人管辖权。
3. 简述我国刑法的保护管辖权。
4. 简述我国刑法的普遍管辖权。
5. 简述我国刑法的生效时间和失效时间。
6. 简述我国刑法的溯及力问题。

（二）名词解释

刑法空间效力　　属地管辖权　　属人管辖权
保护管辖权　　普遍管辖权　　刑法溯及力

（三）选择题

1. 某甲在 1997 年 9 月盗窃巨款后外逃，于 1999 年 4 月归案。对某甲适用刑法应采用的原则是（　　）。

A. 从新原则　　B. 从新兼从轻原则
C. 从旧原则　　D. 从旧兼从轻原则

2. 甲国侨民在乙国强奸了我国侨民某丙，我国刑法对甲国侨民（　　）。

A. 不能适用　　B. 可以适用
C. 可以不予追究　　D. 必须适用

3. 我国修订后的现行刑法开始施行的时间是（　　）。

A. 1997 年 3 月 14 日　　B. 1996 年 10 月 1 日
C. 1997 年 7 月 1 日　　D. 1997 年 10 月 1 日

4. 我国刑法对于空间效力的规定，采取的是（　　）。

A. 属地原则
B. 属人原则
C. 保护原则
D. 以属地原则为主，兼采属人原则、保护原则和普遍原则

5. 中国公民在中国领域外犯罪依照中国刑法应当追究刑事责任，在外国已经受过刑罚处罚的（　　）。

A. 应当减轻处罚　　B. 应当减轻或者免除处罚
C. 可以减轻处罚　　D. 可以减轻或者免除处罚

6. 按照中国《刑法》规定，在我国领域外犯罪，不论罪行轻重、法定刑高低，均适用我国刑法的中国公民是（　　）。

A. 工人　　B. 军人

C. 因私出国的国家工作人员　　D. 国家工作人员

E. 因公出国的非国家工作人员

7. 我国《刑法》第12条关于溯及力的规定采取的是（　　）。

A. 从旧原则　　B. 从新原则

C. 从新兼从轻原则　　D. 从旧兼从轻原则

8. 在解决刑事管辖权范围问题上主张的原则有（　　）。

A. 属地原则　　B. 属人原则

C. 保护原则　　D. 普遍原则

E. 折中原则

9. 某国公民王某曾在国外多次进行贩毒活动，并曾被其所属国通缉。某日，王某到我国境内旅游被拘捕，王某即以非我国国民，也未在我国境内犯过罪为由提出抗议。我国依法可以对王某采取下列何种措施？（　　）

A. 通报其所属国实行引渡　　B. 遣送所属国

C. 由我国司法机关审判　　D. 立即驱逐出境

（答案：1. D；2. B；3. D；4. D；5. D；6. BCD；7. D；8. ABCD；9. AC）

第四章　犯罪与犯罪构成

本章主要内容

本章介绍的是犯罪与犯罪构成的概念及特征。

本章的重点问题

1. 犯罪的概念与特征。
2. 犯罪构成的概念。

学习目标

掌握犯罪的基本特征、罪与非罪的界限、犯罪构成的概念。能够运用学习到的犯罪和犯罪构成的相关知识分析具体案件中行为人的行为是否构成犯罪。

第一节 犯罪的概念与特征

一、犯罪的概念

我国《刑法》第13条规定："一切危害国家主权、领土完整和安全，分裂国家、颠覆人民民主专政的政权和推翻社会主义制度，破坏社会秩序和经济秩序，侵犯国有财产或者劳动群众集体所有的财产，侵犯公民私人所有的财产，侵犯公民的人身权利、民主权利和其他权利，以及其他危害社会的行为，依照法律应当受到刑罚处罚的，都是犯罪，但是情节显著轻微危害不大的，不认为是犯罪。"

这是我国《刑法》从法律形式和阶级实质相统一的角度，对犯罪的概念所作的概括和揭示。其中，刑法理论中的"但书"，即"情节显著轻微危害不大的，不认为是犯罪"，为划清罪与非罪的界限提供了总的标准。

概括说来，犯罪是危害社会、触犯刑律、应受惩罚的行为。

二、犯罪的基本特征

从上述我国《刑法》对犯罪概念的表述形式来看，犯罪具有以下三个方面的基本特征：

（一）犯罪是危害社会的行为，即具有一定的社会危害性

行为具有一定的社会危害性，是犯罪最基本的特征。

所谓社会危害性，即指行为对刑法所保护的社会关系造成或可能造成这样或那样的损害的特性。

所谓犯罪的社会危害性，就是指对国家和人民利益的危害性，犯罪的本质就在于它危害了国家和人民的利益，危害了社会主义社会。如果某种行为根本不可能给社会带来危害，法律就没有必要把它规定为犯罪，也不会对它进行惩罚。某种行为虽然具有社会危害性，但是情节显著轻微危害不大的，也不认为是犯罪。例如，小偷小摸，数额不大，不能当作盗窃罪；与邻居争吵，动手打了对方，伤势轻微，如把对方鼻子打青了，或者把牙齿打出血了，这种行为是错误的，应当批评，甚至给予必要的处分，但不能当作故意伤害罪。由此可见，没有社会危害性，就没有犯罪；社会危害性没有达到相当的程度，也不构成犯罪。

我国《刑法》第13条的规定，揭示了犯罪的社会危害性的各个方面的表现，具体包括以下几个方面：

(1) 危害社会主义的国体、政体和国家安全。(2) 危害社会公共安全。(3) 破坏社会主义市场经济秩序。(4) 侵犯公民的人身权利、民主权利。(5) 侵犯国有财产、集体财产和公民私人财产。(6) 破坏社会秩序。(7) 危害国防利益、军事利益。(8) 危害国家行政、司法秩序及公务活动的廉洁性。

(二) 犯罪是触犯刑律的行为，即具有刑事违法性

违法行为有违反民事法律法规、经济法律法规的民事违法行为、经济违法行为；有违反行政法律法规的行政违法行为。犯罪也是违法行为，是违反《刑法》的刑事违法行为。违法并不都是犯罪，只有违反《刑法》的才构成犯罪。例如，盗窃、诈骗少量财物，属于违反《治安管理处罚法》的行为，只有盗窃、诈骗公私财物数额较大的，才构成《刑法》中的盗窃罪、诈骗罪。一般的干涉婚姻自由，属于违反《婚姻法》的行为；而暴力干涉婚姻自由，则是《刑法》所禁止的犯罪行为。可见，只有当社会危害行为触犯了刑律的时候，才构成犯罪。行为的社会危害性是刑事违法性的基础；刑事违法性是社会危害性在刑法上的表现。只有当行为不仅具有社会危害性，而且违反了刑法，具有刑事违法性，才能被认定为犯罪。

(三) 犯罪是应受刑罚处罚的行为，即具有应受惩罚性

任何违法行为都要承担相应的法律后果。民事违法行为要承担排除妨碍、返还财产、赔偿损失、支付违约金等民事责任。行政违法行为要受罚款、行政拘留等行政处罚或者警告、记过、降职、撤职、留用察看、开除公职等行政处分。对于违反《刑法》的犯罪行为，则要承担刑罚的法律后果。犯罪是适用刑罚的前提，刑罚是犯罪的法律后果。因此，应受刑罚处罚也是犯罪的一个基本特征。

犯罪的以上三个基本特征是紧密结合的。一定的社会危害性是犯罪的最基本的属性，是刑事违法性和应受惩罚性的基础，社会危害性如果没有达到违反刑法、应受刑罚处罚的程度，也就不构成犯罪。因此，这三个特征都是必要的，是任何犯罪都必然具有的。这三个基本特征将犯罪与非犯罪、犯罪与其他违法行为严格区别开来。

第二节　犯罪构成

一、犯罪构成的概念

犯罪构成，就是依照我国《刑法》的规定，决定某一具体行为的社会危

害性及其程度而为该行为构成犯罪所必需的一切客观和主观要件的有机统一。

在刑法理论中，犯罪构成与犯罪概念是既相互区别又相互联系的两个概念。犯罪概念是确定犯罪与非罪的总标准，是犯罪基本特征的高度概括；犯罪构成是划分罪与非罪、此罪与彼罪界限的具体标准。犯罪构成理论在刑法学体系中占据核心地位，是现代国家刑法立法和刑事司法的理论基础。犯罪构成尤其为刑事司法活动提供了定罪方面的具体标准，具有十分重要的作用。

二、犯罪构成的特征

从上述定义可以看出，犯罪构成具有以下三个方面的特征：

（1）犯罪构成是一系列客观要件的有机统一。

（2）任何一种犯罪构成都可以由许多事实特征来说明，但并非每一个事实特征都是犯罪构成的要件；只有对行为的社会危害性及其程度具有决定意义而为该行为成立犯罪所必需的那些事实特征，才是犯罪构成。

（3）行为成立犯罪所必须具备的诸要件，是由我国《刑法》加以规定或包含的。即事实特征必须经由法律的选择，才能成为犯罪构成要件。

三、犯罪构成的共同要件

我国《刑法》分则对每一种具体犯罪，都规定了它的具体构成要件。各种具体犯罪的构成要件，是属于《刑法》分则的重要内容。《刑法》总则规定了犯罪构成的共同要件。所谓犯罪构成的共同要件，是指把所有的具体犯罪的构成要件加以归纳和抽象，就会发现它们之间存在的犯罪构成要件方面的共同之处，这些共同之处，即为犯罪构成的共同要件。

根据我国《刑法》的规定，任何一种犯罪的成立都必须具备四个方面的构成要件。

（1）犯罪客体，是指刑法所保护而为犯罪所侵犯的社会主义社会的社会关系。

（2）犯罪客观方面，是指犯罪活动的客观外在表现，包括危害行为、危害结果以及危害行为与危害结果之间的因果关系。

（3）犯罪主体，是指具有刑事责任能力、实施危害行为的自然人。

（4）犯罪主观方面，是指行为人有罪过（包括故意和过失）。

四、犯罪构成的意义

第一，为追究犯罪人的刑事责任提供根据；

第二，为划分罪与非罪、此罪与彼罪的界限提供标准；

第三，为无罪的人不受非法追究提供法律保障。

至于犯罪构成的具体要件和具体内容我们将在下一章中加以详细地研究。

复习题

（一）思考题

1. 简述犯罪的概念及其特征。

2. 简述犯罪构成的概念及其理解。

3. 简述我国刑法的溯及力问题。

（二）名词解释

犯罪　　犯罪构成　　犯罪客体　　犯罪客观方面

犯罪主体　　犯罪主观方面

（三）选择题

1. 犯罪行为的本质特征是（　　）。

A. 危害国家和人民利益　　B. 危害社会

C. 违反法律　　D. 应受法律惩罚

2. 甲给乙人民币5000元，让乙在3天内将自己的仇人丙杀死。乙受命后于次日夜潜入丙家中，但适逢丙外出，乙见其家中无人，遂翻箱倒柜盗走丙家金银首饰，价值人民币2000元。在此案中，甲的行为（　　）。

A. 不构成犯罪　　B. 应从重处罚

C. 可以从轻或者减轻处罚　　D. 应当从轻或者减轻处罚

（答案：1. A；2. C）

第五章　犯罪构成的要件

本章主要内容

本章介绍的是犯罪构成的四大要件，即犯罪客体、犯罪客观方面、犯罪主体、犯罪主观方面的基本内容。

本章的重点问题

1. 犯罪的直接客体及其分类。
2. 犯罪客体与犯罪对象的关系（联系与区别）。
3. 危害行为的概念及其理解。
4. 不作为行为构成犯罪在客观方面的成立条件。
5. 刑事责任能力在理论上的划分。
6. 单位犯罪及其处罚原则。
7. 犯罪故意与犯罪过失。
8. 行为人在法律上和事实上认识的错误。

学习目标

掌握犯罪构成四大要件的基本含义，能够运用相关知识分析、解决涉及犯罪构成四大要件中的某一要件和整体要件方面的实例。

第一节 犯罪客体

一、犯罪客体的概念和种类

犯罪客体，是指为我国《刑法》所保护而为犯罪行为所侵犯的社会主义社会的社会关系。犯罪客体是行为人构成犯罪的必备条件之一。

通常将犯罪客体分为三种，即

（1）犯罪的一般客体，是指一切犯罪所共同侵犯的客体，也即我国《刑法》所保护的社会主义社会的社会关系的整体。犯罪的一般客体体现了一切犯罪之共性。

（2）犯罪的同类客体，是指某一类犯罪所共同侵犯的客体，也即我国《刑法》所保护的社会主义社会的社会关系的某一部分或某一方面。我国现行《刑法》分则将犯罪分为十类，其依据即是犯罪的同类客体。

（3）犯罪的直接客体，是指某一具体犯罪所直接侵犯的社会主义社会的某种具体的社会关系，也即我国刑法所保护的某种具体的社会关系。例如，故意杀人罪所直接侵犯的是他人的生命权利，故意伤害罪所直接侵犯的是他人的健康权利，这些受到故意杀人罪、故意伤害罪直接侵犯的社会关系就是这两种犯罪的直接客体。犯罪的直接客体揭示了具体犯罪所侵犯社会关系的性质，以及该犯罪社会危害性的程度。研究犯罪的直接客体，对于区分各种具体犯罪的界限，量刑中决定刑罚的轻重，均具有重要意义。

例如，被告人文某，先后四次携带钳子等作案工具偷剪正在使用的军用、民用通讯电线共6000余米，他欲再次行窃时被抓获。对于此案，检察机关以盗窃罪起诉，一审法院则以破坏通讯设施罪判决。两者分歧较大。如剖析被告人文某犯罪之直接客体，则不难发现，其盗窃通讯电线所侵犯的乃是通讯之公共安全，而非属盗窃罪直接客体性质之公私财物的所有权，因而一审法院以破坏通讯设施罪对被告人文某定性是正确的，是准确地把握了犯罪所侵犯的社会关系的性质。

二、犯罪客体与犯罪对象

犯罪客体是指受《刑法》保护而为犯罪行为所侵犯的社会关系；犯罪对象则是指犯罪行为直接作用的具体物或具体人。

二者的联系是：具体物是具体社会关系的物质表现；而具体人则是社会关系的主体。

二者的区别在于：

（1）犯罪客体决定犯罪的性质，犯罪对象则未必。（2）所有犯罪都有犯罪客体，但不是所有犯罪都有犯罪对象。（3）任何犯罪都危害客体，而犯罪对象却不一定受到损害。（4）犯罪客体是犯罪分类的基础，犯罪对象则不是。

案例：鲁甲，男，35岁，小学文化程度，农民。1995年10月，鲁甲因在行医中奸污一女青年而被告发，某派出所对其进行了传讯。同年11月5日，某县检察院以鲁甲涉嫌强奸罪批准逮捕，但在批捕期间，鲁甲畏罪潜逃到新疆其同父异母之弟鲁乙处居住。1997年2月，鲁甲以“祖传秘方”主治癫痫和精神病等欺骗手段开始非法行医。1998年5月10日，因非法行医致使2人死亡，被当地公安机关羁押，同年7月20日押回原籍逮捕。

问：鲁甲在新疆的犯罪行为侵犯的客体是什么？

分析：人身健康和生命权利是人的基本权利，也是人赖以生存的基础，所以，当然为《刑法》所保护客体。在本案中，根据我国《刑法》第336条关于非法行医罪的规定，鲁甲侵犯的客体是公民的人身健康与生命权利。因其非法行医的行为，严重侵犯了公民的人身健康与生命，致使2人死亡。因而构成非法行医罪，应受到我国《刑法》的制裁。

第二节　犯罪客观方面

一、犯罪客观方面的概念和意义

犯罪客观方面，是指犯罪活动的客观外在表现。

犯罪客观方面的事实是多种多样的，这些事实特征可以归纳为危害行为、危害结果，以及犯罪的时间、地点和方法等。它们都是《刑法》所规定的，说明侵犯某种客体的行为的诸客观事实特征。

研究犯罪的客观方面，具有以下重要意义：

（1）有助于区分罪与非罪的界限。（2）有助于区分此罪与彼罪的界限。（3）有助于正确分析和认定犯罪的主观要件。（4）有助于正确量刑。

二、危害行为

（一）刑法中危害行为的含义

我国《刑法》中的危害行为，是指表现人的意志或意识，危害社会的行为。它包括两方面的含义。

1. 从客观上看，这是人的危害社会的行为

这里包含两层意思。

（1）表明我国《刑法》坚决摒弃“思想犯罪”，而只是同人的特定行为做斗争。

（2）我国《刑法》所惩罚的行为，不是任何其他性质的行为，而只是危害社会的行为。

2. 从主观上看，我国《刑法》中的危害行为是表现人的意志或意识的行为

行为不仅是人的行为，也必须是受人的意志和意识支配的。只有这样的人体外部动作即危害行为，才能由《刑法》来调整并达到《刑法》所预期的目的。因此，人的无意志和无意识的行为，即使客观上造成了损害，也不是刑法意义上的危害行为，不能认定这样的人构成犯罪并追究其刑事责任。这类无意志和无意识的行为主要是：

（1）人在睡梦中或精神错乱状态下的举动。这些情况下的举动并不是其意志或意识的表现，因而即便其在客观上损害了社会，也不能认定为《刑法》中的危害行为，不能构成犯罪。

（2）人在不可抗力作用下的举动。这种情况下的行为并不表现行为人的意志，甚至往往是直接违背行为人的意志的。因而这种行为即使对社会造成危害，也不能视为《刑法》中的危害行为。例如，消防队员在执行救火任务中，因唯一通道上的桥梁被水冲断，而未能及时赶到对岸起火的工厂灭火，因而造成严重的损失。这里，消防队员未履行救火义务的举动，就是不可抗力造成的，就是违背其意愿的，因而不能认定为《刑法》中的危害行为，不能让消防队员负责任。

（3）人在身体受到强制情况下的行为。这种情况下的行为，是违背行为者的主观意愿的，客观上行为者对身体强制也是无法排除的，因而此时的行为不能视为刑法意义上的危害行为，对行为造成的损害结果也不能让行为者负刑事责任。例如，某仓库保管员在正常发货时，被三个冒充领货的抢劫犯突然一拥而上，将其捆绑起来并堵住嘴，保管员因身体被强制，既无法与抢劫犯搏斗，也无法报警，眼看着抢劫犯抢走了巨额物资。这就不能认定保管员未履行特定义务构成《刑法》中的危害行为，不能让其对物资被抢的后果负责任。

（二）刑法中危害行为的基本表现形式

刑法理论上把形形色色的危害社会行为归纳为两种基本表现形式。

1. 作　为

所谓作为，是指犯罪人用积极的行为所实施的为我国《刑法》所禁止的危害社会行为，即《刑法》禁止做而去做的情况。

作为形式在犯罪中较为多见，并且有许多犯罪只能表现为作为形式。例如，抢劫罪、抢夺罪、诈骗罪、贪污罪、强奸罪、诬告陷害罪、脱逃罪等。

但是，不能把作为等同为亲手实施的行为，作为除了包括犯罪人本人亲手实施的积极活动外，还应该包括犯罪人借助自然力（如借助风势、水势等）、借助动物（如借助狗、蛇等）、借助不具备犯罪主体条件的人（如借助儿童、精神病人等）或借助他人的过失行为来实施犯罪行为，这些情况仍应视为是利用者本人实施了作为的犯罪行为。

2. 不作为

所谓不作为，是指犯罪人有义务实施并且能够实施某种积极的行为而未实施的行为，即应该做且能够做而未做的情况。其在客观方面需要具备三个条件：

第一，行为人负有实施某种积极行为的义务，这是构成犯罪的不作为的前提。特定义务一般有三个来源：

（1）法律明文规定的特定义务。如我国《婚姻法》规定，父母子女之间以及夫妻之间都有互相扶养的义务，如果其中有人拒绝扶养，就是不作为。

（2）职务上或业务上要求履行的义务。如值班医生有救护病人的义务，值班消防队员有灭火的义务，出纳员有按规定保管好现金的义务等。

（3）由行为人先行的行为而使法律所保护的某种利益处于危险状态所产生的义务。

例如，成年人如果带孩子去深山打猎，就有保护孩子生命和健康的义务。

第二，行为人有履行特定义务的实际可能而未履行。

如果行为人虽有某种特定义务，但由于某种原因而不具备履行该项义务的实际可能性，则不构成犯罪的不作为。如仓库保管员被罪犯捆绑起来，以致公共财产被抢走，就不能认为该保管员构成不作为犯罪。

第三，不作为行为侵犯了《刑法》所保护的客体和对象。

在具体犯罪构成的既遂形态包含犯罪结果的情况下，这种不作为行为还引起了或可能引起特定的犯罪结果。这是不作为行为达到犯罪程度的一个重要的客观标志。

作为和不作为在我国刑法中的表现是多种多样的。大多数犯罪只能由作为方式构成。除此以外，有一些犯罪只能由不作为方式构成。如我国《刑法》第 261 条的遗弃罪，第 444 条的遗弃伤病军人罪等。还有不少犯罪既可以由作为方式构成，也可以由不作为方式构成，如故意杀人罪、爆炸罪、放火罪、交通肇事罪等。有些犯罪则同时包含作为与不作为两种形式，如拒不执行判决、裁定罪等。

作为与不作为是刑法理论上对危害行为进行分类的基本形式。但在实践中，认识作为与不作为时应当注意以下三个问题：

一是不能将作为与不作为的分类和故意与过失的分类相混淆。故意与过失是从主观罪过上对危害行为的分类。作为与不作为在主观上都可以表现为故意和过失的心理态度。决不能认为作为就是故意，不作为就是过失。例如，故意杀人与过失致人死亡，都可以由作为方式构成，也可以由不作为方式构成。

二是要正确认识作为犯罪与不作为犯罪的危害程度。绝不能认为，凡不作为犯罪都比作为犯罪危害性小。虽然作为与不作为的行为方式不同，但它们并不影响犯罪的性质，如故意用刀将他人砍死和父母故意不给女婴喂奶以致其饿死的，均构成故意杀人罪。再如，在颠覆列车案件中，采用不扳道岔的不作为方式与采用破坏铁轨、路基的作为方式相比，二者的危害程度就没有什么区别。

三是要正确认识理论上研究犯罪的作为与不作为的重要意义。作为与不作为是犯罪行为客观存在的两种形式，不作为犯罪的情况比较复杂。因此，在理论上研究犯罪的作为与不作为，有助于正确地认定以不作为方式构成的犯罪，防止放纵或轻视以消极方式构成的不作为犯罪，防止对不负有特定作为义务或不具备履行特定义务实际可能性的人滥施刑罚的现象发生。

案例1：某甲因与女青年某丙通奸而曾向其妻某乙提出离婚。某日，甲与乙发生争吵扭打，被人劝开后，乙当着甲的面服下慢性毒药。甲见状不睬不理，当晚外出看电影至深夜12时许，又到附近小酒店喝酒，尔后去另屋睡觉。延至次日上午，乙终因毒力发作死亡。

问：甲是否构成犯罪？

分析：此案的甲构成了间接故意犯罪的不作为杀人罪。甲的行为在客观上完全符合不作为犯罪的三个条件。

(1) 甲在其妻服毒的情况下负有特定的行为即采取抢救措施的义务，这一特定的作为义务，主要来源于其先行的与他人通奸的不法行为及与其妻争吵扭打的行为，也与我国《婚姻法》关于夫妻双方互相扶养的规定和精神相关联。

(2) 甲在具备法定的作为义务、客观上要求其实施而又能够实施抢救行为的情况下，却没有及时履行这一作为义务，因而具备了不作为行为。

(3) 这种不作为行为导致了其妻死亡结果的未能避免，犯罪行为与犯罪结果之间因果关系齐备，就构成了甲负有不作为故意杀人罪刑事责任的客观基础。

结合甲主观上对其妻的死亡所持的放任的心理态度，可以认定甲以不作为的形式构成间接故意杀人罪。

案例2：某市幼儿园保育员王某（女，30岁）于某日下午带领14名幼儿外出游玩，途中幼儿李某（女，3岁）失足坠入路旁粪池，王某见状只向农民高声呼救，不肯跳入粪池救人。其时，一中学生刘某（男，17岁）路过此地，闻声即跑到粪池边观看，并同王某在就近农田内拔得小竹竿一根，经探测得知粪水约有80公分深，但王、刘二人均不肯跳入粪池救人，只共同高呼求救。待农民张某闻声赶来跳下粪池救人，幼儿李某已被溺死。

问：谁应对幼儿的死亡负责？

分析：农民张某，见义勇为，奋不顾身，值得赞扬。中学生刘某，虽想救人，却因嫌脏不肯下池，误了事，但他不存在应为积极作为即救人的法定义务，因而不能构成不作为犯罪，而应受到道德谴责。保育员王某，因其职务上的要求而负有保护幼儿安全的作为义务，她在未尽到职责以致幼儿掉进粪池而客观上又能够实施抢救幼儿的作为行为时，却未履行这种作为义务，其不作为直接导致了幼儿未能避免死亡，危害已达到犯罪程度，构成了不作为形式的犯罪，应当追究其刑事责任。

三、危害结果

（一）危害结果的含义

我国刑法意义上的危害结果，有广义与狭义之分。所谓广义的危害结果，是指由被告人的危害行为所引起的一切对社会的损害，它包括危害行为的直接结果和间接结果，属于犯罪构成要件的结果和不属于犯罪构成要件的结果。例如，甲诈骗了个体经营户乙的大量钱财，乙因而愤然自杀身亡，这里甲的诈骗行为所引起的危害结果即广义的危害结果，这两种危害结果都与行为的危害程度有关，因而在处理案件时都应加以考虑。

所谓狭义的危害结果，是指作为犯罪构成要件的结果，通常也就是对直接客体所造成的损害。狭义的危害结果是定罪的主要根据之一。例如，在上例中，行为人诈骗了钱财，造成了被害人的自杀。我们认定为诈骗罪的既遂，只能以所发生的狭义危害结果即财物损失为根据，而被害人的自杀后果只是在量刑时考虑的情节。因此，研究刑法上的危害结果，首先要把作为犯罪构成要件的狭义的危害结果同广义的危害结果区别开来。

（二）法律对物质性危害结果的规定

我国《刑法》关于物质危害结果的规定和要求，大致有以下几种情况，反映了危害结果在不同犯罪中的不同意义。

（1）以对直接客体造成特定的物质性危害结果，作为犯罪既遂的标准。如故意杀人罪以被害人的死亡作为既遂标准；盗窃罪、诈骗罪、抢夺罪、敲诈勒索罪等以非法占有公私财物作为既遂标准。

（2）以发生了严重的物质性危害结果，作为罪与非罪的标准。如我国《刑法》中所有的过失犯罪，都要求必须造成法定的严重后果时才能成立。

（3）以发生某种特定的物质性严重后果的危险性，作为犯罪既遂的标准。如我国《刑法》第117条规定，破坏轨道、桥梁、隧道、公路、机场、航道、灯塔、标志或者进行其他破坏活动，足以使火车、汽车、电车、船只、航空器发生倾覆、毁坏危险，尚未造成严重后果的，就构成破坏交通设施罪的既遂。

（4）以物质性危害结果的轻重作为适用轻重不同的法定刑幅度的标准。如我国《刑法》第234条的故意伤害罪，就根据伤害的结果分为一般伤害、重伤害、伤害致死、以特别残忍手段致人重伤造成严重残疾四种情况相应地对它们规定了轻重不同的量刑幅度。

由上可见，法定的物质性危害结果的有无和轻重，是决定和反映行为危害程度的重要因素之一，它在我国《刑法》中对于定罪量刑具有重要意义。

四、危害行为与危害结果之间的因果关系

（一）因果关系的客观性

因果关系作为客观现象之间引起与被引起的关系，它是客观存在的，并不以人们主观是否认识为前提。

案例：甲、乙两个青年在公共汽车上侮辱、谩骂一位批评他们不遵守秩序的老人，致使老人心脏病突发而当场死亡。

问：甲、乙二青年的侮辱、谩骂行为与老人的死亡之间有无因果关系？

分析：这里，老人的犯病死亡结果是由甲、乙的的侮辱行为引起的，即二者之间具有因果关系。绝不能以甲、乙不知道老人有心脏病或未预见到侮辱会有如此严重的后果为借口，来否认其因果关系的存在。因此，我们说，刑法理论上通常所说的刑法因果关系，是指危害行为与危害结果之间的客观的联系，并不涉及行为人主观的内容。

（二）因果关系的相对性

各种客观现象是彼此相互制约和普遍联系的“锁链”，在某一对现象中作为原因的，其本身又可以是另一现象的结果；其中作为结果的，其本身也可以是另一现象的原因。

对此因果关系特定的含义可以理解为：

(1) 作为因果关系中的结果，是指法律所要求的已经造成的有形的、可被具体测量确定的危害结果。只有这样的结果才能被查明和确定，才能作为具体把握的由危害行为引起的现象，才能据此确定因果关系是否存在。因此，犯罪构成中不包含、不要求物质性危害结果的犯罪，以及尚未出现法定危害结果的犯罪预备、中止和未遂等犯罪未完成形态，一般不存在解决因果关系的问题。

(2) 刑法因果关系中的原因，是指危害社会的行为。因此，如果查明某人的行为是正当、合法的而不具有危害社会的性质，那么即使其行为与危害结果之间有着某种联系，也不能认为具有刑法意义上的因果关系。正当防卫即是适例。

(三) 因果关系的时间序列性

所谓时间序列性，就是从发生时间上看，原因必定在先，结果只能在后，二者的时间顺序不能颠倒。因此，在刑事案件中，只能从危害结果发生以前的危害行为中去找原因。如果查明某人的行为是在危害结果发生之后实施的，那就可以肯定，这个行为与这一危害结果之间没有因果关系。例如，甲把乙打倒在地致乙不省人事，后来丙路过，看到仇人乙躺在地上，以为他昏过去了，又用尖刀扎乙。后来查明，丙在用刀扎乙时，乙实际上已经死亡了。在此，丙的杀害乙的行为是在乙死亡结果出现之后实施的，因而二者之间不可能有因果关系。

(四) 因果关系的条件性和具体性

任何刑事案件的因果关系都是具体的、有条件的，一种行为能引起什么样的后果，没有一个固定不变的模式。因此，查明因果关系时，一定要从危害行为实施时的时间、地点、条件等具体情况出发来考虑。

案例：王某（女，16 岁）和李某（女，15 岁），均系甲市体育师范学校 98（2）班学生。1999 年 5 月 8 日中午，李某邀请王某等三人到其宿舍打扑克。在打扑克的过程中，因王某手中多一张牌，王、李二人先发生言辞争执，继而扭打，后被在场其他人员拉开。四人继续玩扑克，王某显出很不服气的样子，李某见状很生气，朝王某挥手就是一拳，被王某让开。王某随手回了一拳，打在李某左头部。片刻，李某倒在床上，眼往上翻，不省人事。王某等人见状，立即叫车将李某送甲市第一人民医院诊治，经抢救无效死亡。经甲市公安刑事技术鉴定书确认：李某系头部外伤诱发右颞叶软脑膜先天性微小动脉瘤破裂致珠网膜下腔广泛出血而死亡。

问：(1) 王某的行为与李某的死亡之间有无因果关系？

(2) 王某应否承担法律责任?

分析：本案中，首先王某的回拳仅仅只是李某死亡的诱因，这一拳若在正常情况下不会致人死亡。其次，李某患有潜在性先天性动脉瘤，王某不能预见，也无法预见。再其次，李某的直接死亡原因是在其情绪激动的情况下，引起先天性血管破裂。故王某在李某的死亡问题上既无故意，也无过失，应认定为意外事件。但并不能由此否定王某的回拳与李某的死亡之间的因果关系，因为，王某的回拳行为正是发生在李某这个特异体质的对象，并且由此造成了李某的死亡。因此，王某虽然对李某无犯罪行为，故不应承担刑事责任，但是，应对其行为给李某的家属造成的财产损失及精神损失承担民事赔偿责任。

(五) 因果关系的复杂性

因果关系的复杂性具体表现为“一果多因”或“一因多果”。

“一果多因”是指某一危害结果是由多个原因造成的。它最明显地表现在两种情况下：

一是责任事故类过失犯罪。确定这类案件的因果关系，由于涉及许多人的过失，而且主客观原因往往交织在一起，情况一般比较复杂，因而，必须分清主要原因与次要原因、主观原因与客观原因等情况，才能进而正确解决刑事责任问题。

二是共同犯罪。共同犯罪中各个共犯危害行为的总和作为造成犯罪结果的总原因而与之有因果关系，在分析案件时，应该分清主次原因即分清每个共犯在共同犯罪中所起的作用的大小，并进而确定各个共犯刑事责任的大小。

“一因多果”是指一个危害行为，可以同时引起多种结果的情况。例如，甲诽谤了乙，不但损害了乙的名誉、人格，还导致了乙自杀身死；丙失火烧毁了大片房屋，还烧死、烧伤了多人。在一行为引起多种结果的案件中，要分析主要结果与次要结果、直接结果与间接结果，这对于定罪量刑是有重要意义的。

(六) 因果关系的必然联系与偶然联系问题

从实践中看，因果关系一般表现为现象之间有着内在的、必然的、合乎规律的引起与被引起的联系。这是因果关系基本的和主要的表现形式。

案例：某甲夜里藏在胡同里预谋拦路强奸下夜班路过的女工。妇女某乙下夜班经过此处时，甲突然跳出，持刀逼住乙，迫使乙脱下衣服，乙一边脱衣服一边寻机逃跑。甲见乙已脱得只剩裤头，以为乙已就范，就把刀子放一边也开始脱衣服。乙乘机一把将正在脱裤子的甲推倒在地，转身就跑。甲爬起来持刀紧追不舍。追过一条小街，到一个十字路口时，一辆卡车正在正常行驶路过，乙因只顾逃跑，躲避不及，卡车司机发现乙时即刹车，但因距离过近，刹不住车，将乙当场轧死。强奸犯甲见状逃离，后被抓获归案。

问：甲的行为同乙的死亡结果之间是否存在偶然的因果关系？这种偶然的因果关系对定罪量刑有无影响？

分析：本案中，甲的行为同乙的死亡结果就存在偶然的因果关系。但这并不是说，甲要负杀人罪的刑事责任，而是说在处理其强奸犯罪行为时，对其行为导致乙死亡的结果这一情况在量刑上应予适当考虑。可见，偶然因果关系对定罪与否也有一定的影响。这在以情节严重、恶劣行为构成犯罪之要件的犯罪中，具有一定的体现。

（七）关于不作为犯罪的因果关系问题

不作为行为与危害结果的因果关系是客观存在的，不是法律强加的。不作为的原因，就在于它应该阻止而没有阻止事物向危险方向发展，以至于引起了危害结果的发生。不作为犯罪因果关系的特殊性只在于，它要以行为人负有特定的作为义务为前提，除此以外，它的因果关系应与作为犯罪一样解决。

案例：李某是某县消防大队的消防员。一日，该县某村村民某甲家中发生火灾。消防队接到火情报警后即前往火灾现场救助。在救助过程中，某甲告诉李某其10岁的儿子尚在房中，请求李某将其子救出。李某见火势很大，房子也有倒塌的危险，害怕自己受到伤害，就以火势太猛，无法救人为由加以拒绝。待大火扑灭后，某甲的儿子已被严重烧伤，后送医院抢救无效，于次日上午死亡。

问：李某对某甲儿子的死亡是否应承担刑事责任？

分析：本案中李某身为消防队员，负有灭火救人的责任，是属于职务上、业务上负有特定责任的人，所以，他不能以火势大、房屋有倒塌的危险为理由，对某甲救出其儿子的请求予以拒绝，最终导致了某甲的儿子因烧伤致死的严重后果。因此，作为特定义务人的李某的不作为行为，在客观上引起了危害结果的发生，因此，二者之间显然具有无法否认的因果关系，李某也应当承担其相应的刑事责任。

（八）刑法因果关系与刑事责任

我国《刑法》中的犯罪构成是主客观诸要件的统一，具备犯罪构成才能追究刑事责任。解决了刑法上的因果关系，只是确立了行为人对特定危害结果负刑事责任的客观基础，但不等于行为人的行为已构成犯罪。某一行为构成犯罪，除具备与特定结果之间有因果关系以外，行为人还必须具备主观上的故意和过失。

案例：某甲是某县某乡农民。一天，某甲的舅舅某乙来到其家，并在她家吃中午饭。某甲在做饭时，误将砒霜当作白糖放入汤中。某乙吃过饭后，顿觉肚痛难忍，一会儿便倒地身亡。事后查明，某乙是因食用砒霜而致死亡的。

问：某甲的行为是否属于过失犯罪？

分析：根据我国《刑法》的规定，故意犯罪应当负刑事责任；过失犯罪，在法律有规定的情况下也应当负刑事责任；而行为人在客观上虽然造成了损害后果，但却是由于不能预见的意外原因所引起的，即不是出于故意或过失，则不构成犯罪。本案中，某甲显然不是有意害死其舅舅，故可以排除其故意犯罪的嫌疑。然而，某甲的行为已构成疏忽大意的过失犯罪，即某甲应该预见到自己可能会拿错东西，但由于缺乏必要的警惕，误把砒霜当作白糖放入食物中，造成了极其严重的后果，应负一定的刑事责任。然而，法律规定对过失犯罪人的处罚，一般都要比故意犯罪轻。因为，其行为人的主观恶性同故意犯罪相比，明显较小。

五、犯罪的其他客观要件

犯罪的其他客观要件，是指犯罪特定的时间、地点和方法（手段）等因素。

案例：胡某为了制作土炸弹炸鱼，多次从某市购买黑火药，累计50千克，并多次携带黑火药乘火车返家。一日，当其再次携带黑火药乘坐火车时被查获，当场被查获黑火药15千克。

问：胡某的行为是否构成犯罪？

分析：本案中，胡某为了制作土炸弹炸鱼而从某市购买黑火药，并多次携带黑火药乘坐火车，其数额较大，严重地危害了乘车旅客的人身和财产安全。这里，胡某由于是在特定的地点（火车）携带了违禁物品（爆炸物），其行为足以威胁到所有旅客的人身和财产安全，已经触犯了《刑法》，构成了非法携带危险物品危及公共安全罪，应当承担相应的刑事责任。此即胡某的犯罪行为符合法律把特定的地点明文规定为某些犯罪构成的必备要件，在这里，即是胡某在乘坐火车（公共场所）时，携带非法的爆炸物，因而，胡某的行为显然构成了犯罪。如果胡某不是将黑火药携带至火车上，就不可能构成非法携带危险物品危及公共安全罪，而可能构成其他犯罪。

第三节　犯罪主体

一、犯罪主体的概念和分类

犯罪主体，是指实施危害社会的行为并且依法应当承担刑事责任的人。

犯罪主体可以从两个不同角度进行分类：

（1）从主体的自然属性上分，犯罪主体包括自然人主体和单位主体。

自然人主体是指具备刑事责任能力，实施危害社会行为并且依法应承担刑事责任的自然人。

单位主体在我国《刑法》中不具有普遍意义。新《刑法》第30条规定："公司、企业、事业单位、机关、团体实施的危害社会的行为，法律规定为单位犯罪的，应当负刑事责任。"这一条确定了单位成为犯罪的主体，以《刑法》分则规定的为限。

（2）从法律属性上专门对自然人主体进行的分类，犯罪主体可分为一般主体和特殊主体。

只要求具备刑事责任能力的自然人即可构成的犯罪主体，是一般主体。

我国《刑法》分则中规定的绝大部分犯罪，均属于一般主体。例如，故意杀人罪、故意伤害罪、强奸罪、抢劫罪等。

除具备上述要件外还要求具有特定的职务或者身份的人才能构成的犯罪主体，是特殊主体。

例如，我国《刑法》第131条规定的重大飞行事故罪，其主体仅限于航空人员；《刑法》第382条规定的贪污罪，其主体仅限于国家工作人员以及受国家机关、国有公司、企业事业单位、人民团体委托管理、经营国有财产的人员，这些犯罪的主体就是特殊主体。

二、刑事责任能力

（一）刑事责任能力的概念和内容

1. 刑事责任能力的概念

刑事责任能力，是指行为人构成犯罪和承担刑事责任所必需的，行为人具备的刑法意义上辨认和控制自己行为的能力。简言之，刑事责任能力就是行为人辨认和控制自己行为的能力。

在我国《刑法》和刑法理论看来，刑事责任能力的本质，是行为人行为时具备相对的自由意志能力，即行为人实施《刑法》所禁止的严重危害社会的行为，具备有条件的亦即相对自由的认识和抉择行为的能力。因此，刑事责任能力是行为人行为时犯罪能力与承担刑事责任能力的统一，是其辨认行为能力与控制行为能力的统一。一般来说，当人达到一定的年龄之后，智力发育正常，就自然具备了这种能力。当然，这种能力可能因精神状况、生理功能缺陷而不具备、丧失或者减弱。具备了刑事责任能力者可以成为犯罪主体并被追究刑事责任；不具备刑事责任能力者，即使实施了危害社会的行为，也不能成为犯罪主体，不能被追究刑事责任；刑事责任能力减弱者，其刑事责任也应相应地适当减轻。刑事责任能力作为犯罪主体的核心和关键要件，对于犯罪主体的成立与否以及行为人的定罪量刑，具有至关重要的作用和意义。

2. 刑事责任能力的内容

刑事责任能力的内容，是行为人对自己行为所具备的刑法意义上的辨认能力与控制能力。

刑事责任能力中的辨认能力，是指行为人具备对自己的行为在刑法上的意义、性质、后果的分辨认识能力。就是说，行为人有能力认识自己的行为是否为刑法所禁止、所谴责、所制裁。

刑事责任能力中的控制能力，是指行为人具备决定自己是否以行为触犯刑法的能力。例如，达到一定年龄而精神正常的人，都有能力认识到自己若实施杀人、放火、强奸、抢劫、盗窃行为是要为刑法所禁止与制裁的，都有能力选择和决定自己是否实施这些触犯刑法的行为。

（二）刑事责任能力的程度

概括地说，影响和决定人的刑事责任能力的，即人在刑法意义上的辨认和控制自己行为的能力的，有两个方面的因素：一是知识和智力成熟程度，二是人的精神即人的大脑功能正常与否的状况。

根据我国《刑法》所采取的原则，可以将刑事责任能力分为以下几类：

1. 完全刑事责任能力

简称刑事责任能力或责任能力。凡不属《刑法》规定的无责任能力及限定责任能力人的，皆属完全刑事责任能力人。根据我国《刑法》第 17 条规定，凡年满 16 周岁，精神和生理功能健全而智力与知识发展正常的人，都是完全刑事责任能力人。完全刑事责任能力人实施了犯罪行为的，应当依法负全部的刑事责任，不能因其责任能力因素而不负刑事责任或者减轻刑事责任。

2. 完全无刑事责任能力

简称完全无责任能力或无责任能力。指行为人没有刑法意义上的辨认或控制自己行为的能力。完全无刑事责任能力人一般是两类人：

（1）未达到责任年龄的未成年人。

（2）因精神疾病而没有刑法所要求的辨认或控制自己行为能力的人。

我国《刑法》规定，完全无刑事责任能力人，为不满 14 周岁的人和行为时因精神疾病而不能辨认或者不能控制自己行为的人。

3. 相对无刑事责任能力

也可称为相对有刑事责任能力。是指行为人仅限于对刑法所明确限定的某些严重犯罪具有刑事责任能力，而对未明确限定的其他犯罪行为无刑事责任能力的情况。

根据我国《刑法》规定，已满14周岁不满16周岁的人，为相对无刑事责任能力人。

4. 减轻刑事责任能力

又称限定刑事责任能力、限制刑事责任能力、部分刑事责任能力。是完全刑事责任能力和完全无刑事责任能力的中间状态。指因年龄、精神状况、生理功能缺陷等，而使行为人实施刑法所禁止的危害行为时，虽然具有责任能力，但其辨认或者控制自己行为的能力较完全责任能力有一定程度的减弱、降低的情况。

我国《刑法》规定的属于或可能属于限制责任能力人有五种情况。

(1) 已满14周岁不满18周岁的未成年人因其年龄因素的影响而不具备完全的刑事责任能力。(2) 又聋又哑的人。(3) 盲人。(4) 尚未完全丧失辨认或者控制自己行为能力的精神病人。(5) 已满75周岁的人故意犯罪的。

三、与刑事责任能力有关的因素

(一) 年　龄

1. 刑事责任年龄阶段的划分

(1) 完全不负刑事责任年龄阶段。我国《刑法》规定，不满14周岁，是完全不负刑事责任年龄阶段。

案例：何某9岁丧父，与母亲一起生活。后其母与邓某相爱并商定在春节时结婚。何某因怀念其亲生父亲，因而对邓某怀恨在心。一天，在其母留邓某在家吃饭时，何某假装给邓某盛饭，将其事先准备好的一包剧毒农药拌入饭中。邓某吃饭后在午睡时毒发身亡，经查，何某在作案时仅差2天就满14周岁。

问：何某的投毒行为是否构成犯罪？

分析：本案中，何某的投毒行为不构成犯罪。根据我国《刑法》第17条的规定，不满14周岁的未成年人属于完全不负刑事责任的年龄阶段，对于其所实施的危害社会的行为，一律不追究刑事责任，而无论其所实施的行为的性质和类型。何某在作案时仅差2天就满14周岁，因而何某不负刑事责任。

(2) 相对负刑事责任年龄阶段。我国《刑法》规定，已满14周岁不满16周岁，是相对负刑事责任年龄阶段。他们只对实施了严重危害社会的行为即故意杀人、故意伤害致人重伤或者死亡、强奸、抢劫、贩卖毒品、放火、爆炸、投毒等犯罪行为，才负刑事责任。

案例：董某的父母亲均为农村教师，对其管教较为严格，很少给其零花钱。董某后因小事离家出走，流落在外、衣食无着，开始以盗窃为生。后在一次盗窃中被商店抓住。审查中，董某供出其在一年内共盗窃他人财物100余次，价值人民币约5000元。经查，董某只有15周岁。

问：董某的行为是否构成犯罪？

分析：本案中，由于董某盗窃他人财物时尚不满16周岁，属于相对负刑事责任年龄阶段。但是，由于其所实施的危害社会的行为，并非我国《刑法》所规定的已满14周岁而未满16周岁的未成年人应当负刑事责任的犯罪类型，因而其行为不构成犯罪。

（3）完全负刑事责任年龄阶段。我国《刑法》规定，已满16周岁的人进入完全刑事责任年龄阶段。即要求他们对自己实施的《刑法》所禁止的一切危害行为承担刑事责任。

由于已满16周岁的未成年人的体力和智力已有相当的发展，具有了一定的社会知识，是非观念和法制观念的增长已经达到一定的程度，一般已能够根据国家法律和社会道德规范的要求来约束自己，因而他们已经具备了基本的刑法意义上辨认和控制自己行为的能力。因此，我国《刑法》认定已满16周岁的人可以构成《刑法》中所有的犯罪，要求他们对自己实施的《刑法》所禁止的一切危害行为承担刑事责任。

2. 未成年人犯罪案件的处理

从我国适用刑罚的根本目的出发并针对未成年人违法犯罪的特点，即他们既有容易被影响被引诱走上犯罪道路的一面，又有可塑性大，容易接受教育和改造的一面，因此，我国《刑法》在对未成年人犯罪案件的处理上，还有以下两条重要而特殊的处理原则：

（1）从宽处罚原则。对已满14周岁不满18周岁的人犯罪的，应当从轻或者减轻处罚。

（2）不适用死刑的原则。犯罪的时候不满18周岁的人不适用死刑（包括不适用判处死刑并宣告缓期二年执行）。

（3）因不满16周岁不予刑事处罚的，责令他的家长或者监护人加以管教；在必要的时候，也可以由政府收容教养。给他人造成损失的，未成年人的家长或者监护人还要负赔偿责任。

3. 老年人犯罪案件的处理

尊老爱幼是中华民族的传统美德，体现在法律制度上，我国早在西周时期的法律中就有关于老年人犯罪从宽处罚的规定，历经汉、唐、明、清各朝到民国时期形成了比较完备的恤老制度。随着社会的文明进步，在法律中对老年人的犯罪处罚作出相应的规定，也是现今许多国家的做法。一些国家和地区在《刑法》或《刑事诉讼法》中都对老人犯罪作了从宽处罚的规定，司法体制和工作机制改革也要求积极探索有关老年人犯罪的司法制度，建立对老年人犯罪适当从宽处理的法律机制。为此，2011 年 2 月 25 日第十一届全国人民代表大会常务委员会第十九次会议通过的《中华人民共和国刑法修正案（八）》（自 2011 年 5 月 1 日起施行），第一条新增设："已满七十五周岁的人故意犯罪的，可以从轻或者减轻处罚；过失犯罪的，应当从轻或者减轻处罚。"这样规定，体现了罪责刑相适应的原则，有利于维护社会秩序，对于主观恶性较大的老年人故意犯罪从宽的尺度较严，对于主观恶性较小的老年人犯罪则规定了较宽的尺度。在实际适用中，应当根据案件的具体情况决定，当宽则宽，当严则严。

（二）精神障碍

1. 完全无刑事责任的精神病人

我国《刑法》第 18 条第 1 款规定："精神病人在不能辨认或者不能控制自己行为的时候造成危害结果，经法定程序鉴定确认的，不负刑事责任，但是应当责令他的家属或者监护人严加看管和医疗；在必要的时候，由政府强制医疗。"

认定精神障碍者为无责任能力，必须具备两个标准：

（1）医学标准。也称生物学标准，即实施危害行为者是精神病人。确切地说，是指从医学上看，行为人是基于精神病理的作用而实施特定危害社会行为的精神病人。它包括三层含义：

其一，行为人须是精神病人。

精神病是由于人体内外原因引起的严重的精神障碍性疾病。对《刑法》第 18 条所称的"精神病"，应从两个方面加以正确理解：

一方面，对"精神病"应作广义的理解，即它包含多种多样的慢性和急性的严重精神障碍。另一方面，"精神病"又不同于非精神病性精神障碍，如神经官能症、人格障碍、性变态等。精神病患者的精神功能障碍会导致其辨认或控制行为的能力完全丧失，而非精神病性精神障碍人一般都不会因精神障碍而丧失辨认或控制行为的能力。因此，只有精神病人，才有可能成为《刑法》第 18 条规定的无责任能力人；至于非精神病性精神障碍人，则不属于《刑法》第 18 条所称之"精神病人"，其中有些是限制（减轻、部分）责任能力人，另一些则是完全责任能力人。

其二，精神病人必须实施了特定的危害社会的行为，即实施了《刑法》所禁止的危害行为，如果这些危害行为是精神健全者实施的，就会构成犯罪和应负刑事责任。

其三，精神病人实施《刑法》所禁止的危害行为须是基于精神病理的作用。这意味着，行为人的精神病于行为时须处于发病期，而不是缓解或间歇期。只有精神病人于行为时发病，才谈得上因精神病理的作用而致危害行为的实施。这意味着，行为人的精神病理与特定危害行为的实施具有直接因果关系。

（2）心理学标准。也称法学标准，是指从心理学、法学的角度看，患有“精神病”的行为人的危害行为，不但是由其精神病理机制直接引起的，而且由于精神病理的作用，使其行为时丧失了辨认或者控制自己触犯《刑法》之行为的能力。

所谓丧失辨认行为的能力，是指行为人由于精神病理的作用，在行为时不能正确地了解自己行为危害社会的性质及其危害后果。例如，精神分裂症患者实施杀人时，由于其精神病理的作用，不知道自己实施的是杀人行为及该行为会造成剥夺对方生命的结果，或者坚信自己是在反击一个要杀害自己的凶手。

所谓丧失控制行为的能力，是指行为人由于精神病理的作用，不能根据自己的意志自由地选择实施或不实施危害行为，也往往表现为不能根据自己意志选择和控制危害行为实施的时间、地点、方式与程度。

由此可见，我国《刑法》第 18 条关于精神障碍人无责任能力的认定标准，采取的是医学标准与心理学标准相结合的方式，在心理学标准内容上，采纳的是丧失辨认能力或者控制能力的择一说。实施《刑法》所禁止的危害行为的精神障碍人，只有同时符合上述医学标准和心理学标准的，才应确认为无责任能力人，并按《刑法》第 18 条第 1 款的规定对其危害行为不追究刑事责任。

2. 完全负刑事责任的精神障碍人

根据我国《刑法》和有关司法精神病实践及司法实践经验，责任能力完备而应完全负刑事责任的精神障碍人包括以下两类：

（1）精神正常时期的“间歇性精神病人”。

我国《刑法》第 18 条第 2 款规定：“间歇性的精神病人在精神正常的时候犯罪，应当负刑事责任。”

所谓“间歇性精神病”，是指具有间歇发作即阵发特点的精神病，包括精神分裂症、躁狂症、抑郁症、癫痫性精神病、周期精神病、分裂情感性精神病、隐症性精神病等。

所谓“间歇性精神病人的精神正常时期”，包括上述某些精神病（如癫痫性精神病）的非发病期。

案例：马某是某市土特产公司的经理，为替其丈夫还赌债，在任期间，共贪污公款达 11 万元。此事被上级审计部门发现。在领导找其谈话时，马某主动向公安机关坦白了所有的犯罪行为。但是在审讯期间，由于思想压力过大而导致精神分裂。

问：马某是否应对其贪污行为承担刑事责任？

分析：我国《刑法》并没有关于犯罪后患精神病者不负刑事责任的特殊规定。因而对于行为人实施犯罪行为后患精神病的，应当依法追究其刑事责任。

但是，根据有关司法解释的规定，由于此类人员缺乏正常的应诉能力和承担刑罚的能力，因而无法实际接受审判和承担刑罚，因此对于此类案件，尚未开庭审判的，应当延迟审判，待其精神状态恢复正常后再行起诉；已经审判完毕并实际判处刑罚的，则应当暂停刑罚的执行，待其精神状态好转后，再继续执行。

对于本案中马某犯罪后患精神病这种情况，应当暂停审判和处罚，待其精神恢复正常后再依法追究其刑事责任。

（2）大多数非精神病性精神障碍。非精神病性精神障碍的主要种类有：

①各种类型的神经官能症，包括癔症、神经衰弱、焦虑症、疑病症、强迫症、恐惧症、神经症性抑郁、人体解体性神经症等，但癔症性精神错乱除外；

②各种人格障碍式的变态人格（包括器质性人格障碍）；

③性变态，包括同性恋、露阴癖、窥阴癖、恋物癖、恋童癖、性虐待癖等；

④情绪反应（未达到精神病程度的反应性精神障碍）；

⑤未达到精神病程度的成瘾药物中毒与戒断反应；

⑥轻躁狂与轻性抑郁症；

⑦生理性醉酒与单纯慢性酒精中毒；

⑧脑震荡后遗症、癫痫性心境恶劣以及其他未达到精神病程度的精神疾患；

⑨轻微精神发育不全等。

非精神病性精神障碍人，不能对其行为不负刑事责任，也不能对其行为负减轻的刑事责任，而应在原则上令行为人对其危害行为依法负完全的刑事责任。但在少数情况下，非精神病性精神障碍人也可以成为限制责任能力人甚至无责任能力人，从而达到减轻刑罚或者不负刑事责任。

3. 限制刑事责任的精神障碍人

又称减轻（部分）刑事责任的精神障碍人，是介于无刑事责任的精神病人与完全刑事责任的精神障碍人中间状态的精神障碍人。

我国《刑法》第 18 条第 3 款规定："尚未完全丧失辨认或者控制自己行为能力的精神病人犯罪的，应当负刑事责任，但是可以从轻或者减轻处罚。"

这里的"精神病人"一般包括：

（1）处于早期（发生前趋期）或部分缓解期的精神病（如精神分裂症等）患者。

（2）某些非精神病性精神障碍人，包括轻至中度的精神发育迟滞（不全）者，脑部器质性病变（脑炎、脑外伤）或精神病（如精神分裂症、癫痫症）后遗症所引起的人格变态者，神经官能症中少数严重的强迫症和癔症患者等。

（三）生理功能丧失

我国《刑法》第 19 条规定："又聋又哑的人或者盲人犯罪，可以从轻、减轻或者免除处罚。"

应当理解为：

1. 该条的适用对象有两类

（1）既聋又哑的人。（2）盲人（双目失明者）。

2. 对聋哑人、盲人犯罪应当坚持刑事责任与适当从宽处罚相结合的原则

3. 正确适用对聋哑人、盲人犯罪可以从轻、减轻或者免除处罚的原则

（1）对于他们犯罪，原则上即大多数情况下要予以从宽处罚。

（2）只是对于极少数知识和智力水平不低于正常人、犯罪时具备完全责任能力的聋哑人和盲人（多为成年后的聋哑人和盲人），才可以考虑不予以从宽处罚。

（3）对于不但责任能力完备，而且犯罪性质恶劣、情节后果非常严重的聋哑人、盲人，应坚决不从宽处罚。

对应予从宽处罚的聋哑人、盲人犯罪案件，主要应当根据行为人犯罪时责任能力的减弱程度，并同时考虑犯罪的性质和危害程度，来具体决定是从轻处罚、减轻处罚还是免除处罚，以及从轻、减轻处罚的幅度。

案例：黄某幼时因药物过敏导致耳聋，并进而变成哑巴。黄某因聋哑经常遭到他人的嘲笑和欺负。一次，在其外出买醋时，被同院放学回家的几个中学生又推又搡，黄某急怒之下，用手中的醋瓶向其中一个人的头顶猛砸过去，结果导致被砸者当场死亡。法院以杀人罪对黄某作出有罪判决，但从轻判处有期徒刑 3 年。

问：法院的判决是否有正确？

分析：我国《刑法》第 19 条规定，又聋又哑的人或者盲人犯罪，可以从轻、减轻或者免除处罚。在本案中，黄某自幼耳聋并成为哑巴，客观上影响了

其受教育和开发智力，符合《刑法》所规定的可以从轻处罚的规定。再者，本案中，黄某的犯罪行为是由于被害人的挑衅行为在先，使得黄某在急怒之下才实施了犯罪行为。因此，法院的判决是有法律依据的，是正确的。

（四）醉酒人的刑事责任问题

醉酒包括生理性醉酒和病理性醉酒两类情况。病理性醉酒属于精神病的范畴，所以这里仅限于对于生理性醉酒的研究。

生理性醉酒，又称普通醉酒、单纯性醉酒，简称醉酒，是通常最多见的一种急性酒精中毒，多发生于一次大量饮酒后，指因饮酒过量而致精神过度兴奋甚至神志不清的情况。

我国《刑法》第18条第4款规定："醉酒人犯罪，应当负刑事责任。"

生理性醉酒人实施危害行为应当负刑事责任的主要根据在于：

（1）医学证明，生理性醉酒人的辨认和控制能力只是有所减弱，但并未完全丧失，不属于无刑事责任能力人。

（2）生理性醉酒人在醉酒前对自己醉酒后可能实施危害行为应当预见到，甚至已有所预见，在醉酒状态下实施危害行为时具备故意或过失的犯罪主观要件。

（3）醉酒完全是人为的，是可以戒除的。

因此，对生理性醉酒人犯罪应当追究其刑事责任。

案例：周某在其同学的生日聚会上喝得大醉。在回家的路上，周某发现下夜班的女工李某独自一人回家，于是拦住其自行车，将其拉下来进行猥亵，李某拼命反抗，周某在厮打中，顺手拿起一块砖头想将李某打昏，但由于醉酒，失手将李某打死。但周某并未意识到李某已死，而是将李某的上衣解开并继续进行猥亵，之后由于醉酒也倒在地上大睡，被巡逻民警发现并抓获。后周某被司法机关依法追究了刑事责任。

问：周某是否应承担刑事责任？

分析：根据我国《刑法》第18条第4款的规定，醉酒的人犯罪，应当负刑事责任。本案中，周某的醉酒是典型的生理性醉酒现象，所以其犯罪行为无疑应受到法律的追究。

四、单位犯罪及其处罚原则

我国《刑法》未对单位犯罪的概念做规定。《刑法》第30条规定："公司、企业、事业单位、机关、团体实施的危害社会的行为，法律规定为单位犯罪的，应当负刑事责任。"根据我国《刑法》分则关于具体犯罪的规定，除侵犯财产罪和军人违反职责罪这2章外，其他8章都规定有单位犯罪；单位犯罪多数为故意犯罪，但也有少数犯罪属于过失犯罪；有一些犯罪只能由单位构成，是纯正的单位犯罪，例如，《刑法》第162条规定的公司企业进行清算时，隐瞒财产，对资产负债表或者财产清单作虚伪记载或者在未清偿债务前分配公司、企业财产，严重损害债权人或者其他人利益的犯罪，即属于纯正的单位犯罪；有一些犯罪是自然人和单位都可以构成的，是非纯正的单位犯罪，例如，《刑法》第151条规定的走私武器、弹药、核材料或者伪造的货币罪，即属于该类犯罪。

对于单位犯罪的处罚原则，《刑法》第31条规定："单位犯罪的，对单位判处罚金，并对其直接负责的主管人员和其他直接责任人员判处刑罚。但是，本法分则和其他法律另有规定的，依照规定。"根据该条的规定，对单位犯罪，原则上实行双罚，即同时处罚犯罪单位和该单位的直接责任人员。例如，上述《刑法》第151条第5款规定，单位犯本条规定之罪的，对单位判处罚金，并对其直接负责的主管人员和其他直接责任人员，依照本条各款的规定处罚。但是，如果《刑法》分则或者其他法律另有规定，即规定只处罚直接责任人员的，则依该规定实行单罚。

案例：某市消费者协会接到大量投诉，反映一种名牌皮鞋质量低劣，名不副实，有的甚至刚穿一个星期就开了线。消费者协会与生产该名牌皮鞋的厂家联系，发现这是一批假冒产品。经过调查，查出这批伪劣皮鞋来自一乡镇制鞋厂。该厂曾一度不景气，但其主要负责人不思靠提高技术、管理水平和产品质量去竞争、取胜，而是把制造、销售伪劣商品当作发财致富的捷径。该厂不顾产品质量，大量仿造上述名牌皮鞋，并靠一批推销员以支付回扣等手段使皮鞋流入市场，从中获利15万元。

问：该乡镇制鞋厂应如何承担刑事责任？

分析：本案中，该乡镇制鞋厂已构成《刑法》第140条规定的生产、销售伪劣产品罪。对其处罚即实行双罚制，其直接责任人员和主管人员将被判刑，单位将被判处罚金。

第四节　犯罪主观方面

一、犯罪主观方面的概念

犯罪主观方面，是指犯罪主体对自己行为及其危害结果所持的心理态度。它包括罪过（犯罪的故意或者犯罪的过失）以及犯罪目的和动机。其中，罪过是一切犯罪构成所必备的主观要件；犯罪目的只是某些犯罪构成所必备的主观要件，也叫选择要件；犯罪的动机不是犯罪构成所必备的主观要件，它一般不影响定罪，只影响量刑。犯罪主观方面在区分罪与非罪、此罪与彼罪的界限以及量刑方面，均具有重要作用。

罪过是任何犯罪的必备要件，包括认识方面和意志方面两类因素。认识因素和意志因素的不同结合，构成罪过的两种表现形式——故意和过失。

二、犯罪的故意

犯罪的故意是指明知自己的行为会发生危害社会的结果，并且希望或者放任这种结果发生的一种心理态度。

所谓“明知”，就是预见到、认识到；所谓“会发生”，包括必然发生和可能发生。

从内涵上分析，犯罪的故意包含两项内容或称两种因素：

(1) 行为人明知自己的行为会发生危害社会的结果，这种明知的心理属于心理学上所讲的认识方面的因素，亦称意识方面的因素。

(2) 行为人希望或者放任这种危害结果的发生，这种希望或放任的心理属于心理学上意志方面的因素。

实施危害行为的行为人在主观方面必须同时具备这两个方面的因素，才能认定他具有犯罪的故意而构成故意犯罪。

按照行为人对危害结果所持的心理态度即犯罪故意的意志因素的不同，刑法理论上把犯罪故意区分为直接故意与间接故意两种类型。

(一) 直接故意

犯罪的直接故意，是指行为人明知自己的行为必然或者可能发生危害社会的结果，并且希望这种结果发生的心理态度。

按照认识因素的不同内容，可以把犯罪直接故意区分为两种表现形式：

(1) 行为人明知自己的行为必然会发生危害社会的结果，并且希望这种结果发生的心理态度。例如，甲想杀死乙，用枪顶在乙脑袋上射击，他明知这种行为必然致乙死亡而决意为之，追求乙死亡结果的发生，甲的心理态度即为此种直接故意。

(2) 行为人明知自己的行为可能发生危害社会的结果，并且希望这种结果发生的心理态度。例如，丙想枪杀丁，但只能于晚上趁丁返家途中隔小河射击，由于光线不好，距离较远，丙的射击技术又不甚好，因而他对能否射杀丁没有把握，但不愿放过这个机会，希望能打死丁，并在这种心理的支配下实施了射杀行为。丙的心理态度即属第二种直接故意。

案例：季某于某日酒后驾车，将在马路上玩耍的小孩胡某撞倒。季某下车后看到胡某已被压断了下肢，看到四周无人，季某上车后遂又用车将胡某压死，然后狂奔而去。

问：季某的行为是否构成故意杀人罪？

分析：季某酒后驾车将小孩胡某的下肢压断，这本已经构成了交通肇事罪，但季某为了逃避法律责任，竟又开车将胡某压死，季某此时的心理态度是希望通过他的这一行为，避免其承担交通肇事罪的刑事责任，因此，他的犯罪的心理态度属于明知自己行为必然会发生危害社会的结果，并且希望这种结果的发生，所以明显属于故意犯罪。季某应当承担故意杀人罪和交通肇事罪两个犯罪行为的刑事责任，应对其实行数罪并罚。

（二）间接故意

犯罪的间接故意，是指行为人明知自己的行为可能会发生危害社会的结果，并且放任这种结果发生的心理态度。

在认识特征上，间接故意表现为行为人认识到自己的行为“可能”发生危害社会结果的心理态度。即行为人根据对自身犯罪能力、犯罪对象情况、犯罪工具情况或者犯罪的时间、地点、环境等情况的了解，认识到行为导致危害结果的发生只是具有或然性、可能性，而不是具有必然性。

在意志特征上，间接故意表现为行为人放任危害结果发生的心理态度。所谓“放任”，当然不是希望，不是积极的追求，而是行为人在明知自己的行为可能发生特定危害结果的情况下，为了达到自己的既定目的，仍然决意实施这种行为，对阻碍危害结果发生的障碍不去排除，也不设法阻止危害结果的发生，而是听之任之，任由危害结果的发生。简言之，间接故意的放任心理就是有意听任危害结果的发生，即使发生了危害结果也并不违背行为人的意志。

在实践中，间接故意通常存在下列三种情况：

第一，为实现某一个犯罪的意图而放任另一个危害结果的发生。例如，丈夫为了杀妻，在妻子碗里投放毒药，明知孩子可能因分食而中毒，由于杀妻心切而放任孩子的死亡。

第二，为实现一个非犯罪的意图而放任危害结果的发生。例如，狩猎人为了击中猎物，对正在猎物旁边割草的小孩子可能被击中不管不顾，结果一枪打出，击中小孩。

第三，并非明确追求具体后果，而是在瞬间的情绪冲动中不计后果地实施危害行为，放任危害结果的发生。例如，聚众斗殴中有的人临时起意，拔刀就捅人，对死亡结果有预见，但谈不上明确希望死亡的发生，而只是抱放任的态度。

案例：王某和同村的刘某从小一起长大，关系较为密切，但王某平日脾气暴烈，为此两人经常吵架，甚至动手。一天，王某与刘某在前往邻村看电影的路上，因为上次看过的一个电影的情节问题而发生争执，越吵越激烈。在争吵过程中，王某一时冲动，掏出随身携带的水果刀向刘某的腹部猛捅一刀，然后，扬长而去。刘某昏倒在地，由于天黑没有人路过发现，因流血过多而死亡。

问：王某对刘某的死亡应承担何种刑事责任？

分析：本案中，王某所实施的用刀捅人行为的主观方面显然属于间接故意，即从认识因素上说，王某明知自己持刀猛捅刘某腹部的行为有可能造成其重要器官受伤或者流血过多而导致死亡。从意志因素上说，犯罪人是放任被害人死亡这一危害结果发生，而非积极追求这一危害结果的发生。即在当时的情况下，王某对于刘某是否会死亡不肯定，他不希望刘某被刺死，但是刘某倒在地上后，王某不抢救而是扬长而去，这说明刘某死亡或者不死亡这两种结果对于王某来讲都无所谓。因此，王某在本案中是属于间接故意杀人。

三、犯罪过失

根据《刑法》第15条的规定，犯罪的过失是指行为人应当预见自己的行为可能发生危害社会的结果，因为疏忽大意而没有预见，或者已经预见而轻信能够避免，以致发生这种结果的心理态度。

按照犯罪过失心理态度的不同内容，刑法理论上把犯罪的过失区分为过于自信的过失与疏忽大意的过失两种类型。

（一）过于自信的过失

过于自信的过失，是指行为人预见自己的行为可能发生危害社会的结果，但轻信能够避免，以致发生这种结果的心理态度。

过于自信的过失有两个特征：

（1）在认识因素上，行为人已经预见到自己的行为可能发生危害社会的结果。（2）在意识因素上，行为人之所以实施行为，是轻信能够避免危害结果的发生。

所谓“轻信”，就是说，行为人过高地估计了可以避免危害结果发生的其自身的和客观的有利因素，而过低地估计了自己行为导致危害结果发生的可能程度。正是这种“轻信”心理支配着行为人实施了错误的行为而发生了危害结果，也正是这种“轻信”心理使过于自信的过失得以成立并使之区别于其他罪过形式。

案例：某村村民王某承包了村里的一片果园，其中有葡萄、苹果、梨等果实。由于这个果园靠近公路，因此，经常有人进入其果园偷摘果实。为了防止果实再被偷盗、丢失，王某在果园周围架设上了一周带电的铁丝网。王某以为以此至少可以对偷盗者予以警告，从而减少偷盗者，也未认为能对人造成多么严重的损害后果。结果，一天傍晚，两个本村的未成年人摸到果园边上，想再进入果园偷摘园中的果实。由于没有思想准备，其中一位未成年人不幸触电身亡。

问：王某的行为是否构成过失犯罪？

分析：本案中，王某为了保护自己的果园，虽然预见到自己架设电网的行为可能发生危害社会的结果，但是他仍然架设了电网，造成了被害人不幸触电身亡。其主观特征属于过于自信的过失。

（二）疏忽大意的过失

疏忽大意的过失，是指行为人应当预见到自己的行为可能发生危害社会的结果，因为疏忽大意而没有预见，以致发生这种结果的心理态度。

疏忽大意的过失有两个特点，即两个构成要素：

（1）行为人应当预见自己的行为可能发生危害社会的结果。所谓“应当预见”，是指行为人在行为时负有预见到行为可能发生危害结果的能力和义务。这种预见的义务来源于法律的规定，或者职务、业务的要求，或者公共生活准则的要求。

（2）行为人由于疏忽大意，而没有预见到自己的行为可能会发生危害社会的结果。所谓“没有预见到”，是指行为人在行为当时没有想到自己的行为，可能会发生危害社会的结果。

由上可见，作为犯罪过失的两种类型，过于自信的过失与疏忽大意的过失在认识因素和意志因素上都有所不同：

在认识因素上，对危害结果的可能发生，过于自信的过失已经有所预见，而疏忽大意的过失根本没有预见；

在意志因素上，对危害结果的可能发生，二者虽然都持排斥态度，但过于自信的过失是轻信能够避免，而疏忽大意的过失则是疏忽。

在刑法理论上把犯罪的过失区分为过于自信的过失与疏忽大意的过失，有助于我们深入认识过失犯罪的复杂情况，从而完整地把握犯罪过失的内涵与外延；也有助于我们具体而准确地把过失犯罪与间接故意犯罪及无罪过的意外事件区别开来。

案例：某日黄昏，贾某（男，19 岁）与张某、刘某等人在山沟里打猎。返家途中，刘某等发现崖下有一只野兔，即将一枚子弹装入小口径步枪的枪膛内，然后把枪交给贾某去打野兔。贾某持枪下崖寻猎，已不见野兔，便返身回到崖上。因崖坡陡滑，不易攀登，张某即让贾某把枪管递上来，随后俯身伸手抓住枪管往上拉贾某。贾某右手抓住枪托，左手扶崖往上爬，谁知脚底一滑，右手触动扳机，步枪走火，子弹击中张某的腹部，因出血过多，张某于次日凌晨经抢救无效死亡。

问：贾某对张某的死亡应承担什么法律责任?

分析：本案属于疏忽大意的过失。其原因是：

(1) 贾某有义务预见自己的行为可能造成张某死亡；

(2) 贾某有能力预见自己的行为可能造成张某死亡，贾某已19岁，具有完全刑事责任能力；

(3) 贾某因为疏忽大意而没有预见到自己的行为可能造成张某死亡。

贾某犯有过失致人死亡罪，应按此罪定罪处罚。

四、意外事件和不可抗力

根据我国《刑法》第16条的规定，行为在客观上虽然造成了损害结果，但是不是出于行为人的故意或者过失，而是由于不能预见的原因所引起的，不认为是犯罪。这种情况就是刑法理论中所说的无罪过的意外事件。

所谓不能预见的原因，是指行为人对其行为发生损害结果不但未预见到，而且根据其实际认识能力和当时的具体条件，他也根本不可能预见。

在意外事件中，虽然行为人在客观上造成了损害结果，但他主观上既不存在犯罪的故意，也不存在犯罪的过失，因而缺乏构成犯罪和负刑事责任的主观根据，不能认定为犯罪和追究刑事责任。如果这时对行为人定罪和追究刑事责任，就是“客观归罪”，有悖于主客观相统一的刑事责任原则的要求。

根据我国《刑法》第16条的规定，不可抗力是指行为在客观上虽然造成了损害结果，但是不是出于故意或者过失，而是由于不能抗拒的原因所引起的情形。

所谓不可抗力，是指行为人虽然预见到了危害结果的发生，但无法控制或抗拒这种结果的发生，行为人在这种情况下不具有罪过，因而不应承担刑事责任。

案例：谢某为某热电厂工人。一次上班时，谢某突然发高烧，由于其所在的岗位是看守锅炉，无法离开，不得不坚持值班。但在其值班时间结束后，换班人员却一直未来。厂部打电话让其再顶一个班。谢某不得已只好留下来，但是，在值班过程中突然昏迷，未及时给锅炉加水，致使锅炉爆炸，谢某自己也被炸成重伤。

问：谢某的行为是否构成犯罪?

分析：本案中，谢某的行为不构成犯罪，这属于我国《刑法》所规定的不可抗力。谢某在上班时突然发高烧，但由于当时正好在上班，其工作岗位又是看守锅炉，不得不坚持上班。可在值班时间结束后，又由于厂部命令他再替别人顶一个班，故使得他不得不在万不得已的情况下，带病再坚持值班。终于因病重突然昏倒在班上，致使锅炉未能及时加水而爆炸，谢某自己也被炸成重伤。在此事故中，谢某突然发烧病重，实属他自己无法预料的事件，再加之接班者未按时来接班，厂部又命令他再坚持值班，致使病情恶化，昏倒在岗位上，才最终导致了事故的发生。由此看来，这次危害结果的发生是行为人谢某所无法控制或抗拒的，既非出于谢某的故意，也非过失，因此，谢某在此情况下并不具有罪过，因而不应承担刑事责任，该事故的发生属于不可抗力所致。

五、犯罪目的和犯罪动机

（一）概　念

犯罪目的，是指犯罪人通过实施犯罪行为达到某种结果的心理态度。

犯罪动机，是指刺激犯罪人实施犯罪行为以达到犯罪目的的内心冲动或者起因。

只有在直接故意犯罪中才存在犯罪目的和动机，间接故意犯罪和过失犯罪则没有。

（二）二者的联系

犯罪目的源于犯罪动机，犯罪动机是犯罪目的的前提。

两者的区别主要在于：

（1）同一种犯罪的犯罪目的相同，但犯罪动机多种多样。如故意杀人罪，其犯罪目的是剥夺他人生命，动机则可以是图财，报私怨，也可以是奸情杀人等。

（2）出于同一个动机，可以有几个或不同的犯罪目的。例如，为了报复仇人，行为人可以去追求伤害他人健康、剥夺他人生命或者诬告陷害使其受到刑事追究、毁坏其财物等等不同的犯罪目的。

（3）犯罪目的是某些犯罪的构成要件，犯罪动机则一般不影响定罪。在刑法中，有的条文特别将犯罪目的列出来作为犯罪构成的必要条件，如《刑法》第363条规定的制作、复制、出版、贩卖、传播淫秽物品牟利罪，其犯罪目的被定为“以牟利为目的”。对于这些犯罪，有无法定犯罪目的，关系到犯罪的成立与否。当然，犯罪动机虽一般不影响定罪，但影响量刑。例如，同为盗窃罪，因家庭贫困盗窃为数不是很大的钱物用于养家糊口的，较之出于贪图享乐动机的盗窃行为，罪责就要轻些。

案例：丁某与李某同住某市的一单元楼里。丁某因单位效益不佳，工资较低，同时又面临着下岗的可能而整日忧心忡忡。相反，李某则因前几年经商赚了一笔钱，如今自己开了个公司，正值春风得意时。对此，丁某嫉妒不已，总觉得自己能力不比李某差，不该受穷，便想从李某身上捞点钱。一天，丁某见李某之子（6岁）放学后独自在家玩耍，便心生一计，谎称带他到动物园玩，把他拐骗到某远郊的一个亲戚家藏匿起来。丁某回家后用左手给李某写了一封信，告诉他如果想要儿子的话，于某月某日把8万元钱放在指定的垃圾箱内，如报案或不送钱就永远见不到其儿子了。李某接信后报了案，公安机关经侦查将丁某抓获，从其亲戚家接回李某之子，法院以绑架罪判处丁某有期徒刑11年，并处以罚金。

问：(1) 法院的判决是否正确？

(2) 分析丁某绑架罪的客观表现。

分析：根据《刑法》第239条的规定，绑架罪是指以勒索财物为目的，或者作为人质为目的，使用暴力、胁迫或者其他方法劫持他人的行为。据此，绑架罪的客观方面表现为使用暴力、胁迫或者其他手段劫持他人的行为。行为人绑架的目的有：一是勒索财物，二是作为人质以达到其他非法目的。根据《刑法》第239条的规定，构成绑架罪的既遂，只需要行为人完成绑架人质的行为即可，至于其勒索财物或其他非法目的是否达到，只可作为一个量刑情节加以考虑。

根据上述分析，我们认为本案中丁某采取欺骗手段把李某之子带到别处藏匿，使其脱离其监护人，并借此向其父母勒索钱财的行为，符合绑架罪的特征要求。在本案中，丁某的动机是出于对李某发财的嫉妒，感慨社会之不平，其目的是想通过绑架李某之子的行为勒索钱财，在定罪时应主要看其是否完成了绑架人质的行为，只要其已完成了绑架人质的行为，而其目的是否达到，则不影响定罪，只是在量刑时，将丁某的勒索财物的目的和动机，作为量刑的情节加以考虑。本案中，丁某的目的比较明确，即从李某那里弄些钱化，其动机也是出于嫉妒心理，并无其他更恶劣之动机。所以法院的判决是正确的，是有法律依据的。

六、行为人在法律上和事实上认识的错误

所谓刑法学上所说的认识错误，是指行为人对自己的行为的刑法性质、后果和有关的事实情况不正确的认识。

刑法学上所说的错误，可以分为两类：

（一）行为人在法律上认识的错误

这是指行为人对自己的行为在法律上是否构成犯罪、构成何种犯罪或者应当受到什么样的处罚的不正确的理解。大致表现为三种情况：

1. 假想的犯罪

即行为人的行为依照法律并不构成犯罪，行为人误以为构成了犯罪。例如，行为人把自己的通奸、小偷小摸等一般违法或不道德的行为误认为是犯罪，而向司法机关“自首”，或者行为人把意外事件、正当防卫、紧急避险行为误认为是犯罪而向司法机关“自首”。在这种情况下，判断和认定行为的依据是法律，而不是行为人对法律的错误认识，因此，并不因为行为人的错误认识而使行为本来的非犯罪性质发生变化，因而不能构成犯罪。

2. 假想的不犯罪

即行为在法律上规定为犯罪，而行为人却误认为不构成犯罪。例如，行为人受到封建夫权思想的影响，经常以打骂等手段虐待妻子，并误认为是天经地义的，不构成违法犯罪。实际上这种行为在《刑法》上规定为虐待罪。在处理这类案件中，原则上不能因为行为人对自己的行为在法律上的性质的误解而不追究其应负的刑事责任，以防止犯罪分子借口不知法律而实施犯罪并逃避罪责。但是，在特殊情况下，如果行为人确实不了解国家法律的某种禁令，从而也不知道行为具有社会危害性的，就不宜让其承担刑事责任。然而，实际上，随着我国法治建设的进一步加强和全国普法工作的进一步深入，这种情况应该来说是越来越少，因此，不能轻易地就以行为人不知道有关的法律规定而免除行为人的刑事责任，更或出现偏袒行为人的问题发生。

3. 行为人对自己的行为在罪名上和刑罚轻重上的误解

即行为人认识到自己的行为已经构成犯罪，但对自己的行为触犯了《刑法》规定的何种罪名，应当被处什么样的刑罚，存在不正确的理解。例如，行为人偷割正在使用中的电话线，依照法律构成破坏公用电信设施罪，而行为人误认为构成盗窃罪。在这种情况下，行为人对法律的这种错误认识，并不影响犯罪性质和危害程度，应当按照他实际构成的犯罪及其危害程度定罪量刑。

（二）行为人在事实上的错误

这是指行为人对自己行为的事实情况的不正确理解。

通常表现为以下几种情况：

1. 客体错误

即行为人意图侵犯某种客体，而实际上侵犯了另一种客体。

案例：某甲在公共场所侮辱妇女，遭一位老人斥责后，辱骂、殴打老人，恰有外出执行任务的两个身着便衣的公安干警路过，即上前将甲扭获，出示证件后将甲带往附近派出所。行至途中，被甲的三个酒肉朋友乙、丙、丁遇见。三人以为甲是与人打架而被对方拿获，三人边走边小声商定要打对方个措手不及，救出甲来。待走近时，三人齐声一喝，即上前用拳头、酒瓶猛击两个便衣公安干警，将两个干警打倒在地，造成轻伤，甲乙丙丁四人一齐逃走。

问：分析乙丙丁三人的犯罪主观方面。

分析：在本案中，如果乙丙丁三人知道对方是正在执行公务的公安干警，就构成了《刑法》第277条的妨害公务罪；但他们并不知道对方是公安干警，以为是与甲打架的公民，因而应认定他们构成了《刑法》第234条的故意伤害罪。就是说，乙丙丁三人意图侵犯的是他人的健康权利，却由于其认识错误，而实际上侵犯了国家工作人员正在执行的正常公务活动。对这种客体错误的案件，应当按照行为人意图侵犯的客体定罪。

2. 对象的错误

具体又包括以下几种情况：

（1）具体的犯罪对象不存在，行为人误以为所要侵害的对象存在而实施犯罪行为，因而致使犯罪未得逞，应定为犯罪未遂。如行为人误将野兽、牲畜、物品、尸体当作人而开枪射杀的，应令其负故意杀人罪未遂的刑事责任。

（2）行为人误以人为兽而实施杀伤行为，误把非不法侵害人认为是不法侵害人而进行自卫，这类情况下显然不是故意犯罪，根据实际情况或是过失犯罪，或是意外事件。

（3）具体目标的错误，即把一个人当作另一个人而加以侵害。

案例：行为人想杀害甲，于夜晚持刀潜入甲家，对睡在甲床上的人实施了杀害行为。不料甲当夜不在家，睡在甲床上的是甲的弟弟乙。

问：行为人的错误认识对其刑事责任的承担有无影响？

分析：这种对具体目标的错误认识，对行为人的刑事责任不发生任何影响，行为人仍应负故意杀人罪或故意伤害罪的刑事责任。因为，甲、乙的生命、健康在法律上的价值一样，同样受到法律保护。

3. 行为实际性质的错误

即行为人对自己行为的实际性质发生了错误的理解。

案例：盗窃犯某甲盗窃了一辆摩托车，谎称是朋友委托转让而请求修理摩托车的个体户某乙代为销售，讲明销售后给乙一笔劳务费。乙听信了甲的谎言，想办法把摩托车销售出去了。后来买主骑摩托车外出时，正好被原来的失主发现，遂加以追问并告发。

问：乙的行为的性质?

分析：本案中，乙的行为的实际性质是代为销售赃物，但由于他不知道摩托车是甲盗窃来的，从而对自己行为的实际性质产生了误解，这就排除了他代为销售赃物的犯罪故意，不能认定为销售赃物罪。

4. 工具的错误

即手段的错误、方法的错误。例如，行为人误把白糖、碱等无毒物当作砒霜等毒物去毒杀人，误用空枪、坏枪、臭弹去射杀人，从而未能发生致人死亡的结果。这种情况并不是行为人对所选择的犯罪手段、方法本身不能造成犯罪结果有误解，而是行为人对实际用来犯罪的工具性质发生了误解，从而导致犯罪结果未能发生。因此，在此情况下，行为人具备犯罪的主客观要件，只是由于对犯罪工具实际效能的误解而致使犯罪行为未发生犯罪既遂的犯罪结果，应以犯罪未遂来追究行为人的刑事责任。

5. 因果关系的错误

即行为人对自己所实施的行为和所造成的结果之间的因果关系的实际发展过程有错误认识。

主要包括以下四种情况：

（1）行为人误认为自己的行为已经达到了预期犯罪结果，事实上并没有发生这种结果。例如，甲欲杀乙，便持棒将乙击昏，以为已致乙死亡而离去，后乙遇救未死。这种情况下，不影响甲构成故意杀人罪，但属于犯罪未遂。

（2）行为人所追求的结果事实上是由于其他原因造成的，行为人却认为是自己的行为造成的。例如，甲蓄意杀乙，某晚趁乙外出途中，潜在路边树林中开枪击中乙，乙当时倒地昏迷过去，甲看到乙不再动弹，以为已将乙杀死而潜逃。过了一段时间，乙苏醒过来，慢慢往家里方向爬，爬到公路一拐弯处，一辆卡车高速驶来，司机因疏忽大意，发现爬行的乙时已来不及刹车躲避，汽车从乙身上轧过去，致乙死亡。这里司机构成了交通肇事罪，甲虽然相信自己的枪杀行为已致乙死亡，却不能认定他构成故意杀人罪的既遂，因为乙死亡结果的发生并不是其枪击行为直接造成的，因而应当让甲负故意杀人未遂的刑事责任。

（3）行为人的行为没有按照他预想的方向发展和预想的目的停止，而是发生了行为人所追求的目标以外的结果。例如，甲想伤害乙，持刀向乙大腿扎了一刀，随即逃走，不料扎中乙的动脉血管，又因当时无人到场抢救，乙因流血过多而死亡。这种情况下，虽然甲的行为发生了致乙死亡的危害结果，但甲并无杀害乙的故意，因而不能认定甲构成故意杀人罪，而只能让甲负故意伤害致人死亡的刑事责任。

（4）行为人实施了甲、乙两个行为，伤害结果是由乙行为造成的，行为人却误认为是由甲行为造成的。例如，行为人意图扼杀被害人，将被害人扼昏后，误以为被害人已死亡。为逃避罪责，遂将被害人抛“尸”河中，或者用绳子套住被害人的颈部吊起，制造被害人上吊自杀的假象。殊不知，后实施的抛“尸”河中的行为或吊起被害人的行为，却淹死或勒死了被害人。在这种情况下，犯罪人主观上存在着杀人的故意，客观上也实施了杀害行为，被害人死亡结果的发生也确实是由他的行为直接造成的，因而其错误认识不应影响行为人的刑事责任，行为人仍应负故意杀人既遂的刑事责任。

复习题

（一）思考题

1. 简述犯罪客体与犯罪对象的关系。
2. 如何理解危害行为？
3. 不作为行为构成犯罪在客观上的成立条件是什么？
4. 简述刑法对刑事责任年龄和刑事责任能力的规定。
5. 简述直接故意与间接故意的关系。
6. 简述间接故意与过于自信的关系。
7. 简述行为人在事实上的认识错误对刑事责任影响的情形。

（二）名词解释

犯罪对象　危害行为　作为　不作为
刑事责任能力　完全刑事责任能力　完全无刑事责任能力
相对无刑事责任能力　减轻刑事责任能力　犯罪的故意
直接故意　间接故意　犯罪的过失　过于自信的过失
疏忽大意的过失　意外事件　不可抗力　犯罪目的
犯罪动机

（三）选择题

1. 下列表述中符合我国刑法理论的是（　　）。

A. 没有行为就没有犯罪
B. 犯罪目的是犯罪构成的必要条件
C. 犯罪手段是犯罪成立的必备要件
D. 犯罪客体属于犯罪客观方面的内容

2. 间接故意与过于自信的过失区别的关键是（ ）。
A. 行为人的预见程度不同
B. 行为人的预见内容不同
C. 行为人对结果是否发生的意志内容不同
D. 行为人对行为是否实施的意志内容不同
3. 下列人员中，因为精神因素而不负刑事责任的是（ ）。
A. 没有完全丧失辨认或者控制自己行为能力的精神病人
B. 间歇性精神病人
C. 又聋又哑的人
D. 完全丧失辨认能力的病理性醉酒的人
4. 刑法因果关系的特征是（ ）。
A. 客观性 B. 相对性 C. 时间顺序性
D. 条件性和具体性 E. 复杂性
5. 我国《刑法》规定的单位犯罪主体范围包括（ ）。
A. 公司 B. 企业 C. 事业单位
D. 国家机关 E. 社会团体和人民团体
6. 甲与乙为宅基地边界问题发生纠纷，引起殴斗。在殴斗过程中，甲拿刀朝乙肚子上猛刺一刀后逃走，致乙死亡。甲对乙的死亡在主观上属于（ ）。
A. 过于自信的过失 B. 疏忽大意的过失
C. 直接故意 D. 间接故意
7. 下列犯罪中，已满十四周岁不满十六周岁的人不承担刑事责任的是（ ）。
A. 抢劫罪 B. 强奸罪
C. 爆炸罪 D. 破坏交通工具罪
8. 某仓库保管员被两名犯罪分子捆绑在门柱上不能动弹，只得任凭两名犯罪分子从仓库取走价值2万元的货物。该仓库保管员的行为属于（ ）。
A. 不作为犯罪 B. 胁从犯
C. 过失犯罪 D. 不构成犯罪
9. 假想的犯罪是指（ ）。
A. 行为不构成犯罪却误认为是犯罪
B. 行为构成犯罪却误不认为是犯罪
C. 凭空捏造的犯罪
D. 对犯罪的处罚轻重产生错误认识
10. 一切犯罪在客观方面必须具备的条件是（ ）。
A. 危害行为

B. 危害结果

C. 危害行为和时间、地点

D. 危害行为与危害结果之间的因果关系

11. 我国《刑法》规定的完全负刑事责任的年龄是行为人已满（　　）。

A. 十二周岁　　B. 十六周岁

C. 十八周岁　　D. 十四周岁

12. 李某与赵某有仇，欲伺机杀赵某。某日李某驾驶一辆货车，见前面一行人极像赵某，便驾车将该人撞死。后发现该人不是赵某，李某驾车逃跑。李某的行为属于（　　）。

A. 故意杀人罪　　B. 过失致人死亡罪

C. 交通肇事罪　　D. 故意伤害（致人死亡）罪

13. 又聋又哑的人或者盲人犯罪（　　）。

A. 应当从轻或者减轻处罚　　B. 应当从轻、减轻或者免除处罚

C. 可以从轻或者减轻处罚　　D. 可以从轻、减轻或者免除处罚

14. 刑法上的因果关系是指（　　）。

A. 行为与结果之间的联系　　B. 犯罪原因与犯罪行为之间的联系

C. 危害行为与危害结果之间的联系　　D. 犯罪行为与犯罪对象之间的联系

15. 行为人在法律上认识的错误对行为人的刑事责任（　　）。

A. 有影响　　B. 没有影响

C. 有的有影响，有的无影响　　D. 一般的影响是从宽处理

16. 疏忽大意过失致人死亡与意外事件致人死亡相区别的关键是（　　）。

A. 犯罪的主体不同　　B. 侵犯的客体不同

C. 行为的方式不同　　D. 对他人死亡的结果能否预见不同

17. 我国《刑法》中属于限制责任能力的人有（　　）。

A. 又聋又哑的人　　B. 盲人

C. 精神正常时期的间歇性精神病人　　D. 醉酒人

E. 限制刑事责任的障碍人

（答案：1. A；2. C；3. D；4. ABCDE；5. ABCDE；6. D；7. D；8. D；9. A；10. A；11. B；12. A；13. D；14. C；15. C；16. D；17. ABE）

第六章　犯罪形态

本章主要内容

本章介绍的是犯罪形态的基本知识。包括犯罪既遂、犯罪预备、犯罪未遂和犯罪中止诸形态的概念、特征和处罚原则。共同犯罪的概念、构成和形式以及共同犯罪人的种类及其刑事责任。一罪与数罪的区分标准，对数罪形态的的认定和处理原则。

本章的重点问题

1. 各种犯罪形态的成立条件及其处罚原则。
2. 共同犯罪的概念、成立条件。
3. 必要共同犯罪与犯罪集团。
4. 主犯、教唆犯及其处罚原则。
5. 想象竞合犯、连续犯、牵连犯。

学习目标

了解各种犯罪形态的基本内容，重点掌握各种犯罪形态的成立条件及其处罚原则，特别是犯罪预备、犯罪未遂和犯罪中止，以及共同犯罪的基本原理和实践中应当注意的问题。能够运用基本理论准确认定、处理实践中的各种犯罪形态。

第一节　故意犯罪过程中的停止形态

一、故意犯罪中的停止形态的概念和种类

故意犯罪过程中的停止状态，是指故意犯罪在其发生、发展和完成过程与阶段中，因主客观原因而停止下来的各种状态。包括两种类型：一是犯罪完成的形态，即犯罪既遂形态；二是犯罪未完成形态，具体包括犯罪预备、犯罪未遂和犯罪中止三种形态。

二、犯罪既遂

（一）犯罪既遂的概念

所谓犯罪既遂，是指行为人所故意实施的行为已经具备了某种犯罪构成的全部要件。

其主客观特征是：主观上，行为人特定的犯罪意图已经借助犯罪行为的实施全部展开或得到实现；客观上，行为人的犯罪行为已经在主观犯罪意图和意志的支配下达到法定的终点即完成了犯罪的状态。

（二）犯罪既遂形态的类型

1. 结果犯

指不仅要有犯罪构成客观要件的行为，而且必须发生法定的犯罪结果，才构成既遂犯罪。例如，故意杀人罪、故意伤害罪、抢劫罪、盗窃罪、诈骗罪等。如故意杀人罪的犯罪结果就是他人的死亡，发生了死亡结果的为既遂，因行为人意志以外的原因未发生死亡结果的为未遂。

2. 行为犯

指以法定的犯罪行为的完成作为既遂标志的犯罪。这类犯罪的既遂并不要求造成物质性的和有形的犯罪结果，而是以行为完成为标志。但是，这些行为要有一个实行过程，要达到一定程度，才能视为行为的完成。因此，在着手实行犯罪的情况下，如果达到了法律要求的程度，完成了犯罪行为，就应视为犯罪的完成即构成犯罪既遂；如果因犯罪人意志以外的原因未能达到法律要求的程度，未能完成犯罪行为，就应认定为未完成犯罪而构成犯罪未遂。例如，强奸罪、奸淫幼女罪、脱逃罪、偷越国（边）境罪、诬告陷害罪等。如脱逃罪，以行为人达到逃脱了监禁羁押的状态和程度，作为犯罪行为完成和犯罪既遂成立的标志，未能达此程度的是犯罪行为未完成，应成立犯罪未遂。

3. 危险犯

指以行为人实施的危害行为造成法律规定的发生某种危害结果的危险状态作为既遂标志的犯罪。这类犯罪在刑法理论上称为危险犯。其既遂不是以造成物质性的和有形的犯罪结果为标准，而是以法定的客观危险状态的具备为标志。

4. 举动犯

是指按照法律规定，行为人一着手犯罪实行行为即告犯罪完成和完全符合构成要件，从而构成既遂的犯罪。从犯罪构成特性上分析，举动犯包括两种情况。

(1) 法律将预备性质的行为提升为实行行为的犯罪，如我国《刑法》第294条规定的组织、领导、参加黑社会性质组织的犯罪。

(2) 教唆煽动性质的犯罪，如我国《刑法》第295条规定的传授犯罪方法罪。

由于举动犯是一着手实行犯罪就构成既遂，其不存在犯罪未遂问题，也就没有既遂与未遂之分。但是，举动犯存在犯罪既遂形态与犯罪预备形态以及预备阶段的中止形态之别。

(三) 既遂犯的处罚原则

犯罪既遂是故意犯罪的完成形态，符合《刑法》分则具体犯罪条文的构成，而《刑法》分则具体犯罪条文的构成及法定刑均是以犯罪的完成形态为标准来设置的。因此，对行为符合犯罪既遂特征的既遂犯，在考虑《刑法》总则一般量刑原则的指导与约束的基础上，直接按照《刑法》分则具体犯罪条文的法定刑幅度处罚。

案例：某甲系A市三中学生，15岁，一日因故与其母发生争吵，遂心生恶念，持刀杀其母。其母受伤尚未死亡，某甲急忙送其母到医院抢救，但抢救无效死亡。

问：分析某甲的犯罪形态是否属于既遂?

分析：犯罪既遂，在主观上，行为人特定的犯罪意图已经借助犯罪行为的实施而全部展开或得到实现；客观上，行为人的犯罪行为已经在主观犯罪意图和意志的支配下达到法定的终点即完成犯罪的形态。在本案中，某甲在主观上已经将其犯罪意图（即杀母）得到实现（结果是其母已死）；在客观上，某甲的犯罪行为也已经达到法定的终点，即完成犯罪的形态（其母死亡的事实已完成）。并且，某甲未能有效地防止犯罪结果的发生。所以，某甲的犯罪行为已经完全符合犯罪既遂的主客观特征，应承担故意杀人既遂的刑事责任。

三、犯罪预备

（一）犯罪预备的概念和特征

1. 犯罪预备的概念

犯罪预备是故意犯罪过程中未完成犯罪的一种停止状态，是指行为人为实施犯罪而开始创造条件的行为，由于行为人意志以外的原因而未能着手犯罪实行行为的犯罪停止状态。

2. 犯罪预备的特征

（1）行为人已经开始实施犯罪的预备行为。所谓犯罪的预备行为，从性质上讲，就是为犯罪的实行和完成创造便利条件的行为。如为实施故意杀人罪而进行配制含毒食物、制造匕首或者调查被害人的行踪等行为。它不同于犯意表示。所谓犯意表示，是指以口头、文字或其他方式对犯罪意图的单纯表露，它尚未开始实施任何危害社会的行为，属于思想的范畴，不具有刑法意义上的社会危害性，因而不能认定为犯罪和处以刑罚。

（2）行为人尚未着手犯罪的实行行为。所谓犯罪的实行行为，指《刑法》分则中具体犯罪构成客观方面的行为。即犯罪活动在具体犯罪实行行为着手以前停止下来。如故意杀人罪中尚未着手实施杀害他人的行为，盗窃罪中尚未着手实施非法秘密取得他人财物的行为。这是其区别于犯罪未遂的最显著的标志。

（3）犯罪在实行行为尚未着手时停止下来，从主观上看是违背行为人的意志的，即是由于行为人意志以外的原因所致。

同时符合上述客观特征的行为人，就是预备犯。

根据我国《刑法》第 22 条的规定，可以将犯罪预备行为区分为两种类型：

（1）为实施犯罪准备工具的行为。所谓犯罪工具，是指犯罪分子进行犯罪活动所用的一切器械物品。所谓准备犯罪工具，包括制造犯罪工具、寻求犯罪工具，以及加工犯罪工具使之适合于犯罪的需要。

（2）其他为实施犯罪创造便利条件的行为。这类犯罪预备行为包括以下几种情况。

①为实施犯罪事先调查犯罪场所、时机和被害人的行踪。

②准备实施犯罪的手段，即为实施犯罪而事先进行练习。

③排除实施犯罪的障碍。

④追踪被害人，守候被害人的到来或者进行其他接近被害人，接近被害对象、物品的行为。

⑤前往犯罪场所守候或者诱骗被害人赶赴犯罪的预定地点。

⑥勾引集结共同犯罪人，进行犯罪预谋。

⑦拟定实施犯罪和犯罪后逃避侦查、追踪的计划等。

（二）预备犯的处罚原则

我国《刑法》第22条第2款规定："对于预备犯，可以比照既遂犯从轻、减轻处罚或者免除处罚。"这一处罚原则显著轻于《刑法》第23条第2款对于未遂犯的处罚。

案例：被告人卢某，男，32岁。卢某自1995年5月与王某通奸，后因两人发生矛盾，卢某对王某怀恨在心，预谋进行报复。1997年8月，卢某先后购买炸药20公斤、雷管25个、导火索12米，并秘密进行了爆炸实验，准备在1997年10月1日前炸死王某，然后跳楼自杀。1997年9月25日，卢某被人告发归案。

问：卢某的行为是否构成犯罪预备？

分析：犯罪预备是指行为人为实施犯罪而开始创造条件的行为，由于行为人意志以外的原因而未能着手犯罪实行行为的犯罪停止形态。其具有两个基本特点，即一是由于犯罪分子意志以外的原因而未得逞；二是其存在的空间是从犯罪预备行为开始到着手实行犯罪以前。本案中，卢某确实已经开始了犯罪的准备工作，但是却由于他意志以外的原因（被人告发）使得他的计划未能得逞，即在他还未来得及实行犯罪之前，即已被迫停止，而这种停止则不是他自己的意愿，而是完全出于他自己的意料之外的。如果没有人告发他的行为，那么，他的犯罪行为就不可避免地要产生社会危害结果。因此，他的尚未完成的犯罪行为完全符合犯罪预备的法律特征，因而属于犯罪预备。

四、犯罪未遂

（一）犯罪未遂的概念和特征

根据我国《刑法》的规定，所谓犯罪未遂，是指行为人已经着手实行具体犯罪构成的实行行为，由于其意志以外的原因而未能完成犯罪的一种犯罪停止形态。

其具有如下三个特征：

(1) 行为人已经着手实行犯罪。即行为人开始实施《刑法》分则规范里具体犯罪构成要件中的犯罪行为。如故意杀人罪中的杀人行为，抢劫罪中侵犯人身的行为和劫财行为等。

行为人已经着手实行犯罪，是犯罪未遂形态与犯罪预备形态相区别的主要标志。因为犯罪未遂形态和犯罪预备形态都是由于行为人意志以外的原因而被迫停止了继续犯罪，而未遂犯是已经着手实行犯罪，预备犯则是尚未着手实行犯罪，因而二者区别的关键，就在于着手实行犯罪与否。

(2) 犯罪未完成而停止下来。行为人在着手实行犯罪以后犯罪“未得逞”，即犯罪未达既遂形态而停止下来，这是犯罪未遂形态的一个重要特征，是犯罪未遂形态区别于犯罪既遂形态的主要标志。

(3) 犯罪停止在未完成形态是犯罪分子意志以外的原因所致。

此乃犯罪未遂形态的又一重要特征，是犯罪未遂形态与着手实行犯罪后的犯罪中止形态相区别的关键，前者是由于行为人意志以外的原因而未完成犯罪。

(二) 犯罪未遂的类型

1. 实行终了的未遂与未实行终了的未遂

此区分的标准是以犯罪实行行为是否终了为根据。如盗窃犯正在室内盗窃时被当场抓获，此即未实行终了的未遂。而实行终了的未遂可以有两种表现：

(1) 犯罪分子误认为其犯罪意图所必要的行为都已经实行终了，因而停止了犯罪行为，但是由于其意志以外的原因而未能使犯罪达到既遂状态。如故意杀人罪中致人重伤，犯罪人误以为被害人已死亡或必然死亡，因而放弃加害而离去，后被害人遇救幸存的情况，就是这种表现形式的典型。

(2) 犯罪分子对完成犯罪所必需的犯罪行为以实行终了这一点并未发生错误，但是行为实行终了距犯罪既遂还有一段距离，在实行终了以后，由于犯罪人意志以外的原因致使犯罪未能达到既遂状态。如投毒杀人的犯罪已将毒投下，因被害人发现而未食毒物，或者被害人食毒物后遇救未死，即属这种情况。

从主客观统一看，一般来说，实行终了的未遂的社会危害性大于未实行终了的未遂。在量刑时，实行终了的未遂一般比未实行终了的未遂从重。

2. 能犯未遂与不能犯未遂

此以行为的实行能否构成犯罪既遂为标准的区分。

(1) 能犯未遂。指犯罪行为有实际可能达到既遂，但由于行为人意志以外的原因未能达到既遂而停止下来的情况。

例如，甲得知某商店夜间无人值班，便驾车前往行窃。当他正在用工具撬开商店门窗企图入室时，被公安巡逻人员当场抓获。

(2) 不能犯未遂。是指犯罪人对有关犯罪事实认识错误，而使犯罪行为不可能达到既遂的情况。

不能犯未遂又可以区分为：

①工具不能犯未遂，是指犯罪人由于认识错误而使用了按其客观性质不能

实行行为人犯罪意图，同时也不能构成既遂的犯罪工具，以致犯罪未遂。例如，误把白糖等无毒物当作砒霜等毒物去毒人；误用空枪、坏枪、臭弹去射杀人等。

②对象不能犯未遂，是指由于行为人的错误认识，使得犯罪行为所指向的犯罪对象在行为时不在犯罪行为的有效作用范围内，或者具有某种属性使得犯罪不能既遂而只能未遂。例如，误认尸体为活人而开枪射杀、砍杀；误认空包内有钱财而扒窃；误认为被害人在卧室而隔窗枪击等。

案例：孙某于某日凌晨2时许，携带一根自制的短木棍窜入某市聋哑学校，意图强奸女学生。孙某将该校第二排学生宿舍的第四间房门撬开，见床上睡着一人（刘某，男，13岁），误认为是女学生，遂上前用木棍猛击刘头部一下，致刘某昏迷。孙某脱掉刘某长、短裤，欲行强奸，发现其为男性，便将被子盖在刘某身上离去。

问：孙某的行为是否属于犯罪未遂？

分析：孙某的行为属于典型的犯罪未遂，而且是对象不能犯的未遂。即孙某误将刘某当作女学生而欲行奸淫，而实际上刘某系男性，使得刘某的奸淫女学生的行为成为不可能，亦即对犯罪对象的不能犯，此乃典型的对象不能犯的未遂。

（三）未遂犯的处罚原则

我国《刑法》第23条第2款规定："对于未遂犯，可以比照既遂犯从轻或者减轻处罚。"

案例：1999年7月20日下午，被告人林某（男，30岁）与张某（男，25岁）一起，窜至某纺织厂女工杜某（21岁）的宿舍，以要杜某陪他们去吃饭为名，强行将杜某拉出房外。杜某不愿意去，张某即用双手掐住杜某的脖子，威胁说："不走就掐死你。"林某劝张某不要掐她的脖子。随后，林某、张某两人把杜某挟持到其朋友李某（男，23岁）家。当场，张某和李某相继将杜某强奸，接着林某不顾杜某哭泣，趴到她身上欲行强奸，因饮酒过多而未能得逞。杜某回到宿舍后，林某主动找杜某要同她谈恋爱，并劝她不要告发。林某、杜某两人谈恋爱3个多月后，杜某发现林某已有对象，遂与林某断绝往来，并向公安机关告发。

问：林某行为应如何认定？

分析：本案中，林某参与挟持和轮奸妇女，其行为已构成强奸罪。林某不顾被害人杜某的哭泣，趴在她身上实施强奸，其犯罪行为已经着手，只因饮酒过多这一意志以外的原因而未能得逞，所以其行为已经构成强奸未遂。

五、犯罪中止

（一）犯罪中止的概念和特征

犯罪中止，是指在犯罪过程中，行为人自动放弃犯罪或者自动有效地防止犯罪结果的发生，而未完成犯罪的一种犯罪停止状态。

可分为两种类型：

1. 自动停止犯罪的犯罪中止

其特征是：

（1）时空性。即必须是在犯罪处于运动过程中而未形成任何停止状态的情况下放弃犯罪。

（2）自动性。即行为人必须是自动停止犯罪，即行为人出于自己的意志而放弃了自认为当时可以继续实施和完成的犯罪，即行为人在主观上自动放弃了犯罪意图，在客观上自动停止了犯罪的继续实施和完成。

（3）彻底性。指行为人彻底放弃了原来的犯罪。即行为人在主观上彻底打消了原来的犯罪意图，在客观上彻底放弃了自认为本可以继续进行的犯罪行为，而且从主客观的统一上看，行为人也不打算以后再继续实施此项犯罪。暂时中断犯罪，即行为人停止犯罪是因为准备不充分或者认为时机不成熟、环境条件不利，而意图等待条件适宜时再继续该项犯罪的，就不具备中止犯罪的彻底性的要求，因而不能认为是犯罪中止。

2. 自动有效地防止犯罪结果发生的犯罪中止

是指某些犯罪，行为人已经着手实行的犯罪行为可能造成但尚未造成犯罪既遂所要求的犯罪结果，而在这种情况下所成立的犯罪中止。

其特征除应具备上述的时空性、自动性、彻底性以外，还应当具备有效性，即行为人还必须有效地防止了他已实施的犯罪的法定犯罪结果的发生，致使犯罪未达既遂而停止下来。如果行为人虽然采取了防止既遂的犯罪结果发生的积极措施，但实际上未能防止既遂之犯罪结果的发生，或者该犯罪结果未发生是由于其他原因所致，则不能认为行为人成立犯罪中止，而应为犯罪既遂或犯罪未遂。但对行为人防止犯罪结果发生的这种努力，可在处罚时作为从宽情节适当考虑。

（二）中止犯的处罚原则

我国《刑法》第24条第2款规定："对于中止犯，没有造成损害的，应当免除处罚；造成损害的，应当减轻处罚。"这种处罚原则不但轻于未遂犯，也轻于预备犯。在实践中，是否造成损害，是对中止犯应当免除处罚还是减轻处罚的法定标准。

案例：被告人甲男，26岁，工人。甲男与乙女同在一个车间，由于长期相处，甲男对乙女产生了好感；而乙女也很同情从小在孤儿院长大的甲男，时常给甲男以帮助。后甲男向乙女示爱，乙女婉言谢绝，甲男感到生活已失去了意义。一天夜里，甲男趁夜深人静从窗户窜入乙女的房间，掏出匕首，准备将生米煮成熟饭；却不慎将地上的暖瓶踢翻，乙女被惊醒。乙女喝问是谁，甲男如实作了回答，乙女立即怒骂，并说："我哪个对不住你，你干这种事还有良心吗？"于是，甲男双膝跪地，不断讨饶。乙女随即将甲男放走。

问：对甲男的行为应当如何认定？

分析：本案中，甲男意欲强奸乙，但强奸并未着手。从原因上看似乎是乙女怒斥的结果，实际上关键是看乙女的怒斥是否足以抑制犯罪人的犯罪意志。其实，这种怒斥并不足以制止犯罪，甲男完全可以继续犯罪继而着手强奸行为，只是由于乙女的怒斥，引起甲男内心动摇，自动放弃了犯罪念头，自动停止了犯罪。故甲男的行为应属强奸中止，而非强奸未遂。

第二节　共同犯罪形态

一、共同犯罪的概念和构成

共同犯罪，是指二人以上的共同故意犯罪。

其构成要件为：

（一）共同犯罪的主体条件

共同犯罪的主体必须是二人以上，可以区分为：

（1）两个以上的自然人所构成的共同犯罪。各犯罪人必须同时具有刑事责任能力。如果其中有人为未达到刑事责任年龄的人或精神病人的，则不能构成共同犯罪。

（2）两个以上的单位所构成的共同犯罪。例如，单位共同走私、行贿、受贿、生产销售伪劣产品和制作、贩卖淫秽物品牟利等，都可以构成单位共同犯罪。

（3）有责任能力的自然人与单位所构成的共同犯罪。

（二）共同犯罪的客观要件

共同犯罪的客观要件，是指犯罪人必须具有共同的犯罪行为。

所谓共同犯罪行为，是指各犯罪人为追求同一危害社会的结果、完成同一犯罪，而实施的相互联系、彼此配合的犯罪行为。

其表现形式分为三种情形：

1. 共同作为、共同不作为、作为与不作为的结合

所谓共同作为，即各共同犯罪人均实施了法律所禁止的行为而构成共同犯罪。如甲乙二人共同持刀抢劫他人而构成的共同抢劫罪。

所谓共同不作为，即各共同犯罪人均实施了未履行应当履行的义务的行为而构成的共同犯罪。如夫妻商定共同遗弃老母而构成的共同遗弃罪。

所谓作为与不作为的结合，即共同犯罪人中有人系作为行为，有人系不作为行为。如银行保安人员与盗窃犯事前通谋，届时盗窃犯入室行窃，保安人员借故离开，即是由作为与不作为相结合构成的共同盗窃罪。

2. 共同直接实行犯罪行为

即共同犯罪人没有分工，均直接实行犯罪行为。

3. 存在分工的共同犯罪行为

具体表现为组织行为、教唆行为、实行行为和帮助行为。

（三）共同犯罪的主观要件

共同犯罪的主观要件，是指各共同犯罪人必须有共同的犯罪故意。

所谓共同的犯罪故意，是指各共同犯罪人通过意思联络，认识到他们的共同犯罪行为会发生危害社会的结果，并决意参加共同犯罪，希望或放任这种结果发生的心理状态。

其特征是：

1. 共同犯罪的认识因素

包括三个方面的要素：

（1）认识到不是自己一个人单独实施犯罪，而是与他人互相配合共同实施犯罪。

（2）不仅认识到自己的行为会产生某种危害结果，而且也认识到其他共同犯罪人的行为也会引起某种危害结果。

（3）各共同犯罪人都预见到共同犯罪行为与共同犯罪结果之间的因果关系。

2. 共同犯罪的意志因素

可以分为：

（1）共同直接故意，即表现为共同犯罪人共同希望犯罪结果的发生。

（2）共同间接故意，即表现为共同犯罪人共同放任危害结果的发生。

（3）在个别情况下，表现为有的出于希望，有的出于放任。

不属于共同犯罪的情形：

1. 同时犯不是共同犯罪

同时犯，是指没有共同实行犯罪的意思联络，而在同一时间针对同一目标实行同一犯罪。

2. 同时实施犯罪而故意内容不同，不构成共同犯罪。

例如，甲、乙二人同时侵害丙，甲出于伤害的故意，乙则出于杀人的故意，结果造成了丙的死亡，对甲、乙应分别定故意伤害罪和故意杀人罪。

3. 超出共同故意以外的犯罪，不构成共同犯罪。

例如，甲、乙共同盗窃，窃取财物后，甲又强奸了妇女，甲、乙不构成强奸罪的共犯。此称为，“实行犯过限”的行为。

案例：甲、乙、丙、丁都是已成年的男子。一天他们在一起喝酒。甲提出到江边的货船上盗窃财物，乙、丙、丁表示同意。甲遂分派乙去准备匕首和自行车，丁去窥视作案地形。入夜后，甲、乙、丁三人聚集在一起，由丁带领到一艘装有出口衣料的货船上，盗得出口衣料三捆，价值人民币3000余元。第二天，甲要乙去找丙想办法销赃，乙找到丙后，丙一再表示不干，乙说：“上船容易下船难，不去小心你的狗命。”丙出于无奈，遂把赃物卖掉，所得赃款由四人平分。

问：甲、乙、丙、丁四人的犯罪形态是否属于共同犯罪？

分析：甲、乙、丙、丁四人构成共同故意犯罪。在主观方面，他们有共同犯罪故意，当甲提出盗窃财物的犯罪意图时，丙和乙、丁一起表示同意。在客观方面，他们有共同的犯罪行为，丙的销赃行为与甲的组织盗窃、乙的准备匕首与自行车，丁的窥探地形以及后来甲、乙、丁共同盗出衣料这一系列行为互相联系，互相配合，共同构成了一个统一的犯罪活动的整体，每个人的行为与犯罪结果之间都有因果关系。又甲、乙、丙、丁四人均为成年人，均具有刑事责任能力，所以，四人共同构成盗窃罪。

二、共同犯罪的形式

共同犯罪的形式，是共同犯罪形成、结构和共同犯罪人结合形式的总称。我国《刑法》将共同犯罪形式区分为四类八种：

（一）任意共同犯罪与必要共同犯罪

1. 任意共同犯罪

简称任意共犯，指《刑法》分则规定的可以由一个人单独实施的犯罪，当二人以上共同实施时，即构成共同犯罪。

这种共同犯罪的特点是：《刑法》对犯罪主体的人数没有限制。如果二人共同实施，则成立共同犯罪。因此，在对这种共同犯罪案件定罪量刑时，不仅要引用《刑法》分则的有关具体条款，而且要引用《刑法》总则中有关共同犯罪的规定。任意共同犯罪的范围相当广泛。

2. 必要共同犯罪

简称必要共犯，指《刑法》分则规定的只能由二人以上的共同行为作为犯罪构成要件的犯罪。

这种共同犯罪的特点是：犯罪主体必须是二人以上，而且具有共同的犯罪行为，一个人不可能单独构成犯罪。

在我国《刑法》中，其有两种形式：

(1) 聚众性共同犯罪，如聚众扰乱社会秩序、聚众冲击国家机关等犯罪。如《刑法》第290条规定的聚众扰乱社会秩序罪、聚众冲击国家机关罪等，都是聚众性共同犯罪。

(2) 集团性犯罪，如组织、领导、参加黑社会性质组织罪、组织越狱罪等。

(二) 事前有通谋的共同犯罪与事前无通谋的共同犯罪

事前有通谋的共同犯罪，简称事前共犯，指共同犯罪人的共同犯罪故意，是在着手实行犯罪前形成的。

事前无通谋的共同犯罪，亦称事中共犯，指共同犯罪人的共同犯罪故意，是在着手实行犯罪之时或实行犯罪过程中形成的。

(三) 简单共同犯罪与复杂共同犯罪

简单共同犯罪，亦称共同正犯（共同实行犯），指二人以上共同直接实行《刑法》分则规定的某一具体犯罪的构成要件的行为。即其只有实行犯，而没有教唆犯、组织犯或帮助犯。

复杂共同犯罪，简称复杂共犯，指各共同犯罪人之间存在着犯罪分工的共同犯罪。这种分工具体表现为：组织犯、教唆犯、实行犯和帮助犯。

(四) 一般共同犯罪与特殊共同犯罪

一般共同犯罪，简称一般共犯，又称非集团性共犯，指没有特殊组织形式的共同犯罪。其特点是：共同犯罪人为实施某种犯罪而临时结合，一旦犯罪完成，这种结合便不复存在。一般共同犯罪，既可以是事前有通谋的共同犯罪，又可以是事前无通谋的共同犯罪；既可以是简单共同犯罪，又可以是复杂共同犯罪。

特殊共同犯罪，简称特殊共犯，亦称有组织的共同犯罪，通常为犯罪集团。所谓犯罪集团，是指三人以上为共同实施犯罪而组成的较为固定的犯罪组织。如走私集团、盗窃集团等。

案例：唐某（男，37岁，无业人员）于1999年7月，与当地的流氓头子张某勾结，搜罗当地一些无业人员，结成以唐、张为首的6个人的流氓、盗窃集团，轮奸妇女两名，盗窃财物10万余元，还指使10岁的刘某向仇人林家的水缸里放剧毒药，导致林某死亡。

问：(1) 唐某、张某等人是否构成犯罪集团？

(2) 对唐某、张某应如何处分？

(3) 刘某是否与唐某、张某构成共同故意犯罪？

(4) 对刘某的行为应如何处理？

分析：(1) 三人以上为共同实施犯罪而组成的较为固定的犯罪组织，是犯罪集团。本案中，唐某等6人显然已经构成犯罪集团。

(2) 唐某、张某组织、领导犯罪集团进行犯罪活动，是主犯并且是首要分子，应按照集团所犯的全部罪行处罚。即根据《刑法》第26条第1~3款的规定，予以处罚。

(3) 刘某不能与唐某、张某构成共同犯罪。构成共同犯罪，在犯罪主体上要求必须达到刑事责任年龄，具有刑事责任能力。本案中，刘某才10岁，不具备犯罪的主体资格，不能与唐某、张某一起构成共同犯罪。唐某、张某属于间接正犯，即属于利用无责任能力者或无罪过者来实现自己的犯罪意图的犯罪者。

(4) 刘某的行为应由唐某、张某来承担刑事责任，唐某、张某的此项行为构成故意杀人罪，应与他们所犯的其他罪行数罪并罚。而刘某无刑事责任能力，不构成犯罪，不能承担林某死亡的法律后果。

三、共同犯罪人的种类及其刑事责任

(一) 共同犯罪人的分类

(1) 按照共同犯罪人行为的性质和犯罪分工，将共同犯罪人分为组织犯、实行犯、帮助犯和教唆犯。

(2) 按照共同犯罪人在共同犯罪中的地位和作用，将共同犯罪人分为主犯、从犯和胁从犯。

(3) 按照共同犯罪人的分工和在共同犯罪中的作用，首先把共同犯罪人分为组织犯、实行犯、帮助犯和教唆犯，然后再区分出主犯、从犯和胁从犯。

(二) 主犯及其刑事责任

主犯是指组织、领导犯罪集团进行犯罪活动或者在共同犯罪中起主要作用的犯罪分子。

主犯可以区分为三种：

（1）在犯罪集团中起组织、策划、指挥作用的犯罪分子。

（2）在聚众犯罪中起组织、策划、指挥作用的犯罪分子。

（3）其他在犯罪集团或一般共同犯罪中起主要作用的犯罪分子，可以是实行犯，也可以是教唆犯。

根据我国《刑法》第26条第3款和第4款的规定，对组织、领导犯罪集团的首要分子，按照集团所犯的全部罪行处罚；对其他主犯，应当按照其所参与的或者组织、指挥的全部犯罪处罚。

（三）从犯及其刑事责任

从犯是指在共同犯罪中起次要或者辅助作用的犯罪分子。

从犯可以区分为：

（1）次要的实行犯，是指虽然直接实行犯罪，但在整个犯罪活动中其作用居于次要地位的实行犯。

（2）帮助犯，是指未直接实行犯罪，而在实行犯罪前或实行犯罪过程中给组织犯、实行犯、教唆犯以各种帮助的犯罪人。

根据我国《刑法》第27条第2款的规定，对于从犯，应当从轻、减轻或者免除处罚。

（四）胁从犯及其刑事责任

胁从犯是指被胁迫参加共同犯罪的犯罪分子。

被胁迫参加犯罪，即在他人暴力强制或精神威胁下，被迫参加犯罪。

根据我国《刑法》第28条的规定，对于胁从犯，应当按照他的犯罪情节减轻处罚或者免除处罚。

所谓犯罪情节，主要是指被胁迫的程度，以及在共同犯罪中所起的实际作用。

（五）教唆犯及其刑事责任

教唆犯是指故意唆使他人实行犯罪的犯罪分子。

其特点是：本人不亲自实行犯罪，而故意唆使他人产生犯罪决意并实行犯罪。

成立教唆犯必须具备下列条件：

（1）客观上具有教唆他人犯罪的行为，即用授意、劝说、请求、命令、挑拨、刺激、收买、引诱等方法，唆使他人去实行某一具体犯罪。其教唆的对象是本无犯罪意图的人，或者虽有犯罪意图，但犯罪意志尚不坚定者。关于教唆的方式，可以是口头，也可以是书面，可以是一人单独教唆，也可以是数人共同教唆。但不作为行为不能成立教唆犯。

（2）主观上具有唆使他人犯罪的故意，故意的内容包括：认识到他人尚无犯罪决意，预见到自己的教唆行为将引起被教唆者产生犯罪决意，而希望或放任教唆行为所产生的结果。因此，教唆犯的主观方面，可以是直接故意，也可以是间接故意。

根据我国《刑法》第29条第1款的规定，对于教唆犯，应当按照他在共同犯罪中所引起的作用处罚。教唆不满18周岁的人犯罪的，应当从重处罚。

根据我国《刑法》第29条第2款的规定，如果被教唆的人没有犯被教唆的罪，对于教唆犯，可以从轻或者减轻处罚。此即教唆未遂。教唆未遂可以发生在以下四种场合：

①被教唆的人拒绝接受教唆，此种情况下，不能构成共同犯罪，只能对教唆者以单个人定罪处罚；

②被教唆的人构成预备犯；

③被教唆的人犯罪未遂；

④被教唆的人自动中止犯罪。

此外，教唆不满14周岁的人或精神病患者即无责任能力人实行《刑法》禁止的行为的，对教唆者应当按单独犯论处。该情况称为间接正犯即间接实行犯。

案例：马某纠集李某、王某、刘某3人，共谋抢劫出租汽车。4个人先后以租车为名，诱使司机出车，然后伺机杀害。他们在A市作案10起，劫得轿车10辆，杀死出租汽车司机10名。为躲避公安机关的追捕，马某提出到B市抢劫，并购买菜刀4把，尼龙绳2根作为犯罪工具。后马某因其父去世赶回家口，将作案工具交给其他3人，并约定5日后在B市见面。李某、王某、刘某到B市后，抢劫“夏利”牌出租车1辆，并将该车司机韩某杀死。马某到B市与李某等3人会合后，在B市长途汽车站伺机作案时，被B市公安机关抓获。

问：（1）马某、李某、王某、刘某的行为是否构成犯罪集团？

（2）马某对李某、王某、刘某所实施的B市抢劫行为是否也应承担刑事责任？

分析：（1）马某、李某、王某、刘某的行为是有组织的共同犯罪，是犯罪集团。他们具备犯罪集团的所有条件，即人数为3人以上，为了共同进行犯罪（马某等4人即是为了共同实施抢劫犯罪而组成的犯罪集团），有较为固定的组织形式，即参与犯罪的人员基本固定（共4人）和犯罪组织形式基本固定（基本上是由4人共同实施犯罪活动）。本案中，马某等4人符合上述的特征，因而是犯罪集团。

(2) 根据我国《刑法》第26条第3款“对组织、领导犯罪集团的首要分子，按照集团所犯的全部罪行处罚”的规定，所谓“组织、领导犯罪集团的首要分子”，是指在犯罪集团进行犯罪活动中，起组织、领导、策划、指挥作用的主犯。马某即是在这个犯罪集团中起组织、领导、策划、指挥的首要分子。马某等4人在A市抢劫作案10起，马某既是组织者又是亲自参与者，自然应对这些犯罪承担刑事责任。至于李某、王某、刘某在B市的抢劫犯罪，马某虽未亲自实施，但由于是他所领导的犯罪集团所实施的，根据我国《刑法》第26条第3款的规定，马某也应当对此案承担刑事责任。

第三节 一罪与数罪形态

一、一罪与数罪形态概述

(一) 区分一罪与数罪概述

区分一罪与数罪的标准是犯罪构成的个数。凡是基于一个确定或概括的犯罪故意（或过失），实施一个危害行为，符合一个犯罪构成的为一罪；基于数个犯罪故意（或过失），实施数个危害行为，符合数个犯罪构成的为数罪。

(二) 一罪与数罪的类型

1. 一罪的类型

(1) 单纯的一罪，是指基于一个罪过形式，实施一个行为，符合一个犯罪构成的犯罪形态。

(2) 实质的一罪，是指在外观上具有数罪的某些特征，但实质上构成一罪的犯罪形态。它包括想象竞合犯、结果加重犯和继续犯。

(3) 法定的一罪，是指本来是符合数个犯罪构成的数罪，但因某种特定理由，法律上将其规定为一罪的犯罪形态。它包括结合犯和惯犯。

(4) 处断的一罪，是指本来是符合数个犯罪构成的数罪，但因其固有的特征，在司法机关处理时将其作为一罪。它包括连续犯、牵连犯和吸收犯。

2. 数罪的类型

(1) 同种数罪，即行为人出于数个相同的犯意，实施数个性质相同的行为，触犯同一罪名的独立数罪。

(2) 异种数罪，即行为人出于数个不同的犯意，实施数个性质不同的行为，触犯数个不同罪名的独立数罪。对于这种数罪应当并罚。

二、实质的一罪

实质的一罪，是指外观上具有数罪的某些特征，但实质上只构成一罪的犯罪形态，即形式上的数罪。其包括：想象竞合犯、结果加重犯和继续犯。

（一）想象竞合犯

想象竞合犯，是指实施了一个行为而触犯了数个罪名的犯罪形态，即想象的数罪或观念的数罪。如行为人甲以暴力方式将正在依法执行职务的警察打成重伤，甲虽然只实施了一个妨害公务的行为，但同时构成了妨害公务罪和故意伤害罪。

该罪的成立具有以下基本特征：

（1）行为人只实施了一个行为。所谓一个行为，可以是故意行为，也可以是过失行为，还可以是出自一个犯罪故意的行为，因过失又造成了另一个犯罪结果。

（2）一行为同时触犯数罪名。所谓数罪名，是指一行为在外观上或形式上同时符合数个犯罪的特征。

对想象竞合犯的处罚，一般认为应当采取“从一重处断的原则”，即依据行为人所触犯的数个罪名中法定刑最重的一罪定罪处罚。如果《刑法》对想象竞合犯的处罚有明文规定的，应当依照《刑法》的相关规定定罪处罚，如《刑法》第329条第3款规定：“有前两款行为，[1] 同时又构成本法规定的其他犯罪的，依照处罚较重的规定定罪处罚。”

案例：某甲意图杀害某乙，晚上乘某乙在文娱室和其他人围看电视之机，向某乙仍去一颗炸弹，结果不但炸死了某乙，而且还重伤了某丙、某丁，炸坏了彩色电视机一台。

问：应当如何对某甲定罪量刑？

分析：本案中，某甲只是基于一个犯罪故意，却触犯了数个罪名：爆炸罪、杀人罪、伤害罪、故意毁坏财物罪。某甲的犯罪行为虽然发生了几个结果，触犯了几个罪名，但不能以数罪论处，只能作为一罪处理。因为，其行为属于想象竞合犯，其实质上为一罪。那么，对这种犯罪应该如何处理呢？根据我国刑法理论，应当按行为人所触犯的数个罪名法定刑最重的一罪定罪量刑。对于某甲的行为应该按照故意杀人罪处罚。

（二）结果加重犯

结果加重犯，是指实施基本犯罪构成要件的行为，由于发生了法律规定的

---

[1] 即抢夺、窃取国有档案罪和擅自出卖、转让国有档案罪——笔者注。

基本犯罪构成要件结果以外的加重结果，《刑法》对其规定了加重法定刑的犯罪形态。如故意伤害过程中导致被害人重伤、死亡的情形，就是故意伤害罪的结果加重犯。

其基本特征是：

（1）客观方面表现为实施基本犯罪行为，发生了法定的加重结果，而且基本犯罪行为与加重结果之间具有因果关系。

（2）主观方面表现为对基本犯罪行为和加重的结果均有犯意。结果加重犯可以划分为三种类型：

①基本犯为故意，对加重的结果也是故意。

②基本犯为故意，对加重的结果则出于过失。

③基本犯为过失，对加重的结果也是出于过失。

对于结果加重犯，应当按照《刑法》分则条款规定的加重法定刑处罚。

（三）继续犯

继续犯，是指犯罪既遂后，犯罪行为和不法状态在一定时间内处于持续状态的犯罪状态，即持续犯。如非法拘禁罪、重婚罪等。

其基本特征是：

（1）必须是只实施了一个犯罪行为。所谓一个犯罪行为，是指基于一个犯意所实施的同一性质的犯罪行为。

（2）必须在犯罪既遂以后，犯罪行为处于继续状态。例如，非法拘禁他人的行为一经实行，就成立既遂犯，但在解除非法拘禁前，犯罪行为（既遂）一直处于持续状态。

（3）必须是犯罪行为和不法状态同时继续。首先，犯罪行为必须具有继续性，即犯罪行为从着手实行到行为终了在时间上有一个过程，如将某人从上午 8 时非法关押到晚上 12 时；其次，犯罪行为所引起的不法状态必须具有继续性，如某人被非法关押的状态是从上午 8 时到晚上 12 时；最后，犯罪行为与不法状态同时处于持续的过程中，不只是犯罪行为的继续或者不法状态的继续，如非法关押某人的行为结束，某人被非法关押的状态也就结束了。如果仅有不法状态的继续，则不是继续犯，而是状态犯，如盗窃以后非法占有着他人的财物的，就属于状态犯。状态犯是指，犯罪既遂后，其实行行为所造成的不法状态处于持续之中的犯罪形态。如甲盗窃了乙的汽车并将之藏匿于某废旧仓库内，被盗窃的汽车在盗窃行为完毕后还处于甲的控制之下。此即状态犯。

（4）犯罪行为必须持续一定时间。如果行为一经实行即告终止，则不成立继续犯。

对于继续犯，应当按照《刑法》分则规定的法定刑处罚。继续时间的长短，是量刑的重要情节。

三、法定的一罪

法定的一罪，是指本来是符合数个犯罪构成的数罪，但因为某种特定原因，法律上将其规定为一罪的犯罪形态。法定的一罪包括：结合犯和惯犯。

（一）结合犯

结合犯，是指两个以上独立罪名的不同犯罪行为，根据《刑法》分则的规定而成一种新罪的犯罪形态。即《刑法》条文中本来就有甲罪与乙罪的规定，而《刑法》的另一条文又将甲罪与乙罪组合起来规定为一个新罪——丙罪，亦即，甲罪 + 乙罪 = 丙罪的情形。

其基本特征是：

（1）必须是数个独立的具体犯罪的结合。所谓独立的具体犯罪，是指数个行为均符合《刑法》分则规定的不同的犯罪构成的罪名。如果是一个行为触犯了数个罪名，则是想象竞合犯，而不是结合犯。

（2）必须是数个独立的具体犯罪结合成为一个新罪。

（3）数罪的结合是基于《刑法》分则的规定。

对于结合犯，应当按《刑法》分则条文规定的法定刑处罚，不得数罪并罚。

（二）惯　犯

惯犯，是指以某种犯罪为常业，或者以犯罪所得为主要生活来源或挥霍来源，在较长时间内反复实施同一种或几种犯罪，已养成犯罪恶习的犯罪分子及其犯罪形态。我国《刑法》中的惯犯只有一种是常业性惯犯，如赌博罪的常业犯。其基本特征是：（1）客观上反复实施一种或几种犯罪行为，作案次数多，持续时间长，且多以犯罪为常业，或形成了犯罪恶习。（2）主观上具有反复犯罪的故意，主观恶性深，较难改造。

对于惯犯直接按《刑法》分则的规定处罚，不实行同种数罪并罚。

四、处断的一罪

处断的一罪，是指本来符合数个犯罪构成的数罪，但因为其固有的特征，在司法机关处理时将其作为一罪的情形，即裁判的一罪。其包括：连续犯、牵连犯和吸收犯。

（一）连续犯

连续犯，是指基于同一的或概括的犯罪故意，连续实施数个独立构成犯罪的行为，触犯同一罪名的犯罪形态。如甲在一个月内实施了5次抢劫犯罪行为。

其构成条件有：

1. 必须具有连续实施的数个独立的犯罪行为

如果只有一个行为，或者虽有数个行为，但数个行为之间没有连续性，则不能成为连续犯。例如，某甲欲杀某乙、某丙，杀某乙时被抓获判刑。刑满释放后，某甲又将某丙杀死，虽然是继续以前的犯罪，但因前一行为已被判刑，后一行为只是单独犯罪，不是连续犯。

2. 必须基于同一的或概括的犯罪故意

所谓同一的故意，是指数个犯罪故意在内容和形式上完全相同，它是数次的故意，而不是单一的故意。

所谓概括的故意，是指数个犯罪故意在内容和形式上基本相同，但略有差异。

3. 数行为必须触犯同一罪名

所谓同一罪名，是指犯罪的基本构成要件完全相同的犯罪。只要基本构成要件相同，即使犯罪行为的停止状态和加重构成不同，仍可以认为是同一罪名。例如，故意杀人既遂与未遂行为，同是故意杀人的罪名。又如，一般的强奸罪和造成被害人死亡的强奸罪，同是强奸罪的罪名。

对于连续犯，应当按一罪从重处罚，不能实行数罪并罚。

（二）牵连犯

牵连犯，是指以实施某一犯罪为目的，其犯罪的方法行为或结果行为又触犯其他罪名的犯罪形态。如为抢劫银行而非法制造枪支的行为。

其基本特征是：

（1）必须具有两个以上性质不同的犯罪行为。

所谓性质不同，是指数个行为具备不同的犯罪构成，触犯不同的罪名。例如，为了杀人而盗枪，盗枪后把人杀死。这里就有两个行为，一个行为构成故意杀人罪，一个罪名构成盗窃枪支罪。

（2）数个犯罪行为之间具有牵连关系。

牵连关系的形式表现为三种：

①目的行为与方法行为的牵连。例如，为了诈骗财物（目的行为）而伪造国家机关公文（方法行为），构成诈骗罪与伪造国家机关公文罪。

②目的行为与结果行为的牵连。例如，为窃取财物而盗掘古墓葬（目的行为），盗掘后为湮灭罪迹又毁坏部分文物（结果行为），构成盗掘古墓藏罪与故意毁损文物罪的牵连犯。

③复杂的牵连，即在三个以上的犯罪行为中分别具有手段和目的、原因与结果的牵连关系。例如，为盗枪而侵入他人住宅是目的和手段（方法）的牵连，盗枪与私藏枪支是原因与结果的牵连。

至于如何判断数行为间有无牵连关系，应当坚持主客观相统一的原则。只有当犯罪人对数个犯罪行为之间的关系有认识，在这种认识支配下实施了事实具有目的与方法或结果行为之牵连关系的行为者，才能认为具有牵连关系。

对于牵连犯，应当采用吸收原则，按法定刑最重的一罪论处，而不实行数罪并罚。但是，在我国《刑法》中，也有对牵连犯实行并罚的立法规定。例如，根据我国《刑法》第157条第2款的规定，以暴力、威胁方法抗拒缉私的，以走私罪和阻碍国家机关工作人员依法执行职务罪，依照数罪并罚的规定处罚。

（三）吸收犯

吸收犯，是指数个犯罪行为因一个被另一个吸收，失去独立存在的意义，而仅按吸收的罪处断的犯罪形态。如入户抢劫的，非法入户的行为就被抢劫行为所吸收。

其基本特征是：

（1）必须具有数个犯罪行为。如果只有一个犯罪行为，就不存在成立吸收犯的前提。

（2）数行为之间必须具有吸收关系。

这种关系表现为三种形式：

①重行为吸收轻行为。例如，非法制造枪支后予以私藏的，以非法制造枪支罪论处，私藏枪支的行为被吸收。

②主行为吸收从行为。例如，教唆他人杀人，又向他人提供杀人工具，只以杀人罪的教唆犯论处，帮助行为即被吸收。

③实行行为吸收非实行行为（包括预备行为、帮助行为、教唆行为）。

对于吸收犯，按吸收之罪处断，不能实行数罪并罚。

复习题

（一）思考题

1. 犯罪预备、犯罪未遂、犯罪中止的概念和成立条件以及它们相互之间的区别。

2. 共同犯罪的概念和成立条件。

3. 共同犯罪人的分类及其刑事责任。

4. 想象竞合犯、连续犯、牵连犯的成立条件和处罚原则。

（二）名词解释

犯罪既遂　犯罪预备　犯罪未遂　犯罪中止

共同犯罪　主犯　从犯　教唆犯　想象竞合犯

连续犯　牵连犯

（三）选择题

1. 甲欲杀乙，将毒药投入乙的饭食中。乙服食后，甲后悔，赶紧说明情况，并将乙送往医院抢救。医院在抢救过程中检查发现，甲所投放的“毒药”根本没有毒性，乙安然无恙。甲的行为属于（　　）。

A. 不构成犯罪　B. 犯罪中止

C. 犯罪未遂　D. 犯罪既遂

2. 犯罪中止与犯罪未遂区别的关键在于（　　）。

A. 发生的阶段不同　B. 犯罪行为停止的原因不同

C. 处罚原则不同　D. 犯罪性质不同

3. 甲教唆乙杀丙，被乙当场拒绝。甲的行为（　　）。

A. 与乙构成共同犯罪　B. 属于犯罪未遂

C. 属于犯罪预备　D. 成立共同犯罪中的主犯

4. 甲投毒杀乙，见乙服毒后痛苦万状，目不忍睹，遂将乙送往医院抢救。乙虽保住了性命，却致双目失明。甲的行为属于（　　）。

A. 犯罪既遂　B. 犯罪中止

C. 行为实行终了的未遂　D. 行为未实行终了的未遂

5. 区分犯罪预备和犯罪未遂的基本标志是（　　）。

A. 犯罪分子是否已经完成犯罪预备行为

B. 犯罪分子是否已经接近作案目标

C. 犯罪分子是否已经着手实行犯罪

D. 犯罪分子是否已经进入作案现场

6. 犯罪行为达到既遂状态的标准是（　　）。

A. 犯罪分子达到犯罪目的

B. 犯罪分子完成犯罪目的

C. 犯罪行为导致客观危险结果

D. 犯罪行为完全符合法定犯罪构成要件

7. 我国《刑法》规定的应当减轻或者免除处罚的情节之一是（　　）。

A. 未遂犯　B. 防卫过当

C. 犯有较轻之罪而自首　D. 预备犯

8. 客观上不可能完成的某种犯罪，犯罪分子却自认为能够完成而自动停止犯罪的，(　　)。

A. 应认为是犯罪未遂　　B. 也应以犯罪未遂论

C. 不认为是犯罪中止　　D. 应认为是犯罪中止

9. 某甲将某乙打昏在地，路过此地的某丙见某乙昏迷，趁机将某乙装有5000元现金的提包拿走。某甲和某丙的行为属于（　　）。

A. 共同犯罪　　B. 非共同犯罪

C. 事先无通谋的共同犯罪　　D. 任意共同犯罪

10. 甲乙共同实施盗窃犯罪，盗得财物后，甲离去。乙发现屋内有一熟睡的少女，顿起歹意，将少女强奸。对于强奸罪（　　）。

A. 由乙独立负刑事责任　　B. 甲构成未遂，乙构成既遂

C. 甲构成中止，乙构成既遂　　D. 甲乙构成共同犯罪

11. 对于教唆不满十八周岁的人犯罪的教唆犯（　　）。

A. 应当从重处罚　　B. 可以从重处罚

C. 应当加重处罚　　D. 可以加重处罚

12. 根据我国《刑法》规定，共同犯罪是指（　　）。

A. 二人以上共同实施犯罪　　B. 二人以上共同故意犯罪

C. 二人以上共同过失犯罪　　D. 二人以上共同故意或者过失犯罪

13. 我国《刑法》规定，对犯罪集团的首要分子的处罚原则是（　　）。

A. 按照其所参与的全部犯罪处罚

B. 按照其所组织、指挥的全部犯罪处罚

C. 按照犯罪集团所犯全部罪行处罚

D. 从重处罚

14. 甲谈恋爱失败，遂对女青年怀恨在心。某日，甲手持一刮刀片，趁人不备，将6位女青年脸部划成轻伤。甲的行为属于（　　）。

A. 牵连犯　　B. 想象竞合犯

C. 吸收犯　　D. 连续犯

15. 下列犯罪，属于实质一罪的是（　　）。

A. 想象竞合犯　　B. 结果加重犯

C. 连续犯　　D. 继续犯

E. 结合犯

16. 某甲意图杀某乙，乘某乙在和他人打牌之机，向某乙扔去一颗自制炸弹，不但炸死了某乙，而且还炸伤了在场的某丙和某丁，炸毁某丁电视机一

台，价值人民币 8000 元。某甲的行为构成的犯罪是（　　）。

A. 爆炸罪　　B. 故意杀人罪

C. 故意伤害罪　　D. 故意毁坏财物罪

（答案：1. B；2. B；3. C；4. B；5. C；6. D；7. B；8. D；9. B；10. A；11. A；12. B；13. C；14. D；15. ABD；16. B）

第七章　正当行为

本章主要内容

本章介绍的是正当防卫与紧急避险的基本知识。正当防卫、紧急避险的概念、特征、成立条件及二者的区别。特殊防卫权的概念和条件。防卫过当和避险过当的概念、构成条件及其刑事责任。

本章的重点问题

1. 正当防卫的成立条件。
2. 紧急避险的成立条件。
3. 特殊防卫的成立条件。
4. 防卫过当、避险过当的认定及其处罚。

学习目标

了解我国《刑法》中的两种正当行为即正当防卫与紧急避险的概念、成立条件及其过当情况下的处罚原则。重点掌握正当防卫与紧急避险的成立条件和特殊防卫的成立条件。能够运用基本理论准确认定正当防卫与紧急避险案件的法律性质。

第一节 正当行为概述

一、正当行为的概念

正当行为，是指某一行为从形式上看符合某种犯罪的构成要件，但基于某种特殊的情况而实质上没有社会危害性，因而不构成犯罪的行为。

其特征是：

(一) 行为在形式上符合某一犯罪的构成要件

例如，正当防卫杀人的行为，似乎符合故意杀人罪的特征；紧急避险毁坏他人财产的行为，似乎符合故意毁坏财物罪的特征。

(二) 行为在实质上没有社会危害性，因而不构成犯罪

例如，消防队员为防止火势蔓延，而强行拆除与火源毗邻的房屋；医生为防止病人全身瘫痪，而对其实行高位截肢。这些行为表面上似乎是犯罪行为，而实际上却是依法执行职务的行为和正当的业务行为。这些行为不仅没有社会危害性，而且是对个人和社会有益的行为。

二、正当行为的种类

我国《刑法》目前规定了正当防卫和紧急避险行为两种行为。

第二节 正当防卫

一、正当防卫的概念和成立条件

正当防卫，是指为了使国家、公共利益、本人或者他人的人身、财产和其他权利免受正在进行的不法侵害，采取的制止不法侵害而对不法侵害人造成未明显超过必要限度且未造成重大损害的行为。

成立正当防卫必须具备下列条件：

(一) 正当防卫的起因条件

正当防卫的起因条件，是指存在着具有社会危害性和侵害紧迫性的不法侵害行为。

对下列几种行为，均不能或不宜进行正当防卫：

(1) 对合法行为不能进行正当防卫。(2) 对正当防卫行为不能实行反防

卫。(3)对紧急避险行为不能实行正当防卫。(4)对意外事件不能实行正当防卫。(5)对防卫过当、紧急避险过当不宜进行正当防卫。(6)对过失犯罪和不作为犯罪不能进行正当防卫。

因为上述各种行为，有的是正当合法行为，有的是缺乏侵害紧迫性的行为，故不能成为正当防卫的起因。

(二)正当防卫的时间条件

正当防卫的时间条件，是指正当防卫只能在不法侵害正在进行之时实行，不能实行提前防卫和事后防卫。

所谓不法侵害正在进行，是指不法侵害已经开始，尚未结束。

所谓已经开始，是指不法侵害人已经着手直接实施不法侵害行为，已经对法律所保护的权益构成了现实的威胁。它表现为已经逼近损害对象、已经着手实行侵害、已经威胁到被害人的安全。例如，一个人正举枪要杀某甲，即表明某甲之人身安全已受到威胁，对举枪人即可进行防卫。对于犯罪预备行为一般不能实行正当防卫。但是，当预备行为本身又构成另一犯罪(如为杀人而盗枪)，则可以进行正当防卫。此外，对为保护人身和财产安全而预先安装防卫设施的行为，如果不具有危害公共安全的性质，应视为合法行为；如果危害公共安全，则应视为非法行为，因此而造成不法侵害人伤亡的，也不能视为正当防卫。

关于如何确定不法侵害已经终止(结束)，一般来讲，下列情形均应视为不法侵害已经终止：

(1)不法侵害已经完结。(2)不法侵害人自动中止侵害。(3)不法侵害人已被人制服。(4)不法侵害人已经丧失继续侵害的能力。

如果在不法侵害已经终止后，对侵害人进行防卫的，属于事后防卫。对于事后防卫，应当按照防卫人的主观认识和客观危害来确定其是否应当承担刑事责任。

(三)正当防卫的对象条件

正当防卫的对象条件，是指正当防卫只能针对不法侵害者本人实行，不能及于第三者。正当防卫的对象，只限于实施不法侵害的自然人，而不包括动物、财产和法人，更不能及于无辜公民。至于不法侵害者是否具有责任能力，并不影响正当防卫的成立。对于未成年人及精神病人的侵害，只要具有紧迫性，不管事前是否知道其为无责任能力人，都可以对其进行正当反击，但在防卫手段上应有所节制。对于动物的侵害，如果属于自然侵害而将其打死打伤，不是正当防卫；如果是作为犯罪工具被人驱使，将动物打死打伤，与其说是对动物的防卫，不如说是对人的防卫。对法人的不法侵害，应当通过正当的法律程序加以解决，不能进行正当防卫。对于故意或过失侵害第三者的，应当承担法律责任。

（四）正当防卫的主观条件

正当防卫的主观条件，是指防卫人主观上必须出于正当防卫的目的，即是为了保护国家、公共利益、本人或者他人的人身、财产和其他权利免受不法侵害。

如果不是出于上述目的，则不能成立正当防卫。

对于下列两种行为，不能以正当防卫论：

（1）防卫挑唆。是指行为人出于侵害的目的，以故意挑衅、引诱等方法促使对方进行不法侵害，而后借口防卫加害对方的行为。

（2）相互的非法侵害行为。是指双方都出于侵害对方的非法意图而发生的相互侵害行为，如互相斗殴。

（五）正当防卫的限度条件

正当防卫的限度条件，是指正当防卫不能明显超过必要的限度且造成重大损害。

我国《刑法》的具体要求是：防卫行为只能为制止不法侵害行为所必需，而根据不法侵害发生的环境、防卫人与不法侵害人的力量对比等客观因素来判断，防卫行为的性质、手段、强度及造成的损害又不是明显超过不法侵害的性质、手段、强度及可能造成的损害，或者虽然防卫行为的性质、手段、强度及造成的损害明显超过不法侵害，但实际造成的损害并不算重大的，均属正当防卫的范围，而不能认为防卫过当。

二、特殊防卫权

所谓特殊防卫权，是指公民在某些特定情况下所实施的正当防卫行为，造成不法侵害人伤亡后果的，不负刑事责任的情形。

我国《刑法》第 20 条第 3 款规定：“对于正在进行行凶、杀人、抢劫、强奸、绑架以及其他严重危及人身安全的暴力犯罪，采取防卫行为，造成不法侵害人伤亡的，不属于防卫过当，不负刑事责任。”根据此规定，实施特殊防卫，首先必须具备正当防卫的成立条件，同时还必须针对正在进行的行凶、杀人、抢劫、强奸、绑架等严重暴力性犯罪，而且这些犯罪还必须严重危及了人身安全。否则，造成不法侵害人伤亡后果的，仍然属于防卫过当，依法应负刑事责任。

三、防卫过当及其刑事责任

（一）防卫过当的概念和特征

防卫过当，是指防卫明显超过必要限度，对不法侵害人造成重大损害的行为。

其基本特征是：

（1）在客观上具有防卫过当的行为，并对不法侵害人造成了重大损害。

（2）在主观上对其过当结果具有罪过。至于罪过的形式，在防卫过当的场合，行为人对于其过当行为及其结果，主观上不可能出于直接故意，因为正当防卫的目的与犯罪的目的，在一个人的头脑里不可能同时并存。但主观上存在间接故意或过失，则是可能的。

（二）防卫过当的刑事责任

对于防卫过当行为的量刑，我国《刑法》第20条第2款规定，应当减轻或者免除处罚。

在实践中，在确定何种情况下减轻处罚、减轻多少，在何种情况下免除处罚，应当综合考虑如下因素：

（1）防卫目的。为保护国家、公共利益、他人合法权益，见义勇为而防卫过当的，比之为保护自己合法利益而防卫过当的，对前者的处罚应更轻。

（2）过当程度。即所造成的重大的损害后果与必要限度的差距。

（3）罪过形式。疏忽大意的过失、过于自信的过失、间接故意，从前到后，减轻处罚的幅度乃至免除处罚的可能性应当是依次递减的。

（4）权益性质。为保护重大权益而防卫过当，比之保护较小权益而防卫过当，前者的处罚应当更轻。

案例1：郑某因醉酒上班迟到被田某当场批评，便对田某怀恨在心。一天晚上下班后，郑某骑自行车尾随田某至一无人处，掏出事先准备好的水果刀从背后猛地刺向田某。田某受伤后顺势抓住郑某的自行车，将其推翻在地，并喊："杀人啦！"郑某见势，将刀拔出再次刺向田某。田某在躲避之际，将手中的袋子甩向郑某，正砸在郑某的头部，因袋中装有田某带回家刷厕所用的硫酸一瓶，瓶子被砸破后，硫酸将郑某的双眼烧瞎，并导致其面部大面积毁容。法院认为田某的行为属于正当防卫，不负刑事责任。

问：法院的意见是否正确？

分析：依照我国《刑法》第20条的规定，为了使国家、公共利益、本人或者他人的人身、财产和其他权利免受正在进行的不法侵害，而采取的制止不法侵害的行为，对不法侵害人造成损害的，是正当防卫。

正当防卫的实施条件包括：（1）必须有不法侵害存在；（2）不法侵害必须是违法行为；（3）不法侵害必须是现实存在的；（4）不法侵害通常应是人的不法侵害。

本案中，田某遭到郑某的追杀，生命处于危险状况，为了防止郑某进一步实施非法行为，田某对其实施打击，才造成郑某受伤，因此田某的行为是合法的正当防卫行为，不负刑事责任。所以，法院的意见是正确的。

案例2：被告人曾某，男40岁，某部队营长。某日凌晨，F市街道干部江某因喝醉酒闯入部队家属院，用身体撞击曾某家的房门，将曾某全家惊醒。曾某起床后隔门问："谁！干什么的？"江某不回答，并高喊："开门！"曾某因不明其身份欲开门看看究竟，被家人劝阻。这时江某仍撞门不止。曾某因所在家属院曾发生过多次盗窃案，故判断是一伙歹徒前来抢劫。于是，曾某将一把子弹上膛后的手枪握在手中，朝外喝道："再不走我就开枪了！"然后，鸣枪示警。江某依然在外面撞门。于是曾某便朝门外开了一枪。遂无动静。曾某开门后发现中弹倒地的江某。江某经抢救无效死亡。

问：对曾某的行为应该如何认定？

分析：曾某的行为构成假想防卫。所谓假想防卫，是指行为人由于主观认识上的错误，实际上并不存在不法侵害，因而对臆想中的不法侵害实行了所谓的防卫行为，造成他人无辜损害，故不属于排除犯罪性行为，即不属于正当防卫，应当承担刑事责任。本案中，曾某就是把因喝醉了酒但毫无不法侵害意图而撞其家门的江某臆想为欲对其家实施不法侵害者，故开枪将江某击毙，其行为属于典型的假想防卫。因而，他应当承担相应的刑事责任。

第三节　紧急避险

一、紧急避险的概念和特征

紧急避险，是指为了使国家、公共利益、本人或者他人的人身、财产和其他权利免受正在发生的危险，在迫不得已的情况下，所采用的损害另一较小的合法利益而保全较大的合法利益的行为。

其有如下特征：

（1）从客观上看，紧急避险行为对国家利益、公共利益和他人的合法权益造成了一定的损害，但从全局和整体利益着眼，却是保全了更大的合法权益。

（2）从主观上看，实行紧急避险的目的是为了保全较大合法权益，因而行为人没有犯罪的故意和过失，因而也就不负刑事责任。

二、紧急避险的成立条件

（一）紧急避险的主观条件

即紧急避险的目的，是为了保护合法权益免遭正在发生的危险的损害。如果是为了保护非法权益，则不允许实行紧急避险。例如，脱逃犯为了逃避警察的追捕而侵入他人住宅，不能认为是紧急避险，而是非法侵入他人住宅的行为。

（二）紧急避险的起因条件

即紧急避险必须有需要避免的危险存在。

所谓危险，是指某种有可能立即对合法权益造成危害的紧迫事实状态。

危险的来源有四种：

（1）人的危害行为，包括违法行为和犯罪行为。（2）自然灾害，如山崩、地震、洪水等。（3）动物的侵袭，如牛马惊奔，恶狗撕咬。（4）人的生理疾患，如极度饥饿而偷食他人食物，为救治病人而直闯红灯或撞坏财物。

对于假想避险，要根据不同情况处理：

（1）如果主观上有过失，并且《刑法》规定了该过失行为构成犯罪的，以过失犯罪论处。（2）如果主观上没有过失的，以意外事件论，可排除刑事责任。

（三）紧急避险的时间条件

紧急避险的时间条件必须是危险正在发生。

所谓危险正在发生，是指已经发生的危险将立即造成损害或正在造成损害而尚未结束。

由于危险的来源不同，其发生和结束的时间也不一样，一般来讲，大致可以分为如下几种情况：

（1）对于人的侵害行为，正在发生的危险是指违法犯罪行为已经着手实行且尚未终止。（2）对于自然灾害，正在发生的危险是指自然灾害已经酿成，不可避免，并且尚未被人力所控制或自然消失。（3）对于动物的侵袭，正在发生的危险是指侵袭的动物未被打死、制服或逃遁。（4）对于人的生理疾患，是指疾患已经发生、对身体和生命造成的危险尚未消除。

如果危险尚未发生，或者危险已经结束，行为人实行避险的，刑法理论称之为避险不适时，若造成重大损害的，应负刑事责任。

（四）紧急避险的对象条件

紧急避险的对象，只能是第三者的合法权益，即通过损害无辜者的合法权益保全公共利益、本人或者他人的合法权益。

（五）紧急避险的可行性条件

即紧急避险只能是出于迫不得已。

所谓迫不得已，是指当危险发生之时，除了损害第三者的合法权益之外，不可能用其他方法来保全另一合法权益。

（六）紧急避险的限度条件

紧急避险对合法权益所造成的损害不能超过必要的限度。

所谓必要限度，是指紧急避险行为所引起的损害必须小于所避免的损害。

在实践中，对“必要限度”的认定，应掌握如下标准：

（1）一般情况下，人身权利大于财产权益，不允许为了保护财产权益，而对第三者的人身造成损害。

（2）在人身权利中，生命是最高权利，不容许为了保护一个人的健康而牺牲另一个人的生命，更不容许牺牲他人的生命而保全自己的生命。

（3）在财产权益中，应该用财产价值进行比较，不容许为了保护一个较小的财产权益而牺牲另一个较大的财产权益。

（4）当公共利益与个人利益不能两全时，应根据权益的性质及内容而定，并非公共利益永远高于个人利益。例如，为了保护公民的生命安全，而损坏公共财物，就不能认为超过必要限度。

（七）紧急避险的特别例外限制

根据我国《刑法》第21条第3款的规定，紧急避险还有例外限制，即为了避免本人遭受的危险，不适用于职务上、业务上有特定责任的人。例如，民航客机发生故障，机组人员必须始终与乘客一起面对死亡的危险；消防队员负有救火的义务，他们不能以怕烧伤为由而逃避救火的义务。

三、紧急避险与正当防卫的异同

（一）紧急避险与正当防卫的相同点

（1）目的相同。二者都是为了保护国家、公共利益、本人或他人的合法权益。

（2）前提相同。二者都必须是合法权益正在受到侵害时才能实施。

（3）责任相同。二者超过必要限度造成不应有的损害的，都应当负刑事责任，但应减轻或者免除处罚。

（二）紧急避险与正当防卫的区别

(1) 危害的来源不同。在正当防卫的场合，危害的来源只能是人的不法侵害行为；而在紧急避险的场合，危害的来源既可能是人的不法侵害，也可能是自然灾害，还可能是动物的侵袭。

(2) 行为的对象不同。正当防卫的对象只能是不法侵害者本人，不能针对第三者，因而是正义与邪恶的较量；而紧急避险行为的对象则必须是第三者，是合法行为对他人合法权益的损害。

(3) 行为的限制不同。正当防卫行为的实施是出于必要，换言之，在正当防卫的场合，即使能够用其他方法避免不法侵害，也允许进行正当防卫；而紧急避险行为的实施则出于迫不得已。换言之，在紧急避险场合，除了避险以外别无其他选择。

(4) 行为的限度不同。正当防卫所造成的损害，既可以小于不法侵害行为所可能造成的损害，也可以大于不法侵害行为所可能造成的损害；而紧急避险对第三者合法权益所造成的损害，则只能小于危险可能造成的损害。

(5) 主体的限定不同。正当防卫是每个公民的法定权利，是警察执行职务时的法定义务；紧急避险则不适用于职务上、业务上负有特定责任的人，这些人不能以紧急避险为借口，逃避应尽的职责和义务。

四、避险过当及其刑事责任

避险过当，是指避险行为超过必要限度造成不应有的损害的行为。

根据我国《刑法》的规定，避险过当应当负刑事责任。

构成避险过当，必须具备两个条件：

(1) 行为人在客观上实施了超过必要限度的避险行为，造成了合法权益的不应有的损害。

(2) 行为人在主观上对避险过当行为具有罪过。

依照我国《刑法》第 21 条第 2 款规定，对避险过当的，应当减轻或者免除处罚。

案例：钱某正驾车行驶时，突见右前方约 10 米处一老农挑担向右横穿马路。钱某一面紧急刹车，一面向右急转方向盘。车最后停在了路边，但是撞翻了路旁的一水果摊，将其主人吴某也撞成重伤。

问：钱某的行为的性质应该如何认定？

分析：钱某的行为属于紧急避险，不应承担刑事责任。因为，根据紧急避险的定义和成立条件，钱某在这次车祸中，是在迫不得已的情况下，为了保护更大的利益（如果他不采取紧急措施将车向右急转方向盘，就可能发生轧死过马路老农的惨剧）而损害了较小（只是撞翻了路旁的水果摊，并将吴某撞伤）的利益，因此，他的行为属于紧急避险的范畴，不应承担刑事责任。

复习题

（一）思考题

1. 什么是正当防卫、假想防卫、特殊防卫？
2. 什么是紧急避险？它与正当防卫有什么区别？
3. 什么是防卫过当、避险过当？
4. 对于哪些犯罪行为可以实施特殊防卫权？

（二）名词解释

正当防卫　　假想防卫　　特殊防卫　　事后防卫
防卫挑唆　　防卫过当　　紧急避险　　避险过当

（三）选择题

1. 下列情形中可以实行正当防卫的对象是（　　）。
A. 杀人后，正要逃离现场的行为人
B. 欲实施强奸而尾随、跟踪妇女的行为人
C. 驱使训练有素的动物侵害他人的行为人
D. 家养动物侵害他人的动物主人

2. 成立紧急避险的条件是（　　）。
A. 有条件逃跑、报警　　B. 直接对抗危险
C. 进行正当防卫　　D. 出于迫不得已

3. 正当防卫与防卫过当的界限在于（　　）。
A. 防卫行为超过必要限度
B. 防卫行为造成重大损害
C. 防卫行为明显超过必要限度
D. 防卫行为明显超过必要限度造成重大损害

4. 紧急避险保护的合法权益与牺牲的合法权益的关系是（　　）。
A. 前者大于后者　　B. 前者等于后者
C. 后者大于前者　　D. 前者大于或者等于后者

5. 我国《刑法》规定的应当减轻或者免除处罚的情节之一是（　　）。
A. 未遂犯　　B. 防卫过当

C. 犯有较轻之罪而自首　　　　　　D. 预备犯

6.《刑法》的“避险不适时”是指（　　）。

A. 事先避险　　　　　　B. 事中避险

C. 事后避险　　　　　　D. 假想避险

E. 避险过当

（答案：1. C；2. D；3. D；4. A；5. B；6. AC）

第八章　刑罚及其体系和种类

本章主要内容

本章介绍的是刑罚的概念、特征、目的、种类。刑罚与其他强制方法的区别。我国刑罚的目的及其内部关系。

本章的重点问题

1. 刑罚的特征及其与其他法律措施的区别。
2. 主刑与附加刑的特点及其种类。
3. 我国《刑法》对死刑适用的限制性规定。
4. 我国《刑法》规定的非刑罚处理方法。

学习目标

掌握我国刑罚的基本理论、体系和种类。重点掌握我国刑罚的体系和种类。了解我国刑罚体系的特点。

第一节 刑罚的概念及特征

一、刑罚的概念

刑罚，是指刑法规定的由国家审判机关依法对犯罪人适用的限制或者剥夺其某种权益的强制性制裁方法。犯罪引起刑罚的产生，刑罚是对犯罪的惩罚。强制性和惩罚性是刑罚的本质属性。

二、刑罚的法律特征

（一）刑罚是国家最高权力机关在刑法中规定并赋予“刑罚”名称的强制方法

在我国，制定和修改刑罚的权力只有国家最高权力机关和它的常设机关——全国人民代表大会及其常务委员会才能行使，其他任何国家机关、政党、团体或其他组织、个人均无权制定或修改刑罚。在我国《刑法》中，强制方法有刑罚、判处赔偿经济损失、予以训诫等。我国的刑罚方法被规定在《刑法》的第三章“刑罚”中。

（二）刑罚的适用主体和执行主体分别是国家的特定机关

刑罚的适用主体只能是国家审判机关，即各级各类人民法院，其他任何机关都无权适用刑罚。刑罚裁判生效后，分别由国家特定机关执行：死刑、罚金和没收财产刑由人民法院执行；无期徒刑、有期徒刑和被判处死刑缓期2年执行的由监狱执行；管制、拘役和剥夺政治权利的由公安机关执行。

（三）刑罚的适用对象只能是犯罪人

刑罚因犯罪而产生，以犯罪为前提，是对犯罪的否定评价，受刑罚处罚的只能是实施了犯罪行为且通过法定程序被人民法院确定为构成犯罪的自然人和单位。无罪之人，不是刑罚的适用对象。

（四）刑罚在整体上是最严厉的强制方法

刑罚给犯罪人带来身体的、精神的或财产的剥夺性痛苦。它不仅依法可以剥夺犯罪人的政治权利、财产权利，而且还可以依法限制或剥夺犯罪人的人身自由甚至生命。

三、刑罚与其他强制方法的区别

（一）严厉的程度不同

刑罚是最严厉的一种强制方法。刑罚总体上属于最为严厉的法律制裁方法，这体现在它通过对犯罪人的生命、自由、财产、资格的限制或剥夺，其他法律制裁方法绝对排除对生命的剥夺，也几乎不涉及对人身自由的剥夺。

（二）适用的对象不同

刑罚只适用于触犯刑律构成犯罪的人或单位，其他处罚方法分别适用于民事、经济、行政违法的行为人，即一般违法行为人。

（三）适用的机关不同

刑罚只能由人民法院代表国家依法适用。刑罚只能由人民法院的刑事审判部门适用，民事处罚和行政处罚只能由人民法院的民事审判部门和国家各级行政执法主体适用。

（四）适用的根据和程序不同

刑罚适用的法律根据是《刑法》和《刑事诉讼法》；适用民事制裁、行政制裁的法律根据则是有关的民事实体法和民事程序法、行政实体法和行政程序法。

（五）制定法律的机关不同

刑罚只能由国家最高立法机关制定。在我国，制定和修改刑罚的权力只有全国人民代表大会及其常务委员会才能行使。而其他制裁方法，则可以由国务院及其各部委和地方各级人民代表大会及其常委会、地方各级人民政府在其有权制定的行政法规、规章和地方性法规、规章中予以规定。

（六）执行的机构不同

人民法院对犯罪分子判处的刑罚，只能由特定机构依法执行。所谓特定机构，是指监狱、公安机关和人民法院。而其他制裁方法，则由其适用的部门各自执行。

第二节　刑罚的目的和体系

一、刑罚目的的概念

所谓刑罚目的，实际上是指国家制定、适用和执行刑罚的目的，即国家制定、适用和执行刑罚所希望达到的结果。

刑罚目的指导着刑事活动的全过程。具体表现在：

（1）在刑事立法中，刑罚体系的确立、刑罚种类的选择、刑罚制度和法定刑的设置，无不受制于刑罚目的。

（2）在刑罚运用中，刑罚的目的是决定刑罚裁量结果的一个重要因素。

（3）在刑罚执行中，刑罚的目的直接影响着国家的行刑政策、原则和实践。

总之，刑罚的目的决定着刑罚的性质和作用。

二、我国的刑罚的目的

我国刑罚目的在于预防犯罪，具体表现为特殊预防与一般预防两个方面。

（一）特殊预防

特殊预防，是指通过对犯罪分子适用和执行刑罚，预防其再次犯罪。特殊预防的一个内容就是剥夺犯罪分子再犯的能力，使其不能再继续危害社会，刑罚的实际执行，在客观上起到了剥夺或者限制犯罪分子再犯能力的作用。死刑以剥夺犯罪人的生命为特征，死刑的执行，使犯罪人的再犯能力彻底丧失。无期徒刑、有期徒刑和拘役以永久或在一定时期内剥夺犯罪人的人身自由为内容，自由刑的执行，使犯罪人在刑罚执行期间的再犯能力也几乎完全丧失。这些刑罚的运用，使得刑罚的特殊预防起到了很大的作用。

刑罚的特殊预防的目的，还表现在国家通过对犯罪分子及其犯罪行为的谴责和否定的评价，给犯罪分子造成一定的痛苦和压力，这就是对他们犯罪的惩罚。惩罚是刑罚的自然属性，否则就不成其为刑罚。但惩罚并不是特殊预防的主要内容。在惩罚的前提下，通过教育改造，把犯罪分子改造成为守法的公民，使其不致再危害社会，才是我国《刑法》特殊预防的主要内容。所以，我国《刑法》中的刑罚方法，除了死刑外，剥夺自由刑罚方法的执行就是一方面对犯罪分子实行强制劳动，另一方面对罪犯进行政治思想和文化知识及生产技能教育，使其回归社会后有自谋生活的能力。

（二）一般预防

一般预防，是指国家通过制定、适用和执行刑罚，警戒社会上的不稳定分子，防止他们走上犯罪的道路。

所谓社会上的不稳定分子，是指社会上有可能实施犯罪行为的人。国家通过刑罚，向全社会昭示犯罪是应当受刑罚惩罚的行为，使不稳定分子望而生畏，不敢轻举妄动。

此外，刑罚的制定、适用和执行，对人民群众也有教育作用。可以使人民群众从中更加深刻地认识到犯罪的社会危害性和对其惩罚之必要性，从而增强法治观念，提高同犯罪作斗争的自觉性，积极检举揭发犯罪分子的罪行。

(三) 特殊预防与一般预防的关系

特殊预防与一般预防之间是一种既对立又统一的辩证关系。二者的对立在于预防的对象不同。特殊预防的对象是犯罪分子，这就要求根据犯罪分子改造的难易程度适用和执行刑罚；一般预防的对象是社会上的不稳定分子，这就要求根据社会治安状况的好坏适用和执行刑罚。

但二者又是统一的，表现在二者的目的是完全一致的，即都是为了预防犯罪；实现目的的方式也基本相同，即都有赖于刑罚作用的充分发挥。

特殊预防与一般预防是紧密结合、相辅相成的。但二者因刑事活动发展的阶段不同而有所侧重。一般认为，在刑罚制定阶段，以一般预防为主，兼顾特殊预防；在刑罚适用阶段，特殊预防与一般预防并重；在刑罚执行阶段，以特殊预防为主，兼顾一般预防。

三、刑罚体系的概念和特点

(一) 刑罚体系的概念

刑罚体系，是指刑法所规定的并按照一定次序排列的各种刑罚方法的总和。

其基本特征是：

(1) 刑罚体系只能由刑法加以规定。刑法以外的其他任何法律都不能规定刑罚体系。

(2) 刑罚体系是各种刑罚方法的总和，各种刑罚方法的排列，轻重有序，互相衔接，形成阶梯，具有严密的内部结构。

根据我国《刑法》第32~35条的规定，刑罚分为主刑和附加刑两大类。

主刑的种类有：管制、拘役、有期徒刑、无期徒刑、死刑。

附加刑的种类有：罚金、剥夺政治权利、没收财产。

此外，对于犯罪的外国人，可以独立适用或者附加适用驱逐出境。

(二) 我国刑罚体系的特点

(1) 适应了同犯罪作斗争的需要。(2) 体现了惩办与宽大相结合、惩罚与教育改造相结合的政策。(3) 体现了社会主义人道主义的精神。(4) 体现了依靠专门机关与人民群众相结合的同犯罪作斗争的方针。

第三节　刑罚的种类

一、主刑

主刑，又称基本刑，是对犯罪分子适用的主要刑罚的方法。其特点是只能独立适用，不能附加适用。对一个罪只能适用一个主刑，不能同时适用两个或两个以上主刑。它包括：

（一）管　制

1. 概　念

管制是对犯罪分子不予关押，但限制其一定自由，由公安机关管束和群众监督改造的刑罚方法。

2. 特　点

管制是最轻的一种主刑。它的主要特点是；

（1）对犯罪分子不予关押，不剥夺其人身自由，只限制其一定自由。

（2）被判处管制的犯罪分子虽然有一定的人身自由，但是禁止犯罪分子在执行期间从事特定活动，进入特定区域、场所，接触特定的人。

（3）对判处管制的犯罪分子，依法实行社区矫正。

3. 期　限

管制的期限，为3个月以上2年以下，数罪并罚时最高不能超过3年。

4. 刑期的计算

管制的刑期，从判决执行之日起计算；判决执行以前先行羁押的，羁押1日折抵刑期2日。所谓“判决执行之日”，是指法院签发执行通知书之日，即将犯罪分子交付执行场所之日。所谓羁押，是指把依法逮捕或刑事拘留的现行犯及重大嫌疑分子，关押在看守所或其他规定的场所，暂时剥夺其人身自由的一种强制措施。

5. 被判处管制者应遵守的规定及其权利

被判处管制的犯罪分子，在执行期间，应当遵守下列规定：

（1）遵守法律、行政法规，服从监督。（2）未经执行机关批准，不得行使言论、出版、集会、结社、游行、示威自由的权利。（3）按照执行机关规定报告自己的活动情况。（4）遵守执行机关关于会客的规定。（5）离开所居住的市、县或者迁居，应当报经执行机关批准。

被判处管制的犯罪分子，在劳动中应当同工同酬。

6. 执　行

（1）对判处管制的犯罪分子作出禁止令。全国人大常委会2011年2月通过的《刑法修正案（八）》对《刑法》第38条作出修改，规定人民法院可以根据犯罪情况，在判处行为人管制的同时，作出禁止其在管制期间从事特定活动，进入特定区域场所，接触特定人的禁止令。作出这个禁止令的目的在于维护社会秩序、保护被害人免遭再次侵害、预防行为人再次犯罪。至于何为"特定区域、场所"和"特定人"，未作具体规定，可以根据各个案件的具体情况，比如，犯罪的性质、情节，行为人犯罪的原因等加以确认。人民法院作出禁止令，要按照分类规定的原则和精神，从设置禁止令的目的出发，首先要分析行为人的犯罪情况是否有必要作出禁止令，其次，还需要注意禁止令的内容必须符合法律的规定，有利于对犯罪分子的教育改造和重新回归社会，不得损害其合法权益。

（2）对判处管制的犯罪分子，依法实行社区矫正。全国人大常委会2011年2月通过的《刑法修正案（八）》对《刑法》第38条作出修改，规定对于被判处管制的犯罪分子，依法实行社区矫正。社区矫正是非监禁刑罚执行方式，是指将符合法定条件的罪犯置于社区内，由专门的国家机关在相关社会团体、民间组织和社会志愿者的协助下，在判决、裁定或决定确定的期限内，矫正其犯罪心理和行为恶习，促进其顺利回归社会的非监禁刑罚执行活动。

（3）被判处管制的犯罪分子违反禁止令予以处罚。全国人大常委会2011年2月通过的《刑法修正案（八）》对《刑法》第38条作出修改，规定了被判处管制的犯罪分子违反禁止令的法律责任：凡违反禁止令的规定，即由公安机关依照《治安管理处罚法》的规定予以处罚。根据《治安管理处罚法》第60条的规定，被依法执行管制、剥夺政治权利或者在缓刑、保外就医等监外执行中的罪犯或者被依法采取刑事强制措施的人，有违反法律、法规和公安部门有关监督管理规定的行为的，处五日以上十日以下拘留，并处二百元以上五百元以下罚款。

7. 解除管制

被判处管制的犯罪分子，管制期满，执行机关应即向其本人及其所在单位或者居住地的群众宣布解除管制，附加剥夺政治权利的，还应当同时宣布恢复政治权利。

（二）拘　役

1. 概　念

拘役是短期剥夺犯罪分子的人身自由，就近实行教育改造的刑罚方法。

2. 性 质

拘役与刑事拘留、行政拘留、民事拘留有着明显的区别：

（1）性质不同。拘役是刑罚方法；刑事拘留是刑事诉讼中的一种强制措施；行政拘留属于治安行政处罚；民事拘留属于司法行政性质的处理，是民事诉讼中的一种强制措施。

（2）适用的对象不同。拘役适用于犯罪分子；刑事拘留适用于《刑事诉讼法》规定现行犯或者重大嫌疑分子；行政拘留适用于违反治安管理、尚未达到犯罪程度的行为人；民事拘留适用于违反《民事诉讼法》的规定，但又不构成犯罪的民事诉讼参与人或其他人。

（3）适用的机关不同。拘役和民事拘留均由法院适用，而刑事拘留和行政拘留则由公安机关适用。

（4）依据的法律不同。拘役是以《刑法》为根据；刑事拘留的适用以《刑事诉讼法》和《逮捕拘留条例》为依据；行政拘留的适用以《治安管理处罚法》为依据；民事拘留以《民事诉讼法》为依据。

（5）期限不同。拘役期限为1个月以上6个月下；刑事拘留的期限最多延长至37日；行政拘留的期限为1日以上15日以下；民事拘留的期限为15日以下。

3. 适用范围

拘役主要适用于罪行较轻、但仍需短期关押改造的犯罪分子。

4. 期 限

拘役的期限为1个月以上6个月以下，数罪并罚时最高不能超过1年。

5. 刑 期

拘役的刑期，从判决执行之日起计算；判决执行以前先行羁押的，羁押1日折抵刑期1日。

6. 被判处拘役者的权利

被判处拘役的犯罪分子享有回家探亲的待遇。

7. 执 行

被判处拘役的犯罪分子，由公安机关就近执行。所谓“就近执行”，就是要在犯罪分子所在地的县、市或市辖区的公安机关设置的拘役所执行；尚未建立拘役所的，放在就近的监狱执行；远离监狱的公安机关，可以放在看守所执行。

（三）有期徒刑

1. 概 念

有期徒刑是剥夺犯罪分子一定期限的人身自由，实行强制劳动和教育改造的刑罚方法。

2. 性　质

有期徒刑与拘役虽然都是剥夺犯罪分子人身自由的刑罚方法，但二者有区别：

(1) 适用对象不同。有期徒刑既适用于罪行较重的犯罪分子，又适用于罪行较轻的犯罪分子；拘役只能适用于罪行较轻的犯罪分子。

(2) 执行场所不同。被判处有期徒刑的犯罪分子，在监狱或者其他执行场所执行；被判处拘役的犯罪分子，由公安机关就近执行，主要是在当地的拘役所执行。

(3) 期限不同。有期徒刑的期限长、起点高、幅度大；拘役的期限短、起点低、幅度小。

(4) 待遇不同。被判处有期徒刑的犯罪分子，凡有劳动能力的，都应当参加无偿劳动，接受教育和改造，没有每月可以回家休假的待遇；被判处拘役的犯罪分子，每月可以回家一天至两天，参加劳动的，可以取得一定报酬。

(5) 法律后果不同。被判处有期徒刑的犯罪分子，刑罚执行完毕或者赦免以后，在5年内再犯应当判处有期徒刑以上刑罚之罪的，构成累犯；被判处拘役的犯罪分子，在刑罚执行完毕以后，不论何时再犯新罪，都不构成累犯。

3. 期　限

有期徒刑的期限，为6个月以上15年以下。在以下特殊情况下可以提高到25年：

(1) 数罪并罚时，有期徒刑可以超过15年，但最高不能超过25年。

(2) 被判处死刑缓期执行的犯罪分子，在死刑缓期执行期间，如果确有重大立功表现，2年期满以后，减为25年有期徒刑。

(3) 被判处无期徒刑的犯罪分子，在刑罚执行期间，确有悔改或者立功表现，根据有关司法解释，也可以减为18年以上20年以下有期徒刑。

4. 刑　期

有期徒刑的刑期，从判决之日起计算；判决执行以前先行羁押的，羁押1日折抵刑期1日。

5. 执行场所

被判处有期徒刑的犯罪分子，在监狱或者其他执行场所执行。

所谓其他执行场所，是指除了监狱以外，用于有期徒刑犯执行刑罚的场所。如已满14周岁不满18周岁的未成年犯，在未成年犯管教所执行刑罚。

（四）无期徒刑

1. 概　念

无期徒刑是剥夺犯罪分子终身自由，实行强制劳动和教育改造的刑罚方法。

无期徒刑是仅次于死刑的一种严厉的刑罚方法。

2. 性　质

无期徒刑是剥夺犯罪分子人身自由的一种最严厉的刑罚方法，它与有期徒刑相比，有重大区别：

（1）期限不同。有期徒刑是剥夺犯罪分子一定期限的自由；而无期徒刑则是剥夺犯罪分子的终身自由。

（2）严厉程度不同。有期徒刑是介于无期徒刑和拘役之间的刑罚方法，它重于拘役而轻于无期徒刑；无期徒刑是介于有期徒刑和死刑之间的刑罚方法，它重于有期徒刑而轻于死刑。

（3）适用对象不同。有期徒刑既适用于罪行较重的罪犯，也适用于罪行较轻的罪犯；无期徒刑只适用于罪行严重的罪犯。

（4）适用时其他规定不同。对判处有期徒刑的犯罪分子，不一定附加剥夺政治权利，且判决执行以前先行羁押的，羁押日期可以折抵刑期；对判处无期徒刑的犯罪分子，应当附加剥夺政治权利，且不存在刑期折抵问题。

3. 适用范围

无期徒刑主要适用于严重的危害国家安全的犯罪分子和故意杀人、故意伤害、放火、爆炸、投毒、抢劫、强奸、贩毒、走私、贪污、受贿等重大刑事犯罪分子。

（五）死　刑

死刑是剥夺犯罪分子生命的刑罚方法。

我国严格限制死刑的适用，主要表现在以下几个方面。

1. 死刑适用范围的限制

死刑只适用于罪行极其严重的犯罪分子。

所谓“罪行极其严重”，是指犯罪行为对国家和人民利益危害特别严重和情节特别恶劣。

2. 适用死刑的犯罪主体的限制

我国《刑法》第 49 条规定：“犯罪的时候不满十八周岁的人和审判的时候怀孕的妇女，不适用死刑；审判的时候已满七十五周岁的人，不适用死刑，但以特别残忍手段致人死亡的除外。”

所谓“以特别残忍手段致人死亡”是指犯罪手段令人发指，如以肢解、残酷折磨、毁人容貌等特别残忍手段致使被害人死亡的。

这里规定的不适用死刑，也包括不适用死刑缓期两年执行。

3. 死刑核准程序的限制

我国《刑法》第48条第2款规定："死刑除依法由最高人民法院判决的以外，都应当报请最高人民法院核准。"

4. 死刑执行制度的限制

我国《刑法》第48条规定，对于应当判处死刑的犯罪分子，如果不是必须立即执行的，可以判处死刑同时宣告缓期2年执行。

具体讲，死刑缓期执行制度的主要内容表现在以下几个方面：

1. 死刑缓期执行适用的条件

（1）罪该处死。此乃宣告死刑缓期执行的前提条件。

（2）不是必须立即执行。此乃宣告死刑缓期执行的实质条件，是区分死刑立即执行与死刑缓期执行的原则界限。

2. 死刑缓期执行的判决及其核准

死刑缓期执行的，可以由高级人民法院判决或者核准。

3. 死刑缓期执行期满后的处理

（1）在死刑缓期执行期间，如果没有故意犯罪，2年期满以后，减为无期徒刑。没有故意犯罪，是对被判处死缓的罪犯裁定减为无期徒刑的决定性条件。

（2）在死刑缓期执行期间，如果确有重大立功表现，2年期满以后，减为25年有期徒刑。

（3）在死刑缓期执行期间，如果故意犯罪，查证属实的，由最高人民法院核准，执行死刑。

根据有关司法解释，对于判处死刑缓期执行2年执行期满后，尚未减刑以前又犯新罪的，不能视为是在死刑缓期执行期间犯罪，应当依照《刑法》第50条、《刑事诉讼法》第210条的规定予以减刑，然后对其所犯新罪另行起诉、审判、作出判决，并按照《刑法》第71条关于数罪并罚的规定，决定执行的刑罚。只有新罪依法应当判处死刑的，才能执行死刑。

（4）对被判处死刑缓期执行的累犯以及因故意杀人、强奸、抢劫、绑架、放火、爆炸、投放危险物质或者有组织的暴力性犯罪被判处死刑缓期执行的犯罪分子，人民法院根据犯罪情节等情况可以同时决定对其限制减刑。

上述规定只是划定了一个可以限制减刑的人员的范围，并不是上述被判处死刑缓期执行的九类罪犯都要限制减刑，是否需要限制减刑，应由人民法院根据其所实施犯罪的具体情况等综合考虑决定。这里的"同时"是指判处死刑缓期执行的同时，不是在死刑缓期执行2年期满以后减刑的同时。"限制减刑"是指对犯罪分子虽然可以适用减刑，但其实际执行刑期比其他被判处死刑缓期执行的罪犯减刑后的实际刑期更长。根据我国《刑法》第78条的规定，对于判处死刑缓期二年执行，人民法院依照《刑法》第 50 条第 2 款的规定限制减刑的犯罪分子，缓期执行期满后依法减为无期徒刑的，实际执行刑期不能少于 25 年；缓期执行期满后依法减为 25 年有期徒刑，实际执行刑期不能少于 20 年。

4. 死刑缓期执行期间的计算

死刑缓期执行的期间，从判决确定之日起计算；死刑缓期执行减为有期徒刑的刑期，从死刑缓期执行期满之日起计算。这就是说，死缓判决确定之日以前的羁押时间，不能计算在缓期 2 年的期限之内；也不能把缓期 2 年执行的期限计算在减刑后的有期徒刑的刑期之内。

案例：犯罪分子李某，因故意杀人于 1997 年 6 月 1 日被羁押，于 1998 年 2 月 15 日被判处死刑缓期 2 年执行。

问：(1) 死刑缓期执行的期间应如何起算？

(2) 若李某在死刑缓期执行期间，没有故意犯罪，2 年期满后，应如何处理？

(3) 若李某在死刑缓期执行期间确有重大立功表现，2 年期满后，又应如何处理？

(4) 如果李某在死刑缓期执行期间内又故意犯罪，则应如何处理？

分析：(1) 根据我国《刑法》的规定，死刑缓期执行的期间，从判决确定之日起计算，在本案中，即从 1998 年 2 月 15 日起计算。

(2) 减为无期徒刑。

(3) 减为 25 年有期徒刑。

(4) 由最高人民法院核准，执行死刑。

二、附加刑

附加刑，又称从刑，是补充主刑适用的刑罚方法。它的特点是既能独立适用，又能附加适用。在附加适用时，可以同时适用两个以上的附加刑。它包括：

(一) 罚　金

1. 概　念

罚金是人民法院判处犯罪分子或犯罪的单位向国家缴纳一定数额金钱的刑罚方法。

罚金不同于行政罚款，二者的区别是：

(1) 性质不同。罚金是刑罚方法；罚款是行政处罚。

(2) 适用对象不同。罚金适用于触犯刑律的犯罪分子和犯罪单位；罚款适用于不构成犯罪的一般违法分子和违法单位。

(3) 适用机关不同。罚金只能由人民法院依照《刑法》的规定适用；而罚款则由公安机关和海关、税务、工商行政管理等有关部门依照有关行政法律、法规的规定适用。

2. 适用范围

罚金主要适用于贪财图利或与财产犯罪有关的犯罪，同时也适用于少数妨害社会管理秩序的犯罪，如妨害公务罪、妨害国境卫生检疫罪等。

3. 适用方式

罚金的适用方式，有以下 4 种：

(1) 选处罚金，即罚金作为一种选择的法定刑，可以适用也可以不适用。

(2) 单处罚金，即罚金只能单独适用，而不能附加适用。

(3) 并处罚金，即罚金只能附加适用，并必须适用，而不能单独适用。

(4) 并处或者单处罚金，即罚金既可以附加适用，也可以单独使用。

4. 适用的原则

判处罚金的数额，应当根据犯罪情节决定罚金数额。一般来说，非法获利的数额大、情节严重的，罚金数额应当多些；反之，则应当少些。总之，不让犯罪分子在经济上占到便宜。

5. 缴纳的方式

罚金的缴纳，有以下 4 种方式：

(1) 一次或分期缴纳。即犯罪分子或犯罪的单位按照判决所确定的数额和指定的期限，一次或几次分期交纳。

(2) 强制缴纳。即在判决指定的期限届满后，犯罪分子或犯罪的单位有缴纳能力而不缴纳，法院采取查封、拍卖财产、冻结存款、扣留收入等措施，强制其缴纳。

(3) 随时追缴。即对于不能全部缴纳罚金的，法院在任何时候发现被执行人有可以执行的财产，随时都可以追缴。所谓不能全部缴纳，是指通过分期缴纳或强制缴纳的方式，在缴纳期满后，都无法使被执行人缴纳全部罚金。所谓“追缴”，是指法院对被执行人可以执行的财产追回上缴国库。

(4) 减少或者免除缴纳。即犯罪分子由于遭遇到不能抗拒的灾祸，如火灾、水灾、地震或家属死亡等，缴纳判决所确定的罚金数额确实有困难，由犯罪分子提出申请，法院经查证属实，可以根据其遭受灾祸的轻重情况，裁定减少罚金数额或免除缴纳全部罚金。

(二) 剥夺政治权利

1. 概　念

剥夺政治权利是剥夺犯罪分子参加国家管理和政治活动权利的刑罚方法。

2. 内 容

剥夺政治权利，是剥夺下列权利：

（1）选举权和被选举权。

（2）言论、出版、集会、结社、游行、示威自由的权利。

（3）担任国家机关职务的权利。

（4）担任国有公司、企业、事业单位和人民团体领导职务的权利。

3. 适 用

剥夺政治权利既可以附加适用，也可以独立适用。它适用于以下4种情况：

（1）对于危害国家安全的犯罪分子应当附加剥夺政治权利。

（2）对于故意杀人、强奸、放火、爆炸、投毒、抢劫等严重破坏社会秩序的犯罪分子，可以附加剥夺政治权利。

（3）对于被判处死刑、无期徒刑的犯罪分子，应当剥夺政治权利。

（4）独立适用剥夺政治权利的，依照《刑法》分则的规定。

4. 期 限

剥夺政治权利的期限，有4种情况：

（1）独立适用剥夺政治权利或者主刑是有期徒刑、拘役附加剥夺政治权利的，期限为1年以上5年以下。

（2）判处管制附加剥夺政治权利的，剥夺政治权利的期限与管制的期限相等。

（3）判处死刑、无期徒刑的，剥夺政治权利终身。

（4）死刑缓期执行减为有期徒刑或者无期徒刑减为有期徒刑的，附加剥夺政治权利的期限相应改为3年以上10年以下。

5. 刑期的起算

剥夺政治权利的刑期起算，有4种情况：

（1）判处管制附加剥夺政治权利的，剥夺政治权利的刑期与管制相等，同时起算，同时执行。

（2）判处有期徒刑、拘役附加剥夺政治权利的，剥夺政治权利的刑期，从主刑执行完毕之日或者从假释之日起计算；剥夺政治权利的效力当然施用于主刑执行期间。

（3）死刑缓期执行减为有期徒刑或者无期徒刑减为有期徒刑时，附加剥夺政治权利的期限改为3年以上10年以下，其刑期应当从减刑后的有期徒刑执行完毕之日或者假释之日起算。

（4）单独判处剥夺政治权利的刑期起算，应当从判决执行之日起计算。

6. 执行机关

剥夺政治权利由公安机关执行。

根据《刑法》第58条第2款的规定，被剥夺政治权利的犯罪分子，在执行期间，应当遵守法律、行政法规和公安部门有关监督管理的规定，服从监督；不得行使《刑法》第54条规定的各项权利。剥夺政治权利执行期满，应当由执行机关通知本人，并向有关群众公开宣布恢复其政治权利。罪犯在恢复了政治权利以后，就享有法律赋予公民的政治权利。但是，根据《中华人民共和国人民法院组织法》的规定，被剥夺过政治权利的人，不论是否再犯罪，也不论经过多少年，都不能被选举为法院院长、人民陪审员，或者被任命为副院长、庭长、副庭长、审判员和助理审判员。

（三）没收财产

1. 概　念

没收财产是将犯罪分子所有财产的一部或者全部强制无偿地收归国有的刑罚方法。

2. 性　质

没收财产与罚金的性质不同：

（1）在适用对象上，罚金适用于情节较轻的贪利性犯罪；没收财产适用于危害国家安全罪及情节较重的其他刑事犯罪。

（2）在内容上，罚金是剥夺犯罪分子一定数额的金钱；而没收财产则是剥夺犯罪分子个人现实所有财产的一部分或全部，既可以没收金钱也可以没收其他财物。

（3）在执行上，罚金可以分期缴纳，还可以适当减免；而没收财产只能一次性没收，不存在分期执行或减免的问题。

3. 适用范围

没收财产主要适用于危害国家安全罪；情节严重的走私、伪造货币、伪造、变造国家有价证券等破坏社会主义市场经济秩序罪；抢劫、诈骗等侵犯财产罪；非法种植毒品原植物、组织卖淫、强迫卖淫等妨害社会管理秩序罪。

4. 方　式

没收财产的适用方式，有以下3种：

（1）并处罚金或者没收财产。即罚金和没收财产可以择一而处，但都只能附加适用，而不能单独适用。如《刑法》第171条规定的出售、购买、运输假币罪，数额特别巨大的，处10年以上有期徒刑或者无期徒刑，并处5万元以上50万元以下罚金或者没收财产。

（2）可以并处没收财产，即可以附加适用没收财产，也可以不附加适用没收财产，并不是非附加没收财产不可。如《刑法》第 271 条规定的职务侵占罪，数额巨大的，处 5 年以上有期徒刑，可以并处没收财产。

（3）并处没收财产，即应当附加适用没收财产。

如《刑法》第 239 条规定的绑架罪，致使被绑架人死亡或者杀害被绑架人的，处死刑，并处没收财产。

5. 没收财产的范围

没收财产是没收犯罪分子个人所有财产的一部分或者全部。没收全部财产的，应当对犯罪分子个人及其扶养的家属保留必需的生活用品。在判处没收财产的时候，不得没收犯罪分子家属所有或者应有的财产。

所谓犯罪分子个人所有的财产，是指犯罪分子实际所有的一切财产及其在家庭共有财产中应得的份额。

所谓家属所有的财产，是指纯属家属自己所有的财产，如属家属自己穿用的衣物和个人劳动所得的财产等。

所谓家属应有的财产，是指在家庭共同所有的财产中，应当属于家属的那一部分。

6. 以没收的财产偿还债务问题

没收财产以前犯罪分子所负的正当债务，需要以没收的财产偿还的，经债权人请求，应当偿还。

以没收的财产偿还债务，必须具备以下条件：

（1）必须是犯罪分子在其财产被没收以前所负的债务。

（2）必须是正当债务，不包括赌债等非正当债务。

（3）所负的债务需要以没收的财产偿还。

（4）必须经债权人请求。

7. 没收财产判决的执行

没收财产的判决，无论附加适用或者独立适用，都由人民法院执行；在必要的时候，可以会同公安机关执行。在执行过程中，如果发现有被犯罪分子非法占有的公民个人财产，经原主请求返还，查证属实后，应当归还原主。

（四）驱逐出境

1. 概　念

驱逐出境是强迫犯罪的外国人离开中国国境的处罚方法。

我国《刑法》第 35 条规定，对于外国人，可以独立适用或者附加适用驱逐出境。

所谓外国人，包括具有外国国籍的人和无国籍的人。

2.《刑法》中规定的驱逐出境与《外国人出入境管理法》中规定的驱逐出境的区别

(1)处罚的性质不同。前者是一种刑事处罚，适用于在我国境内犯罪的外国人。后者是一种行政处罚，适用于违反《外国人出入境管理法》的有关规定并且情节严重的外国人。

(2)适用的机关和程序不同。作为刑罚方法的驱逐出境，由人民法院依照《刑事诉讼法》规定的程序进行判决。作为行政处罚的驱逐出境，由地方公安机关依照有关规定的程序报告公安部，由公安部作出决定。

(3)执行的时间不同。人民法院判决的驱逐出境，独立适用时，从判决发生法律效力之日起执行，附加适用时，从主刑执行完毕之日起执行。公安机关处理的驱逐出境，在公安部作出决定后立即执行。

案例：犯罪分子李某，因故意杀人于1997年6月1日被羁押，于1998年2月15日被判处死刑缓期2年执行。

问：(1)死刑缓期执行的期间应如何起算?

(2)若李某在死刑缓期执行期间，没有故意犯罪，2年期满后，应如何处理?

(3)若李某在死刑缓期执行期间确有重大立功表现，2年期满后，又应如何处理?

(4)如果李某在死刑缓期执行期间内又犯罪，则应如何处理?

分析：(1)根据《刑法》第51条的规定，死刑缓期执行的期间，从判决确定之日起计算。本案中，即从1998年2月15日起计算。

(2)根据《刑法》第50条的规定，判处死刑缓期执行的，在死刑缓期执行期间，如果没有故意犯罪，2年期满后，减为无期徒刑。本案中，李某应减为无期徒刑。

(3)根据《刑法》第50条的规定，被判处死刑缓期执行的，在死刑缓期执行期间，如果确有重大立功表现的，2年期满以后，减为25年有期徒刑。本案中，李某若有重大立功表现，应减为25年有期徒刑。

(4)根据《刑法》第50条的规定，判处死刑缓期执行的，在死刑缓期执行期间，如果故意犯罪，查证属实的，由最高人民法院核准，执行死刑。本案中，李某如果在死刑缓期执行期间又犯罪的，应由最高人民法院核准，执行死刑。

三、非刑罚处理方法

(一)非刑罚处理方法的概念

非刑罚处理方法，是指人民法院对犯罪分子适用刑罚以外的其他处理方法的总称。

（二）非刑罚处理方法的种类

1. 判处赔偿经济损失和责令赔偿损失

判处赔偿经济损失，是指人民法院对犯罪分子除依法给予刑事处罚外，并根据其犯罪行为给被害人造成的经济损失情况，判处犯罪分子给予被害人一定经济赔偿的处理方法。

责令赔偿损失，是指人民法院对犯罪情节轻微不需要判处刑罚的犯罪分子，在免除其刑事处罚的同时，根据其犯罪行为对被害人造成的经济损失情况，责令其向被害人支付一定数额的金钱，以赔偿被害人的经济损失的处理方法。

两者的性质均属于刑事附带民事的强制处分。

二者的区别在于：前者适用于依法被判处刑罚的犯罪分子；而后者适用于依法被免予刑事处罚的犯罪分子。

2. 训诫、责令具结悔过和责令赔礼道歉

这三种方法是人民法院对犯罪情节轻微不需要判处刑罚而免予刑事处罚的犯罪分子所采用的教育方法。

训诫，是人民法院对犯罪分子当庭予以批评或谴责，并责令其改正的一种教育方法。

责令具结悔过，是人民法院责令犯罪分子用书面方式保证悔改、以后不再重新犯罪的一种教育方法。

责令赔礼道歉，是人民法院责令犯罪分子公开向被害人当面承认错误，表示道歉的一种教育方法。

3. 由主管部门予以行政处罚或者行政处分

由主管部门予以行政处罚或者行政处分，是指人民法院根据案件的情况，向犯罪分子的主管部门提出对犯罪分子予以行政处罚或者行政处分的建议，而由主管部门给予犯罪分子一定的行政处罚或者行政处分的一种非刑罚处理方法。

所谓行政处罚，主要是指行政执法机关，依照国家行政法规和行政处罚法的规定，给予被免予刑事处罚的犯罪分子以经济或限制人身自由的处罚，如罚款、行政拘留、劳动教养等。

行政处分是指犯罪分子的所在单位或基层组织，依照行政规章、纪律、章程等，对免予刑事处罚的犯罪分子予以行政纪律处分，如开除、记过、警告等。

（三）非刑罚处理方法的适用条件

1. 适用我国《刑法》第36条规定的赔偿损失，必须具备的条件

（1）被害人的经济损失必须是由犯罪分子的犯罪行为造成的，即被害人

的经济损失与犯罪分子的犯罪行为之间存在着刑法上的因果关系。

（2）适用的对象必须是依法被判处刑罚的犯罪分子。

2. 民事赔偿责任与罚金、没收财产刑罚之间的关系

根据我国《刑法》第36条第2款的规定，在刑事附带民事诉讼的案件中，有判处财产刑的，实行民事赔偿优先的原则，即承担民事赔偿责任的犯罪分子，同时被判处罚金，其财产不足以全部支付的，或者被判处没收财产的，应当先承担对被害人的民事赔偿责任。

3. 适用我国《刑法》第37条规定的训诫、责令具结悔过、赔礼道歉、赔偿损失，或者由主管部门予以行政处罚或者行政处分

必须具备的条件：（1）犯罪分子的犯罪行为由于情节轻微不需要判处刑罚，可以免予刑事处罚。

（2）根据案件的情节又需要给予适当处理的。

复习题

（一）思考题

1. 简述刑罚的概念和特征。
2. 简述刑罚与其他法律制裁措施有哪些区别。
3. 简述管制的特点、适用范围、期限和刑期。
4. 简述拘役与刑事拘留、行政拘留、民事拘留的区别。
5. 简述死刑适用范围和适用死刑犯罪主体的限制。
6. 简述死刑缓期执行适用的条件和执行期间的计算。
7. 简述罚金刑缴纳的方式。
8. 简述剥夺政治权利的期限和刑期的起算。
9. 简述没收财产的范围和以没收的财产偿还债务问题。
10. 非刑罚处理方法的种类。

（二）名词解释

刑罚　管制　拘役　有期徒刑　无期徒刑

死刑　死刑缓期执行　罚金　剥夺政治权利　没收财产

（三）选择题

1. 被判处拘役的犯罪分子，在执行期间，参加劳动的（　）。

A. 按劳取酬　B. 可以酌量发给报酬

C. 不发报酬　D. 根据劳动表现发给报酬

2. 决定罚金数额的根据是（　　）。

A. 罪行轻重　　B. 犯罪情节

C. 罪后态度　　D. 缴纳能力

3. 管制的刑期，从判决执行之日起计算。判决以前先行羁押的，羁押1日折抵管制刑（　　）。

A. 1日　　B. 2日

C. 3日　　D. 5日

4. 对犯罪分子适用死刑的一般性条件是（　　）。

A. 罪大恶极　　B. 罪行极其严重

C. 犯罪后果极其严重　　D. 民愤极大

5. 没收财产以前犯罪分子所负的正当债务，需要以没收的财产偿还的，经债权人请求（　　）。

A. 可以偿还　　B. 应当偿还

C. 酌情偿还　　D. 不予偿还

6. 被判处“死缓”的犯罪分子减为无期徒刑的条件是（　　）。

A. 遵守监管监规

B. 积极参加劳动并有科技发明创造

C. 没有故意犯罪

D. 确有重大立功表现

7. 我国《刑法》规定的附加刑包括（　　）。

A. 剥夺政治权利　　B. 罚金

C. 没收财产　　D. 驱逐出境

E. 管制

8. 数罪并罚时，管制的最高刑期是（　　）。

A. 6个月　　B. 1年

C. 2年　　D. 3年

9. 我国《刑法》规定的有期徒刑的期限一般是（　　）。

A. 6个月以上15年以下　　B. 15日以上15年以下

C. 6个月以上20年以下　　D. 15日以上20年以下

10. 我国《刑法》规定，对于危害国家安全的犯罪分子（　　）。

A. 可以附加剥夺政治权利　　B. 应当附加剥夺政治权利

C. 应当独立剥夺政治权利　　D. 应当附加剥夺政治权利终身

11. 我国《刑法》规定的附加刑（　　）。

A. 只能附加造用　　B. 只能独立适用

C. 可以独立适用　　D. 不能独立适用

12. 下列刑罚方法中，只能由人民法院执行的是（　　）。

A. 管制　　B. 罚金

C. 拘役　　D. 剥夺政治权利

13. 有期徒刑与拘役主要区别是（　　）。

A. 适用对象不同　　B. 执行场所不同

C. 期限不同　　D. 待遇不同

E. 法律后果不同

14. 在不实行数罪并罚时，法定的管制期限为（　　）。

A. 3 个月以上 3 年以下　　B. 1 个月以上 2 年以下

C. 3 个月以上 2 年以下　　D. 6 个月以上 2 年以下

15. 剥夺政治权利包括（　　）。

A. 剥夺担任国有公司、企业、事业单位和人民团体领导职务的权利

B. 剥夺担任国家机关职务的权利

C. 剥夺选举权与被选举权

D. 剥夺获取劳动报酬的权利

E. 剥夺言论、出版、集会、结社、游行、示威自由的权利

（答案：1. B；2. B；3. B；4. B；5. B；6. C；7. ABCD；8. D；9. A；10. B；11. C；12. B；13. ABCDE；14. C；15. ABCE）

第九章　刑罚的具体运用制度

本章主要内容

本章介绍的是刑罚的量刑及其制度、有关刑罚执行制度和消灭制度。刑罚裁量的概念、内容和意义。刑罚裁量的原则的含义和基本要求。刑罚裁量情节及其适用规则。累犯、自首、立功的概念和成立条件。数罪并罚的概念和原则。缓刑的概念、种类、适用条件、法律后果和撤销条件。减刑、假释的概念和适用条件。假释的考验期及撤销假释的条件。《刑法》中的时效制度和赦免制度的基本内容。

本章的重点问题

1. 累犯、自首、立功的概念和成立条件及其处罚原则。
2. 缓刑、减刑、假释的概念、适用条件。
3. 我国数罪并罚原则及其适用。
4. 我国《刑法》对追诉时效的规定。
5. 我国《刑法》中的时效制度和赦免制度的基本内容。

学习目标

掌握我国刑罚的有关制度的一些最基本问题，能够运用相关知识准确确认累犯、自首和立功，正确理解和适用数罪并罚、缓刑、减刑、假释、赦免等制度的基本理论、体系和种类。重点掌握数罪并罚、缓刑、减刑、假释制度的适用。

第一节　刑罚的裁量

一、刑罚裁量的概念和原则

（一）刑罚裁量的概念

刑罚裁量，简称量刑，是指人民法院对于犯罪分子依法裁量决定刑罚的一种刑事审判活动。

具体地说，人民法院对于犯罪分子裁量决定刑罚，应当解决如下三个问题：

（1）对犯罪分子是否需要判处刑罚。

（2）对需要判处刑罚的犯罪分子应当判处何种刑罚和刑度。

（3）对犯罪分子判处的刑罚是否必须立即执行。

刑罚裁量具有以下基本特征：

（1）刑罚裁量的主体只能是人民法院。依照我国《宪法》《法院组织法》《刑法》《刑事诉讼法》的规定，刑事审判权统一由人民法院行使，其他任何机关、团体、组织或个人都无权行使。人民法院的刑事审判权分为定罪权和量刑权，刑罚裁量权是刑事审判权的重要组成部分。

（2）被量刑的对象只能是犯罪分子。未经人民法院确定为有罪的人，不能承担刑事责任，其也就不是量刑的对象。

（3）定罪是适当量刑的前提条件。定罪准确，才可能量刑适当；定罪不准，将导致错误地适用法定刑。

（4）刑事责任的大小是量刑轻重的唯一根据。罪行的大小决定法定刑的轻重，刑事责任的大小决定宣告刑的轻重。

（二）刑罚裁量原则

刑罚裁量是一种重要的刑事审判活动，必须遵守一定的原则。我国《刑法》第61条规定：“对于犯罪分子决定刑罚的时候，应当根据犯罪的事实、犯罪的性质、情节和对于社会的危害程度，依照本法的有关规定判处。”依此，可将我国《刑法》中的量刑原则概括为：以犯罪事实为根据的原则，以刑事法律为准绳的原则。

1. 以犯罪事实为根据的原则

所谓犯罪事实，是指客观存在的犯罪诸种情况的总和。

其具体内容包括：犯罪事实、犯罪性质、犯罪情节和犯罪对于社会的危害程度等几个方面。

其具体要求是：

（1）查清犯罪事实。犯罪事实是定罪量刑赖以存在的客观基础，查明犯罪事实是准确认定犯罪性质和正确适用刑罚的前提。因此，审判机关处理刑事案件时，必须核实有关证据，做到事实清楚，证据确实充分，为定罪准确、量刑适当提供可靠的客观依据。

（2）确定犯罪性质。所谓犯罪性质，即犯的什么罪，应定什么罪名。犯罪性质不同，反映出的社会危害性程度也不一样，因而法定刑的轻重也不同。如危害国家安全罪的性质严重，其法定刑就重，其他刑事犯罪的性质相对较轻。在同类犯罪中，由于各种具体犯罪的性质不同，其相应的法定刑也有轻重之别。可见，确定犯罪性质，对于量刑有着十分重要的意义。人民法院在量刑时，必须根据犯罪的事实，分清犯罪的性质，不仅要判明犯罪人的行为属于哪一类犯罪，而且还要判明是属于该类罪中哪一种具体犯罪，然后根据《刑法》分则的相应条文规定的量刑幅度裁量刑罚。

（3）分析犯罪情节。即犯罪构成必要要件的基本事实以外的其他能够影响社会危害程度的各种具体事实情况。同一犯罪性质，由于犯罪情节的不同其社会危害性也有差别，因而量刑的轻重也应当有所不同。例如，同是故意杀人罪，由于动机、手段和后果等情况不同，量刑时也就有所区别。人民法院在量刑时，确定了犯罪性质，但如何裁量具体的刑罚，还得根据犯罪情节加以判定。因此，裁量刑罚必须全面分析犯罪的各种情节。

（4）判断犯罪的社会危害程度。即犯罪行为对社会造成或者可能造成的损害程度。行为的社会危害性是犯罪的最根本特征。行为对社会的危害程度是区分罪与非罪、罪重与罪轻，从而决定是否判刑以及判刑轻重的主要依据。犯罪的社会危害程度是由一系列主客观因素所决定的。犯罪事实、犯罪性质、犯罪情节等因素都从不同方面在不同程度上反映出犯罪的社会危害程度。因此，判断某一犯罪行为的社会危害程度，必须全面综合地考察犯罪的各种因素，不能片面强调其中某一因素而忽视其他因素，以免出现量刑上的畸重畸轻现象。

2. 以刑事法律为准绳的原则

查清犯罪诸方面的事实情况是进行量刑的前提条件，但这并不意味着量刑必然适当。要做到量刑适当还必须依照《刑法》的有关规定，适用刑罚。要贯彻以刑事法律为准绳的原则，必须做到：

（1）依照《刑法》分则对具体犯罪规定的量刑幅度，选择确定与犯罪分子的罪行相适应的刑种和刑期。

（2）依照《刑法》总则关于负担刑事责任的原则的规定，作出对犯罪分子是否从重、从轻、减轻或者免除处罚的决定。

（3）依照《刑法》总则关于各种刑罚方法和刑罚制度的适用对象与适用条件等的规定，适用各种刑罚方法和刑罚制度。

二、刑罚裁量情节

刑罚裁量情节，简称量刑情节，是指人民法院对犯罪分子裁量刑罚时，作为决定刑罚轻重或者免除处罚根据的各种事实情况，其分为法定情节和酌定情节两类。

（一）法定情节

1. 概　念

法定情节，是指《刑法》明文规定的，在量刑时必须予以考虑的情节。它既包括《刑法》总则规定的对各种犯罪共同适用的情节，又包括《刑法》分则规定的对特定犯罪适用的情节。根据我国《刑法》的规定，法定情节包括从重、从轻、减轻和免除处罚情节。

2. 法定情节的内容

（1）从重处罚，即在法定刑的限度以内，判处较重的刑罚。就是在《刑法》分则规定的法定刑中，选择适用一个较重的刑种或者在某一量刑幅度内判处较长的刑期。

在执行中应把握两点：

①依照我国《刑法》第 62 条规定的“应当在法定刑的限度以内判处刑罚”，不允许在法定最高刑以上判处刑罚，否则便成为加重处罚；

②对犯罪分子判处较重的刑罚，是相对而言的，即比犯罪分子不具有从重处罚情节时应当受到的刑罚相对较重，并不是一律判处法定最高刑。

（2）从轻处罚，即在法定刑的限度以内，判处相对较轻的刑罚。即在法定刑的范围内对犯罪分子适用较轻的刑种或者较短的刑期。对犯罪分子从轻处罚，应当在法定刑的限度以内判处刑罚，不允许在法定最低刑以下判处刑罚，否则就混淆了从轻处罚与减轻处罚的界限。对犯罪分子判处较轻的处罚，是指比犯罪分子没有从轻处罚的情节时应当受到的刑罚相对较轻，并不是一律判处法定最低刑。

（3）减轻处罚，即判处低于法定最低刑的处罚。

例如，《刑法》第 236 条规定的法定刑，其中最低刑是 3 年有期徒刑，减轻处罚时，只能判处低于 3 年有期徒刑，而不能判处 3 年有期徒刑，否则，减轻处罚与从轻处罚就没有区别了；但也不能减轻到不予处罚，否则，就与免除处罚没有区别了。

根据我国《刑法》的规定，减轻处罚有两种情况：

①法定的减轻处罚，即犯罪分子具有《刑法》规定的减轻处罚情节的，应当在法定刑以下判处刑罚（第63条第1款）；《刑法》规定有数个量刑幅度的，应当在法定量刑幅度紧接着的下一个量刑幅度内判处刑罚，而不能跨越一个量刑幅度去判处刑罚。

②酌定的减轻处罚，即犯罪分子虽然不具有《刑法》规定的减轻处罚情节，但是根据案件的特殊情况，经最高人民法院核准，也可以在法定刑以下判处刑罚（第63条第2款）。若对犯罪分子适用酌定的减轻处罚，必须符合如下条件：

A. 犯罪分子不具有法定减轻处罚的情节；

B. 案件具有特殊情况，即主要是指案件涉及外交、国防、宗教、民族、统战和经济建设方面的问题，为了维护国家的利益，有必要对犯罪分子减轻处罚。

C. 必须经最高人民法院核准，即各级人民法院根据《刑法》第63条第2款的规定作出减轻处罚的判决，只有逐级报最高人民法院核准后，才能发生法律效力。

D. 免除处罚，即对犯罪分子作有罪宣告，但免除其刑罚处罚。

免除处罚以行为人的行为构成犯罪，应受刑罚处罚为前提条件，只是由于犯罪分子具有法定的免除处罚的情节，才免除其刑罚。

3. 法定情节的分类

我国《刑法》对量刑情节的规定，比较分散，按照由严到宽的顺序，可以作如下分类排列：

（1）应当从重处罚的情节，共31个：教唆不满十八周岁的人犯罪的教唆犯（第29条）；累犯（第65条）；策动、胁迫、勾引、收买国家机关工作人员、武装部队人员、人民警察、民兵进行武装叛乱或者武装暴乱的（第104条）；与境外机构、组织、个人相勾结，实施分裂国家罪、煽动分裂国家罪、武装叛乱、暴乱罪、颠覆国家政权罪、煽动颠覆国家政权罪（第106条）；掌握国家秘密的国家工作人员犯叛逃罪的（第109条）；武装掩护走私的（第157条）；伪造货币并出售或者运输伪造的货币的；奸淫不满十四周岁的幼女的（第236条）；猥亵儿童的（第237条）；犯非法拘禁罪，具有殴打、侮辱情节的（第238条）；国家工作人员利用职权犯非法拘禁罪的（第238条）；国家机关工作人员犯诬告陷害罪的（第243条）；司法工作人员滥用职权犯非法搜查罪或者非法侵入住宅罪的（第245条）；司法工作人员犯刑讯逼供罪或者暴力取证罪，致人伤残、死亡的（第247条）；犯虐待被监管人罪，致人伤残、死亡的（第248条）；犯私自开拆、隐匿、毁弃邮件、电报罪而窃取财物的（第253条）；冒充人民警察招摇撞骗的（第279条）；引诱未成年人参加聚众淫乱活动的（第301条）；司法工作人员犯妨害作证罪、帮助毁灭、伪造证据罪的（第307条）；盗伐、滥伐国家级自然保护区的森林或者其他林木的（第345条）；利用教唆未成年人走私、贩卖、运输、制造毒品，或者向未成年人出售毒品的（第347条）；缉毒人员或者其他国家机关工作人员掩护、包庇走私、贩卖、运输、制造毒品的犯罪分子的（第349条）；引诱、教唆、欺骗或者强迫未成年人吸食、注射毒品的（第353条）；因走私、贩卖、运输、制造、非法持有毒品罪被判过刑，又犯《刑法》分则第六章第七节规定之罪的（第356条）；旅馆业、饮食服务业、文化娱乐业、出租汽车业等单位的主要负责人犯组织、强迫、引诱、容留、介绍他人卖淫罪的（第361条）；制作、复制淫秽的电影、录像等音像制品组织播放的（第364条）；向不满十八周岁的未成年人传播淫秽物品的（第364条）；战时犯破坏武器装备、军事设施、军事通信罪的（第369条）；挪用用于救灾、抢险、防汛、优抚、扶贫、移民、救济款物归个人使用的（第384条）；索贿的（第386条）；战时犯阻碍执行军事职务罪的（第426条）。

（2）可以从轻或者减轻处罚的情节，共7个：尚未完全丧失辨认或者控制自己行为能力的精神病人犯罪的（第18条）；未遂犯（第23条）；教唆未遂的教唆犯（第29条）；犯罪以后自首的（第67条）；自首后能如实供述自己罪行的（第67条）；虽不具有自首情节，但能如实供述自己罪行，避免特别严重后果发生的（第67条）；犯罪分子有立功表现的（第68条）。

（3）应当从轻或者减轻处罚的情节，共2个：已满十四周岁不满十八周岁的人犯罪的（第17条）；已满七十五周岁的人过失犯罪的（第17条之一）。

（4）应当减轻处罚的情节，共1个：造成损害的中止犯（第24条）。

（5）可以从轻、减轻或者免除处罚的情节，共2个：又聋又哑的人或者盲人犯罪的（第19条）；预备犯（第22条）。

（6）应当从轻、减轻或者免除处罚的情节，共1个：从犯（第27条）。

（7）可以减轻或者免除处罚的情节，共5个：在外国犯罪，已在外国受过刑罚处罚的（第10条）；犯罪以后有重大立功表现的（第68条）；个人贪污数额在5000元以上不满10000元，犯罪后有悔改表现、积极退赃的（第383条）；行贿人在被追诉前主动交待行贿行为的（第390条）；介绍贿赂人在被追诉前主动交待介绍贿赂行为的（第392条）。

（8）应当减轻或者免除处罚的情节，共3个：防卫过当（第20条）；避险过当（第21条）；胁从犯（第28条）。

（9）可以免除处罚的情节，共2个：犯罪以后自首，犯罪又较轻的（第

67 条）；非法种植毒品原植物，在收获以前自动铲除的（第 351 条）。

（10）可以免予刑事处罚的情节，共 1 个：犯罪情节轻微不需要判处刑罚的（第 37 条）。

（11）应当免除处罚的情节，共 1 个：没有造成损害的中止犯（第 24 条）。

上述从重、从轻、减轻或者免除处罚的法定量刑情节，在《刑法》有关条文中，有的规定“应当”，有的规定“可以”，还有的不冠以“应当”“可以”，而直接规定“从重处罚”。这些不同的规定，各有其不同的含义。“应当”是绝对的、指令性的规定。法律规定“应当”从重、从轻处罚，人民法院在量刑时，必须对犯罪分子从重、从轻处罚，不然就是违法。“可以”是相对的、选择性的规定。法律规定“可以”从重、从轻处罚，究竟是否从重、从轻处罚，由人民法院根据案件的具体情况灵活掌握，可以从重、从轻处罚，也可以不从重、从轻处罚。但是，法律规定“可以”是有倾向性的，除了个别情况外，原则上是要从重、从轻处罚的。法律直接规定“从重处罚”的，根据立法精神，也应理解为应当从重处罚。

（二）酌定情节

1. 概　念

酌定情节，即《刑法》虽然没有明文规定，但根据立法精神和审判实践经验，在量刑时也需要酌情考虑的情节。

2. 酌定情节的内容

在司法实践中，常见的酌定情节，主要有以下几种：

（1）犯罪动机。犯罪动机不同，表明犯罪分子主观恶性程度不同。一般来说，行为人的犯罪动机卑鄙、恶劣的，其人身危险性就大，改造难度也大，相对于犯罪动机不那么卑劣的行为人而言，对其处刑就应当重一些。例如，同是盗窃，有的是为了追求腐化生活，有的是基于家庭经济困难。显然，前者的社会危害性大于后者。

（2）犯罪手段。犯罪手段不同，反映出行为的社会危害性程度不同。在法律没有将犯罪手段规定为犯罪构成要件的情况下，犯罪手段虽然不影响定罪，但对量刑却有意义。例如，同是故意杀人，用非常残忍的手段把被害人杀死后碎尸，比一般开枪杀人要严重。

（3）犯罪时间、地点。尽管犯罪时间、地点对于绝大多数犯罪的成立来说，并无决定意义，但对量刑却有一定影响。例如，破坏交通工具、破坏通讯设施等危害公共安全的犯罪，在战时比在平时的社会危害性要大得多。

（4）犯罪对象。侵犯对象的具体情况不同，行为的社会危害性大小也不同，因而量刑也应有轻重之别。例如，侵犯病人、残疾人、未成年人、老年人、怀孕妇女比侵犯一般人的社会危害性大，盗窃文物比盗窃一般财物的社会危害性大。

（5）犯罪分子的一贯表现。犯罪分子的一贯表现反映其主观恶性程度，在量刑时加以考虑则是必要的。例如，某甲平时遵纪守法，从事正当的生产劳动，偶尔由于被害人的过错引起激愤而犯罪；某乙一贯不务正业，游手好闲，藐视法律，经常违法，多次被劳动教养。在他们的犯罪事实基本相同的情况下，对其量刑理应有所区别。

（6）犯罪后的态度。犯罪分子在犯罪以后，是真诚坦白、彻底交代罪行、积极退赃、主动赔偿损失、积极采取措施消除或减轻危害结果，还是拒不认罪、负隅顽抗、订立攻守同盟、有赃不退、毁灭罪证，表明其人身危险性的大小和改造的难易程度，量刑时对上述情况不能不予以考虑。

案例：刘某是某县公安局刑侦队干部。1997 年 11 月，刘某在办理一起入室盗窃案时，认为失主家的邻居朱某公休在家，应该了解一些情况，即向其调查。朱某声称自己生病在床，迷迷糊糊，什么也没听见。刘某就将朱某带到公安局，再次讯问，朱某继续以上述理由应对。刘某认为朱某知情不举，勃然大怒，对朱某拳脚相加，又用电警棍对朱某进行电击，将朱某全身上下打伤 20 多处。朱某昏迷不醒，被送到医院抢救，方才脱险。经法医鉴定，朱某已构成重伤。一审法院以故意伤害罪对刘某从重判处有期徒刑 9 年。

问：法院对刘某的处罚是否有法律依据？

分析：在本案中，刘某身为司法工作人员，对朱某使用暴力逼取证言，符合《刑法》第 247 条规定的暴力取证罪的特征。又由于已将朱某打成重伤，根据该条对因取证致人伤残、死亡情况的规定，应对刘某依照《刑法》第 234 条规定故意伤害罪从重处罚。《刑法》第 234 条规定，故意伤害他人身体，致人重伤的，处 3 年以上 10 年以下有期徒刑，此乃该罪致人重伤的法定刑幅度。对于刘某应在此幅度内判处较长的刑期，只是应比案情大致相当但没有暴力逼供这个从重处罚情节的犯罪分子应被判处的刑期要长一些，故一审法院依法以故意伤害罪判处刘某有期徒刑 9 年是正确的。

第二节 刑罚裁量制度

一、累 犯

（一）概 念

所谓累犯，是指因犯罪而受过一定刑罚的处罚，在刑罚执行完毕或者赦免以后，在法定期限内又犯一定之罪的犯罪分子。

（二）一般累犯

1. 概　念

一般累犯，是指被判处有期徒刑以上刑罚，刑罚执行完毕或者赦免以后，在5年之内再犯应当判处有期徒刑以上刑罚之罪的犯罪分子。

2. 累犯的构成要件

（1）前罪与后罪都是故意犯罪，这是构成累犯的主观条件。前后罪中有一个属于过失犯罪的，则不构成累犯。

（2）前罪被判处的刑罚与后罪应当判处的刑罚都是有期徒刑以上，这是构成累犯的刑度条件。

（3）后罪发生在前罪的刑罚执行完毕或者赦免以后5年以内，这是构成累犯的时间条件。这里所谓的“刑罚执行完毕”，是指主刑执行完毕，不包括附加刑在内。意即，主刑执行完毕5年以内又犯罪，即使附加刑未执行完毕，仍构成累犯。所谓的“赦免”，是指特赦减免。“5年以内”的期限，应从刑罚执行完毕之日或赦免之日起计算。如果后罪发生在前罪的刑罚执行期间，应当数罪并罚，不能认为是累犯；如果后罪发生在前罪刑罚执行完毕或者赦免5年以后，也不构成累犯。

被假释的犯罪分子，在假释考验期满5年以内又犯新罪的，构成累犯。“5年以内”的期限，应从假释期满之日起计算。被假释的犯罪分子，在假释考验期满5年以后又犯罪，同样不构成累犯。

被判处有期徒刑宣告缓刑的犯罪分子，在缓刑考验期满以后又犯罪，不构成累犯。

（4）犯罪分子在犯前罪和后罪时必须都是年满十八周岁以上的人。如果犯前罪时是不满十八周岁的未成年人，即使犯后罪时年满十八周岁，也不构成累犯。

根据我国《刑法》第65条的规定，对于累犯应当在法定刑的幅度内从重处罚。

（三）特殊累犯

1. 概　念

根据我国《刑法》第66条的规定，所谓特殊累犯是指犯危害国家安全罪、恐怖活动罪、黑社会性质的组织犯罪受过刑罚处罚，在刑罚执行完毕或者赦免以后，在任何时候再犯上述任一类罪的犯罪分子。

2. 构成要件

（1）前罪和后罪必须都是危害国家安全罪、恐怖活动罪、黑社会性质的组织犯罪。（2）前罪必须被判处刑罚。（3）后罪必须发生在前罪的刑罚执行完毕或者赦免以后。

3. 特 点

（1）犯罪分子所犯的前罪和后罪都是危害国家安全罪、恐怖活动罪、黑社会性质的组织犯罪。

凡是犯过上述三类罪的人，只要再犯这三类罪中的任一类罪的，均构成累犯。即前罪和后罪不需要同属一类犯罪，如犯危害国家安全罪者，再犯恐怖活动罪的，就构成累犯。

（2）不受《刑法》第65条关于构成累犯的前罪和后罪都应是“判处有期徒刑以上刑罚”的刑度条件限制。即前罪只要判处刑罚即可，后罪只要构成犯罪即可。

（3）不受《刑法》第65条关于构成累犯应在“刑罚执行完毕或者赦免以后，在五年内再犯”的时间条件限制。即犯上述三类罪的犯罪分子，在前罪的刑罚执行完毕或者赦免之后，不论任何时候再犯这三类罪的，都构成累犯，不受五年期限的限制。

（四）累犯的刑事责任

根据我国《刑法》第65条规定，对累犯应当从重处罚。即无论对一般累犯还是特殊累犯，都应当从重处罚。

案例：江某是某工厂工人。一次，江某在操作机器时心不在焉，致使在旁边一起工作的同事吴某重伤，江某因此被判有期徒刑。刑满以后，江某被释放。在其出狱后的第三年，江某开始了盗窃活动，并且一发不可收拾。

问：江某是否构成累犯?

分析：不构成特殊累犯。所谓累犯，是指因犯罪而受过一定的刑罚处罚，在刑罚执行完毕或者赦免以后，于一定的期限内又犯一定之罪的罪犯。另外，江某先后所犯的罪都不是危害国家安全罪、恐怖活动罪、黑社会性质的组织犯罪，因而不构成特殊累犯。

一般累犯，是指被判处有期徒刑以上刑罚并在刑罚执行完毕或赦免以后，在5年内再犯应当判处有期徒刑以上刑罚之罪的犯罪分子。其构成有3个条件：（1）前罪和后罪都是故意犯罪；（2）前后罪都是被判处有期徒刑以上刑罚；（3）后罪发生在前罪的刑罚执行完毕或者赦免以5年以内。

在本案中，江某犯前罪被释放后的第3年又犯了应判处有期徒刑以上刑罚的罪。但是，由于他不具备构成一般累犯的第一个条件，即前后罪都是故意犯罪这一条件，其前罪系过失犯罪，所以，也不能构成一般累犯。

二、自首和立功

(一) 自首的概念和成立条件

1. 自首的概念

自首分为自首和“以自首论”两种情况。

前者称为一般自首，是指犯罪分子犯罪以后自动投案，如实供述自己的罪行的行为。

后者称为特别自首或准自首，是指被采取强制措施的犯罪嫌疑人、被告人和正在服刑的罪犯，如实供述司法机关还未掌握的本人其他罪行的行为。

2. 一般自首的成立条件

(1) 自动投案。即犯罪分子在犯罪之后归案之前，基于本人的意志而向司法机关或者有关负责人员承认自己实施了某种犯罪，并自愿置于司法机关或考有关负责人员的控制之下的行为。这是自首成立的前提条件。

自动投案的时间必须是在犯罪人尚未归案之前。投案行为通常实行于犯罪分子犯罪之后，犯罪事实未被司法机关发觉以前，或者犯罪事实虽然已被司法机关发觉，但犯罪人尚未被发觉以前，或者犯罪事实和犯罪人均已被发觉，而司法机关尚未对犯罪人进行讯问或者采取强制措施以前。此外，犯罪分子尚未被司法机关发觉，仅因形迹可疑被有关组织或者司法机关盘问、教育后，主动交代自己的罪行的；犯罪分子在犯罪后逃跑，在被通缉过程中，主动投案的；经查实犯罪分子确已准备去投案，或者正在投案途中，被公安机关捕获的，都应视为自动投案。

自动投案的方式，一般要求犯罪分子本人直接向公安机关、国家安全机关、检察机关或者审判机关主动投案。对于犯罪分子向所在单位、城乡基层组织或者其他有关负责人员投案的；犯罪分子因病、伤或者为了减轻犯罪后果，而委托他人代为投案，或者先以信电投案的，也应视为自动投案。

自动投案的动机，必须是基于犯罪分子本人的意志而自动投案。但是经公安机关通知犯罪分子家属，或者家属、亲友主动报案后，将犯罪分子送去投案的，应当视为自动投案。

犯罪嫌疑人自动投案后又逃跑的，不能认定为自首。

(2) 如实供述自己的罪行。所谓“如实供述自己的罪行”，是指犯罪分子自动投案后，如实交代自己的主要犯罪事实。

犯罪分子自动投案之后，只有如实交代自己的罪行，才足以证明其悔罪服法，为司法机关追诉其所犯罪行提供客观依据，使追究犯罪的刑事责任的诉讼活动得以顺利进行。因此，如实供述自己的罪行，是自首成立的重要条件，也是自首的本质特征。

犯有数罪的犯罪嫌疑人仅如实供述所犯数罪中部分犯罪的，只对其如实供述部分犯罪的行为，认定为自首。共同犯罪案件中的犯罪分子，除了如实供述自己实施的罪行以外，还应当供述所知的同案犯，主犯则应当供述所知其他同案犯的共同犯罪事实，才能认定为自首。如果犯罪分子在供述犯罪的过程中，避重就轻，掩盖事实真相，隐瞒犯罪情节，企图蒙混过关；共同犯罪人为了保全自己而推诿罪责，或者为了庇护同伙而包揽罪责等，均属不如实供述自己的罪行，不能认定自首。犯罪嫌疑人自动投案并如实供述自己的罪行后又翻供的，不能认定为自首；但在一审判决前又能如实供述的，应当认定为自首。

在司法实践中，有的犯罪分子匿名将赃物送到司法机关或原主处，或者用电话、书信等方式匿名向司法机关报案或者指出赃物所在。这种行为并没有将其自身置于司法机关的控制之下，因而不具有投案自首的性质。但主动交出赃物，是悔罪的一种表现，处理时可以考虑适当从宽。

3. 特别自首的成立条件

（1）特别自首的主体必须是被采取强制措施的犯罪嫌疑人、被告人和正在服刑的罪犯。

所谓“强制措施”，是指人民法院、检察院和公安机关为了防止犯罪嫌疑人、被告人逃避侦查和审判，依照法定程序，对其人身自由加以一定限制或者剥夺的强制方法。它包括：拘传、取保候审、监视居住、拘留和逮捕。

所谓“正在服刑的罪犯”，是指已经人民法院判决、正在执行所判刑罚的罪犯。

除上述法定的3种人（犯罪嫌疑人、被告人、正在服刑的罪犯）以外的犯罪分子，不能成立特别自首。

（2）必须如实供述司法机关还未掌握的本人其他罪行。即被采取强制措施的犯罪嫌疑人、被告人和正在服刑的罪犯，必须如实供述司法机关尚不了解、未掌握的本人其他罪行。所谓“其他罪行”是相对于司法机关已掌握的罪行而言。只有如实供述司法机关尚未掌握的罪行，与司法机关已掌握的或者判决确定的罪行属不同种罪行的，方以自首论；如属同种罪行的，只“可以酌情从轻处罚；如实供述的同种罪行较重的，一般应当从轻处罚”。

（二）坦白的概念和成立条件

1. 坦白的概念

坦白，是指犯罪分子被动归案后，向司法机关如实供认自己被指控的犯罪事实，并接受国家审查和裁判的行为。

2. 坦白的成立条件

《刑法》第67条第3款规定了坦白的成立条件：

其一，不具有自首的情节；

其二，在被传讯和案件侦查阶段，能够如实地供述自己的罪行，包括：主要犯罪情节、本人的真实的基本情况和信息。

3. 特殊的坦白情节

《刑法》第67条第3款还规定了一个特殊的坦白情节：因其如实供述自己的罪行，避免了特别严重的犯罪后果发生。这是指行为人的犯罪行为已经实施，但犯罪结果还没有发生，由于行为人的供述，使得有关方面能够采取措施及时避免了特别严重后果发生的情况。这里的“特别严重后果”是指如果犯罪结果发生会给公共安全或者国家安全造成重大的危害，并且会直接危及多人乃至公共人群的人身、财产安全，从而威胁到社会的正常秩序和稳定。

（三）自首与坦白的异同

1. 二者的相同之处

（1）均以犯罪人实施了犯罪行为为前提。（2）在犯罪人归案之后都能如实交代自己的犯罪事实。（3）犯罪人都具有接受国家审查和裁判的行为。（4）犯罪人都可以得到适当的从宽处罚。

2. 二者的区别

（1）自首是犯罪人自动投案之后，主动如实供述自己犯罪事实的行为；而坦白则是负责人被动归案之后，如实供认自己被指控的犯罪事实的行为。

（2）自首的犯罪分子悔罪表现较好，其人身危险性相对较小；而坦白的犯罪分子是在一定条件下被迫认罪的，其人身危险性相对较大。

（3）自首是法定的从宽处罚情节，坦白是酌定的从宽处罚情节；在一般情况下，自首比坦白的从宽幅度要大。

（四）自首犯的刑事责任

对于自首的犯罪分子，可以从轻或者减轻处罚。其中，犯罪较轻的，可以免除处罚。

对于犯有数罪、投案后仅如实供述一罪的，只对这一罪从轻或者减轻处罚。如果如实供述的是主要罪行，也可以对全案按自首处理。

在共同犯罪案件中，一人自首的，对这一人按自首处理；对未自首的共同犯罪人，不能因为同案犯自首而予以从宽处罚。

对于虽然不具备自首情节，但是如实供述自己罪行的，可以从轻处罚。

对于因行为人如实供述自己的罪行，而避免了特别严重后果的发生的，可以减轻处罚。

因其如实供述自己的罪行，避免了特别严重的犯罪后果发生的，可以减轻处罚。

(五) 立功的概念和种类

我国《刑法》第68条规定，立功分为一般立功和重大立功两种。

1. 一般立功

一般立功，是指犯罪分子揭发他人的犯罪行为，查证属实的，或者提供重要线索，从而得以侦破其他案件的行为。

2. 重大立功

重大立功，是指犯罪分子揭发他人重大犯罪行为，查证属实的，或者提供重要线索，从而得以侦破其他重大案件的，或者阻止他人重大犯罪活动的，或者协助司法机关抓捕其他重大犯罪嫌疑人（包括同案犯）的，或者对国家和社会有其他重大贡献等表现的行为。

所谓重大犯罪、重大案件、重大犯罪嫌疑人，一般是指犯罪嫌疑人、被告人可能被判处无期徒刑以上刑罚，或者案件在本省、自治区、直辖市或全国范围内有较大影响等。

(六) 有立功表现的犯罪分子的刑事责任

(1) 对于有立功表现的犯罪分子应分别情况予以从宽处罚；

(2) 对于有一般立功表现的，可以从轻或者减轻处罚；

(3) 对于有重大立功表现的，可以减轻或者免除处罚；

案例：18岁的李某在一次参与殴打一中学生的行为中，失手将该学生用刀捅死。案发后，李某十分害怕，不敢待在家里，就躲到北京郊区的姨妈家。后因风声较紧，又逃到深圳的叔叔家里，谎称到深圳玩。因他整天提心吊胆，慌慌张张，特别是在他叔叔家来人时，更显得惶恐不安，他叔叔便起了疑心。于是，李某将实情告诉了他叔叔。最后，在他叔叔的教育鼓励之下，李某终于向司法机关投了案并交代了自己的罪行。

问：李某是否属于自首？

分析：自首是我国《刑法》中较为重要的刑罚裁量制度之一。所谓自首，是指犯罪分子犯罪以后自动投案，如实供述自己的罪行的行为。自首的本质，在于犯罪人出于自己的意志而将自己交付国家追诉。自首分为一般自首和特别自首。一般自首，是指犯罪分子犯罪以后自动投案，如实供述自己罪行的行为。特别自首，是指被采取强制措施的犯罪嫌疑人、被告人和正在服刑的罪犯，如实供述司法机关还未掌握的本人其他罪行的行为。成立一般自首必须具备以下条件：第一，自动投案；第二，如实供述自己的罪行。自动投案的关键在于犯罪分子投案的自动性。根据有关司法解释，不论犯罪被发觉前或被发觉以后，只要司法机关尚未对犯罪分子采取强制措施，犯罪分子都可以自动投案。另外，自动投案一般应是犯罪分子本人直接向公安、检察或审判机关主动投案。但是，在司法实践中，对于犯罪分子向所在单位、城乡基层组织或其他有关负责人员投案的；犯罪分子因病、伤等客观原因无法亲自投案，而委托他人先代为投案，或先以信电方式投案的；被有关部门教育、查询后自动投案的，或在投案途中被公安机关捕获的，都应视为自动投案。至于经家属、亲友规劝、陪同投案的，虽然不是出于犯罪分子主动，但只要能如实交代罪行，就以投案自首对待。

本案中，李某虽然是在其叔叔的规劝下投的案，但由于他同时还能如实地向司法机关供述自己的罪行，因此是符合自首条件的，应按自首处理。

三、数罪并罚

（一）数罪并罚的概念和特征

1. 概　念

数罪并罚就是对一人所犯数罪的合并处罚。数罪并罚，是指人民法院对一行为人在法定时间界限内所犯的数罪分别定罪量刑后，依照法定的并罚原则及刑期计算方法决定其应执行的刑罚制度。

2. 特　征

（1）行为人犯有数罪。这是适用数罪并罚的前提条件。如果一行为人的行为不构成数罪，就不能为了对其加重处罚而适用数罪并罚。

（2）数罪必须发生在判决宣告以前，或者判决宣告以后、刑罚执行完毕以前。这是适用数罪并罚的时间条件。只有在这个时间界限内才发生数罪并罚的问题。如果犯罪分子在刑罚执行完毕以后又犯罪或者发现他还有漏罪，只需对新罪或漏罪依法定罪判刑即可，不存在和前罪并罚的问题。

（3）在对数罪分别定罪量刑的基础上，依照法定的数罪并罚原则及刑期计算方法，决定执行的刑罚。这是适用数罪并罚的操作规则。数罪并罚并不是对数罪所判刑罚的简单相加，而是对犯罪分子所犯数罪，依照《刑法》分则有关条文的规定，一个罪一个罪地确定罪名、裁量刑罚，然后根据《刑法》总则确立的数罪并罚原则及刑期计算方法，决定其应执行的刑罚，并在判决书中作出明确反映。即使数罪中有一个罪或几个罪应当判处无期徒刑或死刑（含死缓）的，也应当分别对各罪分别量刑，然后决定执行其中最重的刑罚。对于需要判处附加刑的，同样应当分别量刑，以示它是针对哪个罪适用的。

（二）数罪并罚的原则

1. 概　念

数罪并罚的原则，是指对一人所犯数罪合并处罚所依据的原则。

2. 各国所采用的数罪并罚原则种类

（1）并科原则。亦称相加原则，是指对数罪并罚分别宣告刑罚，然后数刑相加，合并执行。

（2）吸收原则。是指在对数罪并罚分别宣告的刑罚中，选择其中最重的刑罚作为执行的刑罚，其余较轻的刑罚为最重的刑罚所吸收，不予执行。

（3）限制加重原则。即对数罪分别宣告刑罚后，以其中最重的刑罚为基础，再加重一定的刑罚作为执行的刑罚；或者在数罪分别宣告的数刑的总和刑期以下，数刑中最高刑期以上，酌情决定执行的刑期，并规定刑期最高不得超过一定的限度。

（4）折中原则。亦称综合原则，是指对数罪的合并处罚，不是单纯采用上述某一原则，而是兼采并科原则、吸收原则和限制加重原则，以分别适用不同刑种的合并处罚。

3. 我国所采用的数罪并罚原则

我国采用折中原则，即对不同的刑种，适用不同的并罚原则：

（1）数罪中有判处死刑或无期徒刑的、采用吸收原则。

即数罪中只要有一罪判处死刑或无期徒刑的，不论其他罪判处何种刑罚，都只执行其中的一个死刑或无期徒刑，其他主刑被吸收而不执行。

（2）数罪中的各罪被判处的刑罚均为有期徒刑或均为拘役或均为管制的，采用限制加重原则。

即在数刑的总和刑期以下，数刑中最高刑期以上，酌情决定执行的刑期，但是管制最高不能超过 3 年，拘役最高不能超过 1 年，有期徒刑总和刑期不满 35 年的，最高不能超过 20 年；总和刑期在 35 年以上的，最高刑期不能超过 25 年。

（3）数罪中有判处附加刑的，附加刑仍须执行，即采用附加刑与主刑并科原则。其中附加刑种类相同的，合并执行；种类不同的，分别执行。其指在数罪中有一个罪判处附加刑，或者数罪都判处附加刑，附加刑种类相同的，合并之后一并执行；种类不同的，同时或者依次分别执行。“合并执行”是指对于种类相同的多个附加刑，期限或者数额相加之后一并执行。比如，同时判处多个罚金刑的，罚金数额相加之后一并执行；同时判处多个剥夺政治权利的，将数个剥夺政治权利的期限相加执行。但是，对于相同种类的多个附加刑并不适用限制加重原则。这是因为附加刑与主刑的性质不同，无法相互吸收，也不能采用限制加重原则合并处罚，只能合并执行。

（三）适用数罪并罚的几种情况

1. 判决宣告以前一人犯数罪的并罚

根据我国《刑法》第69条的规定，判决宣告以前一人犯数罪的，除判处死刑和无期徒刑的以外，应当在总和刑期以下、数刑中最高刑期以上，酌情决定执行的刑期，但是管制最高不能超过3年，拘役最高不能超过1年，有期徒刑总和刑期不满35年的，最高不能超过20年；总和刑期在35年以上的，最高刑期不能超过25年。

案例：被告人力某闯入本镇一户人家偷了东西以后，见女主人正在床上睡觉，顿生邪念，将她强奸。

问：对于力某应如何处罚？

分析：本案中，力某进行盗窃时，又实施了强奸，在法律上属于数罪并罚的情况。根据我国《刑法》的规定，数罪并罚，是指人民法院对于一行为人在法律规定的时间界限内所犯数个罪分别定罪量刑后，按照法律规定的并罚原则及刑期计算方法决定其应执行的刑罚的制度。对于判决宣告以前一人犯数罪并被司法机关发现的情况，人民法院应对犯罪分子的数个罪分别定罪量刑，再进行并罚。至于并罚的规则，则由数个罪分别判处的刑罚所决定。如果判决宣告的数个主刑为有期徒刑、拘役、管制的，采取限制加重原则合并处罚。

本案中，力某的行为应属于以上分析的情况，对力某的处罚应当实行数罪并罚。具体而言，首先应对力某的盗窃罪和强奸罪分别定罪量刑，然后根据各罪所判处的刑种和刑期决定应执行的刑罚。

2. 判决宣告以后刑罚执行完毕以前发现漏罪的并罚

（1）基本原则。根据我国《刑法》第70条的规定，判决宣告以后，刑罚执行完毕以前，发现被判刑的犯罪分子在判决宣告以前还有其他罪没有判决的，应当对新发现的罪行作出判决，把前后两个判决所判处的刑罚，依照《刑法》第69条的规定，决定执行的刑罚。已经执行的刑罚，应当计算在新判决决定的刑期以内。

（2）特点。①必须在判决宣告并已发生法律效力以后，刑罚执行完毕以前，发现被判刑的犯罪分子还有漏罪，才实行数罪并罚。如果判决宣告以后尚未发生法律效力，发现犯罪分子还有同种漏罪，或者刑罚执行完毕以后发现漏罪，均不适用数罪并罚。②对新发现的罪，不论是一罪还是数罪，也不论与前罪的性质是否相同，都应当单独作出判决。③应当把前罪所判处的刑罚同漏罪所判处的刑罚，按照相应的数罪并罚原则，决定执行的刑罚。④在计算刑期时，应当把已经执行的刑期，计算在新判决决定的刑期之内。

该计算刑期的方法，简称为“先并后减”。

案例：某甲犯生产、销售伪劣产品罪被判处有期徒刑8年，刑罚执行3年以后，发现他在判决宣告以前还犯有走私淫秽物品罪没有处理，如果法院对漏罪判处有期徒刑6年，就应在8年以上14年以下决定执行的刑期。假设决定执行的刑期为12年，应将已经执行的3年计算在12年之内，即某甲应继续执行的刑期为9年。

3. 判决宣告以后刑罚执行完毕以前又犯新罪的并罚

（1）基本原则。根据我国《刑法》第71条的规定，判决宣告以后，刑罚执行完毕以前，被判刑的犯罪分子又犯罪的，应当对新犯的罪作出判决，把前罪没有执行的刑罚和后罪所判处的刑罚，依照《刑法》第69条的规定，决定执行的刑罚。

（2）特点。①被判刑的犯罪分子是在判决宣告以后、刑罚执行完毕以前又犯新罪；②对犯罪分子所犯的新罪，不论是一罪还是数罪，也不论新罪与前罪的性质是否相同，都应当单独作出判决；③在计算刑期时，应当先从前罪判决决定执行的刑罚中减去已经执行的刑罚，然后把前罪没有执行的刑罚和新罪所判处的刑罚，依照相应的数罪并罚原则，决定执行的刑罚。

该计算刑期的方法，简称为“先减后并”。

案例：某甲犯故意伤害罪，被判处有期徒刑5年，执行3年时，又犯强奸罪，被判处有期徒刑7年。计算刑期时，应先将已经执行的3年刑期从前罪所判处的5年刑期中减去，然后把前罪没有执行完的2年刑期与新罪所判处的7年刑期合并，在9年以下7年以上决定执行的刑期。假设执行的刑期为8年，由于某甲已执行的3年刑期，未计算在新判决决定的执行刑期内，因此，他实际执行了11年有期徒刑。

（四）“先减后并”与“先并后减”的比较

《刑法》第71条规定的“先减后并”的刑期计算方法，较之《刑法》第70条规定的“先并后减”的刑期计算方法，在一定条件下，给予犯罪分子的惩罚更重。

这主要表现在：

1. 决定执行刑罚的最低期限较高

即在新罪所判的刑期比前罪尚未执行的刑期长的条件下，决定执行刑罚的最低期限提高了。例如，某甲前罪被判处有期徒刑10年，执行4年后又犯新罪，被判处有期徒刑8年。用“先减后并”的方法并罚，应当在8年以上14年以下决定执行的刑罚，加上已执行的刑期4年，实际执行的刑期最低为12年。若用“先并后减”的方法并罚，则在10年以上18年以下决定执行的刑罚，实际执行的刑期最低只有10年。

2. 实际执行的刑罚可能超过数罪并罚最高刑期的期限

即在前罪与新罪都被判处较长刑期的情况下，用“先减后并”的方法并罚，犯罪分子实际执行的有期徒刑的刑期可能超过20年。例如，某甲前罪被判处有期徒刑13年，执行6年（还有余刑7年）时又犯新罪，被判处有期徒刑12年。按“先减后并”的方法并罚，应在12年以上19年（12年+7年）以下决定执行的刑罚，加上已执行的6年，实际执行的刑期最高可达25年（19年+6年）。若按“先并后减”的方法并罚，实际执行的刑期不可能超过20年。

3. 犯罪分子在刑罚执行期间又犯新罪，其执行刑罚的时间越长，决定执行刑罚的最低期限就越高

例如，某甲前罪被判处有期徒刑7年，假设他在刑罚分别执行1年、3年、6年后又犯新罪，新罪被判处有期徒刑5年。若以“先减后并”的方法并罚，其实际执行的刑期最低限分别为7年、8年、11年。如以“先并后减”的方法并罚，其实际执行的刑期最低限是7年。

四、缓　刑

（一）缓刑的概念和意义

1. 概　念

缓刑是对原判刑罚附条件的不执行的一种刑罚制度。

我国《刑法》中的缓刑，是指人民法院对于被判处拘役、3年以下有期徒刑的犯罪分子，符合法定条件的，规定一定的考验期，暂缓其刑罚的执行，被宣告缓刑的犯罪分子，在考验期内，如果不再犯新罪，未被发现漏罪，也没有违反法律、行政法规或者公安部门有关缓刑的监督管理规定，原判刑罚就不再执行的制度。缓刑包括一般缓刑和战时缓刑。

2. 缓刑与免予刑事处罚的不同

免予刑事处罚是人民法院对被告人作出有罪判决，但根据案件的实际情况，认为不需要判处刑罚，而宣告免予刑事处罚，即只定罪不判刑。被宣告免予刑事处罚的犯罪分子，不存在曾经被判过刑和仍有执行刑罚的可能性问题。

而缓刑则是人民法院对被告人不仅作出有罪判决，而且判处一定的刑罚，虽然宣告暂不执行原判刑罚，但却保留着执行的可能性，即使缓刑考验期满不再执行原判刑罚，也意味着被判过刑。

3. 缓刑与监外执行的区别

（1）性质不同。缓刑是附条件暂缓执行原判刑罚的制度；监外执行是一

种变通执行刑罚的方法，它不是不执行原判刑罚，而是暂在监外执行。

（2）适用的对象不同。缓刑只适用于被判处拘役、3 年以下有期徒刑的犯罪分子；监外执行适用于被判处有期徒刑或者拘役的犯罪分子。

（3）适用的条件不同。缓刑的适用，要符合法定条件，确认其适用缓刑确实不致再危害社会；监外执行的适用，是以犯罪分子有严重疾病需要保外就医以及怀孕或者正在哺乳自己的婴儿等不宜在监内执行的特殊情况为条件。

（4）适用的方法不同。缓刑应在判处刑罚的同时予以宣告，并应依法确定缓刑的考验期；而监外执行在判决宣告以后、刑罚执行完毕以前的期限内均可适用，且无需确定考验期，一旦影响在监内执行的法定条件不复存在，即使犯罪分子在监外没有违法犯罪，如果刑期未满，仍应收监执行。

4. 缓刑与死刑缓期执行的区别

死刑缓期执行是有条件的不执行死刑的一种刑罚制度。缓刑是有条件的不执行原判刑罚的一种刑罚制度。

二者的区别是：

（1）适用前提不同。适用缓刑以犯罪分子被判处拘役、3 年以下有期徒刑为前提；适用死刑缓期执行以犯罪分子被判死刑为前提。

（2）执行方法不同。对于被宣告缓刑的犯罪分子不予关押，依法实行社区矫正；对于被宣告死刑缓期执行的犯罪分子必须予以关押，并实行强制劳动和教育改造。

（3）考验期限不同。缓刑的考验期限，根据所判处的刑种和刑期不同，而有不同的法定期限；死刑缓期执行的法定期限为 2 年。

（4）法律后果不同。缓刑的法律后果，是根据犯罪分子在考验期内的表现，或原判的刑罚不再执行，或撤销缓刑，执行原判的刑罚，或撤销缓刑，把前罪和后罪所判处的刑罚，依照《刑法》的规定，实行数罪并罚；死刑缓期执行的法律后果，是在死刑缓期执行期限届满时，根据犯罪分子的表现，或予以减刑，或执行死刑，在死刑缓期执行期间也可因犯罪分子违反法定条件而执行死刑。

5. 特殊缓刑制度

亦称战时缓刑制度。即在战时，对被判处 3 年以下有期徒刑且没有现实危险的犯罪军人，宣告缓刑，允许其戴罪立功，确有立功表现时，可以撤销原判刑罚，不以犯罪论处。

（二）缓刑的适用条件

1. 适用一般缓刑的条件

（1）犯罪分子被判处拘役或者 3 年以下有期徒刑的刑罚。（2）犯罪情节较轻。(3) 有悔罪表现。(4) 没有再犯罪的危险。(5) 宣告缓刑对所居住社区没有重大不良影响。

适用缓刑必须同时具备上述5个条件，缺一不可。

2. 适用战时缓刑的条件

(1) 适用的时间必须是在战时。所谓“战时”，是指国家宣布进入战争状态、部队受领作战任务或者遭敌突然袭击时；部队执行戒严任务或者处置突发性暴力事件时，以战时论。在非战时不能适用战时缓刑。

(2) 适用的对象只能是被判处3年以下有期徒刑的犯罪军人。不是犯罪军人，或者虽然是犯罪军人，但被判处的刑罚为3年以上有期徒刑，均不能适用战时缓刑。

(3) 适用的根据是对犯罪军人宣告缓刑没有现实危险。这是适用战时缓刑的关键条件。如果有现实危险，即使是被判处3年以下有期徒刑的犯罪军人，也不能宣告缓刑。

3. 法定适用缓刑的情形

根据我国《刑法》第72条的规定，对于符合适用缓刑条件的以下三类人应当适用缓刑：

(1) 不满18周岁的人。(2) 怀孕的妇女。(3) 已满75周岁的人。

4. 不适用缓刑的人

一是累犯。二是犯罪集团的首要分子。

(三) 缓刑的考验期限

1. 概　念

缓刑的考验期限，是指对被宣告缓刑的犯罪分子，进行考察的一定期限。

2. 内　容

根据我国《刑法》第73条的规定：

(1) 拘役的缓刑考验期限为原判刑期以上1年以下，但是不能少于2个月。

(2) 有期徒刑的缓刑考验期限为原判刑期以上5年以下，但是不能少于1年。

3. 缓刑考验期限的计算

我国《刑法》第73条第3款规定：“缓刑考验期限，从判决确定之日起计算。”

所谓“判决确定之日”，即判决发生法律效力之日。如果被告人提出上诉或者检察院提出抗诉，经第二审法院维持原判的，则应从第二审判决确定之日起计算。判决确定以前先行羁押的日期，不予折抵缓刑考验期。若撤销缓刑，执行原判刑罚，则以前的羁押期可以依法折抵刑期。

根据有关司法解释，对于被宣告缓刑的犯罪分子，第一审法院宣判后，已无须再予关押。如果在判决发生法律效力之前，被宣告缓刑的犯罪分子仍在关押，第一审法院可以先作出变更强制措施的决定，改为监视居住或者取保候审，并即通知公安机关，待判决发生法律效力后，再依法由公安机关考察，犯罪分子所在的单位或者基层组织予以配合。

（四）缓刑犯的行为规则

被宣告缓刑的犯罪分子，应当遵守下列规定：

（1）遵守法律、行政法规，服从监督。（2）按照考察机关的规定，报告自己的活动情况。（3）遵守考察机关关于会客的规定。（4）离开所居住的市、县或者迁居，应当报经考察机关批准。

（五）缓刑考察期间的考察

1. 一般规定

被宣告缓刑的犯罪分子，在缓刑考验期限内，依法实行社区矫正。

2. 对缓刑犯进行监督考察应当注意的问题

（1）对缓刑犯的考察不同于管制刑的执行，对其人身自由不应作不适当的限制。

（2）对缓刑犯在缓刑考验期间的工作、生产、经济待遇和政治权利等问题，应当依照国家有关的规定处理。

（3）对缓刑犯的社区矫正，应当遵照有关法律、法规的规定执行，不得随意执行。

（六）对于宣告缓刑的犯罪分子附加禁止令

根据我国《刑法》第 72 条第 2 款的规定，对于宣告缓刑的犯罪分子，可以根据犯罪情况，同时禁止其在缓刑考验期内从事特定的活动，进入特定的区域、场所，接触特定的人。“根据犯罪情况”主要是指根据犯罪分子的犯罪情节、生活环境、是否有不良癖好等情况来确定禁止令的内容。禁止令限定的“特定活动”“特定的区域、场所”“特定的人”应当是指与犯罪有关联的，防止引发被宣告缓刑犯罪分子的再次犯罪，或者是为了确保犯罪分子遵守非监禁刑所要求的相关义务。禁止令的内容要有正当理由或者基于合理推断，而不是随意规定。该条款本为选择性适用规定，由法官决定在宣告缓刑的同时是否有必要规定禁止令，如果法官认为没有必要则可以不作规定。

（七）缓刑的撤销

1. 撤销的情形及处理原则：

（1）被宣告缓刑的犯罪分子，在缓刑考验期限内犯新罪，都应当撤销缓刑，对新犯的罪作出判决，把前罪和后罪所判处的刑罚，依照《刑法》第69条规定的数罪并罚的一般原则，决定执行的刑罚。如果缓刑犯在缓刑考验期内犯新罪，而在考察期满后才被发现，只要未超过追诉期限，仍应按照上述数罪并罚的原则，决定执行刑罚。

（2）被宣告缓刑的犯罪分子，在缓刑考验期限内，被发现在判决以前还有其他罪没有判决的，应当撤销缓刑，对漏罪作出判决，把前罪和新发现的漏罪所判处的刑罚，依照《刑法》第69条有关数罪并罚的规定，决定执行的刑罚。

（3）被宣告缓刑的犯罪分子，在缓刑考验期限内，违反法律、行政法规或者公安部门有关缓刑的监督管理规定，或者违反人民法院判决中的禁止令，情节严重的，即使未构成犯罪，也应当撤销缓刑，执行原判刑罚。

2. 缓刑的效力与附加刑

根据我国《刑法》第72条第3款的规定，缓刑的效力不及于附加刑，即被宣告缓刑的犯罪分子，如果被判处附加刑，附加刑仍须执行。

无论缓刑是否撤销，所判处的附加刑均须执行。

（八）不再执行刑罚的宣告

根据我国《刑法》第76条的规定，被宣告缓刑的犯罪分子，在社区矫正期间遵守有关监督管理规定，没有《刑法》第77条等规定的撤销缓刑的情形，如又犯新罪，发现漏罪，违反法律、行政法规或者国务院有关部门关于缓刑的监督管理规定的，表明其在考验期间的教育改造取得了成效，人身危险性得以消除，原判刑罚不需要再执行。对此，有关方面应当向犯罪分子及其所在单位、居住地的居委会、村委会公开予以宣告。

案例：被告人李某，男，25岁。自1996年以来，被告人李某先后盗窃10余次，总计窃得自行车2辆，收音机1台及烟酒等物，价值2000余元，1999年6月被公安机关拘留。李某在被拘留期间，出于悔罪，除如实交代了盗窃罪行外，还交代了1997年4月10日夜间，伙同王某到某厂职工宿舍抢劫财物并杀死一人的罪行。经司法机关查证属实，依法将同案犯王某逮捕归案。王某对抢劫杀人的罪行供认不讳。

问：（1）李某在被拘捕期间交待余罪的性质应如何认定？

（2）李某交代王某与自己的抢劫杀人罪行的性质应如何认定？

（3）对于李某应给予怎样的处罚？

（4）如何对李某实行数罪并罚？

分析：（1）属自首行为。我国《刑法》第67条规定，被采取强制措施的犯罪嫌疑人、被告人和正在服刑的罪犯，如实供述司法机关还未掌握的本人其他罪行的，以自首论。

本案中，李某虽是在被拘留后才交代自己的抢劫杀人罪行，但他交代的是公安机关尚未掌握的罪行，也属自首。

(2) 不属立功表现，而是自首行为，因为，根据我国《刑法》第 67 条第 2 款的规定，被采取强制措施的犯罪嫌疑人、被告人和正在服刑的罪犯，如实供述司法机关还未掌握的本人其他罪行的，以自首论。另外，根据我国《刑法》的规定，参与共同犯罪的犯罪分子自首时，还应当如实供述自己所知道的其他同案犯所参与的共同犯罪行为。

本案中，李某的行为即符合自首的条件，而不属于我国《刑法》第 68 条所规定的立功表现。

(3) 根据我国《刑法》第 67 条第 1 款的规定，李某有自首情节，可以从轻或者减轻处罚。

(4) 根据我国《刑法》第 69 条的规定，判决宣告以前一人犯数罪的，除判处死刑和无期徒刑的以外，应当在总和刑期以下、数刑中最高刑期以上，酌情决定执行的刑期，但是管制最高不得超过 3 年，拘役最高不得超过 1 年，有期徒刑总和刑期不满 35 年，最高不能超过 20 年；总和刑期在 35 年以上，最高不能超过 25 年。如果数罪中有判处附加刑的，附加刑仍须执行。

本案中，如果盗窃罪被判处有期徒刑 10 年，抢劫杀人行为以抢劫罪判处无期徒刑，则数罪并罚后的刑罚则为无期徒刑。如果盗窃罪除被判处有期徒刑 5 年外，还判处罚金 2000 元，抢劫杀人行为以抢劫罪判处有期徒刑 15 年，则数罪并罚的结果可为有期徒刑 18 年，罚金刑仍须执行。

第三节 刑罚执行制度

一、刑罚执行的概念和特征

(一) 概　念

刑罚执行，简称行刑，是指有关司法机关将人民法院生效的刑事判决所确定的刑罚付诸实施的一种刑事司法活动。刑罚执行制度包括减刑和假释。

(二) 特　征

1. 刑法执行的主体是有关司法机关

根据我国《刑法》《刑事诉讼法》和《监狱法》之规定，刑罚执行的主体有 3 个机关：

（1）监狱。被判处死刑缓期二年执行、无期徒刑、有期徒刑的罪犯，在监狱执行刑罚。

（2）公安机关。被判处拘役、管制、剥夺政治权利的罪犯，由公安机关执行。

（3）人民法院。被判处死刑立即执行、罚金和没收财产的判决由人民法院执行。

2. 刑罚执行的内容是将人民法院的刑事判决所确定的刑罚付诸实施

3. 刑法执行的时间是在人民法院的刑事判决和裁定发生法律效力之后

（三）刑罚执行的意义

（1）将人民法院刑事判决所确定的刑罚，转化为对犯罪分子的现实惩罚，使刑罚成为犯罪分子不可避免的后果。

（2）通过对犯罪分子执行刑罚，消除其人身危险性，使其成为不再危害社会的人，从而实现刑罚的特殊预防和一般预防的目的。

（3）通过对判决所确定的刑罚依法进行必要和适当的调整，以求得刑罚适用的最佳效果。

二、减　刑

（一）减刑的概念

减刑，是指对于被判处管制、拘役、有期徒刑或者无期徒刑的犯罪分子，由于其在刑罚执行期间认真遵守监规，接受教育改造，确有悔改或者立功表现，因而适当减轻其原判刑罚的制度。

所谓“减轻原判刑罚”，既可以将较重的刑种减为较轻的刑种，如将无期徒刑减为有期徒刑；也可以将较长的刑期减为较短的刑期，如将12年有期徒刑减为10年有期徒刑。

（二）减刑的适用对象、种类、限度和幅度

1. 减刑的适用对象

根据我国《刑法》第78条的规定，减刑只适用于被判处管制、拘役、有期徒刑、无期徒刑的犯罪分子，只要是被判处上述4种刑罚之一的犯罪分子，无论其犯罪行为是故意犯罪还是过失犯罪，是重罪还是轻罪，是危害国家安全罪还是其他刑事犯罪，如果具备了法定的减刑条件，都可以减刑。被判处死刑立即执行的犯罪分子不能适用减刑。

2. 减刑的种类

（1）可以减刑。

①可以减刑的适用条件。犯罪分子在执行刑罚期间，认真遵守监规，接受

教育改造，确有悔改表现或者有立功表现的，人民法院可以对其予以减刑。

②“确有悔改表现”的情形。其一，认罪服法；其二，认真遵守监规，接受教育改造；其三，积极参加政治、文化、技术学习；其四，积极参加劳动，完成生产任务。

③“立功表现”的情形。其一，检举、揭发监内外犯罪活动，或者提供重要的破案线索，经查证属实的；其二，阻止他人犯罪活动的；其三，在生产、科研中进行技术革新、成绩突出的；其四，在抢险救灾或者排除重大事故中表现积极的；其五，其他有利于国家和社会的突出事迹的。

（2）应当减刑。

其适用条件是罪犯在服刑期间有下列重大立功表现之一的情形：

①阻止他人重大犯罪活动的；

②检举监狱内外重大犯罪活动，经查证属实的；

③有发明创造或者重大技术革新的；

④在日常生产、生活中舍己救人的；

⑤在抗御自然灾害或者排除重大事故中，有突出表现的；

⑥对国家和社会有其他重大贡献的。

3. 减刑的限度

（1）概念。减刑的限度，是指犯罪分子经过一次或几次减刑以后，应当实际执行的最低刑期。

（2）减刑的限度。犯罪分子经过一次或者几次减刑以后实际执行的刑期，其减刑的限度有以下相关规定：

①判处管制、拘役、有期徒刑的，不能少于原判刑期的1/2；

②判处无期徒刑的，不能少于13年；

③对于死刑缓期2年执行的罪犯减为无期徒刑的，其实际执行的刑期不能少于25年；缓刑执行期满后依法减为25年有期徒刑的，其实际执行的刑期不能少于20年。

4. 减刑的幅度及时间限制

（1）减刑的幅度。对罪犯每次减刑的刑期，根据其原来被判处的刑罚和服刑期间的表现，分为以下3种情况：

①对有期徒刑罪犯在刑罚执行期间，如果确有悔改表现的，或者有立功表现的，一般一次减刑不超过1年有期徒刑；如果确有悔改表现并有立功表现，或者有重大立功表现的，一般一次减刑不超过2年有期徒刑。

②被判处10年以上有期徒刑的罪犯，如果悔改表现突出的，或者有立功表现的，一次减刑不得超过2年有期徒刑；如果悔改表现突出并有立功表现，

或者有重大立功表现的，一次减刑不得超过3年有期徒刑。

③无期徒刑罪犯在刑罚执行期间，确有悔改表现的，或者有立功表现的，一般可以减为18年以上20年以下有期徒刑；对有重大立功表现的，可以减为13年以上18年以下有期徒刑。

（2）减刑的时间限制。包括两个方面的内容，即何时才能开始减刑以及两次减刑必须间隔的时间。

根据罪犯原来被判处的刑罚及服刑期间的表现，具体可以分为以下几种情况：

①被判处5年以上有期徒刑的罪犯，一般在执行1年半以上方可减刑；两次减刑之间应当间隔1年以上。

②被判处10年以上有期徒刑的罪犯，一次减2年至3年有期徒刑之后，再减刑时，其间隔时间一般不得少于2年。

③被判处不满5年有期徒刑的罪犯，可以比照上述规定，适当缩短起始和间隔时间。

④无期徒刑罪犯在执行期间，如果确有悔改表现，或者有立功表现的，服刑2年以后，可以减刑。

⑤无期徒刑罪犯在刑罚执行期间又犯罪，被判处有期徒刑以下刑罚的，自新罪判决确定之日起一般在2年内不予减刑；对新罪判处无期徒刑的，减刑的起始时间要适当延长。

5. 未成年人、老年人及残疾人的减刑

对犯罪时未成年的罪犯的减刑，在掌握标准上可以比照成年罪犯依法适度放宽。

对老年和身体有残疾罪犯的减刑应当注重其悔罪的实际表现，不能仅仅依据其身体健康状况决定减刑。

（三）减刑的程序

我国《刑法》第79条规定："对于犯罪分子的减刑，由执行机关向中级以上人民法院提出减刑建议书。人民法院应当组成合议庭进行审理，对确有悔改或者立功事实的，裁定予以减刑。非经法定程序不得减刑。"

根据这一规定，减刑应按下列程序进行：

（1）对于犯罪分子减刑，由刑罚的执行机关向中级以上人民法院提出减刑建议书。

（2）有减刑案件管辖权的人民法院，受理减刑案件时，应当审查执行机关申报的材料、手续是否齐全、完备。

（3）人民法院受理减刑案件后，应当组成合议庭进行审理。

（4）人民法院经过对减刑案件的审理，对确有悔改或者立功事实的，裁定予以减刑。

（四）减刑后的刑期计算

（1）对于原判管制、拘役、有期徒刑的，减刑后的刑期从原判决执行之日起算，原判刑期已经执行的部分，应计入减刑以后的刑期之内。

（2）对于原判无期徒刑减为有期徒刑的，刑期从裁定减刑之日起计算，已经执行的刑期，不计入减为有期徒刑以后的刑期之内。

（3）对于无期徒刑减为有期徒刑之后，再次减刑的，其刑期的计算，应当从前次裁定减刑为有期徒刑之日起算。

（4）对于曾被依法适用减刑，后因原判决有错误，按审判监督程序再审后改判为较轻或较重刑罚的，原来的减刑仍然有效，所减刑期，应从改判的刑期中扣除。

（五）适用减刑应注意的问题

（1）对罪行严重的危害国家安全罪犯，犯罪集团的首要犯罪分子、主犯、累犯、惯犯的减刑，主要根据他们的改造表现，同时也要考虑原判的情况，应当特别慎重，严格掌握。

（2）除有特殊情况，经假释的罪犯一般不得减刑，其假释考验期也不能缩短。

三、假　释

（一）假释的概念

1. 概　念

假释，是指对于被判处有期徒刑或者无期徒刑的犯罪分子，在执行一定刑期之后，因其认真遵守监规，接受教育改造，确有悔改表现，没有再犯罪的危险，而附条件地将其提前释放的制度。

2. 与释放的区别

假释是有条件地提前释放，被假释的犯罪分子仍有收监执行余刑的可能。

而释放则是无条件的，无论是宣告无罪释放，还是刑罚执行完毕而释放，抑或因特赦而释放，都不存在执行余刑的问题。

3. 与缓刑的区别

（1）适用对象不同。假释适用于被判处有期徒刑、无期徒刑的犯罪分子；缓刑适用于被判处拘役、三年以下有期徒刑的犯罪分子。

（2）适用根据不同。适用假释的根据，是犯罪分子在刑罚执行中认真遵守监规，接受教育改造，确有悔改表现，假释后没有再犯罪的危险；适用缓刑的根据是符合法定条件。

(3) 适用时间不同。假释是在犯罪分子执行刑罚过程中适用；缓刑是在判决的同时宣告。

(4) 不执行原判刑罚的范围不同。假释必须执行原判刑期的一部分后，有条件不执行尚未执行完毕的刑期；缓刑是有条件地不执行原判决的全部刑期。

4. 与减刑的区别

(1) 适用的对象范围不同。假释只适用于被判处有期徒刑、无期徒刑的犯罪分子；减刑适用于被判处管制、拘役、有期徒刑、无期徒刑的犯罪分子。

(2) 适用的方法不同。假释是附条件的提前释放，罪犯被假释后当即解除监禁，恢复人身自由；减刑是对原判刑罚的适当减轻，罪犯经减刑后，如果刑罚尚未执行完毕，仍需在监继续执行。

(3) 适用的次数不同。假释只能宣告一次；减刑不受次数限制，对一个犯罪分子可以适用一次或几次。

(4) 法律后果不同。假释附有一定的考验期，假释犯在假释考验期内如果没有发生法定情形，假释考验期满，就认为原判刑罚已经执行完毕，若发生法定情形，则撤销假释，依法实行数罪并罚或者收监执行未执行完毕的刑罚；减刑没有考验期，即使犯罪分子在减刑后再犯新罪，已减去的刑罚也不再执行。

5. 与监外执行的区别

(1) 假释适用于被判处有期徒刑、无期徒刑的罪犯；监外执行适用于被判处有期徒刑、拘役的罪犯。

(2) 假释只适用于执行了一定刑期，并认真遵守监规，接受教育改造，确有悔改表现，没有再犯罪的危险的罪犯；而监外执行则适用于因具有法定特殊情况不宜在监内执行的罪犯。

(3) 假释犯在被撤销假释时，其假释的期间，不能计入原判执行的刑期之内；监外执行的罪犯当监外执行的法定条件消失时，若刑期未满，则应收监执行，其在监外执行的期间，应计入原判执行的刑期之内。

(二) 假释的适用条件

(1) 假释只适用于被判处有期徒刑或者无期徒刑的犯罪分子。

(2) 假释只适用于已经执行了一定期限刑罚的犯罪分子。

(3) 假释只适用于认真遵守监规、接受教育改造、确有悔改表现、没有再犯罪的危险的犯罪分子。

（三）假释的考验期限

（1）有期徒刑的假释考验期限，为没有执行完毕的刑期，一般不少于6个月。（2）无期徒刑的假释考验期限为10年。假释考验期限，从假释之日起计算。

（四）假释犯的行为规则

（1）遵守法律、行政法规，服从监督。

（2）按照监督机关的规定报告自己的活动情况。

（3）遵守监督机关关于会客的规定。

（4）离开所居住的市、县或者迁居，应当报经监督机关批准。

（五）假释考验期间的监督

被假释的犯罪分子，在假释考验期限内，依法实行社区矫正。

（六）考验期满刑罚执行完毕

对假释的犯罪分子，在考验期内依法实行社区矫正，如果没有《刑法》第86条规定的情形，假释考验期满，就认为原刑罚已经执行完毕，并公开予以宣告。

（七）假释的撤销

根据《刑法》第86条的规定，被假释的犯罪分子，有下列情形之一的，应撤销假释：

（1）被假释的犯罪分子，在假释考验期限内犯新罪，都应当撤销假释，依照《刑法》第71条的规定实行数罪并罚。

（2）被假释的犯罪分子，在假释考验期限内，被发现在判决宣告以前还有其他罪没有判决的，应当撤销假释，依照《刑法》第70条的规定实行数罪并罚。

（3）被假释的犯罪分子，在假释考验期限内，有违反法律、行政法规或者国家有关部门关于假释的监督管理规定的行为，尚未构成新的犯罪，应当依照法定程序撤销假释，收监执行未执行完毕的刑罚。

（八）假释的程序

依照《刑法》第82条关于减刑案件的程序的规定，假释程序的进行，须依照《刑法》第79条关于办理减刑案件的程序进行。

（1）由执行机关向中级以上人民法院提出假释建议书。

（2）人民法院应当组成合议庭进行审理，对确有悔改或者立功事实的，裁定予以假释。

（3）非经法定程序不得假释。

（九）适用假释应注意的问题

（1）对判处有期徒刑1年以下和判决生效后经折抵余刑不足1年的罪犯，一般不予假释；对余刑在1年以上的罪犯，符合法定假释条件的，应按法定程序予以假释。

（2）罪犯减刑后又假释的，一般以间隔1年以上为宜；对于一次减2年或者3年有期徒刑后，又适用假释的，其间隔时间一般不得少于2年。

（3）对老年和身体有残疾（不含自伤致残）罪犯的假释，应注重悔罪的实际表现。

（4）对未成年犯的假释在掌握标准上可以比照成年犯适度放宽。

（5）对犯罪分子决定假释时，应当考虑其假释后对居住社区的影响。

案例：韩某，因过失杀人罪，依法被判处有期徒刑8年。服刑期间，韩某认真遵守监规，主动接受教育改造，表现良好。韩某服刑5年后被假释。

问：韩某能否被假释？

分析：根据我国《刑法》第81条的规定，对犯罪分子适用假释，必须符合下列条件：

（1）对象条件。只能适用于被判处有期徒刑、无期徒刑的犯罪分子。

（2）限制条件。①被判处有期徒刑的犯罪分子，执行原刑期1/2以上，被判处无期徒刑的犯罪分子，实际执行13年以上，才可以适用假释。②对累犯以及因故意杀人、爆炸、抢劫、强奸、绑架、放火、投放危险物质或者有组织的暴力性犯罪被判处10年以上有期徒刑、无期徒刑的犯罪分子，不得假释。

（3）实质条件。犯罪分子认真遵守监规，接受教育改造，确有悔改表现，假释后没有再犯罪的危险的，才可以对其予以假释。

本案中，韩某的情况符合假释条件，可以被假释。

第四节 刑罚消灭制度

一、刑罚消灭的概念和特征

（一）刑罚消灭的定义

刑罚消灭，是指由于一定的法定原因，致使国家对特定犯罪人的刑罚归于消灭。

（二）刑罚消灭的特征

1. 刑罚消灭以行为人的行为构成犯罪为前提

没有犯罪，便没有刑罚，没有刑罚也就不存在刑罚消灭的问题。

2. 刑罚消灭是国家对特定犯罪人的刑罚权消灭

刑罚权是国家统治权的组成部分。它包括：

（1）制刑权，即国家创制刑罚的权力，亦即制定刑法的权力。

（2）追诉权，即对犯罪人依法提起刑事诉讼，追究其刑事责任的权力。

（3）量刑权，即国家审判机关对犯罪人裁量决定刑罚的权力。

（4）行刑权，即国家对犯罪人执行刑罚的权力。

在刑罚权的内容中，制刑权是决定性因素，没有制刑权，追诉权、量刑权和行刑权也就无从谈起。对于特定的犯罪人来说，国家的制刑权在任何时候都不可能消灭。所谓刑罚权的消灭实际上是某一项内容的消灭。具体而言，在侦查、起诉、审判阶段和判决确定以前的刑罚消灭，是追诉权、量刑权和行刑权的消灭；在判决确定以后的刑罚消灭，是行刑权的消灭。

3. 刑罚消灭是由一定的法定原因所引起的

（1）刑罚执行完毕。（2）缓刑考验期满。（3）假释考验期满。（4）犯罪人死亡。（5）超过时效期限。（6）赦免。

二、时　效

（一）时效的概念和意义

1. 概　念

刑法上的时效，是指经过一定的期限，对刑事犯罪不得追诉或者对所判刑罚不得执行的一项法律制度。

2. 分　类

（1）追诉时效。追诉时效，是指依法对犯罪分子追究刑事责任的有效期限。超过这个期限，除法定最高刑为无期徒刑、死刑，经最高人民检察院特别核准必须追诉的以外，都不得再追究犯罪分子的刑事责任；已经追究的，应当撤销案件，或者不起诉，或者终止审理。

（2）行刑时效。行刑时效，是指法律规定对被判处刑罚的犯罪分子执行刑罚的有效期限。判处刑罚而未执行，超过法定执行期限的，刑罚就不得再执行。

我国《刑法》中只有追诉时效的规定，而无行刑时效的规定。这是因为新中国成立以来，审判机关判处刑罚而未予执行的现象未曾发生过，规定行刑时效没有现实意义。

（二）追诉期限

根据我国《刑法》第 87 条的规定，犯罪经过下列期限不再追诉：

（1）法定最高刑为不满 5 年有期徒刑的，经过 5 年。

（2）法定最高刑为 5 年以上不满 10 年有期徒刑的，经过 10 年。

（3）法定最高刑为 10 年以上有期徒刑的，经过 15 年。

（4）法定最高刑为无期徒刑、死刑的，经过 20 年。

（5）如果 20 年以后认为必须追诉的，须报请最高人民检察院核准。

（三）追诉期限的起算

1. 追诉期限的起算

追诉期限从犯罪之日起计算；犯罪行为有连续或者继续状态的，从犯罪行为终了之日起计算。

所谓“犯罪之日”，是指犯罪成立之日。

所谓“犯罪行为有连续或者继续状态的”，是指连续犯和继续犯，其追诉期限应从犯罪行为终了之日起计算。

2. 时效中断

时效中断，是指在追诉期限内，因发生法律规定的事由，而使以前经过的时效归于无效，法定事由消失后，重新计算追诉期限的制度。我国《刑法》第 89 条第 2 款规定：“在追诉期限以内又犯罪的，前罪追诉的期限从犯后罪之日起计算。”根据这一规定，只要犯罪分子在追诉期限内又犯罪的，不论新罪性质和刑罚轻重如何，前罪所经过的时效期间均归无效，即前罪的时效中断，其追诉期限从犯新罪之日起重新计算。

3. 时效延长

（1）概念。时效延长，是指在追诉期限内，因发生法律规定的事由，而使对犯罪分子刑事责任的追究，不受追诉期限的限制的制度。

（2）内容。根据我国《刑法》第 88 条的规定：

①在人民检察院、公安机关、国家安全机关立案侦查或者在人民法院受理案件以后，逃避侦查或者审判的，不受追诉期限的限制。

②被害人在追诉期限内提出控告，人民法院、人民检察院、公安机关应立案而不予立案的，不受追诉期限的限制。

根据上述规定，时效延长有两种情况：一是在人民检察院、公安机关、国家安全机关对于接到报案、控告、举报或自首等材料进行审查，认为有犯罪事实需要追究刑事责任，决定作为刑事诉讼案件予以受理并进行侦查以后，或者在人民法院对于人民检察院提起公诉、公民自诉的案件进行审查并决定立案审理以后，犯罪分子逃避侦查或者审判的，无论逃避多久，司法机关都可以对其进行追诉，不受追诉期限的限制；二是被害人在追诉期限内提出控告，人民法院、人民检察院、公安机关接到上述控告后，应当立案而不予立案的，无论这种状态持续多久都不影响对犯罪分子的追诉，其也不受追诉期限的限制。

(四) 关于去台湾人员在去台湾前所犯罪行的追诉问题

根据最高人民法院、最高人民检察院于1988年和1989年发布的公告的规定，对去台湾人员在去台湾前所犯罪行的追诉，应分别不同情况处理：

(1) 对去台湾人员在中华人民共和国成立以前，或者在中华人民共和国成立后、犯罪地地方人民政权建立前所犯罪行，不再追诉。

(2) 去台湾人员在中华人民共和国成立后、犯罪地地方人民政府建立前犯有罪行，并连续或继续到当地人民政权建立后的，追诉期限从犯罪行为终了之日起计算。

(3) 对于去台湾以外其他地区和国家的人员在中华人民共和国成立前，或者在中华人民共和国成立后、犯罪地地方人民政府建立前所犯罪行，分别按照上述的规定办理。

案例：王某受封建思想的影响，重男轻女，在已生了两个女儿后，坚持要生一个儿子。县计划生育委员会派人去做他的工作。他非但不听，反而将工作人员打伤。此事在当地群众中造成恶劣影响。王某知道自己惹了祸，心里十分害怕。这时，邻居中有个稍懂法律的人告诉他说，可以到外面去避避风，因为法律有规定，经过一定的年限后，司法机关就不会再来追究刑事责任了。于是，王某果真逃到广东去了。

问：王某是否能够逃避法律的制裁？

分析：我国《刑法》第87条规定，犯罪经过下列期限不再追诉：法定最高刑为不满5年有期徒刑的，经过5年；法定最高刑为5年以上不满10年有期徒刑的经过10年；法定最高刑为10年以上有期徒刑的，经过15年；法定最高刑为无期徒刑、死刑的，经过20年。如果20年以后认为必须追诉的，须报请最高人民检察院核准。但是，第88条又规定，在检察院、公安机关、国家安全机关立案侦查或者在法院受理案件以后，逃避侦查或者审判的，不受追诉期限的限制。

本案中，王某所犯的罪是妨害公务罪，妨害公务罪的法定最高刑是3年有期徒刑，根据上述法律规定，在经过5年后，司法机关就再也没有权力追诉他了。但是，如果公安机关已对他立了案，他不顾一切逃到别处，或者已被公安机关逮捕或关押，但他设法逃跑了，在这些情况下，即使经过了5年的期限，司法机关还可以对他追诉。就是说，他即使躲过了5年，在5年以后，公安机关还可以将他抓起来，然后送交人民法院判刑。所以，王某想通过躲避来逃脱惩罚是不可能的。

三、赦 免

（一）赦免的概念与分类

1. 概 念

赦免，是指国家对于犯罪分子宣告免予追诉或者免除执行刑罚的全部或者一部分的法律制度。

2. 分 类

（1）大赦。大赦，是指国家对不特定的多数犯罪分子的赦免。

（2）特赦。特赦，是指国家对特定的犯罪分子的赦免，即对受罪刑宣告的特定犯罪分子免除其刑罚的全部或部分的执行。

3. 大赦与特赦的区别

（1）大赦是赦免一定种类或不特定种类的犯罪，其对象是不特定的犯罪人；特赦是赦免特定的犯罪人。

（2）大赦既可以免除刑罚的执行，也可以免除刑事追诉，因而既可以实行于人民法院判决之后，也可以实行于人民法院判决之前；特赦仅免除刑罚的执行，只能实行于人民法院判决确定之后。

（3）大赦既赦刑又赦罪；特赦仅赦刑不赦罪。

（4）大赦后再犯罪不构成累犯；特赦后再犯罪的，若符合累犯条件的，则构成累犯。

（5）大赦由于适用对象较广，一般不公布被赦人的名单；特赦往往公布被赦人的名单。

4. 大赦、特赦的实行机关

大赦、特赦通常由国家元首或最高权力机关以命令的形式宣布。

这种命令称为大赦令、特赦令，大赦、特赦完毕，命令便自然失效。

（二）我国的特赦制度

1. 特赦令决定、发布机关

根据现行《宪法》的规定，特赦由全国人民代表大会常务委员会决定，由中华人民共和国主席发布特赦令实行。

2. 特 点

自 1959 年至 1975 年，我国先后实行了 7 次特赦。

其特点有：

（1）特赦是以一类或几类犯罪分子为对象，而不是适用于个别的犯罪分子。

（2）特赦是对经过一定时期的关押改造，确已改恶从善的犯罪分子适用。

（3）特赦是根据犯罪分子的罪行轻重和悔改表现，区别对待，或者免除其刑罚尚未执行的部分，予以释放，或者减轻其原判的刑罚，而不是免除其全部刑罚。

（4）特赦是由全国人民代表大会常务委员会决定，由中华人民共和国主席发布特赦令，再由最高人民法院和高级人民法院执行，而不是由犯罪分子本人及其家属或者其他公民提出申请而实行。

复习题

（一）思考题

1. 法定量刑情节有哪些？对它们分别如何理解？

2. 累犯、自首、立功的成立条件及其处罚原则是什么？

3. 我国数罪并罚的原则及适用数罪并罚的几种情况？

4. 缓刑的适用条件和撤销缓刑的原因是什么？

5. 减刑的种类和适用条件有哪些？

6. 假释的适用条件和撤销假释的原因是什么？

7. 我国《刑法》对一般情况下的追诉时效是如何规定的？

8. 依法不受追诉时效限制的情形有哪些？

9. 简述自首与坦白、缓刑与免予刑事处罚、缓刑与监外执行、缓刑与死缓、假释与释放、假释与缓刑、假释与减刑、假释与监外执行的区别。

（二）名词解释

法定量刑情节　酌定量刑情节　累犯　自首
坦白　立功　数罪并罚　缓刑　减刑
假释　刑罚执行　刑罚消灭　追诉时效
时效中断　时效延长　大赦　特赦

（三）选择题

1. 数罪并罚时，对犯罪人判处的有期徒刑最高不能超过（　　）。

A. 十五年　　B. 二十年

C. 二十五年　　D. 三十年

2. 被判处有期徒刑同时宣告缓刑的犯罪分子，在缓刑考验期限内被发现还有应当判处有期徒刑的漏罪未经判决，在撤销缓刑实行数罪并罚时，应当采用的原则是（　　）。

A. 限制加重　B. 并科　C. 吸收　D. 估堆

3. 减轻处罚是指（　）。

A. 判处最低的刑罚　B. 判处低于法定刑的刑罚

C. 在法定最低刑以下判处刑罚　D. 判处最低刑种的刑罚

4. 对原判刑罚附条件地不予执行的制度在刑法上称为（　）。

A. 缓刑　B. 减刑　C. 假释　D. 免除处罚

5. 数罪并罚时，拘役最高不能超过（　）。

A. 半年　B. 一年　C. 二年　D. 三年

6. 犯罪分子虽然不具有法定的减轻处罚情节，但是根据案件的特殊情况，经人民法院核准，也可以在法定刑以下判处刑罚。该核准人民法院应是(　)。

A. 原审人民法院审判委员会　B. 中级人民法院

C. 高级人民法院　D. 最高人民法院

7. 数罪并罚时，管制的最高刑期是（　）。

A. 六个月　B. 一年

C. 二年　D. 三年

8. 我国《刑法》规定的从轻处罚是指（　）。

A. 在法定刑限度以下判处刑罚

B. 在法定刑幅度中线以下判处刑罚

C. 按法定刑的最低限度判处刑罚

D. 在法定刑限度以内相对于没有该从轻处罚情节判处较轻的刑罚

9. 犯罪分子自动投案以后的下列表现中，可以认定为自首的是（　）。

A. 交代了自己所犯数罪中的次要罪行

B. 共同犯罪的主犯交代了自己所犯的全部罪行

C. 共同犯罪的从犯包揽了共同犯罪其他共犯的全部罪行

D. 如实供述了所犯之罪的主要情节和基本过程

10. 有期徒刑的缓刑考验期限为（　）。

A. 三年　B. 原判刑期以上一年以下，但不能少于二个月

C. 五年　D. 原判刑期以上五年以下，但不能少于一年

11. 被判处缓刑的犯罪分子，如果在缓刑考验期满后发现判决宣告前还有其他罪没有判决的（　）。

A. 应当撤销缓刑，把前罪和后罪所判刑罚按“先并后减”原则进行数罪并罚

B. 应当撤销缓刑，把前罪和后罪所判刑罚按“先减后并”原则进行数罪

并罚

C. 不应撤销缓刑，对所发现的罪按刑法的规定直接判处刑罚

D. 不应撤销缓刑，但对所发现的罪应按刑法的规定从重处罚

12. 某甲先后犯三罪：一罪判处拘役六个月；一罪判处有期徒刑五年，并处罚金20000元；一罪判处无期徒刑。对某甲实行数罪并罚，判处无期徒刑并处罚金，这体现了（　　）。

A. 限制加重原则　B. 折中原则　C. 并科原则

D. 吸收原则　E. 相加原则

13. 缓刑的适用对象只限于（　　）。

A. 被判处拘役的犯罪分子

B. 被判处管制的犯罪分子

C. 被判处3年以下有期徒刑的犯罪分子

D. 被判处拘役、3年以下有期徒刑的犯罪分子

14. 减刑适用的对象是被判处（　　）。

A. 管制的犯罪分子

B. 拘役的犯罪分子

C. 管制、拘役、有期徒刑、无期徒刑的犯罪分子

D. 死刑缓期二年执行的犯罪分子

15. 被害人王某（女）向公安机关控告孙某在两年前强奸了她，公安机关认为证据不足而未予立案。之后不久，孙某因犯盗窃罪在刑事拘留期间交代了曾强奸王某的事实。对孙某所犯的强奸罪应适用（　　）。

A. 时效中断　B. 不予追究

C. 时效延长　D. 根据认罪态度决定是否追诉

16. 适用假释如果有特殊情况，经最高人民法院核准可以不受有期徒刑执行原判刑罚二分之一以上、无期徒刑实际执行十三年以上的限制。这种特殊情况是指（　　）。

A. 有重大自首情节

B. 有重大立功表现

C. 国家政治、国防、外交等方面的特殊需要

D. 在抢险、救灾或在排除重大事故中有突出表现

17. 在追诉期限内又犯罪的，前罪追诉的期限从犯后罪之日起重新计算。这在刑法理论上称为（　　）。

A. 时效延长　B. 时效继续　C. 时效中断　D. 时效中止

18. 被判处管制、拘役、有期徒刑的犯罪分子经过一次或者几次减刑以

后，实际执行的刑期不能少于原判刑期的（　　）。

A. 1/3　　B. 1/2　　C. 1/4　　D. 2/3

19. 我国《刑法》规定，犯罪的法定最高刑为五年以上不满十年有期徒刑的，其追诉时效为（　　）。

A. 五年　　B. 十年　　C. 十五年　　D. 二十年

20. 下列罪犯中依法不得适用假释的是（　　）。

A. 犯危害国家安全罪的罪犯

B. 犯盗窃罪被判处无期徒刑的罪犯

C. 犯受贿罪被判处十年以上有期徒刑的罪犯

D. 犯抢劫罪被判处十年以上有期徒刑的罪犯

（答案：1. B；2. A；3. C；4. A；5. B；6. D；7. D；8. D；9. D；10. D；11. C；12. CD；13. D；14. C；15. C；16. C；17. C；18. B；19. B；20. D）

下　编

各　论

第十章　刑法各论概述

本章主要内容

刑法各论与刑法总论的关系，刑法分则的体系，刑法分则条文的结构。

本章的重点问题

1. 刑法各论与刑法总论的关系。
2. 罪名和罪状。
3. 法定刑。

学习目标

了解刑法各论与刑法总论的关系，掌握《刑法》分则关于犯罪的分类排列及其根据，掌握罪状的概念和种类、罪名的概念和确定模式，理解法定刑的含义及类型。

第一节 刑法各论与刑法总论的关系

一、《刑法》分则与《刑法》总则的关系

《中华人民共和国刑法》分总则和分则两编，另加附则。《刑法》总则规定了犯罪、刑事责任和刑罚的一般原理、原则，总则在我国《刑法》中居于指导地位。分则则规定了各种具体犯罪的构成要件和对该种罪所处的法定刑。总则和分则是两个不可分割的有机的组成部分，总则是分则内容的抽象和概括，分则是总则的具体化，是总则原理、原则的具体运用。刑法总论以《刑法》总则为研究对象，刑法各论以《刑法》分则为研究对象。因而《刑法》总则与《刑法》分则的关系，也就体现了刑法总论与刑法各论的关系。

二、研究刑法各论的意义与方法

刑法各论以《刑法》分则所规定的全部内容为研究对象，对各种具体犯罪的构成特征及其适用刑罚，从理论与实践的结合上进行具有科学根据的研究和理论分析，解决正确定罪量刑问题。

（一）研究刑法各论的意义

（1）有助于深入理解和正确贯彻刑法总则的基本原理、原则。

（2）有助于科学地阐明各种犯罪的构成，划清罪与非罪、此罪与彼罪的界限，准确地定罪量刑。

（3）有助于发展刑法理论和修改与完善刑事立法。

（二）研究刑法各论的方法

研究刑法各论除坚持以刑法总论的有关原理、原则为指导外，还需注意以下几点：

（1）要注意跟踪立法发展与司法实践，及时了解和研究刑事立法对《刑法》分则内容的修改和补充以及最高司法机关所作的司法解释。

（2）要突出重点、难点，主要掌握各种犯罪构成要件和划清罪与非罪、此罪与彼罪、重罪与轻罪三个界限。

（3）要注意贯彻理论联系实际的研究方法。

第二节 刑法分则的体系

一、罪的分类排列

我国1979年通过、1997年3月修订的《中华人民共和国刑法》，其分则依次规定有十章即十类犯罪：（1）危害国家安全罪；（2）危害公共安全罪；（3）破坏社会主义市场经济秩序罪；（4）侵犯公民人身权利、民主权利罪；（5）侵犯财产罪；（6）妨害社会管理秩序罪；（7）危害国防利益罪；（8）贪污贿赂罪；（9）渎职罪；（10）军人违反职责罪。其中，破坏社会主义市场经济秩序罪又分为八节：（1）生产、销售伪劣商品罪；（2）走私罪；（3）妨害对公司、企业的管理秩序罪；（4）破坏金融管理秩序罪；（5）金融诈骗罪；（6）危害税收征管罪；（7）侵犯知识产权罪；（8）扰乱市场秩序罪。妨害社会管理秩序罪分为九节：（1）扰乱公共秩序罪；（2）妨害司法罪；（3）妨害国（边）境管理罪；（4）妨害文物管理罪；（5）危害公共卫生罪；（6）破坏环境资源保护罪；（7）走私、贩卖、运输、制造毒品罪；（8）组织、强迫、引诱、容留、介绍卖淫罪；（9）制作、贩卖、传播淫秽物品罪。

我国《刑法》对这类犯罪的分类排列，形成了我国现行《刑法》分则规范的体系。这一体系是在总结我国以往刑事立法、刑事司法的经验的基础上形成的。

二、犯罪分类排列的依据

我国《刑法》分则规范对犯罪进行分类的依据，主要是犯罪行为所侵害的同类客体；对犯罪进行排列的依据，则主要是各类各种犯罪的危害程度。

（一）根据犯罪行为所侵犯的同类客体进行科学分类

犯罪的同类客体，是指某一类犯罪所共同侵害的我国社会关系的某一方面，同类客体揭示出同一类型犯罪在客体方面的共同本质，即一类犯罪不同于其他类型犯罪的危害性质，并在相当程度上反映出各类犯罪不同的危害程度。

同类客体的原理，是我国刑事立法对犯罪进行分类的重要依据。我国《刑法》分则所具体划分的这十类犯罪的同类客体分别为：

（1）国家的安全；（2）公共安全；（3）社会主义市场经济秩序；（4）公民的人身权利和民主权利；（5）公私财产权利；（6）社会的管理秩序；（7）国家的国防利益；（8）国家公职人员公务活动的廉洁性；（9）国家机关的正常活动；（10）国家的军事利益。

（二）根据犯罪的危害程度进行排列

对各类、各种犯罪，我国《刑法》分则体系主要是根据社会危害程度的大小，大体上采取由重及轻的顺序排列。

从各类即各章犯罪的排列看：危害国家安全罪由其同类客体所决定，危害的是国家安全，是人民的根本利益，其危害性质和危害程度最严重，因而列之于各类犯罪之首；危害公共安全罪在普通刑事犯罪中危害最严重，因为这类犯罪侵害的客体是社会的公共安全，即不特定多人的生命、健康和重大财产安全，如放火罪、投毒罪、爆炸罪、重大责任事故罪等，其危害性和危害的范围、程度最大，因而置于危害国家安全罪之后、普通刑事犯罪之首。《刑法》分则第三章至第六章的破坏社会主义市场经济秩序罪，侵犯公民人身权利、民主权利罪，侵犯财产罪，妨害社会管理秩序罪，也是按照它们危害程度大小依次排列的。从第七章至第十章的危害国防利益罪、贪污贿赂罪、渎职罪和军人违反职责罪，与前面各章相比，其主体和同类客体有所不同。这四类犯罪中，贪污贿赂罪、渎职罪和军人违反职责罪，这三类的主体或为国家工作人员，或为司法机关工作人员，或为现役军人，均为特殊犯罪主体，而危害国防利益罪所侵害的同类客体又是比较特殊的国家军事利益，而在这四类犯罪中，国防利益则又是国家的重要利益，它关系到国家的安全和保障，因而只能把它放在其他三类犯罪之前。但是，这并不意味着这四类犯罪的社会危害性就轻于前一些章的犯罪。应该说，危害国防利益罪、贪污贿赂罪、渎职罪和军人违反职责罪之排列顺序，既是立法者出于立法技术和编排便利的考虑，也是各类犯罪按照危害程度进行排列的例外。

从各犯罪中具体犯罪的排列看，也大体是按照危害程度的大小，并适当考虑了一些犯罪之间性质的近似。例如，在危害公共安全罪一章中，放火、决水、爆炸、投毒等犯罪的危害性最为严重，而且均属故意性质的以危险方法危害公共安全的犯罪，因而将它们列在此章犯罪的前面；而重大飞行事故罪、铁路运营安全事故罪、交通肇事罪、重大责任事故罪等几种犯罪均属过失犯罪，危害性相对较轻，因而置于此章犯罪的后面。又如，在设有“节”的第三章破坏社会主义市场经济秩序罪和第六章妨害社会管理秩序罪两章中，各节及节内各种具体犯罪的排列，一方面大体按照危害程度大小作了由重及轻的排列，另一方面，也考虑了各节犯罪、各种犯罪之间的内在联系。

第三节 《刑法》分则条文的结构

在《刑法》分则中，凡是规定有具体犯罪和刑罚的条文，均分为罪状和法定刑两个部分。例如，《刑法》第102条规定：“勾结外国，危害中华人民共和国的主权、领土完整和安全的，处无期徒刑或者十年以上有期徒刑。”这个条文前半部分的规定叫罪状，后半部分的规定叫法定刑。

一、罪 状

罪状，是对某种犯罪行为状况的描述。我国刑法理论一般把罪状分为四种：

1. 简单罪状

即在条文中只简单地规定罪名，而不具体叙述犯罪行为的构成特征。

例如，《刑法》第232条规定：“故意杀人的，处……”第233条：“过失致人死亡的，处……”在这两个条文中的“故意杀人”和“过失致人死亡”，就是简单罪状。这种罪状所描述的犯罪行为的特征比较为人所共知，无需在法律上再具体叙述。

2. 叙明罪状

即在条文中较为具体地叙述犯罪的构成特征。

例如，《刑法》第121条规定：“以暴力、胁迫或者其他方法劫持航空器的，处……”该条就是叙明罪状，它描述了此种犯罪的客观特征和对象。还有的《刑法》分则条文采用叙明罪状描述了犯罪主体特征，例如，《刑法》第305条规定：“在刑事诉讼中，证人、鉴定人、记录人、翻译人对与案件有重要关系的情节，故意作虚假证明、鉴定、记录、翻译，意图陷害他人或者隐匿罪证的，处……”叙明罪状易为人们所理解和掌握，因而多数《刑法》分则条文均采用叙明罪状。

3. 引证罪状

即引用同一法律中的其他条款来说明或确定某一犯罪构成的特征。

例如，《刑法》第119条第1款规定的是故意破坏交通工具、交通设施、电力设备、燃气设备、易燃易爆设备造成严重后果的犯罪行为。第2款规定：“过失犯前款罪的，处……”该款规定的是过失损坏交通工具罪、过失损坏交通设施罪、过失损坏电力设备罪、过失损坏易燃易爆设备罪，但对其构成特征要查看第1款的规定，这样使用引证罪状，是为了避免条款间文字上的重复。

4. 空白罪状

即在条文中指明要参照其他法律、法规中的规定，来确定某一犯罪的构成特征。

例如，《刑法》第340条规定：“违反保护水产资源法规，在禁渔区、禁渔期或者使用禁用的工具、方法捕捞水产品，情节严重的，处……”就是空白罪状，在这里，了解非法捕捞水产品罪的构成特征，就要参照保护水产品资源的法规。

罪状是犯罪构成的基本内容，是定罪的法律依据。准确无误地查明某行为具备法定的罪状，才能正确地认定行为人的犯罪性质和确定罪名。

二、罪　名

罪名是犯罪的名称，是对犯罪本质特征或主要特征的高度概括。正确规定和使用罪名，对于正确区分罪与非罪、罪与罪的界限，正确定罪量刑，具有重要意义。

现代各国刑法确定罪名的方式主要有两类：

（1）明示式，即在分则条文中明确规定罪名。其中又可分为两种情形：①标题明示式，即分则条文以标题载明罪名；②定义明示式，即在条文中以定义形式载明罪名。

（2）包含式，即在分则条文中不载明罪名，而只规定罪状，将罪名包含在罪状之中。

我国《刑法》分则条文，采用的是包含式和定义明示式的罪名确定方式，前者占绝大多数，后者为少数。包含式对简单罪状的条文而言，其罪名一般较为明显。例如，《刑法》第232条规定："故意杀人的，处……"其罪名即为"故意杀人罪"。但对许多叙明罪状的条文而言，就需要通过科学抽象和概括的方式来确定其罪名。例如，《刑法》第180条第1款规定："证券、期货交易内幕信息的知情人员或者非法获取证券、期货交易内幕信息的人员，在涉及证券的发行，证券、期货交易或者其他对证券、期货交易价格有重大影响的信息尚未公开前，买入或者卖出该证券，或者从事与该内幕信息有关的期货交易，或者泄露该信息，或者明示、暗示他人从事上述交易活动，情节严重的，处……"类似这样的罪证所包含的罪名，需要从理论与实践相结合的角度予以科学概括。

定义明示式的罪名确定方式，在修订前的《刑法》中尚未出现，修订后的《刑法》在若干分则条文中加以使用。例如，《刑法》第382条第1款规定："国家工作人员利用职务上的便利，侵吞、窃取、骗取或者以其他手段非法占有公共财物的，是贪污罪。"

三、法定刑

法定刑，是指《刑法》分则条文对具体犯罪所规定的适用刑罚的规格和标准。法定刑包括对具体犯罪所适用的刑罚种类和刑罚幅度，简称为刑种和刑度。

根据各国立法实践和刑法理论，法定刑可以分为以下三种：

1. 绝对确定的法定刑

即在条文中规定单一、固定而无量刑幅度的刑种。如对某种犯罪只规定“处死刑”“处无期徒刑”等。

2. 绝对不确定的法定刑

即在条文中不规定具体的刑种和刑度，只规定对某种犯罪要处以刑罚，具体如何处罚完全由法官掌握。

3. 相对确定的法定刑

即在条文中明确规定一定的刑种和刑度。我国现行《刑法》分则条文较为普遍地采用了相对确定的法定刑。其表现形式主要有以下5种：

（1）分则条文仅规定法定刑的最高限度，其最低限度决定于《刑法》总则对某种刑种的下限的规定。

例如，《刑法》第152条第2款规定，逃避海关监管将境外固体废物、液态废物和气态废物运输进境，情节严重的，处5年以下有期徒刑，并处或者单处罚金。结合《刑法》第45条关于有期徒刑的下限为6个月的规定，可知该种犯罪此种情节的法定刑的主刑上限为有期徒刑5年，下限为有期徒刑6个月。

（2）分则条文仅规定法定刑的最低限度，其最高限度取决于《刑法》总则的有关规定。

例如，《刑法》第237条第2款规定，聚众或者在公共场所当众实施强制猥亵、侮辱妇女犯罪行为的，处5年以上有期徒刑。可知此档次的法定刑下限为5年有期徒刑，上限为15年有期徒刑。

（3）分则条文同时规定法定刑的最高限度和最低限度。

例如，《刑法》第124条前半段规定：“破坏广播电视设施、公用电信设施，危害公共安全的，处3年以上7年以下有期徒刑。”

（4）分则条文规定两种以上主刑或者同时规定附加刑，各主刑除死刑、无期徒刑以外也有明确的幅度。

例如，《刑法》第309条规定：“聚众哄闹、冲击法庭，或者殴打司法工作人员，严重扰乱法庭秩序的，处3年以下有期徒刑、拘役、管制或者罚金。”此种形式也称为选择性法定刑，法官既可以在几个刑种之间选择，又可以在选定刑种后再在刑度之内选择适当的刑期。

（5）分则条文规定援引性的法定刑，即法律条文规定，某些犯罪必须援引其他条款的法定刑处罚。

例如，《刑法》第125条第1款规定了非法制造、买卖、运输、邮寄、储存枪支、弹药、爆炸物罪及其法定刑；该条第2款规定：“非法制造、买卖、运输、储存毒害性、放射性、传染病病原体等物质，危害公共安全的，依照前款的规定处罚。”

但是，在我国《刑法》分则中，仍有极少数绝对确定的法定刑。例如，《刑法》第121条规定，以暴力、胁迫或者其他方法劫持航空器，致人重伤、死亡或者使航空器遭受严重破坏的，处死刑。这基本上属于绝对确定的法定刑的范畴。

本章小结

本章的重点是刑法各论与刑法总论的关系，《刑法》分则的体系，罪状、罪名和法定刑的概念、分类。

复习题

（一）思考题

1. 简述刑法各论与刑法总论的关系。
2. 简述罪状的概念及其分类。
3. 简述我国采用的相对确定法定刑的主要表现形式。

（二）名词解释

罪状　简单罪状　叙明罪状　引证罪状
空白罪状　罪名　法定刑

（三）选择题

1. 刑法总则规定的是（　　）。

A. 认定犯罪和对犯罪人进行处罚的一般原理、原则
B. 犯罪构成的要件和对犯罪人量刑的一般原理、原则
C. 认定犯罪和适用刑罚的一般原理、原则
D. 犯罪、刑事责任和刑罚的一般原理、原则

2. 我国《刑法》规定的法定刑属于（　　）。

A. 绝对确定的法定刑　B. 绝对不确定的法定刑
C. 相对确定的法定刑　D. 援引法定刑

3. 我国《刑法》第340条规定："违反保护水产资源法规，在禁渔区、禁渔期或者使用禁用的工具、方法捕捞水产品，处……"该条规定的罪状属于(　　)。

A. 简单罪状　　B. 空白罪状

C. 叙明罪状　　D. 引证罪状

4.《刑法》分则将各种犯罪划分为十大类的主要依据是(　　)。

A. 犯罪主体　　B. 犯罪侵害的同类客体

C. 犯罪对象　　D. 犯罪侵害的直接客体

E. 犯罪危害程度的大小

5. 根据对罪状的叙述方式的不同，可以分为(　　)。

A. 简单罪状　　B. 叙明罪状

C. 引证罪状　　D. 空白罪状

E. 复杂罪状

(答案：1. D；2. C；3. B；4. BE；5. ABCD)

第十一章　危害国家安全罪

本章主要内容

危害国家安全罪的一般概念和特征。危害国家安全罪的种类。危害国家安全的各主要犯罪。

本章的重点问题

1. 危害国家安全罪的概念和构成要件。

2. 煽动分裂国家罪，颠覆国家政权罪，煽动颠覆国家政权罪，叛逃罪，间谍罪，为境外窃取、刺探、收买、非法提供国家秘密、情报罪的构成要件及其实践中应当注意的主要问题。

3. 间谍罪与为境外窃取、刺探、收买、非法提供国家秘密、情报罪的区别。

学习目标

了解危害国家安全罪的概念、特征和种类。重点掌握几种重要的危害国家安全犯罪的概念、构成要件和处罚标准。理解及认定危害国家安全犯罪时应当区别的各种界限和应当注意的问题。

第一节　危害国家安全罪概述

一、危害国家安全罪的概念和特征

危害国家安全罪，是指故意危害中华人民共和国的行为。它是我国《刑法》分则中规定的各类犯罪中性质最严重、最危险、危害性最大的一类犯罪。

我国《刑法》规定的危害国家安全的犯罪具有如下主要特征：

（一）这类犯罪侵犯的客体，是中华人民共和国的国家安全

国家安全是国家赖以存在和发展的前提，是《刑法》保护的重要客体。危害国家安全罪的社会危害性极大，是最严重的一类犯罪，因此，本罪列为《刑法》分则之首。所谓“国家安全”，是指国家独立、国家领土完整和安全、国家团结统一、国家政权基本制度以及国家其他根本利益安全的总和。在我国，其核心内容是人民民主专政（即无产阶级专政）的政权和社会主义制度。凡是行为人的行为侵犯了上述内容之一，都是对中华人民共和国国家安全的损害。

（二）这类犯罪在客观方面必须具有危害中华人民共和国安全的行为，这是构成危害国家安全罪的客观条件，也是认定危害国家安全罪的主要依据

这种行为既包括作为，也包括不作为。对于本类犯罪在客观上只要行为人实施了《刑法》所规定的各种具体危害国家安全的犯罪行为即可，而不需要其犯罪行为对国家安全造成了实际的危害结果才是犯罪的既遂。

（三）此类犯罪的主体可能是一般主体，也可能是特殊主体

不论是中国公民，还是外国公民，或者是无国籍人，凡是符合一般自然人犯罪主体条件均可构成本罪中大多数犯罪主体。但本类罪中的少数犯罪的主体在立法上有严格的限制，如背叛国家罪的主体只限于中国公民，叛逃罪的主体只限于中国公民中的国家机关工作人员和其他掌握国家秘密的国家工作人员。

（四）这类犯罪在主观方面只能由故意构成，且多为直接故意

二、危害国家安全罪的种类

根据我国《刑法》第 102 条至第 113 条的规定，危害国家安全罪共有 12 种具体罪名。其中，危害国家、颠覆政权的犯罪有 7 个罪名，叛变、叛逃的犯罪有 2 个罪名，间谍、资敌的犯罪有 3 个罪名。这 12 种具体犯罪是：（1）背

叛国家罪。(2) 分裂国家罪。(3) 煽动分裂国家罪。(4) 武装叛乱、暴乱罪。(5) 颠覆国家政权罪。(6) 煽动颠覆国家政权罪。(7) 资助危害国家安全犯罪活动罪。(8) 投敌叛变罪。(9) 叛逃罪。(10) 间谍罪。(11) 为境外窃取、刺探、收买、非法提供国家秘密、情报罪。(12) 资敌罪。

第二节 危害国家安全罪中的重点犯罪

一、背叛国家罪

(一) 背叛国家罪的概念和构成要件

背叛国家罪，是指勾结外国或者境外机构、组织、个人，危害国家主权、领土完整和安全的行为。本罪的构成要件是：

(1) 本罪侵犯的客体是中华人民共和国国家安全。

(2) 本罪在客观上表现为实施了勾结外国或者境外机构、组织、个人，危害国家主权、领土完整和安全的行为。包括：①有勾结外国或者境外机构、组织、个人的行为。它是指通过各种方式与外国政府、政党、政治集团以及其他敌视、破坏我国社会主义制度的外国敌对势力、组织和他们的代表人物进行联络、策划。所谓“勾结”是指通过接触、电信往来或者其他方式进行通谋、商议和策划等活动。②实施了危害我国国家主权、领土完整和安全的行为。通常是指与外国签订丧权辱国的条约，出卖国家主权；或者出卖国家领土，破坏领土完整；或者与外国通谋或者合谋，制造两国争端，甚至串通外国向我国发动侵略战争，组织傀儡政权，危害国家安全等。鉴于本罪的严重危害性，法律只要求行为人实施了勾结外国或者境外机构、组织、个人，危害我国国家主权、领土完整和安全的行为，不管勾结的方式和是否发生危害国家安全的实际结果，均构成本罪。

(3) 本罪的主体是特殊主体，通常只能由具有特定身份（即在党和国家机构中具有重要地位和较大政治影响的人）的中国公民构成。非中国公民不能成为本罪的主体，事实上一般中国公民也难以成为本罪的主体。

(4) 本罪在主观上只能是直接故意，且具有危害我国国家主权、领土完整和安全的目的。

(二) 背叛国家罪的认定

(1) 本罪为行为犯，不以实际发生了危害我国国家主权、领土完整和安全的结果为构成要件。行为人只要有勾结外国或境外机构、组织、个人，策划危害我国国家主权、领土完整和安全的行为即为本罪的既遂。

（2）本罪是同外国或境外机构、组织、个人勾结危害我国国家主权、领土完整和安全的行为，所以普通中国公民与普通外国人相勾结，共同实施危害我国国家安全活动的，一般应以其所触犯的其他有关危害国家安全罪的共犯处理，不应以本罪论处。

（三）背叛国家罪的刑事责任

根据《刑法》第102条、第113条的规定，犯本罪的，处无期徒刑或者10年以上有期徒刑；对国家和人民危害特别严重，情节特别恶劣的，可以判处死刑。依照《刑法》第56条、第113条第2款的规定，犯本罪的，应当附加剥夺政治权利，可以并处没收财产。

二、煽动分裂国家罪

（一）煽动分裂国家罪的概念和构成要件

煽动分裂国家罪，是指煽动分裂国家、破坏国家统一，危害国家安全的行为。本罪的构成要件是：

（1）本罪的客体是国家的统一。

（2）客观方面表现为煽动他人进行分裂国家、破坏国家统一的行为。煽动的行为方式既可以是口头的，也可以是书面的。只要行为人以分裂国家、破坏国家统一为目的而实施了煽动行为，即构成本罪的既遂。

（3）本罪的主体是一般主体，主要是那些具有较高社会地位和较大政治影响的人。

（4）主观方面出自故意，且具有分裂国家、破坏国家统一的目的。

（二）煽动分裂国家罪的认定

（1）本罪为行为犯，不以实际发生了危害我国国家主权、领土完整和安全的结果为构成要件。行为人只要有煽动他人进行分裂国家、破坏国家统一的行为，即为本罪既遂。

（2）本罪煽动的行为方式多样，可以是口头的，也可以是书面的。总之，只要行为人以分裂国家、破坏国家统一为目的而实施了煽动行为，即构成本罪的既遂。

（三）煽动分裂国家罪的刑事责任

依照《刑法》第103条第2款、第106条的规定，犯本罪的，处5年以下有期徒刑、拘役、管制或者剥夺政治权利；首要分子或者罪行重大的，处5年以上有期徒刑。与境外机构、组织、个人相勾结实施本罪的，从重处罚。依照

《刑法》第56条、第113条第2款的规定，犯本罪的，应当附加剥夺政治权利，可以并处没收财产。

三、颠覆国家政权罪

（一）颠覆国家政权罪的概念和构成要件

颠覆国家政权罪，是指组织、策划、实施颠覆国家政权、推翻社会主义制度的行为。本罪的构成要件是：

（1）本罪的客体是我国的国家政权和社会主义制度。

（2）客观方面表现为组织、策划、实施颠覆国家政权、推翻社会主义制度的行为。

（3）犯罪主体为一般主体，主要是那些窃取国家党政军重要职位，具有较大影响力的人。

（4）主观方面出自故意，并具有颠覆国家政权、推翻社会主义制度的目的。

（二）颠覆国家政权罪的认定

（1）构成本罪，既要具有组织、策划、实施这三种行为之一的客观表现，又要有颠覆国家政权、推翻社会主义制度的实质性内容。两者缺一不可，如果仅有其中行为之一，则不能认定其行为已构成本罪。亦即行为和目的要紧密结合。

（2）构成本罪，只要查明行为人具有为颠覆国家政权、推翻社会主义制度而进行组织、策划、实施的具体事实，即属既遂，不要求实际结果的发生。

（三）颠覆国家政权罪的刑事责任

依照我国《刑法》第105条第1款、第106条的规定，犯本罪的，对首要分子或者罪行重大者，处无期徒刑或者10年以上有期徒刑；对积极参加者，处3年以上10年以下有期徒刑；对其他参加者，处3年以下有期徒刑、拘役、管制或者剥夺政治权利。与境外机构、组织、个人相勾结实施本罪的，从重处罚。依照我国《刑法》第56条、第113条第2款的规定，犯本罪的，应当附加剥夺政治权利，可以并处没收财产。

四、叛逃罪

（一）叛逃罪的概念和构成要件

叛逃罪，是指国家机关工作人员在履行公务期间，擅离岗位，叛逃境外或者在境外叛逃，危害我国国家安全的行为。本罪的构成要件是：

（1）本罪的客体是我国国家安全。

（2）客观方面表现为履行公务期间，擅离岗位，叛逃境外或者在境外叛逃，危害我国国家安全的行为。

（3）犯罪主体是特殊主体，即必须是国家机关工作人员，以及掌握国家秘密的国家工作人员。

（4）主观方面出自直接故意，动机不影响本罪成立。

（二）叛逃罪的认定

（1）罪与非罪的界限。如果行为人只是一般的偷越国（边）境或在境外滞留不归没有实施危害国家安全的行为，则不构成犯罪，更不构成本罪。

（2）本罪与投敌叛变罪的界限。两罪的主要区别：一是犯罪主体不同，前罪是特殊主体，即国家机关工作人员以及掌握国家机密的国家机关工作人员；后罪是一般主体。二是客观方面要求不同，前罪是在履行公务期间实施的叛逃行为；后罪是投奔敌方，加入敌方营垒。如果行为人叛逃境外又加入境外敌方营垒的，可以考虑按处理牵连犯的原则以投敌叛变罪定罪处罚，而不宜实行数罪并罚。

（三）叛逃罪的刑事责任

依照《刑法》第109条的规定，犯本罪的，处5年以下有期徒刑、拘役、管制或者剥夺政治权利；情节严重的，处5年以上10年以下有期徒刑。掌握国家机密的国家机关工作人员叛逃境外或者在境外叛逃的，从重处罚。依照《刑法》第56条、第113条第2款的规定，犯本罪的，应当附加剥夺政治权利，可以并处没收财产。

五、间谍罪

（一）间谍罪的概念和构成要件

间谍罪，是指参加间谍组织或者接受间谍组织及其代理人的任务，或者为敌人指示轰击目标的行为。本罪的主要特征：

（1）客体是国家安全。犯罪对象是国家的秘密、情报。

（2）客观方面必须实施了间谍行为，其包括三种情况：一是参加间谍组织。间谍组织，主要是指外国政府或者境外的敌对势力建立的旨在收集我国秘密或情报，进行颠覆、破坏活动等危害我国国家安全和利益的境外组织（亦包括渗透于我国境内的间谍组织）。参加间谍组织，就是行为人通过履行一定的手续加入间谍组织成为间谍组织成员的行为。二是接受间谍组织及其代理人的任务。即指受间谍组织及其代理人的命令、派遣、指使、委托为间谍组织服务，从事危害我国国家安全的活动。三是为敌人指示轰击目标。即以各种手段为敌人指示其所轰击的我方目标的方位、特殊等有关情况，以供敌方准确地打击我方目标。无论指示是否有误，也无论敌人在指示下对我方目标的轰击是否造成了具体的危害结果，均属于间谍行为。只要实施了上述行为之一的，即构成间谍罪。间谍组织的“代理人”，是指在间谍组织委托、指派或者授意下，接受间谍组织的任务或者为其服务等从事危害我国国家安全活动的个人。

（3）犯罪主体是一般主体，即包括一切年满 16 周岁以上具有刑事责任能力的中国公民、外国公民和无国籍人。

（4）主观方面出自故意，不论行为人出于何种动机，只要实施了危害我国国家安全的行为，均构成间谍罪。

（二）间谍罪的认定

1. 罪与非罪的界限

关键在于行为人在主观上是否有犯罪的故意，即是否明知是间谍组织及其代理人或敌人而参加间谍组织、接受其任务或为其指示轰击目标的。如果行为人确实不知的，即使有我国《刑法》第 110 条所规定行为之一的，也不能以本罪论处。如对因受欺骗，不明真相而加入间谍组织，未实施危害我国国家安全的间谍活动的，或者在间谍组织中从事勤杂、医务、传达等单纯行政、技术性事务而未加入间谍组织和没有间谍活动的，不应以本罪论处。

2. 对于向敌特机关写挂钩信的案件的处理

在处理该类案件时，应具体分析，区别对待。不能把凡向敌特机关写挂钩信的案件都定成间谍罪。应当把在敌对势力的电台煽惑下，受骗上当，为要钱要物，或求学，或找生活出路等情况向敌台写信，提供一些社会情况，或有一些错误甚至攻击性的言词，但未进行也不准备进行危害国家安全活动的，同与间谍组织挂钩、进行危害国家安全活动的区别开来。对于前者主要是批评教育，或作某些行政处理，不应以犯罪论处。对于后者确属向敌特机关写挂钩信的，应当以危害国家安全罪论处。具体罪名应根据挂钩信的内容和行为人的实际活动适用危害国家安全罪中的有关条文加以确定。

3. 本罪与叛逃罪的界限

它们的主要区别是：（1）犯罪主体不同。前者是一般主体；后者是特殊主体，即只能由国家机关工作人员，以及掌握国家秘密的国家工作人员构成。（2）客观表现行为不同。前者表现为行为人参加间谍组织，或者接受间谍组织及其代理人的任务，以及为敌人指示轰击目标的行为；后者则是在履行公务期间，擅离岗位，叛逃境外或者在境外叛逃，实施了危害我国国家安全的行为。从立法上看，叛逃行为并不包括间谍行为。因此，如果行为人叛逃后，又参加间谍组织，或者接受间谍组织及其代理人的任务的，应当实行数罪并罚。

4. 本罪与故意泄露国家秘密罪的界限

二者的区别关键是看泄密行为人是否接受了间谍组织及其代理人的任务而收集和提供秘密。如果答案是否定的，就排除了认定间谍罪的可能性。

（三）间谍罪的刑事责任

依照《刑法》第110条的规定、第113条的规定，犯本罪的，处10年以上有期徒刑或无期徒刑；对国家和人民危害严重、情节特别恶劣的，可以判处死刑。情节较轻的，处3年以上10年以下有期徒刑。依照《刑法》第56条、第113条第2款的规定，犯本罪的，应当附加剥夺政治权利，可以并处没收财产。

六、为境外窃取、刺探、收买、非法提供国家秘密、情报罪

（一）为境外窃取、刺探、收买、非法提供国家秘密、情报罪的概念和构成要件

为境外窃取、刺探、收买、非法提供国家秘密、情报罪，是指为境外的机构、组织、人员窃取、刺探、收买、非法提供国家秘密或者情报，危害我国国家安全的行为。其主要特征是：

1. 客体是国家的安全和利益

犯罪对象是国家秘密或情报。根据我国《保守国家秘密法》的规定，“国家秘密”是指关系国家的安全和利益，依照法定程序确定在一定时间内只限一定范围的人知悉的事项。国家秘密分为绝密、机密、秘密三级。所谓“情报”，是指除国家秘密以外的其他一切可被境外机构、组织、人员利用而危害我国安全的情况、资料和消息。

2. 客观方面表现为违反国家的保密法规，为境外机构、组织或者人员窃取、刺探、收买、非法提供国家秘密、情报的行为

所谓“境外机构”，是指中国边境以外的国家和地区的官方机构。所谓“境外组织”，主要是指中国边境以外的国家和地区的政党、社会团体以及其他企业事业单位，如商社、报社等。所谓“境外人员”，是指外国公民或无国籍人以及长期居住境外的华人。上述机构、组织或者人员不一定是与我国为敌的，即使为不与我国为敌的机构、组织或者人员提供秘密、情报的，也可以构成本罪。本罪客观方面法定的犯罪方法是窃取、刺探、收买或非法提供。所谓“窃取”，是指行为人采取非法手段秘密取得国家秘密的行为，如文件窃密、

计算机窃密、电磁波窃密、照相窃密等。所谓“刺探”，是指行为人通过各种途径和手段非法探知国家秘密的行为，如通过探听或使用侦探技术等。所谓“收买”，是指行为人以给予财物或其他物质利益的方法非法得到国家秘密的行为。所谓“非法提供”，是指国家秘密的持有人，将自己知悉、管理、持有的国家秘密非法出售、交付、告知其他不应该知悉该项秘密的人的行为。前述四种行为中具备任何一种，均构成本罪的客观行为要件。

3. 犯罪主体是一般主体

中国公民、外国公民或无国籍人均可以成为本罪的主体。

4. 犯罪主观方面是故意

即明知是国家秘密或情报而故意为境外组织、人员窃取、刺探、收买或非法提供。至于何种动机，不影响本罪的成立。

（二）为境外窃取、刺探、收买、非法提供国家秘密、情报罪的认定

1. 要划清罪与非罪的界限

要界定罪与非罪必须查明行为人所窃取、刺探、收买、非法提供的是否属于国家秘密或情报。如果根据我国《保守国家秘密法》第 21 条的规定，在对外交流与合作过程中经过国家有关部门依照严格程序审批，有限度地将某些国家秘密、情报予以开放，虽然行为人实施了与境外机构、组织、人员互换情报、交流资料的行为，但它是合法的行为，不构成犯罪。

2. 要划清本罪与间谍罪的界限

窃取、刺探、收买国家秘密、情报，是间谍罪的重要行为方式，以这些方式实施的间谍罪与窃取、刺探、收买、非法提供国家秘密、情报罪在客观行为上基本相同。二罪的明显区别在于：间谍罪必须是为境外敌对势力提供情报；而窃取、刺探、收买、非法提供国家秘密、情报罪则不要求必须为境外敌对势力提供情报，如为境外某财团非法提供属于国家秘密的经济情报，危害国家安全的，也可以构成本罪。如果行为人明知是间谍组织、间谍人员或敌人而为其获取、非法提供国家秘密、情报的，应以间谍罪论处；参加间谍组织或者接受间谍组织及其代理人的任务后又实施本罪行为的，按照处理牵连犯的择一从重罪从重出发原则处理。

3. 划清本罪与故意泄露国家秘密罪的界限

二罪的主要区别：一是主体不尽相同。前罪为一般主体；而后罪主要为特殊主体，即国家机关工作人员，只有在少数情况下，非国家机关工作人员才可构成该罪的主体。二是主观方面不同。前罪必须是行为人明知对方是境外的机构、组织、人员；而后罪则不要求行为人明知泄露国家秘密的对象为境外的机

构、组织、人员。如果行为人对此属明知的，则应以前罪论处。三是构成犯罪所要求的法定密级不同。前罪中的国家秘密，无密级的限制，无论行为对象是绝密、机密还是秘密均可；而后罪所泄露的国家秘密则只能是绝密或机密级的国家秘密，泄露秘密级的国家秘密则不能构成该罪。四是客体不同。前罪客体为国家安全和利益；而后罪的客体则为国家的保密制度。

（三）为境外窃取、刺探、收买、非法提供国家秘密、情报罪的刑事责任

依照《刑法》第 111 条的规定、第 113 条第 1 款的规定，犯本罪的，处 5 年以上 10 年以下有期徒刑；情节特别严重的，处 10 年以上有期徒刑或者无期徒刑；对国家和人民危害严重、情节特别恶劣的，可以判处死刑；情节较轻的，处 5 年以下有期徒刑、拘役、管制或者剥夺政治权利。依照《刑法》第 56 条、第 113 条第 2 款的规定，犯本罪的，应当附加剥夺政治权利，可以并处没收财产。

第三节　危害国家安全罪的其他犯罪

一、危害国家、颠覆政权的其他危害国家安全犯罪

1. 分裂国家罪

分裂国家罪，是指组织、策划、实施分裂国家，破坏国家统一的行为。

依据《刑法》第 103 条第 1 款、第 106 条和第 113 条规定，犯本罪的，对首要分子或罪行重大的，处无期徒刑或者 10 年以上有期徒刑；对积极参加的，处 3 年以上 10 年以下有期徒刑；对其他参加者，处 3 年以下有期徒刑、拘役、管制或者剥夺政治权利；对国家和人民危害特别严重、情节特别恶劣的，可以判处死刑。与境外机构、组织、人员相勾结的，从重处罚。依照《刑法》第 56 条、第 113 条第 2 款的规定，犯本罪的，应当附加剥夺政治权利，可以并处没收财产。

2. 武装叛乱、暴乱罪

武装叛乱、暴乱罪，是指组织、策划、实施武装叛乱或者武装暴乱的行为。

依据《刑法》第 104 条、第 106 条和第 113 条规定，犯本罪的，对首要分子或罪行重大的，处无期徒刑或者 10 年以上有期徒刑；对积极参加的，处 3 年以上 10 年以下有期徒刑；对其他参加者，处 3 年以下有期徒刑、拘役、管制或者剥夺政治权利；对国家和人民危害特别严重、情节特别恶劣的，可以判

处死刑。犯本罪的，应当附加剥夺政治权利，可以并处没收财产。对策动、胁迫、勾引、收买国家机关工作人员、武装部队人员、人民警察、民兵进行武装叛乱或武装暴乱的，或与境外机构、组织、人员相勾结的，从重处罚。

3. 煽动颠覆国家政权罪

煽动颠覆国家政权罪，是指以造谣、诽谤或者其他方式煽动颠覆国家政权、推翻社会主义制度的行为。

依照《刑法》第105条第2款、第106条的规定，犯本罪的，处5年以下有期徒刑、拘役、管制或者剥夺政治权利；首要分子或者罪行重大者，处5年以上有期徒刑。与境外机构、组织、个人相勾结实施本罪的，从重处罚。依照《刑法》第56条、第113条第2款的规定，犯本罪的，应当附加剥夺政治权利，可以并处没收财产。

二、叛变、叛逃的其他危害国家安全犯罪

投敌叛变罪，是指中国公民投奔敌人营垒，或者被捕、被俘后投降敌人，危害国家安全的行为。

依据《刑法》第108条和第113条的规定，犯本罪的，处3年以上10年以下有期徒刑；情节严重或者率领武装部队人员、人民警察、民兵投敌叛变的，处10年以上有期徒刑或者无期徒刑；对国家和人民危害特别严重、情节特别恶劣的，可以判处死刑。依照《刑法》第56条、第113条第2款的规定，犯本罪的，应当附加剥夺政治权利，可以并处没收财产。

三、间谍、资敌的其他危害国家安全的犯罪

1. 资敌罪

资敌罪，是指战时供给敌人武器装备、军用物资的资敌行为。

依据《刑法》第112条和第113条规定，犯本罪的，处10年以上有期徒刑或者无期徒刑；情节较轻的，处3年以上10年以下有期徒刑；对国家和人民危害特别严重、情节特别恶劣的，可以判处死刑。犯本罪的，应当附加剥夺政治权利，可以并处没收财产。

2. 资助危害国家安全犯罪活动罪

资助危害国家安全犯罪活动罪，是指境内外机构、组织或者个人资助实施特定危害国家安全犯罪的行为。

根据《刑法》第107条、第113条的规定，犯本罪的，对直接责任人员，处5年以下有期徒刑、拘役、管制或者剥夺政治权利；情节严重的，处5年以上有期徒刑。依照《刑法》第56条、第113条第2款的规定，犯本罪的，应

当附加剥夺政治权利，可以并处没收财产。

本章小结

本章的重点是危害国家安全罪的一般概念和特征。危害国家安全罪的种类。危害国家安全的各主要犯罪。

复习题

（一）思考题

1. 简述煽动分裂国家罪的概念和构成要件。

2. 简述颠覆国家政权罪的概念和构成要件。

3. 简述间谍罪的概念和构成要件。

4. 简述为境外窃取、刺探、收买、非法提供国家秘密、情报罪的概念和构成要件。

（二）名词解释

煽动分裂国家罪　　颠覆国家政权罪

煽动颠覆国家政权罪　　叛逃罪　　间谍罪

为境外窃取、刺探、收买、非法提供国家秘密、情报罪

（三）选择题

1. 叛逃罪的犯罪主体只能是（　　）。

A. 中国公民　　B. 中国国家机关工作人员

C. 中国军事人员　　D. 中国外交人员

2. 我国《刑法》规定，对于危害国家安全的犯罪分子（　　）。

A. 可以附加剥夺政治权利　　B. 应当附加剥夺政治权利

C. 应当独立剥夺政治权利　　D. 应当附加剥夺政治权利终身

3. 下列危害国家安全的行为中，依法不构成间谍罪的是（　　）。

A. 参加间谍组织　　B. 为敌人指示轰击目标

C. 为境外机构刺探国家秘密　　D. 接受间谍组织及其代理人的任务

（答案：1. B；2. B；3. C）

第十二章　危害公共安全罪

本章主要内容

危害公共安全罪的一般概念、构成要件和种类。危害公共安全罪各主要犯罪的概念、构成要件和刑事责任。

本章的重点问题

1. 危害公共安全罪的概念和特征。
2. 以危险方法危害公共安全罪的概念和特征。
3. 破坏交通工具罪的认定。
4. 重大责任事故罪的认定。

学习目标

了解危害公共安全罪的概念、特征和种类；重点掌握几种重要的危害公共安全犯罪的概念、构成要件；理解认定有关危害公共安全犯罪时应当区别的各种界限和应当注意的问题。

第一节 危害公共安全罪概述

一、危害公共安全罪的概念和特征

危害公共安全罪，是指行为人故意或者过失地实施危害不特定多人的生命、健康和重大公私财产安全的行为。

其特征是：

（一）这类犯罪侵犯的客体是社会的公共安全，即不特定多人的生命、健康和重大公私财产的安全

"不特定"，是指行为人的危险行为侵害或可能侵害的对象和造成或可能造成的危害结果事先无法确定，行为人对此无法预料也难以控制。它包括：(1) 犯罪对象的不特定性，即犯罪行为不是针对某一个人、某几个特定的人或者某项特定的具体财产，而是针对不特定多数人或不特定的公私财产。(2) 危害结果的不特定性，即犯罪行为造成或者可能造成的危害结果范围的大小、数量的多少的不特定性。因此，如果行为人的危害行为指向的是特定的某个人和某项财物，即事先确定的人身或者财产，行为人能控制其危害范围的，其行为亦不可能危及公共安全的，则不构成危害公共安全罪。行为人的行为是否危害不特定多数人的生命、健康和重大公私财产的安全，是本类罪区别于其他各类犯罪的重要标志。

（二）本类犯罪的客观方面表现为行为人实施了危害公共安全，已经造成或者足以造成严重后果的行为

危害公共安全的行为，可以作为或不作为方式实施。实践中，危害公共安全的行为从后果上看包括：(1) 行为人所实施的行为已经造成了危害公共安全实际损害结果的。(2) 行为人所实施的行为虽然尚未造成危害公共安全的后果，但是其行为已经足以对不特定的多数人的生命、健康和重大公私财产以及其他公共利益的安全构成了严重的威胁，具有造成不特定多数人的伤亡或者重大公私财产毁损危险的。由于本类罪具有巨大的危险性，除过失危害公共安全的行为必须造成严重后果才构成犯罪外，其他故意危害公共安全的犯罪只要客观上造成了足以危及公共安全状态的，均构成犯罪。

（三）本类犯罪的主体，大多数为一般主体，少数为特殊主体

其中，放火罪、爆炸罪、投放危险物质罪为年满 14 周岁以上具有刑事责任能力者；重大飞行事故罪、铁路运营安全事故罪等为特殊主体；违规制造、

销售枪支罪、工程重大安全事故罪为单位犯罪。

（四）本类犯罪的主观方面，既有故意，也有过失

具体有：（1）只能由故意构成的犯罪，如劫持航空器罪，盗窃、抢夺枪支、弹药、爆炸物罪等。（2）只能由过失构成的犯罪，如交通肇事罪、重大责任事故罪、工程重大安全事故罪等。

二、危害公共安全罪的种类

根据我国《刑法》第114条至第139条和全国人大常委会通过的《刑法修正案（三）》、《刑法修正案（六）》和《刑法修正案（八）》对本类犯罪进行了全面的规定，共有48个具体罪名。其中，以危险方法危害公共安全的犯罪有10个罪名，破坏特定设备设施的危害公共安全犯罪有10个罪名，涉及枪支、弹药、爆炸物等危险物品的危害公共安全犯罪有9个罪名，重大责任事故型的危害公共安全犯罪有13个罪名，恐怖活动性质的危害公共安全犯罪有5个罪名。

（一）以危险方法危害公共安全的犯罪

包括：（1）放火罪；（2）决水罪；（3）爆炸罪；（4）投放危险物质罪；（5）失火罪；（6）过失爆炸罪；（7）过失决水罪；（8）过失投放危险物质罪；（9）以危险方法危害公共安全罪；（10）过失以危险方法危害公共安全罪。

（二）破坏特定设备设施的犯罪

包括：（1）破坏交通工具罪；（2）破坏交通设施罪；（3）破坏电力设备罪；（4）破坏易燃易爆设备罪；（5）破坏广播电视设施、公用电信设施罪；（6）过失损坏交通工具罪；（7）过失损坏交通设施罪；（8）过失损坏电力设备罪；（9）过失损坏易燃易爆设备罪；（10）过失损坏广播电视设施、公用电信设施罪。

（三）涉及枪支、弹药、爆炸物及核材料的犯罪

包括：（1）非法制造、买卖、运输、邮寄、储存枪支、弹药、爆炸物罪；（2）非法制造、买卖、运输、储存危险物质罪；（3）违规制造、销售枪支罪；（4）盗窃、抢夺枪支、弹药、爆炸物、危险物质罪；（5）抢劫枪支、弹药、爆炸物、危险物质罪；（6）非法持有、私藏枪支、弹药罪；（7）非法出租、出借枪支罪；（8）丢失枪支不报罪；（9）非法携带枪支、弹药、管制刀具、危险物品危及公共安全罪。

（四）重大责任事故型的犯罪

包括：（1）重大责任事故罪；（2）强令违章冒险作业罪；（3）重大飞行事故罪；（4）铁路运营安全事故罪；（5）重大劳动安全事故罪；（6）危险物品肇事罪；（7）工程重大安全事故罪；（8）教育设施重大安全事故罪；（9）消防责任事故罪；（10）交通肇事罪；（11）追逐竞驶罪；（12）醉酒驾车罪；（13）大型群众性活动重大安全事故罪；（14）不报、谎报安全事故罪。

（五）恐怖活动性质的危害公共安全犯罪

包括：（1）组织、领导、参加恐怖组织罪；（2）资助恐怖活动罪；（3）劫持航空器罪；（4）劫持船只、汽车罪；（5）暴力危及飞行安全罪。

第二节　危害公共安全罪的主要犯罪

一、投放危险物质罪

（一）投放危险物质罪的概念和特征

投放危险物质罪，是指故意用投放毒害性、放射性、传染病病原体等物质，危害公共安全的行为。本罪的主要特征是：

（1）客观方面表现为投放毒害性、放射性、传染病病原体等物质，危害公共安全的行为。所谓“投放”，是指将毒害性、放射性、传染病病原体等物质放置到公用水井、水渠、水池，食堂的水缸、饭锅，商店出售的食品、饮料，或农场牲畜、禽类的饮水池、饲料等物品中的行为。所谓“毒害性”物质，是指含有有毒物质的有机物或者无机物，包括毒药，如氰化钾、砒霜、剧毒农药等，也包括某些含有毒素的物质，如曼陀罗的根、毒蛇的毒液等。所谓“放射性”物质，是指含放射性核素，射线直接或间接对公众的健康、安全有危害的物质。所谓“传染病病原体”，是指引起或导致甲类、乙类和丙类传染病发作或扩散的物质。投放的场合没有太多的限制，只要所投放毒物对公共安全构成威胁或者造成实际损害，就构成本罪。

（2）主观方面只能出于故意。动机可以是多种多样的，如泄愤报复、嫁祸于人、寻求刺激，动机不同并不影响定罪，只是量刑时可以予以考虑的量刑情节。

（3）犯罪主体是一般主体。凡是年满 14 周岁并且具有刑事责任能力的人，都可以成为本罪的犯罪主体。

（二）投放危险物质罪的认定

1. 投放危险物质罪犯罪既遂的认定

本罪属于危险犯，只要行为人实施了投放危险物质的行为，足以危害公共安全，即便尚未造成严重后果，也构成犯罪既遂。

2. 投放危险物质罪与以投放毒物的方法故意杀人罪的区别

这两个犯罪区别的关键在于是否危害公共安全。凡是危害公共安全的，就是投放危险物质罪，否则就构成故意杀人罪。犯罪对象上也有分别，一般来说，故意杀人罪只针对特定的人，而投放危险物质罪针对的则是不特定的多数人。

3. 要把投放危险物质罪与故意毁坏财物罪区别开来

如果行为人采用投毒的方法毒害特定的少量牧畜，属于故意毁坏财物罪；如果毒害大群的牲畜、家畜，可能造成数额巨大的损失，应以投放危险物质罪论处。

（三）投放危险物质罪的刑事责任

根据《刑法》第 114 条、第 115 条的规定，犯本罪，尚未造成严重后果的，处 3 年以上 10 年以下有期徒刑；致人重伤、死亡或者使公私财产遭受重大损失的，处 10 年以上有期徒刑、无期徒刑或者死刑。

二、以危险方法危害公共安全罪

（一）以危险方法危害公共安全罪概念和特征

以危险方法危害公共安全罪，是指使用与放火、决水、爆炸、投放危险物质等危险性相当的其他危险方法，危害公共安全的行为。

其基本特征是：

（1）客体是公共安全。（2）客观方面表现为以其他危险方法，危害公共安全的行为。所谓“其他危险方法”，是指与放火、决水、爆炸、投毒的危险性相当的足以危害公共安全的方法。如私设电网、驾车撞人、向人群开枪、使用微生物及放射性物质进行破坏、破坏矿井通风设备等。（3）主体是一般主体。（4）主观方面出自故意，动机如何，不影响本罪成立。

（二）以危险方法危害公共安全罪的刑事责任

依据《刑法》第 114 条和第 115 条第 1 款规定，犯本罪，尚未造成严重后果的，处 3 年以上 10 年以下有期徒刑；致人重伤、死亡或者使公私财产遭受重大损失的，处 10 年以上有期徒刑、无期徒刑或者死刑。

三、失火罪

（一）失火罪的概念和特征

失火罪，是指由过失引起火灾，危害公共安全的行为。

其主要特征是：

（1）客体是公共安全。（2）客观方面表现为过失行为引起了火灾的发生。过失行为是构成本罪的前提，而发生火灾则是构成本罪的必要条件。只有实际发生了火灾，才能追究行为人的过失责任。只有过失行为没有发生火灾，或者发生了火灾但并没有过失行为，均不构成本罪。（3）主体为一般主体。（4）主观方面只能出于过失。无论是疏忽大意的过失，还是过于自信的过失，都不影响本罪的成立。司法实践中，往往表现为行为人在日常生活中由于用火不慎而导致火灾发生的情况。

（二）失火罪的认定

在对失火罪的认定中，要注意与放火罪的区别。二罪区别的关键就在于行为人对火灾发生所持的心理态度不同。失火罪的行为人既不希望也不放任火灾的发生，也就是说火灾的发生完全违背行为人的主观意志；而放火罪的行为人恰恰相反，对火灾的发生持希望或者放任的态度，发生火灾并不违背行为人的主观意志。如果在生产作业过程中违章操作，引起火灾，就不构成失火罪，而应以重大责任事故罪定罪量刑。

（三）失火罪的刑事责任

依照《刑法》第115条第2款的规定，犯本罪的，处3年以上7年以下有期徒刑；情节较轻的，处3年以下有期徒刑或者拘役。

四、破坏交通工具罪

（一）破坏交通工具罪的概念和构成要件

破坏交通工具罪，是指破坏火车、汽车、电车、船只、航空器，足以使火车、汽车、电车、船只、航空器发生倾覆、毁坏危险，尚未造成严重后果或者已经造成严重后果的行为。

本罪的构成要件是：

（1）本罪的客体是交通运输安全。本罪的对象，只限于法定的正在使用中的火车、汽车、电车、船只和航空器。破坏简单的交通工具，如摩托车、人力车、畜力车、农用拖拉机等，通常不能构成本罪。当对作为载人交通运输工具使用的大型拖拉机进行破坏且足以危害公共安全的，能否构成本罪？实践中和理论上都存在争议，但我们认为应以本罪论处。（2）本罪的客观方面表现为破坏火车、汽车、电车、船只、航空器，已经或者足以使之发生倾覆或者毁坏危险的行为。倾覆，是指车辆倾倒、颠覆，船只翻沉，航空器坠毁；毁坏，是指烧毁、炸毁、坠毁等完全报废或受到严重破坏的情况。判断是否足以发生倾覆、毁坏危险，必须遵循以下标准：①破坏的交通工具只能是法定的正在使用中的。"正在使用"包括正在行使或航运中的交通工具和停放在车站、码头、机场上等随时可开动执行任务的交通运输工具。如果破坏的是尚未检验出厂或待修、待售及保管之中的交通工具的，不构成本罪。②看破坏的方法和部位。只有对交通工具中影响交通运输安全的重要装置或部件进行破坏的，才可能足以使之发生倾覆或者毁坏危险。如果破坏的只是交通工具的一般性辅助设施，不影响其安全行驶的，不构成本罪。（3）本罪的主体是一般主体。（4）本罪的主观方面是故意。犯罪的动机多样，但它并不影响本罪的成立。

（二）破坏交通工具罪的认定

1. 本罪是危险犯

只要行为人的破坏行为足以造成火车、汽车、电车、船只、航空器处于倾覆或者毁坏危险之中的，不论危害结果最终是否发生，均构成本罪且为既遂。

2. 本罪与盗窃罪、故意毁坏财物罪的界限

本罪与盗窃罪、故意毁坏财物罪侵犯的对象均可能是交通工具，它们的主要区别是：（1）客体不同。本罪的客体是交通运输安全；盗窃、故意毁坏财物罪的客体是公私财产的所有权。（2）犯罪对象不同。本罪破坏的对象必须是法定的正在使用中的交通工具，盗窃、故意毁坏财物罪无此限制。（3）故意内容不同。本罪是使交通工具倾覆或者毁坏；盗窃是非法占有交通工具或其零部件；故意毁坏财物是使交通工具毁损、灭失。它们相互区别的关键是犯罪客体不同，即当盗窃、毁坏交通工具或其零部件的行为危害交通运输安全的，则以本罪论处；否则，以盗窃等罪论处。

3. 本罪与以放火、爆炸方式破坏交通工具行为的界限

从理论上说，它们存在交叉关系。当行为人以放火、爆炸方式破坏交通工具危害交通运输安全的，因本罪中的破坏行为包括放火、爆炸方法对之应以刑法的特别规定即本罪论处；如果只危害到交通运输安全外的其他公共安全，则以放火罪、爆炸罪定罪处罚；如果不危害公共安全，则以故意毁坏公私财物罪等相关犯罪论处。

（三）破坏交通工具罪的刑事责任

根据《刑法》第116条和第119条规定，犯本罪尚未造成严重后果的，处

3 年以上 10 年以下有期徒刑；造成严重后果的，处 10 年以上有期徒刑、无期徒刑或者死刑。

五、破坏公用电信设施罪

（一）破坏公用电信设施罪的概念和基本特征

破坏公用电信设施罪，是指故意破坏公用电信设施，危害公共安全的行为。

本罪的基本特征是：

（1）本罪的客体是公共安全。对象是正在使用中的公用电信设施。（2）客观方面表现为破坏公用电信设施，危害公共安全的行为。破坏的方式可以是作为，也可以是不作为。（3）主体为一般主体。（4）主观方面出于故意，包括直接故意和间接故意。

（二）破坏公用电信设施罪的刑事责任

依照《刑法》第 124 条第 1 款的规定，犯本罪的，处 3 年以上 7 年以下有期徒刑；造成严重后果的，处 7 年以上有期徒刑。

六、非法制造、买卖枪支罪

（一）非法制造、买卖枪支罪的概念和构成要件

非法制造、买卖枪支罪，是指违反法律规定，非法制造、买卖枪支的行为。

本罪的构成要件是：

（1）本罪的客体是公共安全和国家对枪支的管理制度。枪支，是具有杀伤力的危险物品，必须严格管制，我国《枪支管理法》对此作了明文规定。本罪的对象必须是枪支。所谓“枪支”，是以火药或者压缩气体等为动力，利用管状器具发射金属弹丸或者其他物质，足以致人伤亡或者丧失知觉的各种枪支。（2）本罪的客观方面表现为非法制造、买卖枪支的行为。所谓“非法制造”，是指未经国家有关部门批准，私自制造枪支的行为，含制作、组装、修理、改装和拼装等行为，是否制作完毕，不影响本罪的成立。制造的方式既包括用机器成批生产，也包括用手工制作；既包括新加工，也包括对旧有的修理使用。所谓“非法买卖”，是指违反国家规定，以金钱或实物作价，私自购买或者销售枪支的行为。本罪是选择性罪名，包括行为方式和犯罪对象的选择。（3）本罪的主体为一般主体，包括自然人和单位。（4）本罪的主观方面是故意，即明知是枪支而仍非法制造、买卖。如果受他人蒙骗、利用，不知是枪支而代为检修、装配、转交的，不能构成本罪。

（二）非法制造、买卖枪支罪的认定

1. 非法制造、买卖枪支罪与违规制造、销售枪支罪的区别

它们在犯罪主体、侵犯的客体、犯罪对象等方面均有相同之处。但是，两罪的主要区别是：（1）客观行为不同。前者是无权制造、买卖枪支的单位或个人非法制造、买卖枪支；后者是有权制造、销售枪支的单位不按照规定制造、销售（即出卖）枪支的，即只能是《刑法》规定的三种违规制造、销售枪支行为。所谓"违规"即超过限额或者不按照规定的品种制造、配售等等。（2）犯罪主体范围不同。前者包括自然人和无权制造、销售枪支的单位；后者仅限于依法被指定、确定的枪支制造企业、销售企业。但是，依法被指定、确定的枪支制造、销售企业，如果利用自己的生产条件和技术，完全非法制造、买卖枪支，符合《刑法》第125条第1款规定的，应以非法制造、买卖枪支罪定罪处罚，或者明知他人是非法制造、买卖枪支的犯罪分子，而故意将自己违规制造的枪支出让给他们的，也应以非法制造、买卖枪支罪的共犯论处。

2. 本罪与走私武器、弹药罪的界限

（1）客体不同。本罪侵犯的客体是公共安全和国家对枪支的管理制度；后罪主要是国家对外贸易的管制。（2）客观方面不同。本罪客观上表现为非法制造、买卖枪支的行为；后罪则表现为违反海关法规，逃避海关监督、检查，非法运输、携带、邮寄枪支进出国（边）境的行为。如果为走私犯非法制造、买卖或者运输枪支，或者直接向走私犯非法收购枪支，可按走私共犯或直接按走私犯罪处理。

3. 本罪与非法持有、私藏枪支罪的界限

它们在犯罪对象、客观行为状态上有相同或相似之处，但区别它们的关键是非法持有、私藏的枪支应有证据证明不是因非法制造、秘密运输枪支等犯罪活动而持有、私藏的枪支。即如果行为人持有、私藏的枪支是其通过本罪或其他犯罪手段得来的，则应当以本罪或其他相关犯罪定罪处罚。

（三）非法制造、买卖枪支罪的刑事责任

根据《刑法》第125条规定，犯本罪的，处3年以上10年以下有期徒刑；情节严重的，处10年以上有期徒刑、无期徒刑或者死刑。单位犯本罪的，对单位判处罚金，并对直接负责的主管人员和其他直接责任人员，依照前述规定处罚。

七、非法出借枪支罪

（一）非法出借枪支罪的概念和主要特征

非法出借枪支罪，是指依法配备公务用枪、配置枪支的人员或单位，违反

枪支管理规定，非法出借枪支的行为。

本罪的主要特征是：

（1）犯罪主体是特殊主体，即依法配备公务用枪或依法配置枪支的自然人或单位。（2）主观方面是故意，表现为明知严禁出借公务用枪和配置用枪而仍出借。（3）客观方面表现为非法出借公务用枪或配置用枪的行为。凡非法出借公务用枪的，即构成犯罪；而非法出租、出借配置用枪的，必须造成严重后果，才能构成犯罪。（4）犯罪客体是国家对公务用枪或配置用枪的管制和公共安全。

（二）非法出借枪支罪的刑事责任

依照《刑法》第128条的规定，犯本罪的，处3年以下有期徒刑、拘役或者管制；情节严重的，处3年以上7年以下有期徒刑；单位犯本罪的，对单位判处罚金，并对其直接负责的主管人员和其他直接责任人员，依照前述规定处罚。

八、交通肇事罪

（一）交通肇事罪的概念和构成要件

交通肇事罪，是指违反交通管理法规，因而发生重大事故，致人重伤、死亡或者使公私财产遭受重大损失的行为。

本罪的构成要件是：

1. 本罪的客体为交通运输安全

“交通运输”，此处是指公路、水运和城市机动车辆的交通运输。

2. 本罪的客观方面表现为违反交通运输管理法规，因而发生重大事故，致人重伤、死亡或者使公私财产遭受重大损失的

包括：（1）必须是在从事公共交通运输活动过程中违反交通运输管理法规。如果与交通运输活动没有联系，如在停车场练习开车，或者出于好奇或玩耍的目的，发动汽车，不慎将旁边的人轧死，不能定交通肇事罪，应定过失致人死亡罪。所谓交通运输管理法规，是指国家为了保证交通运输的安全而制定的各种法律、法规、规章制度，它包括交通运输规则、操作规程、劳动纪律等，如《中华人民共和国道路交通安全法》《机动车辆管理办法》等。违反交通运输管理法规的行为，既可表现为作为，也可表现为不作为。前者如酒后开车，闯红灯，超速、超载行驶，强行超车，岔路口不减速等。（2）违反交通运输法规的行为还必须造成重大事故，导致重伤、死亡或者公私财产重大损失的严重后果。依据最高人民法院《关于审理交通肇事刑事案件具体应用法律

若干问题的解释》的规定，重大事故是指以下情形之一：①死亡 1 人或重伤 3 人以上，负事故全部或者主要责任的；②死亡 3 人以上，负事故同等责任的；③造成公共财产或者他人财产直接损失，负事故全部或者主要责任，无能力赔偿数额在 30 万元以上的；④交通肇事致 1 人以上重伤，负事故全部或者主要责任，并且具有下列情形之一的：酒后、吸食毒品驾驶机动车辆的；无驾驶资格驾驶机动车辆的；明知是安全装置不全或者安全机件失灵的机动车辆而驾驶的；明知是无牌证或者已报废的机动车辆而驾驶的；严重超载驾驶的；为逃避法律追究逃离事故现场的。

3. 本罪的主体为一般主体

在司法实践中，主要是从事交通运输的人员，也包括非从事交通运输的人员（如无照驾驶者或者偷开他人机动车辆者）。单位主管人员、机动车辆所有人或者机动车辆承包人指使、强令他人违章驾驶造成重大交通事故的，应以本罪论处。

4. 本罪主观方面是过失

这里的“过失”是指行为人对所造成严重后果的心理态度，但对违反交通运输管理法规本身，不一定是过失。

（二）交通肇事罪的认定

1. 本罪与非罪的界限

（1）本罪与一般交通事故的界限。关键是看交通事故所造成的损害后果是否达到了上述最高人民法院司法解释所规定的标准。达到标准的，就构成本罪；否则，就只能是一般交通事故。（2）本罪与交通事故中意外事件的界限。关键看行为人对造成的后果在主观上是否有过失。如果对后果的发生存在过失的，可能构成本罪；否则，不能构成本罪。

2. 本罪与重大飞行事故罪、铁路运营安全事故罪的界限

在 1997 年修订《刑法》之前，它们都属于本罪的范畴。现行《刑法》将后两罪从本罪中分离出去成为了独立的犯罪。从理论上看，它们的区别主要是事故所发生的场所和犯罪主体不同。本罪是发生在公共的公路、水路交通运输过程中，犯罪主体为一般主体；重大飞行事故罪发生在民用航空运输领域，犯罪主体是从事民用航空运输活动的空勤人员和地面人员；铁路运营安全事故罪发生在铁路运输领域，犯罪主体是从事铁路运营业务及与保障列车运营安全有直接关系的铁路职工。

3. 驾驶非机动车辆违章肇事，造成严重后果案件的认定

驾驶非机动车一般情况下由于其本身性能限制，是不足以危害公共安全的。但如果行为人驾驶非机动车从事交通运输活动或者与正在进行的有关交通

运输活动直接关联的情况下，行为人驾驶非机动车，违章肇事，危害交通运输安全，导致严重后果的，以交通肇事罪论处；如驾驶非机动车与交通运输活动无关，因行为人过失而导致他人死亡的，以过失致人死亡罪论处。

4. 交通肇事逃逸案件的认定

（1）交通运输肇事后逃逸，是指行为人具有《最高人民法院关于审理交通肇事刑事案件具体应用法律若干问题的解释》第 2 条第 1 款规定和第 2 款第 1～5 项规定的情形之一，“在发生交通事故后，为逃避法律追究而逃跑的行为”。逃逸的目的是为了“逃避法律追究”。如果行为人怕挨打逃避，随后到公安机关投案的，不能认为是“逃逸”。（2）“逃逸”可以是从肇事现场逃跑的，也可以将受伤者送至医院途中或之后逃跑的。（3）“逃逸致人死亡”，是指行为人在交通肇事后为逃避法律的追究而逃跑，致使被害人因为得不到救助而死亡的情形。“交通肇事后，单位主管人员、机动车辆所有人、承包人或者乘车人指使肇事人逃逸，致使被害人因得不到救助而死亡的，以交通肇事罪的共犯论处。”（4）交通肇事后为逃避法律的追究，将被害人带离事故现场后隐藏或遗弃，致使被害人无法得到救助而死亡或严重残疾的，以故意杀人罪或故意伤害罪处理。

（三）交通肇事罪的刑事责任

依据《刑法》第 133 条规定，犯本罪的，处 3 年以下有期徒刑或者拘役；交通运输肇事后逃逸或者有其他特别恶劣情节的，处 3 年以上 7 年以下有期徒刑；因逃逸致人死亡的，处 7 年以上有期徒刑。

九、重大责任事故罪

（一）重大责任事故罪的概念和构成要件

重大责任事故罪，是指工厂、矿山、林场、建筑企业或者其他企业、事业单位的所有人员在生产、作业中违反有关安全管理的规定，因而发生重大伤亡事故或者造成其他严重后果的行为。

本罪的构成要件是：

1. 本罪的客体为不论所有制如何的所有的企业、事业单位的生产安全

2. 本罪的客观方面表现为在生产作业中违反有关安全生产管理的规定，因而发生重大伤亡事故或者造成其他严重后果的行为

包括：（1）行为人的行为违反了有关安全生产管理的规定。违反有关安全生产管理的规定是造成事故的原因，也是构成本罪的必要条件。安全生产管理规定，既包括国家制定的关于安全管理的法律、法规，比如《安全生产法》

等，也包括行业或者管理部门制定的关于安全生产、作业的规章制度、操作章程、保安规程、劳动纪律、技术操作规程、作业规程、施工措施以及各种安全措施等。违反安全管理规定的行为具有不同的形式，普通职工主要表现为不服管理、不听指挥、不遵守操作规程和工艺设计要求，或者盲目蛮干、擅离岗位等。生产管理人员主要表现为违背客观规律，在现场瞎指挥，或者作出不符合安全生产、作业要求的工作安排。前者如冒险蛮干、违规操作；后者如擅离职务，遇有险情不采取相应措施。（2）违反规章制度的行为必须发生在生产、作业或者指挥生产、作业过程中。否则，不构成本罪。（3）后果上还必须是因违反安全管理规定而造成了重大伤亡事故或者造成其他严重后果的。虽有违反安全管理规定的行为，但未造成重大伤亡事故或者造成其他严重后果，也不构成本罪。所谓"重大伤亡"，通常是指死亡1人以上或者重伤3人以上；所谓"其他严重后果"，是指直接经济损失在5万元以上，或者经济损失不足这一数额，但情节严重，使生产工作受到重大损害的。"重大伤亡"或"其他严重后果"的具体标准，在不同行业中可能不同。

3. 本罪的主体为特殊主体

即从事生产、作业的所有人员，这里包括所有企业、事业单位中直接从事生产、作业或者直接指挥生产、作业的所有人员，不论其企业、事业单位的所有制如何。但是，其他与生产、作业无关的人员是不能构成本罪的。

4. 本罪的主观方面只能是过失

这里的"过失"是针对行为人对自己的行为所引起的重大事故后果的心理态度而言的，至于违反规章制度的则可能是明知故犯。

（二）重大责任事故罪的认定

1. 本罪与非罪的界限

（1）本罪与自然事故、技术事故、技术革新、科学试验失败的界限。自然事故，是指由于不能预见和不能抗拒的自然条件所引起的事故。技术事故，是指由于技术条件或设备条件的限制而发生的无法避免的事故。而技术革新和科学试验本身就包含着失败的可能。本罪与它们区别的关键是看行为人主观上是否存在过失以及是否有违反规章制度的行为。如果事故的发生是由违反规章制度所引起，行为人主观上具有过失的，则构成本罪；否则，应视为自然事故、技术事故或科研失败，不构成犯罪。（2）本罪与一般责任事故的界限。关键是看所造成的后果是否达到了"重大伤亡"或者"其他严重后果"的程度。确实已造成重大伤亡或者其他严重后果的，构成本罪；否则，是一般责任事故。

2. 本罪与失火罪、过失爆炸罪及过失投放危险物质罪的界限

本罪与后三种犯罪的共同点是主观方面均出自过失，客观方面都造成重大

伤亡或重大财产损失。但本罪为特殊主体，而且行为人是在生产、作业活动中，违反规章制度而发生重大伤亡事故或其他严重后果；而后三种犯罪一般是在日常生活中由于忽视安全，行为不慎而发生火灾、爆炸、中毒事故。

3. 本罪与危险物品肇事罪的界限

两罪都是过失犯罪，在客观上都因违反有关规定或制度而导致严重后果。其区别主要有：（1）犯罪主体的要求不同。本罪为特殊主体，即工厂、矿山、林场、建筑企业或者其他企业、事业单位的职工；后罪的主体只能是从事生产、储存、运输、使用危险物品工作的人员。（2）犯罪时间不同。本罪发生在生产、作业过程中；后罪则只能发生在生产、储存、运输、使用危险物品的过程中。

（三）重大责任事故罪的刑事责任

根据《刑法》第134条规定，犯本罪的，处3年以下有期徒刑或者拘役；情节特别恶劣的，处3年以上7年以下有期徒刑。

第三节 危害公共安全罪的其他犯罪

一、其他以危险方法的危害公共安全犯罪

1. 放火罪

放火罪，是指故意放火焚烧公私财物，危害公共安全的行为。

依据《刑法》第114条和第115条第1款规定，犯本罪，尚未造成严重后果的，处3年以上10年以下有期徒刑；致人重伤、死亡或者使公私财产遭受重大损失的，处10年以上有期徒刑、无期徒刑或者死刑。

2. 决水罪

决水罪，是指故意破坏水利设施，制造水患，危害公共安全的行为。

依据《刑法》第114条和第115条第1款的规定，犯本罪，尚未造成严重后果的，处3年以上10年以下有期徒刑；致人重伤、死亡或者使公私财产遭受重大损失的，处10年以上有期徒刑、无期徒刑或者死刑。

3. 爆炸罪

爆炸罪，是指故意用爆炸方法杀伤不特定的多数人或者破坏重大公私财物，危害公共安全的行为。

依照《刑法》第114条、第115条第1款的规定，爆炸危害公共安全，尚未造成严重后果的，3年以上10年以下有期徒刑；致人重伤、死亡或者使公私财产遭受重大损失的，处10年以上有期徒刑、无期徒刑或者死刑。

4. 过失决水罪

过失决水罪，是指过失损坏水利设施，引起水灾，致人重伤、死亡或者使公私财产遭受重大损失的行为。

依据《刑法》第115条第2款规定，犯本罪的，处3年以上7年以下有期徒刑；情节较轻的，处3年以下有期徒刑或者拘役。

5. 过失爆炸罪

过失爆炸罪，是指过失引发爆炸物，致人重伤、死亡或者使公私财产遭受重大损失的行为。

依据《刑法》第115条第2款规定，犯本罪的，处3年以上7年以下有期徒刑；情节较轻的，处3年以下有期徒刑或者拘役。

6. 过失投放危险物质罪

过失投放危险物质罪，是指过失投放毒害性、放射性、传染病病原体等物质，致人重伤、死亡或者使公私财产遭受重大损失的行为。

依据《刑法》第115条第2款规定，犯本罪的，处3年以上7年以下有期徒刑；情节较轻的，处3年以下有期徒刑或者拘役。

二、破坏特定设备设施的其他危害公共安全的犯罪

1. 破坏交通设施罪

破坏交通设施罪，是指故意破坏轨道、桥梁、隧道、公路、机场、航道、灯塔、标志或者进行其他破坏活动，足以使火车、汽车、电车、船只、航空器发生倾覆、毁坏危险，尚未造成严重后果的，或者已经造成严重后果的行为。

依据《刑法》第117条和第119条第1款规定，犯本罪的，尚未造成严重后果的，处3年以上10年以下有期徒刑；造成严重后果的，处10年以上有期徒刑、无期徒刑或者死刑。

2. 破坏电力设备罪

破坏电力设备罪，是指故意破坏电力设备，足以造成或者已经造成严重后果，危害公共安全的行为。

依据《刑法》第118条和第119条第1款规定，犯本罪的，尚未造成严重后果的，处3年以上10年以下有期徒刑；造成严重后果的，处10年以上有期徒刑、无期徒刑或者死刑。

3. 破坏易燃易爆设备罪

破坏易燃易爆设备罪，是指故意破坏燃气或者其他易燃易爆设备，足以造成或者已经造成严重后果，危害公共安全的行为。

依据《刑法》第118条和第119条第1款规定，犯本罪的，尚未造成严重后果的，处3年以上10年以下有期徒刑；造成严重后果的，处10年以上有期徒刑、无期徒刑或者死刑。

4. 破坏广播电视设施、公用电信设施罪

破坏广播电视设施、公用电信设施罪，是指故意破坏正在使用中的广播电视设施、公共电信设施，危害公共安全的行为。

依据《刑法》第124条规定，犯本罪的，处3年以上7年以下有期徒刑；造成严重后果的，处7年以上有期徒刑。

5. 过失损坏交通工具罪

过失损坏交通工具罪，是指过失损坏火车、汽车、电车、船只、航空器，已经造成严重后果，危害公共安全的行为。

依据《刑法》第119条第2款规定，犯本罪的，处3年以上7年以下有期徒刑；情节较轻的，处3年以下有期徒刑或者拘役。

6. 过失损坏交通设施罪

过失损坏交通设施罪，是指过失损坏轨道、桥梁、隧道、公路、机场、航道、灯塔、标志等交通设施，已经造成严重后果，危害公共安全的行为。

依据《刑法》第119条第2款规定，犯本罪的，处3年以上7年以下有期徒刑；情节较轻的，处3年以下有期徒刑或者拘役。

7. 过失损坏电力设备罪

过失损坏电力设备罪，是指过失损坏电力设备，已经造成严重后果，危害公共安全的行为。

依据《刑法》第119条第2款规定，犯本罪的，处3年以上7年以下有期徒刑；情节较轻的，处3年以下有期徒刑或者拘役。

8. 过失损坏易燃易爆设备罪

过失损坏易燃易爆设备罪，是指过失损坏燃气或者其他易燃易爆设备，已经造成严重后果，危害公共安全的行为。

依据《刑法》第119条第2款规定，犯本罪的，处3年以上7年以下有期徒刑；情节较轻的，处3年以下有期徒刑或者拘役。

9. 过失损坏广播电视设施、公用电信设施罪

过失损坏广播电视设施、公用电信设施罪，是指因过失毁坏广播电视设施、公用电信设施，已经造成严重后果，危害公共安全的行为。

依据《刑法》第124条第2款规定，犯本罪的，处3年以上7年以下有期徒刑；情节较轻的，处3年以下有期徒刑或者拘役。

三、涉及枪支、弹药、爆炸物等危险物品的其他危害公共安全犯罪

1. 非法制造、买卖、运输、储存危险物质罪

非法制造、买卖、运输、储存危险物质罪，是指个人和单位违反法律规定，非法制造、买卖、运输、储存毒害性、放射性、传染病病原体等物质，危害公共安全的行为。

依据《刑法》第125条第2款规定，犯本罪的，处3年以上10年以下有期徒刑；情节严重的，处10年以上有期徒刑、无期徒刑或者死刑。单位犯本罪的，对单位判处罚金，并对其直接负责的主管人员和其他直接责任人员，依照自然人犯本罪的规定处罚。

2. 违规制造、销售枪支罪

违规制造、销售枪支罪，是指依法被指定、确定的枪支制造企业、销售企业，违反枪支管理法律法规，以非法销售为目的，超过限额或者不按照规定的品种制造、配售枪支，或者制造无号、重号、假号的枪支，或者非法销售枪支或者在境内销售为出口制造的枪支的行为。

依据《刑法》第126条规定，犯本罪的，对单位判处罚金，并对其直接负责的主管人员和其他直接责任人员，处5年以下有期徒刑；情节严重的，处5年以上10年以下有期徒刑；情节特别严重的，处10年以上有期徒刑或者无期徒刑。

3. 盗窃、抢夺枪支、弹药、爆炸物、危险物质罪

盗窃、抢夺枪支、弹药、爆炸物、危险物质罪，是指以非法占有为目的，盗窃、抢夺枪支、弹药、爆炸物或者盗窃、抢夺毒害性、放射性、传染病病原体等物质，危害公共安全的行为。

依据《刑法》第127条规定，犯本罪的，处3年以上10年以下有期徒刑；情节严重的，处10年以上有期徒刑、无期徒刑或者死刑；盗窃、抢夺国家机关、军警人员、民兵的枪支、弹药、爆炸物的，处10年以上有期徒刑、无期徒刑或者死刑。

4. 抢劫枪支、弹药、爆炸物、危险物质罪

抢劫枪支、弹药、爆炸物、危险物质罪，是指以非法占有为目的，抢劫枪支、弹药、爆炸物或者抢劫毒害性、放射性、传染病病原体等物质，危害公共安全的行为。

依据《刑法》第127条第2款规定，犯本罪的，处10年以上有期徒刑、无期徒刑或者死刑。

5. 非法持有、私藏枪支、弹药罪

非法持有、私藏枪支、弹药罪，非法持有枪支、弹药罪，是指不符合配备、配置枪支、弹药条件的人员，违反枪支管理法规，擅自持有枪支、弹药的行为。非法私藏枪支、弹药罪，是指依法配备、配置枪支、弹药的人员，在配备、配置枪支、弹药的条件消除后，违反枪支管理法规，私自藏匿所配备、配置的枪支、弹药且拒不交出的行为。

依据《刑法》第128条第1款规定，犯本罪的，处3年以下有期徒刑、拘役或者管制；情节严重的，处3年以上7年以下有期徒刑。

6. 丢失枪支不报罪

丢失枪支不报罪，是指依法配备公务用枪的人员，丢失枪支不及时报告，造成严重后果的行为。

依据《刑法》第129条规定，犯本罪的，处3年以下有期徒刑或者拘役。

7. 非法携带枪支、弹药、管制刀具、危险物品危及公共安全罪

非法携带枪支、弹药、管制刀具、危险物品危及公共安全罪，是指违反有关规定，非法携带枪支、弹药、管制刀具或者爆炸性、易燃性、放射性、腐蚀性物品，进入公共场所或者公共交通工具，危及公共安全，情节严重的行为。

依据《刑法》第130条规定，犯本罪的，处3年以下有期徒刑、拘役或者管制。

四、重大责任事故型的其他危害公共安全的犯罪

1. 重大飞行事故罪

重大飞行事故罪，是指航空人员违反规章制度，致使发生重大飞行事故，造成严重后果的行为。

依据《刑法》第131条规定，犯本罪的，处3年以下有期徒刑或者拘役；造成飞机坠毁或者人员死亡的，处3年以上7年以下有期徒刑。

2. 铁路运营安全事故罪

铁路运营安全事故罪，是指铁路职工违反规章制度，致使发生重大铁路运营安全事故，造成严重后果的行为。

依据《刑法》第132条规定，犯本罪的，处3年以下有期徒刑或者拘役；造成特别严重后果的，处3年以上7年以下有期徒刑。

3. 重大劳动安全事故罪

重大劳动安全事故罪，是指工厂、矿山、林场、建筑企业或者其他企业、事业单位等所有从事生产的单位和个人的劳动安全设施不符合国家规定，因而发生重大伤亡事故或者造成其他严重后果的行为。

依据《刑法》第 135 条规定，犯本罪的，对直接负责的主管人员和其他直接责任人员，处 3 年以下有期徒刑或者拘役；情节特别恶劣的，处 3 年以上 7 年以下有期徒刑。

4. 大型群众性活动重大安全事故罪

大型群众性活动重大安全事故罪，是指举办大型群众性活动违反安全管理规定，因而发生重大伤亡事故或者造成其他严重后果的行为。

根据《刑法》第 135 条之一规定，对直接负责的主管人员和其他直接责任人员，处 3 年以下有期徒刑或者拘役；情节特别恶劣的，处 3 年以上 7 年以下有期徒刑。

5. 危险物品肇事罪

危险物品肇事罪，是指违反爆炸性、易燃性、放射性、毒害性、腐蚀性物品的管理规定，在生产、储存、运输、使用中发生重大事故，造成严重后果的行为。

依据《刑法》第 136 条规定，犯本罪的，处 3 年以下有期徒刑或者拘役；后果特别严重的，处 3 年以上 7 年以下有期徒刑。

6. 工程重大安全事故罪

工程重大安全事故罪，是指建设单位、设计单位、施工单位、工程监理单位违反国家规定，降低工程质量标准，造成重大安全事故的行为。

依据《刑法》第 137 条规定，犯本罪的，对直接责任人员，处 5 年以下有期徒刑或者拘役，并处罚金；后果特别严重的，处 5 年以上 10 年以下有期徒刑，并处罚金。

7. 教育设施重大安全事故罪

教育设施重大安全事故罪，是指明知校舍或者教育教学设施有危险，而不采取措施或者不及时报告，致使发生重大伤亡事故的行为。

依照《刑法》第 138 条的规定，犯本罪的，处 3 年以下有期徒刑或者拘役；后果特别严重的，处 3 年以上 7 年以下有期徒刑。

8. 消防责任事故罪

消防责任事故罪，是指违反消防管理法规，经消防监督机构通知采取改正措施而拒绝执行，造成严重后果的行为。

依据《刑法》第 139 条规定，犯本罪的，对直接责任人员，处 3 年以下有期徒刑或者拘役；后果特别严重的，处 3 年以上 7 年以下有期徒刑。

9. 不报、谎报安全事故罪

不报、谎报安全事故罪，是指在安全事故发生后，负有报告职责的人员不报或者谎报事故情况，贻误事故抢救，情节严重的行为。

根据《刑法》第 139 条之一规定，犯本罪的，处 3 年以下有期徒刑或者拘役；情节特别严重的，处 3 年以上 7 年以下有期徒刑。

五、恐怖活动性质的其他危害公共安全犯罪

1. 组织、领导、参加恐怖组织罪

组织、领导、参加恐怖组织罪，是指组织、领导或者参加恐怖活动组织的行为。

根据《刑法》第 120 条规定，组织、领导恐怖活动组织的，处 10 年以上有期徒刑或者无期徒刑；积极参加的，处 3 年以上 10 年以下有期徒刑；其他参加的，处 3 年以下有期徒刑、拘役、管制或者剥夺政治权利。犯本罪并实施杀人、爆炸、绑架等犯罪的，依照数罪并罚的规定处罚。

2. 资助恐怖活动罪

资助恐怖活动罪，是指个人和单位明知是恐怖活动组织或者实施恐怖活动的而予以资助的行为。

依据《刑法》第 120 条之一的规定，犯本罪的，处 5 年以下有期徒刑、拘役、管制或者剥夺政治权利，并处罚金；情节严重的，处 5 年以上有期徒刑，并处罚金或者没收财产。单位犯本罪的，对单位判处罚金，并对其直接负责的主管人员和其他直接责任人员，依照自然人犯本罪的规定处罚。

3. 劫持航空器罪

劫持航空器罪，是指以暴力、胁迫或者其他方法劫持航空器，危害航空运输安全的行为。

依据《刑法》第 121 条规定，犯本罪的，处 10 年以上有期徒刑或者无期徒刑；致人重伤、死亡或者使航空器遭受严重破坏的，处死刑。

4. 劫持船只、汽车罪

劫持船只、汽车罪，是指以暴力、胁迫或者其他方法劫持船只、汽车，危害公共安全的行为。

依据《刑法》第 122 条规定，犯本罪的，处 5 年以上 10 年以下有期徒刑；造成严重后果的，处 10 年以上有期徒刑或者无期徒刑。

5. 暴力危及飞行安全罪

暴力危及飞行安全罪，是指对飞行中的航空器上的人员使用暴力，危及飞行安全，尚未造成严重后果或者已经造成严重后果的行为。

依据《刑法》第 123 条规定，犯本罪的，处 5 年以下有期徒刑或者拘役；造成严重后果的，处 5 年以上有期徒刑。

本章小结

本章的重点是危害公共安全罪的一般概念、构成要件和种类。危害公共安全罪各主要犯罪的概念、构成要件和刑事责任。

复习题

(一) 思考题

1. 简述危害公共安全罪的特征是什么?
2. 简述如何正确认定投放危险物质罪和破坏交通工具罪?
3. 简述如何准确认定交通肇事逃逸案件?
4. 如何正确认定重大责任事故罪的罪与非罪的界限?

(二) 名词解释

投放危险物质罪　　破坏交通工具罪　　交通肇事罪
重大责任事故罪　　非法制造、买卖枪支罪
破坏交通工具罪　　失火罪　　破坏公用电信设施罪

(三) 选择题

1. 破坏交通工具罪所侵害的对象包括(　　)。

A. 火车　　B. 汽车
C. 电车　　D. 摩托车
E. 船只

2. 某甲将某乙杀死之后,为掩盖罪行又放火烧毁某乙所住房屋,结果又引起某乙邻居的房屋着火。对某甲应当(　　)。

A. 以杀人罪从重处罚　　B. 以放火罪处罚
C. 以杀人罪处罚　　D. 以杀人罪和放火罪数罪并罚

3. 交通肇事罪的主体(　　)。

A. 只能是交通运输人员
B. 只能是非交通运输人员
C. 只能是交通管理人员
D. 既可以是交通运输人员,也可以是非交通运输人员

(答案:1. ABCE;2. D;3. D)

第十三章　破坏社会主义市场经济秩序罪

本章主要内容

破坏社会主义市场经济秩序罪的一般概念和特征及种类。各种破坏社会主义市场经济秩序罪中的重点犯罪的概念、构成要件和刑事责任。各种破坏社会主义市场经济秩序罪中其他犯罪的概念及刑事责任。

本章的重点问题

1. 破坏社会主义市场经济秩序罪的概念和特征。

2. 生产、销售伪劣产品罪的概念、构成要件及与其他生产、销售伪劣商品罪的区别。

3. 走私普通货物、物品罪的概念、构成要件及与其他走私罪的区别。

4. 伪造货币罪的概念、构成要件及与其他货币犯罪的区别。

5. 洗钱罪的概念、构成要件及与其他“上游犯罪”等的关系。

6. 保险诈骗罪的概念、构成要件及与其他金融诈骗犯罪、合同诈骗罪、诈骗罪的联系与区别。

7. 逃税罪的概念、构成要件及与其他税收犯罪的区别。

8. 侵犯著作权罪的概念、构成要件和实践中应当注意的主要问题。

9. 侵犯商业秘密罪的概念、构成要件及实践中应当注意的基本问题。

10. 非法经营罪的概念、构成要件及与其他类似犯罪的区别。

11. 信用卡诈骗罪的概念、构成要件。

12. 强迫交易罪的概念、构成要件及与其他类似犯罪的区别。

学习目标

了解破坏社会主义市场经济秩序犯罪的概念、特征。重点掌握该类罪中重要犯罪的概念、构成要件和刑事责任。理解认定有关破坏社会主义市场经济秩序犯罪时应当区别的各种界限和应当注意的问题。

第一节　破坏社会主义市场经济秩序罪概述

一、破坏社会主义市场经济秩序罪的概念和特征

破坏社会主义市场经济秩序罪，是指违反国家市场经济管理法规，干扰国家对市场经济的管理的活动，破坏社会主义市场经济秩序，使国民经济发展遭受严重损害的行为。

其特征是：

（一）本章犯罪侵犯的客体，是社会主义市场经济秩序

所谓经济秩序，是指国家通过法律调节经济关系所形成的正常、协调和有序的状态。所谓社会主义市场经济秩序，是指社会主义国家通过法律对由市场进行资源配置的经济运行过程进行调节所形成的正常、协调和有序的状态。

市场经济秩序，涉及国民经济的生产、交换、分配、消费等各个方面，包括工业、农业、商业、外贸、财政、工商、税务、金融、外汇等部门。市场经济是竞争经济，需要自由、平等、公正、诚实信用、公平正当的自由竞争秩序。市场经济也是“法制经济”，国家需要通过法律、政策等对市场经济的运行过程进行调节和管理，以促使其健康发展和正常有序运行。本类罪中的各种犯罪，就是从不同的侧面破坏了我国法律、政策所调节、管理形成的市场经济正常秩序。当然，其少数犯罪还可能侵犯了其他的社会关系，如生产、销售假药罪就侵犯了国家对药品的管理制度和不特定多数人的生命、健康安全。

（二）本章犯罪在客观方面表现为违反国家市场经济管理法规，采用各种行为干扰国家对市场经济的管理活动，破坏社会主义市场经济秩序，使国民经济遭受严重损害的行为

本类犯罪成立的前提条件是违反了国家的经济管理法规。市场经济的正常、健康发展，需要国家通过一系列的法律、法规对其进行规制。涉及市场经济主体、市场经济客体、金融市场、市场经济管理和其他各个方面的经济管理法律体系，在我国已基本形成。本类犯罪中的各犯罪行为就是违反国家经济管理法律法规的具体表现，即具有相应的违法性。因此，在实践中，全面、正确了解和掌握我国有关经济管理的法律法规，是正确认定本类犯罪的罪与非罪、此罪与彼罪的重要前提。

本类犯罪发生或存在的时空条件只能是在市场经济运行和管理过程中。它是一种经济活动，如生产、销售伪劣商品罪，发生在商品的生产、销售中；走

私罪发生在对外贸易中；虚报注册资本罪发生在国家对公司的管理过程中等。如果危害行为不是一种经济活动，不能构成本类犯罪。同时，它又是一种违法的经济活动，即这种经济活动违反了我国现行的有关经济管理法律法规。

本类犯罪行为是使社会主义市场经济遭受严重损害的行为，即从后果上看，构成本类犯罪要求达到一定的程度。我国《刑法》对“严重损害”的规定方式通常有：（1）以数额大小作为标准。如以具体数额、具体数额加相关数额的比例、抽象的数额较大或数额巨大为标准。（2）以后果的状况作为标准。如以足以发生某种后果、以发生某种后果、以抽象的后果严重为标准。（3）以情节严重作为标准。如规定须达到情节严重的、将严重情节与数额大小、后果状况并列规定等。总之，如果行为人的行为没有违反有关的经济管理法律法规，或者该行为不是发生在市场经济的运行或管理过程中，或者没有使市场经济秩序遭受严重损害的，均不能构成本类犯罪。

（三）本章犯罪的主体多数是一般主体，但少数犯罪主体则必须是特殊主体，自然人和单位在多数犯罪中都可以成为犯罪的主体

在自然人犯罪主体中，多数是一般自然人犯罪主体，少数是特殊自然人犯罪主体，如逃税罪。在单位犯罪主体中，多数是一般性单位，少数是法律明确规定的“公司、企业”等。本类犯罪中的多数犯罪可由个人和单位构成，少数犯罪只能由个人或单位构成。

（四）本章犯罪的主观方面除个别犯罪，如签订、履行合同失职被骗罪外，一般是出于故意，并且一般具有非法营利或者牟取其他非法利益的目的

二、破坏社会主义市场经济秩序罪的种类

我国《刑法》分则第三章破坏社会主义市场经济秩序罪，用 8 节 92 个条文规定了 94 个破坏社会主义市场经济秩序罪。全国人大常委会于 1998 年 12 月 29 日、1999 年 12 月 25 日、2001 年 12 月 29 日、2002 年 12 月 28 日、2005 年 2 月 28 日、2006 年 6 月 29 日、2009 年 2 月 28 日和 2011 年 2 月 25 日分别通过的《关于惩治骗购外汇、逃汇和非法买卖外汇犯罪的决定》《中华人民共和国刑法修正案》《中华人民共和国刑法修正案（三）》《中华人民共和国刑法修正案（四）》《中华人民共和国刑法修正案（五）》《中华人民共和国刑法修正案（六）》《中华人民共和国刑法修正案（七）》《中华人民共和国刑法修正案（八）》对本类犯罪作了一定的修改，使得本类犯罪的罪名增加到了 115 个。其中，生产、销售伪劣商品犯罪有 9 个罪名，走私犯罪有 12 个罪名，妨害对

公司、企业的管理秩序犯罪有 16 个罪名，破坏金融管理秩序犯罪有 35 个罪名，金融诈骗犯罪有 8 个罪名，危害税收征管犯罪有 14 个罪名，侵犯知识产权犯罪有 7 个罪名，扰乱市场秩序犯罪有 13 个罪名。

其种类如下：

（一）生产、销售伪劣商品罪

具体包括：（1）生产、销售伪劣产品罪；（2）生产、销售假药罪；（3）生产、销售劣药罪；（4）生产、销售不符合食品安全标准的食品罪；（5）生产、销售有毒、有害食品罪；（6）生产、销售不符合标准的医用器材罪；（7）生产、销售不符合安全标准的产品罪；（8）生产、销售伪劣农药、兽药、化肥、种子罪；（9）生产、销售不符合卫生标准的化妆品罪。

（二）走私罪

具体包括：（1）走私武器、弹药罪；（2）走私核材料罪；（3）走私假币罪；（4）走私文物罪；（5）走私贵重金属罪；（6）走私珍贵动物、珍贵动物制品罪；（7）走私珍稀植物、珍稀植物制品罪；（8）走私淫秽物品罪；（9）走私普通货物、物品罪；（10）走私废物罪；（11）武装掩护走私罪；（12）以暴力、威胁方法抗拒缉私罪。

（三）妨害对公司、企业的管理秩序罪

具体包括：（1）虚报注册资本骗取公司登记罪；（2）虚假出资、抽逃出资罪；（3）欺诈发行股票、债券罪；（4）违规披露、不披露重要信息罪；（5）妨害清算罪；（6）隐匿、故意销毁依法应当保存的会计凭证、会计账簿、财务会计报告罪；（7）虚假破产罪；（8）公司、企业或者其他单位的工作人员受贿罪；（9）对公司、企业或者其他单位的工作人员，以及外国公职人员或者公共组织官员行贿罪；（10）国有公司、企业董事、经理非法经营同类营业罪；（11）国有公司、企业、事业单位的工作人员利用职务便利为亲友非法牟利罪；（12）签订、履行合同失职被骗罪；（13）国有公司、企业、事业单位人员失职罪；（14）国有公司、企业、事业单位人员滥用职权罪；（15）徇私舞弊、低价折股、出售国有资产罪；（16）背信损害上市公司利益罪。

（四）破坏金融管理秩序罪

具体包括：（1）伪造货币罪；（2）出售、购买、运输假币罪；（3）金融工作人员购买假币、以假币换取货币罪；（4）持有、使用假币罪；（5）变造货币罪；（6）擅自设立金融机构罪；（7）伪造、变造、转让金融机构经营许可证、批准文件罪；（8）高利转贷罪；（9）骗取贷款、票据承兑、金融票证罪；（10）非法吸收公众存款罪；（11）伪造、变造金融票证罪；（12）妨害信

用卡管理罪；(13) 窃取、收买或者非法提供信用卡信息罪；(14) 伪造、变造国家有价证券罪；(15) 伪造、变造股票、公司企业债券罪；(16) 擅自发行股票、公司、企业债券罪；(17) 内幕交易罪、泄露内幕信息罪；(18) 金融从业人员不正当获利罪；(19) 编造并传播证券、期货交易虚假信息罪；(20) 诱骗投资者买卖证券、期货合约罪；(21) 操纵证券、期货交易市场罪；(22) 保险公司工作人员虚假理赔罪；(23) 金融机构工作人员受贿罪；(24) 国有金融机构工作人员和国有金融机构委派到非国有金融机构从事公务的人员受贿罪；(25) 金融机构工作人员挪用本单位或者客户资金罪；(26) 国有金融机构的工作人员以及国有金融机构委派到非国有金融机构中从事公务的人员挪用公款罪；(27) 背信运用受托财产罪；(28) 违法运用资金罪；(29) 违法发放贷款罪；(30) 金融机构工作人员吸收客户资金不入账罪；(31) 违规出具金融票证罪；(32) 对违法票据承兑、付款、保证罪；(33) 逃汇罪；(34) 洗钱罪；(35) 骗购外汇罪。

(五) 金融诈骗罪

具体包括：(1) 集资诈骗罪；(2) 贷款诈骗罪；(3) 票据诈骗罪；(4) 金融凭证诈骗罪；(5) 信用证诈骗罪；(6) 信用卡诈骗罪；(7) 有价证券诈骗罪；(8) 保险诈骗罪。

(六) 危害税收征管罪

具体包括：(1) 逃税罪；(2) 抗税罪；(3) 逃避追缴欠税罪；(4) 骗取出口退税罪；(5) 虚开发票罪；(6) 虚开增值税专用发票、用于骗取出口退税、抵扣税款发票罪；(7) 伪造、出售伪造的增值税专用发票罪；(8) 非法出售增值税专用发票罪；(9) 非法购买增值税专用发票或者购买伪造的增值税专用发票罪；(10) 非法购买增值税专用发票、购买伪造的增值税专用发票又虚开或者出售罪；(11) 伪造、擅自制造或者出售伪造、擅自制造的可以用于出口退税、抵扣税款的其他发票罪；(12) 盗窃增值税专用发票或者骗取出口退税、抵扣税款的其他发票罪；(13) 使用欺骗手段骗取增值税专用发票或者可以用于骗取出口退税、抵扣税款的其他发票罪；(14) 持有伪造的发票罪。

(七) 侵犯知识产权罪

具体包括：(1) 假冒注册商标罪；(2) 销售假冒注册商标的商品罪；(3) 非法制造、销售非法制造的注册商标标识罪；(4) 假冒专利罪；(5) 侵犯著作权罪；(6) 销售侵权复制品罪；(7) 侵犯商业秘密罪。

（八）扰乱市场罪

具体包括：（1）损害商业信誉、商品声誉罪；（2）虚假广告罪；（3）串通投标罪；（4）合同诈骗罪；（5）组织、领导传销活动罪；（6）非法经营罪；（7）强迫交易罪；（8）伪造、倒卖伪造的有价票证罪；（9）倒卖车票、船票罪；（10）非法转让、倒卖土地使用权罪；（11）中介组织人员提供虚假证明文件罪；（12）中介组织人员出具证明文件重大失实罪；（13）逃避商检罪。

第二节 破坏社会主义市场经济秩序罪中的重点犯罪

一、生产、假冒伪劣商品罪

（一）生产、销售伪劣产品罪

1. 生产、销售伪劣产品罪的概念和构成要件

生产、销售伪劣产品罪，是指生产者、销售者在产品中掺杂、掺假，以假充真，以次充好或者以不合格产品冒充合格产品，销售金额5万元以上或者货物金额15万元以上的行为。

本罪的构成要件是：

（1）本罪的客体是国家对产品质量的监督管理制度、市场管理秩序和消费者的合法权益。产品质量，是指国家有关法规、质量标准以及合同规定的对产品的使用、安全和其他特性的要求。产品质量是衡量商品使用价值的尺度，直接关系到消费者的切身利益。市场经济运行规则和国家法律法规均禁止生产、销售伪劣产品。生产、销售伪劣产品的行为，从不同方面破坏了国家对产品质量的监督管理制度、市场管理秩序，损害了消费者的合法权益。本罪的对象通常是《刑法》第141条至第148条所规定的特种伪劣产品外的其他伪劣产品，但在一定条件下，《刑法》第141～148条所规定的特种伪劣产品也可以成为本罪的对象。我国《产品质量法》规定："产品，是指经过加工、制作、用于销售的产品。"伪劣产品有伪产品和劣产品。伪产品，是指以假充真的产品，如伪造产品名称的伪产品和材料名称、产品所含成分名实不符的产品。劣产品，是指在产品中掺杂、掺假、以次充好或以不合格产品冒充合格产品。伪劣产品，是指以假充真的产品和在产品中掺杂、掺假、以次充好或以不合格产品冒充合格的产品。

（2）本罪的客观方面表现为生产、销售伪劣产品，销售金额5万元以上或者货物金额15万元以上的行为。包括两方面的内容：一是行为人实施了以

下情形之一的生产或者销售伪劣产品行为：①在产品中掺杂、掺假的。最高人民法院和最高人民检察院于2001年5月30日通过的《关于办理生产、销售伪劣商品刑事案件具体应用法律若干问题的解释》（以下简称《解释》）规定，它是指在产品中掺入杂质或者异物，致使产品质量不符合国家法律、法规或者产品明示质量标准规定的质量要求，降低、失去应有使用性能的行为。②以假充真。《解释》规定，它是指以不具有某种使用性能的产品冒充具有该种使用性能的产品的行为。③以次充好。《解释》规定，它是指以低等级、低档次产品冒充高等级、高档次产品，或者以残次、废旧零配件组合、拼装后冒充正品或者新产品的行为。④以不合格产品冒充合格产品。这是指以不符合产品质量标准的产品冒充符合产品质量标准的产品。“不合格产品”，是指不符合我国《产品质量法》第26条第2款规定的质量要求的产品。实践中，当对生产、销售的“伪劣产品”难以确定的，应当委托相关产品质量检验机构进行鉴定。生产，是指产品生产前的准备一直到产品制成完毕之间的一系列活动。销售，是指产品生产完毕准备出售一直到产品卖给消费者之间的一系列经营活动。二是伪劣产品的销售金额在5万元以上或者货物金额在15万元以上的。《解释》规定，销售金额，是指生产者、销售者出售伪劣产品后所得和应得的全部违法收入。“伪劣产品尚未销售，货值金额达到15万元以上的，以生产、销售伪劣产品罪（未遂）定罪处罚。”货值金额以违法生产、销售的伪劣产品的标价计算；没有标价的，按照同类合格产品的市场中间价计算；货值金额难以确定的，委托有关机构指定的估价机构确定。对多次实施生产、销售伪劣产品行为，未经处理的，伪劣产品的销售金额或者货值金额累计计算。因此，对已经销售但销售金额没有达到5万元以上的，或尚未销售但货值金额没有15万元以上的，均不能以本罪论处。

（3）本罪的主体是伪劣产品的生产者、销售者。即包括实施了生产或者销售伪劣产品的符合犯罪主体条件的自然人和单位，但不以他们是否有营业执照为准。依据《解释》的规定，对“知道或者应当知道他人实施生产、销售伪劣商品犯罪，而为其提供贷款、资金、账号、发票、证明、许可证件，或者提供生产、经营场所或者运输、仓储、保管、邮寄等便利条件，或者提供制假生产技术的，以生产、销售伪劣商品犯罪的共犯论处”。

（4）本罪的主观方面只能是故意，即明知生产、销售的是伪劣产品仍然予以生产、销售的。实践中，本罪的行为人多有非法牟利的目的。过失不构成本罪。判断对伪劣产品是否明知，可从进货渠道、价格、经营某产品的经验以及是否因此被有关部门处理过或他人向其反映过等方面予以综合认定。

2. 生产、销售伪劣产品罪的认定

（1）本罪与非罪的界限。实践中，主要应当注意：①行为人对自己生产、销售的产品是伪劣产品，主观上是否存在故意、明知。如果是因为过失或设备故障、技术落后或自身相关知识的缺乏等而实际生产、销售了伪劣产品的，不构成本罪。②生产、销售伪劣产品，其销售金额是否在5万元以上，或尚未销售的，其货值金额是否在15万元以上。没有达到上述数额之一的，也不构成本罪。③行为人生产、销售的对象是否确实是伪劣产品。如不是伪劣产品，则不构成犯罪。

（2）本罪与《刑法》第141～148条所规定的生产、销售特定伪劣产品的犯罪的界限。它们在理论上的区别主要有：①具体的犯罪对象不同。前者通常是《刑法》第140条规定的一般的伪劣产品；后者是《刑法》第140条规定以外的其他特定的伪劣产品，如假药等。②构成犯罪的具体客观标准有所不同。前者根据是否已经销售分别以一定的销售金额或货值金额为构成犯罪的具体标准；后者是以“足以严重危害人体健康”“对人体健康造成严重危害”“造成严重后果”、“使生产遭受重大损失”等为构成犯罪的条件，即有的是“行为犯”，如生产、销售有毒、有害食品罪；有的是危险犯，如生产销售假药罪，生产、销售不符合卫生标准的食品罪，生产、销售不符合标准的医用器材罪[1]。实际上，本罪与《刑法》第141～148条所规定的犯罪，是法条竞合关系。对此如何处理？依据《刑法》第149条第2款的规定应当按照“重法优于轻法”的原则处理，即如果生产、销售特定伪劣产品的行为不构成《刑法》第141～148条所规定的犯罪，但构成生产、销售伪劣产品罪时，依生产、销售伪劣产品罪定罪处罚；如果生产、销售特定伪劣产品的行为同时构成《刑法》第141～148条所规定的犯罪和生产、销售伪劣产品罪时，则依处罚较重的规定定罪处罚。该规定的目的是为了防止罪刑失衡。

（3）本罪与诈骗罪的界限。生产、销售伪劣产品的行为也是一种欺诈行为，但与诈骗罪有一定的区别：①犯罪客体不同。前者是复杂客体；后者只是公私财产所有权。②客观方面不同。前者是一种生产、销售伪劣产品的“工商活动”，是商品买卖关系；后者是在日常生活中以虚构事实或隐瞒真相的方法使人产生错觉而“自愿”将财物交给行为人的行为。③主观方面不同。前者不要求有特定的目的，即使是为了牟取非法利益也是通过“商品”交换实现的；后者必须以非法占有公私财产为目的，不以商品交换为必要。实践中，

---

[1] 参见《刑法修正案（四）》第1条。

对通过生产、销售伪劣产品而骗取他人财物的，不能定为诈骗罪，只能以本罪论处。

(4) 本罪与销售假冒注册商标的商品罪的界限。它们的区别主要是：①犯罪客体不同。前者侵犯的客体是国家对产品的质量监督管理制度、市场管理秩序和消费者的合法权益；后者侵犯的客体是他人的注册商标专用权和国家对商标的管理制度。②犯罪对象的性质不同。前者是伪劣产品；后者是假冒了他人的注册商标的商品，该商品可以是合格产品或伪劣产品，实践中，对以假冒他人的注册商标生产、销售伪劣产品的，以牵连犯论处。对此，依据《解释》“实施生产、销售伪劣商品犯罪，同时构成侵犯知识产权、非法经营等其他犯罪的”，应当“依照处罚较重的规定定罪处罚”。

(5) 实施本罪过程中以暴力、威胁方法抗拒查处的，如何定罪处罚？对此，依据《解释》“实施刑法第一百四十条至第一百四十八条规定的犯罪，又以暴力、威胁方法抗拒查处，构成其他犯罪的，依照数罪并罚的规定处罚”。

3. 生产、销售伪劣产品罪的刑事责任

依据《刑法》第140条和第150条的规定，犯本罪的，处2年以下有期徒刑或者拘役，并处或者单处销售金额50%以上2倍以下罚金；销售金额20万元以上不满50万元的，处2年以上7年以下有期徒刑，并处销售金额50%以上2倍以下罚金；销售金额50万元以上不满200万元的，处7年以上有期徒刑，并处销售金额50%以上2倍以下罚金；销售金额200万元以上的，处15年有期徒刑或者无期徒刑，并处销售金额50%以上2倍以下罚金或者没收财产。单位犯本罪的，对单位判处罚金，并对其直接负责的主管人员和其他直接责任人员，依照自然人犯本罪的规定处罚。

（二）生产、销售假药罪

1. 生产、销售假药罪的概念和特征

生产、销售假药罪，是指违反药品管理法规，生产、销售假药的行为。

本罪的主要特征是：

(1) 犯罪对象只限于假药。这里所称的药，仅指人所用的药品，不包括兽用药品。所谓假药，根据《中华人民共和国药品管理法》第33条的规定，典型的有两种：一种是药品所含成分的名称与国家药品标准或者省、自治区、直辖市药品标准规定不符合；另一种是以非药品冒充药品或者以他种药品冒充此种药品。另外，有下列情形之一的药品也按假药处理：一是国务院卫生行政部门规定禁止使用的；二是未取得批准文号生产的；三是变质不能药用的；四是被污染不能药用的。

（2）客观方面表现为生产、销售假药。生产假药即制造假药，销售假药即出售供销假药。生产与销售往往联系在一起，生产是为了销售。但是也不尽然，有的生产了假药尚未或者未能销售，销售者亦不一定都是生产者。只要实施了生产或者销售假药之一的行为，就可构成犯罪。如果行为人兼施生产、销售假药两种行为，由于其目的只有一个，而且法律规定两种行为是一种选择性行为，只能按一罪论处，不实行数罪并罚。

（3）主观方面只能是故意，即明知是假药，为了营利或者其他目的而故意生产、销售。如果不是有意地生产、销售假药，而是由于过失生产出不合格的药品，或者由于不知是假药而予以出售的，均不构成犯罪。

2. 生产、销售假药罪的处罚

根据《刑法》第141条的规定，犯生产、销售假药罪的，处3年以下有期徒刑或者拘役，并处罚金；对人体健康造成严重危害或者有其他严重情节的，处3年以上10年以下有期徒刑，并处罚金；致人死亡或者有其他特别严重情节的，处10年以上有期徒刑、无期徒刑或者死刑，并处罚金或者没收财产。

根据《刑法》第150条的规定，单位犯生产、销售假药罪的，对单位判处罚金，并对其直接负责的主管人员和其他直接责任人员，依照《刑法》第141条的规定处罚。

根据《刑法》第149条第2款的规定，犯第141条规定的犯罪，同时又构成第140条规定之罪的，依照处罚较重的规定定罪处罚。

二、走私罪

（一）走私普通货物、物品罪

1. 走私普通货物、物品罪的概念和构成要件

走私普通货物、物品罪，是指违反海关法规，逃避海关监管，非法运输、携带、邮寄普通货物、物品进出国（边）境，偷逃应缴税额的行为。

本罪的构成要件是：

（1）本罪的客体是国家对外贸易管制中关于普通货物、物品进出口的监督管理制度和征收关税的制度。因为，我国《海关法》规定进出口货物，“应当接受海关监管”，“应当以自用、合理数量为限，并接受海关监管”，“准许进出口的货物、进出境的物品，除本法另有规定外，由海关依照进出口税则征收关税”。本罪的对象是普通货物、物品，即武器、弹药、核材料、伪造的货币，国家禁止出口的文物、黄金、白银和其他贵重金属，珍贵动物及其制品，珍稀植物及其制品，淫秽物品，境外固体废物、液态废物和气态废物，毒品，制毒物品等《刑法》已作了特别规定外的货物、物品。

（2）本罪的客观方面表现为违反海关法规，逃避海关监管，非法运输、携带、邮寄普通货物、物品进出国（边）境，偷逃应缴税额较大的行为。

具体包括：前提条件是违反海关法规，是指违反我国对外贸易管制的各种规定，包括国家对海关、外贸、进出口和关税的管理所发布的一系列法律法规。如《海关法》《进出口关税管理条例》等。

行为人有逃避海关监管，进行走私的行为。所谓“逃避海关监管”，是指采用藏匿、隐瞒、伪报等方式蒙混过关，或者从不设关的国（边）境进出绕关，躲避海关监督、管理和检查。海关监管主要包括经设关地点进出境制度、现场管理制度、后续管理制度和保税管理制度。依据《刑法》的规定，走私行为可分为：直接走私行为、间接走私行为和准走私行为。直接走私行为包括：①从没有设立海关的地点非法运输、携带、邮寄普通货物、物品进出境即绕关的走私行为；②从设立海关的地点采用欺骗、隐瞒方式运输、携带、邮寄普通货物、物品进出境即通关的走私行为。间接走私行为包括：①破坏保税管理制度的走私行为。依据《刑法》第154条第1项的规定，破坏保税管理制度的走私行为，是指“未经海关许可并且未补缴应缴税额，擅自将批准进口的来料加工、来件装配、补偿贸易的原材料、零件、制成品、设备等保税货物，在境内销售牟利的”。保税货物，是指经海关批准，未办理纳税手续进境，在境内储存、加工、装配后应予复运出境的货物。包括通过加工贸易、补偿贸易等方式进口的货物，以及在保税仓库、保税工厂、保税区或者免税商店内等储存、加工、寄售的货物。②破坏海关后续制度的即后续走私行为。依据《刑法》第154条第2项的规定，“后续走私行为”是指“未经海关许可并且未补缴应缴税额，擅自将特定减税、免税进口的货物、物品，在境内销售牟利的”。准走私行为，依照《刑法》第155条第1项、第2项的规定，包括：①贩私行为，即“直接向走私人非法收购国家禁止进口物品的，或者直接向走私人非法收购走私进口的其他货物、物品，数额较大的”。所谓“直接向走私人非法收购走私进口的其他货物、物品，数额较大的”，是指明知是走私行为人而向其非法收购走私进口的其他货物、物品，应缴税额在5万元以上的。②推定为走私的行为，即“在内海、领海、界河、界湖运输、收购、贩卖国家禁止进出口物品的，或者运输、收购、贩卖国家限制进出口货物、物品，数额较大，没有合法证明的”。“内海”包括内河的入海口水域。但只有《刑法》第155条第1项、第2项后段规定的“准走私行为”，才属于走私普通货物、物品罪的；对其前段的规定应按照《刑法》规定的其他走私犯罪定罪处罚。

后果上还要求“偷逃应缴税额”。所谓“应缴税额”，是指进出口货物、物品应当缴纳的进出口关税和进口环节海关代征税的税额。偷逃的应缴税额，应当以走私行为案发时所适用的税则、税率、汇率和海关审定的定税价值计算，并以海关的证明为准。对多次走私未经行政处罚处理的，按照累计走私货物、物品的偷逃应缴税额处罚。

（3）本罪的主体是一般主体，包括自然人和单位。依《刑法》第156条规定："与走私罪犯通谋，为其提供贷款、资金、账号、发票、证明，或者为其提供运输、保管、邮寄或者其他方便的，以走私罪的共犯论处。"

（4）本罪的主观方面是故意，行为人一般有牟取非法利润或其他非法利益的目的。

2. 走私普通货物、物品罪的认定

（1）本罪的罪与非罪。实践中主要注意：①行为人的走私行为偷逃的应缴税额较大。②行为人主观上是否出于故意。过失不构成本罪。

（2）本罪与其他走私犯罪的界限。它们之间的关键区别是走私的对象不同。前者是普通货物、物品，后者是法律作了明确规定的特定物品。

（3）武装掩护走私和暴力、威胁方法抗拒缉私的处理问题。武装掩护走私，是指走私分子或其雇用人员携带武器用以保护走私活动的行为。依据《刑法》第157条第1款的规定，对其只能依据走私的具体对象所触犯的有关犯罪罪名定罪，"依照本法第一百五十一条第一款的规定从重处罚"。

《刑法》第157条第2款规定："以暴力、威胁方法抗拒缉私的，以走私罪和本法第二百七十七条规定的阻碍国家机关工作人员依法执行职务罪，依照数罪并罚的规定处罚。"适用时应当注意：只有走私行为依法已构成犯罪时并以暴力、威胁方法抗拒缉私的，才能以走私罪和妨害公务罪实行数罪并罚；如走私行为尚未构成犯罪而以暴力、威胁方法抗拒缉私的，只能以妨害公务罪一罪定罪处罚。

3. 走私普通货物、物品罪的刑事责任

依据《刑法》第153条的规定，犯本罪的，应根据偷逃应缴税款的大小，规定了三个量刑档次：第一档刑，走私货物、物品偷逃应缴税额较大或者一年内曾因走私被给予二次行政处罚后又走私的，处3年以下有期徒刑或者拘役，并处偷逃应缴税额1倍以上5倍以下罚金。第二档刑，走私货物、物品偷逃应缴税额巨大或者有其他严重情节的，处3年以上10年以下有期徒刑，并处偷逃应缴税额1倍以上5倍以下罚金。第三档刑，走私货物、物品偷逃应缴税额特别巨大或者有其他特别严重情节的，处10年以上有期徒刑或者无期徒刑，并处偷逃应缴税额1倍以上5倍以下罚金或者没收财产。单位犯本罪的，对单位判处罚金，并对其直接负责的主管人员和其他直接责任人员，处3年以下有期徒刑或者拘役；情节严重的，处3年以上10年以下有期徒刑；情节特别严重的，处10年以上有期徒刑。对多次走私未经处理的，按照累计走私货物、物品的偷逃应缴税额处罚。

（二）走私珍贵动物、珍贵动物制品罪

1. 走私珍贵动物、珍贵动物制品罪的概念和主要特征

走私珍贵动物、珍贵动物制品罪，是指违反海关法规，逃避海关监管，非法运输、携带、邮寄国家禁止进出口的珍贵动物及其制品进出国（边）境的行为。“珍贵动物”是指列入《国家重点保护野生动物名录》中的国家一、二级保护野生动物和列入《濒危野生动植物种国际贸易公约》附录一、附录二中的野生动物以及驯养繁殖的上述物种。

2. 走私珍贵动物、珍贵动物制品罪的刑事责任

依据《刑法》第151条第2款、第4款的规定，犯本罪的，处5年以上10年以下有期徒刑，并处罚金；情节特别严重的，处10年以上有期徒刑或者无期徒刑，并处没收财产；情节较轻的，处5年以下有期徒刑，并处罚金。单位犯本罪的，对单位判处罚金，并对其直接负责的主管人员和其他直接责任人员，依照自然人犯本罪的规定处罚。所谓“情节较轻”，是指走私国家二级保护动物未达到有关司法解释附表（一）规定的数量标准或者走私珍贵动物制品价值10万元以下的。

（三）走私淫秽物品罪

1. 走私淫秽物品罪的概念和特征

走私淫秽物品罪，是指以牟利或者传播为目的，违反海关法规，逃避海关监管，非法运输、携带、邮寄淫秽的影片、录像带、图片、书刊或者其他淫秽物品进出国（边）境的行为。

其基本特征是：

（1）犯罪客体侵害的是国家有关打击和防范走私淫秽物品的相关的海关法规和海关监管制度。

（2）客观方面表现为非法运输、携带、邮寄淫秽的影片、录像带、图片、书刊或者其他淫秽物品进出国（边）境的行为。所谓“淫秽物品”，是指具体描绘性行为或者露骨地宣扬色情的淫秽性的书刊、影片、录像带、录音带、图片及其他淫秽物品。有关人体生理、医学知识的科学著作不是淫秽物品。包含色情内容的有艺术价值的文学、艺术作品也不视为淫秽物品。

（3）犯罪主体为一般主体。既可以是任何具有刑事责任能力的自然人，也可以是单位。

（4）犯罪主观方面是故意犯罪，即以牟利或者传播为目的。

2. 走私淫秽物品罪的刑事责任

依据《刑法》第152条的规定，犯本罪的，处3年以上10年以下有期徒刑，并处罚金；情节严重的，处10年以上有期徒刑或者无期徒刑，并处罚金或者没收财产；情节较轻的，处3年以下有期徒刑、拘役或者管制，并处罚金。单位犯本罪的，对单位判处罚金，并对其直接负责的主管人员和其他直接责任人员，依照自然人犯本罪的规定处罚。有关司法解释规定，“情节较轻”是指走私淫秽物品达到下列数量之一者：（1）走私淫秽录像带、影碟50盘（张）以上至100盘（张）的；（2）走私淫秽录音带、音碟100盘（张）以上至200盘（张）的；（3）走私淫秽扑克、书刊、画册100副（册）以上至200副（册）的；（4）走私淫秽照片、画片500张以上至1000张的；（5）走私其他淫秽物品相当于上述数量的。

三、妨害对公司、企业的管理秩序罪

（一）公司、企业人员或者其他单位工作人员受贿罪的概念和特征

公司、企业人员或者其他单位工作人员受贿罪，是指公司、企业的工作人员或者其他单位工作人员利用职务上的便利，索取他人财物或者非法收受他人财物，为他人牟取利益，数额较大的行为。

本罪的主要特征是：

（1）犯罪客体是公司、企业工作人员或者其他单位工作人员的廉洁制度。根据我国《公司法》和有关行政经济法规规定，公司、企业工作人员应当忠实履行职务，不得利用其地位和职权为自己谋利益，不得利用职权收受贿赂或者牟取其他非法收入。

（2）客观方面表现为利用职务上的便利，索取他人财物或者收受他人财物，为他人谋取利益，数额较大的行为。所谓“利用职务上的便利”，是指利用其主管生产、经营的职权，或者利用其基于职务从事经营活动所形成的便利条件。“索取他人财物”和“收受他人财物”是公司、企业工作人员受贿的两种基本行为方式。所谓“索取”，是指利用职务上的便利，向请托人主动索要财物的行为。所谓“收受”，是指利用职务上的便利，为他人谋取利益而接受他人主动送予的财物的行为。除索贿和受贿两种行为外，对于公司、企业工作人员在经济往来中，违反国家规定，收受各种名义的回扣、手续费，归个人所有的行为，以本罪论处。根据《刑法》的规定，以索取他人财物行为构成的公司、企业人员受贿罪，不论行为人是否为他人谋取利益，也不管数额是否较

大，只要实施了利用职务上的便利，向请托人索取财物的行为，即可构成本罪。因收受他人财物行为构成公司、企业人员受贿罪的，要同时具备为他人谋取利益和数额较大的要件，否则不能认为是犯罪。

（3）犯罪主体是公司、企业或者其他单位工作中从事公务的不具有国家公务员身份的工作人员，包括公司、企业或者其他单位的董事、监事和职工。

（二）公司、企业人员或者其他单位工作人员受贿罪的刑事责任

根据《刑法》第163条规定，犯公司、企业人员受贿罪的，处5年以下有期徒刑或者拘役；数额巨大的，处5年以上有期徒刑，可以并处没收财产。国有公司、企业或者其他单位中从事公务的人员和国有公司、企业委派到非国有公司、企业从事公务的人员实施了本罪行为的，依照《刑法》第385条和第386条国家工作人员受贿罪的规定定罪处罚。

四、破坏金融管理秩序罪

（一）伪造货币罪

1. 伪造货币罪的概念和构成要件

伪造货币罪，是指仿照货币的式样等制造假货币，冒充真货币的行为。

本罪的构成要件是：

（1）本罪的客体是国家的货币管理制度。本罪的对象是货币。货币，是指可在我国国内市场流通或者兑换的人民币和境外货币。在我国国内市场不能兑换的外币和已经退出流通、停止流通的古钱币、废钞不能成为本罪的对象。

（2）本罪的客观方面表现为违反国家货币法律法规，伪造货币的行为。伪造货币，是指按照货币的式样、票面、图案、颜色、质地、防伪标记等特征，使用描绘、复印、影印、制版印刷、计算机描绘等方法制造假货币，以假充真的行为。行为人必须有伪造货币的行为，至于伪造到何种程度及其数量多少，不影响本罪的成立。但依据2000年4月20日《最高人民法院关于审理伪造货币等案件具体应用法律若干问题的解释》的规定，伪造货币的总面额在2000元以上不满3万元或者币量在200张（枚）以上不足3000张（枚）的，以犯罪论处。货币面额应当以人民币计算，其他币种以案发时国家外汇管理机关公布的外汇牌价折算成人民币。

（3）本罪的主体是一般主体，即只能是16周岁以上符合犯罪主体条件的自然人。行为人制造货币版样或者与他人事前通谋，为他人伪造货币提供版样的，以伪造货币罪定罪处罚。

（4）本罪的主观方面是故意，具有使伪造的货币进入流通的意图。

2. 伪造货币罪的认定

（1）本罪与变造货币罪的界限。它们在犯罪构成要件上有些相同或相似之处，但其显著区别是客观方面不同：①行为方式不同。伪造是仿照真币进行制作，将非货币的物质加工成为“货币”，即“无中生有”；变造是在现有的真货币上进行加工，使货币在票面金额、张（枚）数量上有所改变的，即多为“有中生多”。②构成犯罪的具体标准不同。本罪是行为犯，《刑法》并没有规定伪造货币数量较大的才构成犯罪；变造货币罪则以变造货币数额较大的才构成犯罪。

（2）本罪与出售、购买、运输、持有、使用假币罪的界限。从理论上看，尽管它们存在一定的联系，但区别却是明显的。实践中，应当注意行为人既是伪造货币者又是出售、购买、运输、持有、使用假币者时的定罪处罚问题。如果行为人出售、运输、持有、使用的假币是自己伪造的，只能以伪造货币罪定罪处罚，即此时的出售、运输、持有、使用假币行为是伪造货币行为的后续行为或自然延续行为。如果行为人出售、运输、持有、使用的假币不是自己伪造的或者购买假币构成犯罪的，则应以伪造货币罪与其他有关犯罪实行数罪并罚。

3. 伪造货币罪的刑事责任

依据《刑法》第170条规定，犯本罪的，处3年以上10年以下有期徒刑，并处5万元以上50万元以下罚金；对伪造货币集团的首要分子、伪造货币数额特别巨大的或有其他特别严重情节的，处10年以上有期徒刑、无期徒刑或者死刑，并处5万元以上50万元以下罚金或者没收财产。所谓“伪造货币数额特别巨大”，是指伪造货币的总面额在3万元以上的。

（二）内幕交易、泄露内幕信息罪

1. 内幕交易、泄露内幕信息罪的概念和构成要件

内幕交易、泄露内幕信息罪，是指证券、期货交易内幕信息的知情人员或者非法获取证券、期货交易内幕信息的人员，在涉及证券的发行，证券、期货交易或者其他对证券、期货交易的价格有重大影响的信息尚未公开前，买入或者卖出该证券，或者从事与该内幕信息有关的期货交易，或者泄露该信息，或者明示、暗示他人从事上述交易活动，情节严重的行为。

本罪的构成要件是：

（1）本罪的客体是证券、期货市场的正常秩序和投资者的合法权益。

（2）本罪的客观方面表现为行为人实施了内幕交易或者泄露内幕信息，情节严重的行为。包括：第一，行为人有进行内幕交易或泄露内幕信息的行为。所谓“内幕交易”是指行为人在内幕信息尚未公开前利用内幕信息进行

有关的证券买卖或期货交易的行为，即在涉及证券的发行，证券、期货交易或者其他对证券、期货交易价格有重大影响的信息尚未公开前，买入或者卖出该证券，或者从事与该内幕信息有关的期货交易的行为。所谓“泄露内幕信息”是指违反法律法规的规定，故意将自己了解、掌握的内幕信息让不该知悉者知悉。证券内幕信息依法包括：《证券法》第67条第2款规定的可能对上市公司股票交易价格产生较大影响而投资者尚未得知的12项重大事件：①公司的经营方针和经营范围的重大变化；②公司的重大投资行为和重大的购置财产的决定；③公司订立重要合同，可能对公司的资产、负债、权益和经营成果产生重要影响；④公司发生重大债务和未能清偿到期重大债务的违约情况；⑤公司发生重大亏损或者重大损失；⑥公司生产经营的外部条件发生的重大变化；⑦公司的董事、1/3以上监事或者经理发生变动；⑧持有公司5%以上股份的股东或者实际控制人，其持有股份或者控制公司的情况发生较大变化；⑨公司减资、合并、分立、解散及申请破产的决定；⑩涉及公司的重大诉讼，股东大会、董事会决议被依法撤销或者宣告无效；⑪公司涉嫌犯罪被司法机关立案调查，公司董事、监事、高级管理人员涉嫌犯罪被司法机关采取强制措施；⑫国务院证券监督管理机构规定的其他事项。依据《期货交易管理条例》第82条第11项规定，期货内幕信息是指可能对期货市场价格产生重大影响的尚未公开的信息，包括：国务院期货管理监督机构以及其他相关部门制定的对期货交易价格可能产生重大影响的政策，期货交易所做出的可能对期货价格发生重大影响的决定，期货交易所会员、客户的资金和交易动向，国务院期货管理监督机构认定的对期货交易价格有显著影响的其他重要信息。第二，必须是进行内幕交易或泄露内幕信息情节严重的。依据2001年颁布的《最高人民检察院、公安部关于经济犯罪案件追诉标准的规定》（以下简称《追诉标准》）规定，内幕交易数额在20万元以上的，或多次进行内幕交易、泄露内幕信息的，或致使交易价格和交易量异常波动的，或造成恶劣影响的，应予追诉。

（3）本罪的主体包括自然人和单位，可以是内幕人员和非法获取内幕信息的非内幕人员，证券内幕人员依法包括：发行股票或公司债券的董事、监事、经理、副经理，持有该公司股份5%以上的股东，发行股票公司的控股公司的高级管理人员，由于所任公司职务可以获取公司有关证券交易信息的人员；证券监督管理机构工作人员以及由于法定的职责对证券交易进行管理的其他人员，由于法定职责而参与证券交易的社会中介机构或证券登记结算机构、证券交易服务机构的有关人员和国务院证券监督管理机构规定的其他人员。期货内幕人员依法包括：期货交易所的理事长、副理事长、总经理、副总经理等高级管理人员以及由于任职可能获取内幕信息的从业人员，国务院期货管理监督机构的工作人员和其他有关部门的工作人员，国务院期货管理监督机构规定的其他人员。作为本罪主体的单位主要是指证券、期货交易所、证券公司、期货经纪公司、证券登记结算机构、证券业、期货业协会、证券期货服务中介机构等从事证券发行、交易及其相关活动的单位。

（4）本罪的主观方面是故意。

2. 内幕交易、泄露内幕信息罪的认定

（1）本罪的罪与非罪的界限。实践中，主要注意从以下方面分析：①主观上是否故意。②行为人是否内幕人员或非法获取内幕信息的非内幕人员。③内幕交易是否在内幕信息公开前且是否利用了内幕信息，泄露的是否内幕信息。④内幕交易或泄露内幕信息的行为是否达到情节严重的程度。

（2）本罪与侵犯商业秘密罪、故意泄露国家秘密罪的界限。从理论上看，它们在犯罪的直接客体、犯罪主体和犯罪的客观方面均不同，主观方面故意的内容有所不同。实践中，如果当内幕信息属于商业秘密或国家秘密时，行为人予以故意泄露的，应当按照侵犯商业秘密罪或故意泄露国家秘密罪定罪处罚，不能以本罪论处。

3. 内幕交易、泄露内幕信息罪的刑事责任

依据《刑法》第180条规定，犯本罪的，处5年以下有期徒刑或者拘役，并处或者单处违法所得1倍以上5倍以下罚金；情节特别严重的，处5年以上10年以下有期徒刑，并处违法所得1倍以上5倍以下罚金。单位犯本罪的，对单位判处罚金，并对其直接负责的主管人员和其他直接责任人员，处5年以下有期徒刑或者拘役。

（三）洗钱罪

1. 洗钱罪的概念和构成要件

洗钱罪，是指明知是毒品犯罪、黑社会性质的组织犯罪、恐怖活动犯罪、走私犯罪、贪污贿赂犯罪、破坏金融管理秩序犯罪、金融诈骗犯罪的违法所得及其产生的收益，为掩饰、隐瞒其来源和性质，而以存入金融机构、转移资金等方式使其在市场上合法化的行为。本罪的构成要件是：

（1）本罪的客体是国家的金融管理制度和司法机关的正常活动。本罪所掩饰、隐瞒的对象即“被洗的钱”只能是毒品犯罪、黑社会性质的组织犯罪、恐怖活动犯罪和走私犯罪、贪污贿赂犯罪、破坏金融管理秩序犯罪、金融诈骗犯罪的违法所得及其产生的收益。

（2）本罪的客观方面表现为采取各种方法掩饰、隐瞒毒品犯罪、黑社会性质的组织犯罪、恐怖活动犯罪、走私犯罪、贪污贿赂犯罪、破坏金融管理秩序犯罪、金融诈骗犯罪的违法所得及其产生的收益的来源和性质的行为。洗钱

的行为方式有：

① 提供资金账户的。是指行为人将自己所拥有的合法资金账户，提供给前述七类犯罪分子，或者为其在金融机构开立账户，使其将违法所得及其产生收益的赃款存入金融机构，使其合法化。

② 协助将财产转换为现金或者金融票据、有价证券的。是指行为人采用各种方法协助前述七类犯罪分子将获得的金钱外的赃物变卖、使其转换为现金或本票、汇票、支票等金融票据，以掩饰犯罪所得财产的来源和性质。

③ 通过转账或者其他结算方式协助资金转移的。是指行为人协助前述七类犯罪分子，将违法所得及其产生的赃款，混入合法收入存入银行等金融机构，通过转账或者其他结算方式，掩饰、隐瞒其犯罪来源和性质，将赃款转为合法资金。

④ 协助将资金汇往境外的。是指经批准享有国内外资金来往权的个人或单位，通过自己在银行等金融机构所开设的账号，协助前述七类犯罪分子将违法所得及其产生的赃款汇往境外。

⑤ 以其他方法掩饰、隐瞒犯罪的违法所得及其收益的性质和来源的。如将前述七类犯罪的违法所得及其产生的收益直接带出境外，兑换为外币或购买财产，或者经营日常收取大量现金的行业将前述犯罪所得混入其中，或者购买不动产、其他货物后变卖的等。

本罪属于行为犯，即只要行为人实施了上述五种洗钱行为之一的，不管其是否实现了掩饰、隐瞒犯罪的违法所得及其收益的性质和来源的目的，也无论其程度如何，都构成本罪。

（3）本罪的主体包括自然人和单位。但不能是实施毒品犯罪、黑社会性质的组织犯罪、恐怖活动犯罪、走私犯罪、贪污贿赂犯罪、破坏金融管理秩序犯罪、金融诈骗犯罪的犯罪行为人及其他共同犯罪人。

（4）本罪的主观方面是故意，即明知是毒品犯罪、黑社会性质的组织犯罪、恐怖活动犯罪、走私犯罪、贪污贿赂犯罪、破坏金融管理秩序犯罪、金融诈骗犯罪的违法所得及其产生的收益，为掩饰、隐瞒其来源和性质而故意实施洗钱的行为。

2. 洗钱罪的认定

（1）本罪的罪与非罪的界限。实践中，主要注意：①主观上应明知被洗的钱是毒品犯罪、黑社会性质的组织犯罪、恐怖活动犯罪、走私犯罪、贪污贿赂犯罪、破坏金融管理秩序犯罪、金融诈骗犯罪的违法所得及其产生的收益。如果确实不明知的，不构成犯罪。②本罪虽属行为犯，但对情节显著轻微的，不能以犯罪论处。

（2）本罪与窝藏、转移、隐瞒毒赃罪，窝藏、转移、收购、销售赃物等有关犯罪的界限。从理论上看，它们在犯罪构成的四大要件上虽有一定的相似之处，但也存在较明显的区别，并且洗钱罪应当属于《刑法》所特别规定的罪名，其他是普通罪名。因此，实践中，如果行为人明知是毒品犯罪、黑社会性质的组织犯罪、恐怖活动犯罪、走私犯罪、贪污贿赂犯罪、破坏金融管理秩序犯罪、金融诈骗犯罪的违法所得及其产生的收益，仍然采用“洗钱”的方式来掩饰、隐瞒其来源及其性质的，只能以洗钱罪定罪处罚，不能适用其他普通罪名。

3. 洗钱罪的刑事责任

依据《刑法》第191条规定，犯本罪的，除没收犯罪的违法所得及其产生的收益外，处5年以下有期徒刑或者拘役，并处或者单处洗钱数额5%以上20%以下罚金；情节严重的，处5年以上10年以下有期徒刑，并处洗钱数额5%以上20%以下罚金。单位犯本罪的，对单位判处罚金，并对其直接负责的主管人员和其他直接责任人员，处5年以下有期徒刑或者拘役；情节严重的，处5年以上10年以下有期徒刑。

五、金融诈骗罪

（一）集资诈骗罪

1. 集资诈骗罪的概念和构成要件

集资诈骗罪，是指以非法占有为目的，使用诈骗方法非法集资，数额较大的行为。

本罪的构成要件是：

（1）本罪的客体是国家正常的金融管理秩序和公私财产所有权。

（2）本罪的客观方面表现为使用诈骗方法非法集资，数额较大的行为。包括：①行为人有非法集资的行为。集资，是指个人或者单位为实现某种经济目的而进行的筹措资金的行为。非法集资，是指个人或单位未经有权机关批准、私自向社会公众募集资金的行为，有未经批准向社会募集资金的和虽经批准但经撤销后仍继续向社会募集资金的。②非法集资是以虚构事实、隐瞒真相的诈骗方法实施的。如虚构集资用途、伪造集资批文或证件、以高额红利作诱饵等。③构成本罪还必须是非法集资“数额较大”的。《追诉标准》规定，个人集资诈骗数额在10万元以上的或者单位集资诈骗数额在50万元以上的应予追诉。

（3）本罪的主体是一般主体，包括自然人和单位。

（4）本罪的主观方面是故意，并且有非法占有集资款的目的。实践中，如果行为人有携带集资款逃跑的，或挥霍集资款，致使集资款无法返还的，或利用集资款进行违法犯罪活动，致使集资款无法返还的，或具有其他欺诈行为，拒不退还集资款或致使集资款无法退还的，可视为有非法占有的目的。不以非法占有为目的的，不构成集资诈骗罪。

2. 集资诈骗罪的认定

（1）本罪与非法吸收公众存款罪的界限。它们的主要区别是：①侵犯的客体不完全相同。本罪侵犯的客体是国家的金融管理秩序和公私财产所有权；后者只侵犯国家的金融管理秩序。②客观方面的表现不同。本罪是结果犯；后者是行为犯。③犯罪目的不同。本罪是将非法集资的资金非法占为己有；后者是通过非法吸收公众存款进行盈利活动，不是将非法吸收的公众资金非法占为己有。

（2）本罪与擅自发行股票、公司、企业债券罪的界限。它们的主要区别是：①侵犯的客体不同。本罪是国家的金融管理秩序和公私财产所有权；后者是国家对股票、债券的管理制度。②客观方面不同。本罪是以虚构事实、隐瞒真相的欺骗手段进行非法集资，数额较大的行为；后者是在未经国家有关主管部门批准而擅自发行股票、公司、企业债券，数额巨大、后果严重或者有其他严重情节的行为。③主观目的不同。本罪是以非法占有集资款为目的；后者是非法的筹措生产经营资金。

3. 集资诈骗罪的刑事责任

依据《刑法》第192条、第199条、第200条规定，犯本罪的，处5年以下有期徒刑或者拘役，并处2万元以上20万元以下罚金；数额巨大或者有其他严重情节的，处5年以上10年以下有期徒刑，并处5万元以上50万元以下罚金；数额特别巨大或者有其他特别严重情节的，处10年以上有期徒刑或者无期徒刑，并处5万元以上50万元以下罚金或者没收财产；数额特别巨大并且给国家和人民利益造成特别重大损失的，处无期徒刑或者死刑，并处没收财产。单位犯本罪的，对单位判处罚金，并对其直接负责的主管人员和其他直接责任人员，处5年以下有期徒刑或者拘役，可以并处罚金；数额巨大或者有其他严重情节的，处5年以上10年以下有期徒刑，并处罚金；数额特别巨大或者有其他特别严重情节的，处10年以上有期徒刑或者无期徒刑，并处罚金。

这里所谓“数额巨大”，是指个人进行集资诈骗数额在20万元以上的；所谓“数额特别巨大”，是指个人进行集资诈骗数额在100万元以上的；单位进行集资诈骗数额在50万元以上的，属于“数额巨大”；单位进行集资诈骗数额在250万元以上的，属于“数额特别巨大”。

(二) 信用卡诈骗罪

1. 信用卡诈骗罪的概念和特征

信用卡诈骗罪，是指利用信用卡进行诈骗活动，数额较大的行为。

本罪的主要特征是：

(1) 客观方面表现为进行信用卡诈骗活动，数额较大的行为。所谓信用卡，是指银行或者信用卡公司发给用户购买商品、取得服务、提取现金的信用凭证。信用卡是一种大众化的支付工具，即以“信用”为基础，持卡人可以在暂不支付现金的情况下得到某种商品或者服务、进行消费，在以后的一定时间内再补所欠款项。进行信用卡诈骗活动，就是利用信用卡的前述性质和功能，采取虚构事实或者隐瞒真相的方法，骗取商品、服务或者提取现金的行为。信用卡诈骗行为的具体形式包括以下四种：

一是使用伪造的信用卡的行为，或者使用以虚假的身份证明骗领的信用卡进行诈骗。所谓“使用伪造的信用卡”，是指用仿照真信用卡而非法制造的假信用卡购买商品、提取现金或者接受使用信用卡进行支付结算的各种服务，进行诈骗财物的行为。所谓“使用以虚假的身份证明骗领的信用卡”，是指行为人用假的或他人的身份证明在银行或金融机构办理登记并领取信用卡使用的。在此情况下，虽然行为人从银行或金融机构领取的信用卡以及卡内的存款是真实的，但行为人在银行或金融机构留下的身份记录却是假的，其日后使用信用卡进行恶意透支或诈骗时，银行或金融机构将无法找到行为人。

二是使用作废的信用卡的行为。即是指使用因法定的原因而失去效用的信用卡，包括超过有效使用期限、持卡人在信用卡有效期限中途停止使用并交回发卡机构、因挂失而失效的信用卡等，进行诈骗财物的行为。

三是冒用他人信用卡的行为。这是指非持卡人假借持卡人的名义而非法使用持卡人的信用卡，用以骗取财物的行为。包括未经持卡人同意而擅自使用他人的信用卡，也包括使用捡得他人丢失的信用卡。

四是恶意透支的行为。所谓透支，是指持卡人在其发卡银行信用卡账户上资金不足或者已无资金的情况下，经发卡银行批准，持卡人仍可以使用信用卡进行消费。其实质是银行向持卡人提供的消费信贷。而这里所说的“恶意透支”则是指持卡人以非法占有为目的，超过规定限额或者规定期限透支，并且经发卡银行催收后仍不归还的行为。

恶意透支与善意透支是性质不同的两种行为，其主要区别就在于：恶意透支是为了将透支款非法占有，根本就不想偿还或者也无力偿还，表现为千方百计地逃避有关部门的催款，甚至透支后潜逃了之；而善意透支是为了先用后还，届时还本付息。正因如此，前者是犯罪的行为，后者是合法行为。《刑法》规定，进行信用卡诈骗活动，只有数额较大的，才能构成犯罪。

（2）主观方面只能出于故意，并且具有非法占有的目的。

2. 信用卡诈骗罪的认定

（1）信用卡诈骗罪与非罪的界限。信用卡诈骗，需要达到数额较大才构成犯罪。根据最高人民法院司法解释的规定，诈骗额在5000元以上的，属于“数额较大”。对未达到此数额的行为，不能以信用卡诈骗罪论处。

（2）关于盗窃信用卡并使用的罪名的认定。盗窃信用卡然后使用购物消费，是当前比较常见的一种信用卡犯罪。《刑法》第196条第3款明确规定，盗窃信用卡并使用的，依照《刑法》第264条盗窃罪之规定处罚。这里的“盗窃信用卡并使用的”，是指行为人盗窃信用卡和使用盗窃的信用卡两项行为必须同时具备，如行为人盗窃信用卡后自己使用该信用卡，或行为人盗窃信用卡后交同案犯使用该信用卡的，其同案犯也明知该信用卡是盗窃的，对盗窃信用卡行为人及同案犯以盗窃罪定罪；如果行为人盗窃信用卡后交第三者用，而第三者在使用前已得知信用卡是行为人盗窃所得而仍然适用的，对盗窃信用卡行为人以盗窃罪定罪，对第三者以信用卡诈骗罪定罪。

（3）捡拾他人信用卡或借记卡后使用的行为如何定性的问题。根据《全国人大常委会关于〈中华人民共和国刑法〉有关信用卡规定的解释》《刑法》规定的“信用卡”，是指由商业银行或者其他金融机构发行的具有消费支付、信用贷款、转账结算、存取现金等全部功能或者部分功能的电子支付卡。据此，无论捡拾他人信用卡还是借记卡后使用的行为，都应当以信用卡诈骗罪认定。

3. 信用卡诈骗罪的刑事责任

根据《刑法》第196条规定，犯信用卡诈骗罪的，数额较大的，处5年以下有期徒刑或者拘役，并处2万元以上20万元以下罚金；数额巨大（5万元以上）或者有其他严重情节的，处5年以上10年以下有期徒刑，并处5万元以上50万元以下罚金；数额特别巨大（20万元以上）或者有其他特别严重情节的，处10年以上有期徒刑或者无期徒刑，并处5万元以上50万元以下罚金或者没收财产。

（三）保险诈骗罪

1. 保险诈骗罪的概念和构成要件

保险诈骗罪，是指以非法占有为目的，进行保险诈骗活动，骗取保险金，数额较大的行为。

本罪的构成要件是：

（1）本罪的客体是国家的保险制度和保险人的财产所有权。所谓保险，是指投保人根据合同约定，向保险人支付保险费，保险人对于合同约定的可能发生的事故发生而造成的财产损失，承担赔偿保险金责任，或者当被保险人死亡、伤残、疾病或者达到合同约定的年龄期限时，承担给付保险金责任的商业保险行为。

（2）本罪的客观方面表现为进行保险诈骗，数额较大的行为。包括：

一是行为人实施了保险诈骗的行为。所谓保险诈骗，是指在保险合同的签订、履行过程中，采取虚构事实或隐瞒真相的方法、骗取保险金的行为。保险诈骗的行为方式依法有：①投保人故意虚构保险标的，骗取保险金的。所谓“保险标的”是指作为保险对象的财产及其有关利益、人的寿命和身体。所谓“虚构保险标的”是指投保人为骗取保险金，虚构了一个根本不存在的保险对象与保险人订立保险合同。②投保人、被保险人或者受益人对发生的保险事故编造虚假的原因或者夸大损失的程度，骗取保险金的。所谓“对发生的保险事故编造虚假的原因”，是指保险事故发生后，行为人为骗取保险金，对造成事故的原因作虚假的陈述或隐瞒事实真相。所谓“夸大损失程度”，是指行为人故意夸大因保险事故造成保险标的的损害程度，意图骗取更多的保险金。③投保人、被保险人或者受益人编造未曾发生的保险事故，骗取保险金的。即行为人在没有发生保险事故时，故意捏造事实，谎称发生了保险事故，骗取保险金的。④投保人、被保险人故意造成财产损失的保险事故，骗取保险金的。即在财产保险合同的有效期内和没有发生保险事故时，行为人故意人为地制造保险标的出险的保险事故，造成财产损失，骗取保险金的。⑤投保人、受益人故意造成被保险人死亡、伤残或者疾病，骗取保险金的。即在人身保险合同的有效期限内和没有发生保险事故时，行为人故意造成被保险人死亡、伤残或疾病，骗取保险金。

二是行为人所骗取的财产只能是保险金。所谓保险金，是指保险人根据保险合同约定在保险事故发生时或保险期限届满时，因承担赔偿责任或给付义务而应当支付的保险金额。所谓保险人，是指与投保人签订保险合同，并承担赔偿或者给付保险金责任的保险公司。所谓保险事故，是指保险合同约定的保险责任范围内的事故。

三是骗取保险金必须达到数额较大。《追诉标准》规定，个人进行保险诈骗数额在1万元以上的、单位进行保险诈骗数额在5万元以上的，应予追诉。

（3）本罪的主体包括自然人和单位，但只能是投保人、被保险人和受益人。所谓“投保人”，是指与保险人订立保险合同，并根据合同规定承担支付保险费义务的人。所谓“被保险人”，是指其财产或者人身受保险合同保障，在保险事故发生或约定的保险期间届满时，依据保险合同有权向保险人请求补偿损失或领取保险金者。所谓“受益人”，是指由保险合同明确指定或依据法律规定享有保险金请求权的人。投保人可以是被保险人，投保人、被保险人可以是受益人。不同的保险诈骗方式，其主体的具体要求有所不同。同时，依法规定“保险事故的鉴定人、证明人、财产评估人故意提供虚假的证明文件，为他人诈骗提供条件的，以保险诈骗的共犯论处”。“保险事故的鉴定人、财产评估人”，是指参加保险事故调查工作的人员。所谓“证明人”，是参与保险事故调查工作，出具证言，说明保险事故发生原因等情况的人。所谓“故意提供虚假的证明文件”，是指为使投保人、被保险人或者受益人实现骗取保险金，故意向保险人提供不真实的鉴定结论、证明、证言和财产损失评估数据等方面的材料。

（4）本罪的主观方面是故意，并且有骗取保险金的目的。

2. 保险诈骗罪的认定

（1）本罪与非罪的界限。主要区别是主观上是否具有骗取保险金的目的和客观上骗取的保险金是否达到数额较大。如果没有骗取保险金的目的，或虽有骗取保险金的目的，但骗取的保险金没有达到数额较大的不能构成本罪。

（2）保险诈骗过程中的罪数问题。在保险诈骗中，如果投保人、被保险人故意造成财产损失的保险事故和投保人、受益人故意造成被保险人死亡、伤残、疾病骗取保险金的，则同时构成保险诈骗罪和其他犯罪。从理论上看，它们属于牵连犯。但依据《刑法》第198条第2款的规定，对该种牵连犯应当以保险诈骗罪和其他相关犯罪实行数罪并罚。

3. 保险诈骗罪的刑事责任

依据《刑法》第198条规定，犯本罪的，处5年以下有期徒刑或者拘役，并处1万元以上10万元以下罚金；数额巨大或者有其他严重情节的，处5年以上10年以下有期徒刑，并处2万元以上20万元以下罚金；数额特别巨大或者有其他特别严重情节的，处10年以上有期徒刑，并处2万元以上20万元以下罚金或者没收财产。单位犯本罪的，对单位判处罚金，并对其直接负责的主管人员和其他直接责任人员，处5年以下有期徒刑或者拘役；数额巨大或者有其他严重情节的，处5年以上10年以下有期徒刑；数额特别巨大或者有其他特别严重情节的，处10年以上有期徒刑。

此外，根据《刑法》第198条第4款的规定，保险事故的鉴定人、证明人、财产评估人故意提供虚假的证明文件，为他人诈骗提供条件的，以保险诈骗罪的共犯论处。

六、危害税收征管罪

（一）逃税罪

1. 逃税罪的概念和构成要件

逃税罪，是指纳税人采取欺骗、隐瞒手段进行虚假纳税申报或者不申报，逃避缴纳税款数额较大并且占应纳税额10%以上，或者扣缴义务人采取欺骗、隐瞒手段不缴或者少缴已扣、已收税款，数额较大的行为。本罪的构成要件是：

（1）本罪的主体必须是纳税人。纳税人，是指根据法律和行政法规的规定负有纳税义务的单位和个人。

（2）本罪的客体是国家的税收征管制度。税收征管是国家为了实现其职能，依照法定标准，强制地无偿地取得财政收入的行为，即国家凭借政治权力参与社会产品和国民收入的再分配以维护国家机器的正常运转活动。本罪不缴或少缴的税款，是依法应由海关征收外的其他国内税款。

（3）本罪的客观方面表现为行为人实施了逃税行为，主要通过虚假纳税申报，或者不申报手段进行。其中，"虚假纳税申报"，是指纳税人在进行纳税申报过程中，制造虚假情况，如不如实填写或者提供纳税申报表、财务会计报表及其他的纳税资料等。实践中，虚假纳税申报主要有以下几种手段：①伪造、变造、隐匿和擅自销毁账簿、记账凭证，如设立虚假账簿、记账凭证；对账簿、记账凭证进行挖补、涂改等；未经税务主管机关批准而擅自将正在使用中或尚未过期的账簿、记账凭证销毁处理等行为。②在账簿上多列支出或者不列、少列收入，如在账簿上大量填写超出实际支出的数额以冲抵或减少实际收入的数额。所谓"不申报"，是指应依法办理纳税申报的纳税人，不按照分类、行政法规的规定办理纳税申报的行为。③逃税数额较大且必须占纳税额20%以上的，如果逃税数额达不到上述标准，则不构成逃税罪。这里的"逃税数额"，是指行为人在一个纳税期间所逃的各种税的总额，既包括国税，也包括地税。"应缴纳数额"，是纳税义务人在一个纳税期间应当缴纳各种税的总额，也包括国税和地税。一个纳税期间，一般是指一个会计年度，即从每年的1月1日至12月31日。逃税行为必须达到法定标准或者因逃税受到两次行政处罚又逃税的。具体是：一是对纳税人而言，其偷税数额占应纳税额的10%以上不满30%，并且偷税数额在1万元以上的，或者纳税人在5年以内曾因逃避缴纳税款受过刑事处罚或者被税务机关给予两次以上行政处罚的，均构成本罪。二是对扣缴义务人而言，其不缴或少缴已扣、已收税款的数额占应缴税额的10%以上并且数额在1万元以上的，才构成本罪。对有多次偷税行为和不缴、少缴已扣、已收税款行为未经处理的，按照累计数额计算。所谓“按照累计数额计算”，是指按照行为人历次逃税的数额累计相加。只要多次犯有逃税行为，不管每次的数额多少，只要累计达到了法定数额标准，即应按逃税罪承担刑事责任。“未经处理”是指既没有经过行政处罚，也没有经过刑事处罚的。

（4）扣缴义务人采取欺骗、隐瞒手段进行不缴或者少缴已扣、已收税款，数额较大的行为，也构成逃税罪。扣缴义务人包括：①代扣代缴义务人，即依法有义务从所持有的纳税人收入中扣除其应纳税款并代为缴纳的单位或个人。②代收代缴义务人，即依法有义务借助经济往来向纳税人收取应纳税款并代为缴纳的单位或个人。但扣缴义务人如果只是没有依法履行代扣、代缴义务而不是为了不缴或者少缴已扣、已收税款以向税务机关隐瞒代扣、代收税款的，不能构成本罪。

（5）本罪的主观方面是故意，有逃避缴纳应缴税款或不缴、少缴已扣、已收税款的目的。但是如果经税务机关依法下达追缴通知后，补缴了应纳税款，并且缴纳了滞纳金，或者已经受过行政处罚的，均不予追究刑事责任。

2. 逃税罪的认定

（1）本罪与非罪的界限。应当注意：①逃税罪与漏税、欠税的界限。漏税，是指纳税人过失漏缴或者少缴税款的行为。欠税，是指在法定的纳税期限内，纳税人因客观上无力按时、足额缴纳税款而拖欠税款的行为。尽管逃税、漏税和欠税在客观上都有未缴或少缴税款的事实，但主观上是不同的。逃税是故意不缴或少缴税款，企图逃避缴纳税款义务；漏税是因主观上的过失而出现了少缴或未缴税款的，并非故意逃避缴纳税款义务；欠税则是因客观原因而使纳税人不能按时或足额缴纳税款，主观并无逃避缴纳税款义务的故意。②逃税罪与一般偷税行为的界限。它们区别的关键是逃税的数额和情节是否达到了法律所规定的标准。即纳税人逃税的数额是否占其应纳税额10%以上不满30%，并且逃税数额在1万元以上的，或者纳税人是否有因逃税被税务机关给予两次行政处罚后又逃税的行为；扣缴义务人不缴或少缴已扣、已收税款的数额是否占其应缴税额的10%以上并且数额在1万元以上的。如果逃税行为达到上述法定标准或要求的，则为逃税罪；否则，只是一般的逃税行为。当然，对因逃税被税务机关给予两次行政处罚后又逃税的“又逃税”，认定时一般宜将“又逃税”的数额限定在依法应当给予行政处罚的程度上，即对情节显著轻微的情形视为此处的“又逃税”。

（2）本罪与其他相关犯罪的界限。应当注意：①本罪与走私普通货物、物品罪的界限。它们区别的关键之处在于逃税款的性质或种类不同。依据《刑法》第153条规定，逃应缴税额是否达到法定数额是走私普通货物、物品罪成立与否的关键性条件，但其逃的税款是关税以及由海关代征、代收的有关税款，而逃税罪所逃的税款是除关税和由海关代征、代收的有关税款外的其他国内税款。②本罪与骗取出口退税罪的界限。两者通常的区别是明显的。但当行为人已缴纳税款后，采用假报出口或者其他欺骗手段骗取出口退税款的，如何定罪处罚？对此，依据《刑法》第204条第2款规定的精神，只有当行为人没有缴纳税款而骗取出口退税的或者骗取出口退税款超过其已缴纳税款部分的，才以骗取出口退税罪定罪处罚；否则，达到犯罪程度的应当以逃税罪论处。

3. 偷税罪的刑事责任

依据《刑法》第201条、第211条、第212条规定，犯本罪的，处3年以下有期徒刑或者拘役，并处罚金；数额巨大并且占应纳税额的30%以上的，处3年以上7年以下有期徒刑，并处罚金。单位犯本罪的，对单位判处罚金，并对其直接负责的主管人员和其他直接责任人员，依照自然人犯本罪的规定处罚。对被判处罚金、没收财产的，在执行前，应当先由税务机关追缴税款。

《刑法》第201条第3款规定，对多次犯有逃税行为未经处理的，应当按照累计数额计算。

《刑法》第201条第4款规定，有逃税行为，经税务机关依法下达追缴通知后，补缴应纳税款，缴纳滞纳金，已受行政处罚的，不予追究刑事责任；但是，五年内因逃避缴纳税款受过刑事处罚或者被税务机关给予二次以上行政处罚的除外。

（二）虚开增值税专用发票用于骗取出口退税、抵扣税款发票罪

1. 虚开增值税专用发票用于骗取出口退税、抵扣税款发票罪的概念和特征

虚开增值税专用发票用于骗取出口退税、抵扣税款发票罪，是指有为他人虚开、为自己虚开、让他人为自己虚开、介绍他人虚开增值税专用发票用于骗取出口退税、抵扣税款发票行为之一的行为。

本罪的主要特征：

（1）犯罪客体是国家对发票的管理制度和国有财产的所有权关系。虚开增值税专用发票或者虚开用于骗取出口退税、抵扣税款的其他发票的行为，直接破坏了国家的发票管理法规规定的，开具发票应当按照规定的时限、顺序、逐栏、全部联次的一次性如实开具的管理制度。而且还为偷税、骗取出口退税制造了条件，致使国家税收收入遭受严重损失，因此，是一种严重的危害社会的犯罪行为。

（2）客观方面表现为虚开增值税专用发票或者虚开用于骗取出口退税、抵扣税款的其他发票的行为。所谓增值税专用发票，是指以企业生产经营过程中新增的价额为征税依据所征收的税款凭证，即应纳税金不包括在商品价格之内的价外税收凭证。它与普通发票的区别在于，除了普通发票所共有的内容外，还设有“税种”“税率”“税额”等内容用以证明购货方实际支付或者负担的增值税税额。所谓用于骗取出口退税、抵扣税款的其他发票，是指可以用于申请出口退税、抵扣税款的非增值税专用发票，如运输发票、废旧物品收购发票、农业产品收购发票等。所谓虚开前述专用发票，是指有为他人、为自己、让他人为自己、介绍他人开具与真实情况不符的虚假增值税专用发票或者用于骗取出口退税、抵扣税款的其他发票的行为。其行为形式有以下几种：

一是没有货物购销或者没有提供或接受应税劳务，而为他人、为自己、让他人为自己、介绍他人开具增值税专用发票。

二是有货物购销或者提供、接受了应税劳务，但为他人、为自己、让他人为自己、介绍他人开具数量或者金额不实的增值税专用发票。

三是进行了实际经营活动，但让他人为自己代开增值税专用发票。

四是没有进出口货物购销、废旧物品收购、农业产品收购或者虽有进出口货物购销、废旧物品收购，农业产品收购，而为他人、为自己、让他人为自己、介绍他人开具假的不真实的运输发票、废旧物品收购发票、农业产品收购发票等。

只要实施了上述虚开增值税专用发票或者虚开用于骗取出口退税、抵扣税款的其他发票的行为之一，即可构成本罪。如果行为人同时实施两种以上的行为，也只按一罪从重处罚，不进行数罪并罚。

（3）犯罪主体可以是个人，也可以是单位。包括在我国境内销售货物或者提供加工、修理修配劳务以及进出口货物的单位和个人。

（4）主观方面只能出于故意，并且具有牟利的目的。

根据《刑法》第205条的规定，虚开增值税专用发票、用于骗取出口退税、抵扣税款发票罪属于行为犯，即只要具有虚开行为，便构成犯罪，没有数额、情节的限定。但是，根据《刑法》第13条的规定，虚开行为情节显著轻微危害不大的，不应认为是犯罪。根据1996年10月17日最高人民法院颁布的《关于适用〈全国人民代表大会常务委员会关于惩治虚开、伪造和非法出售增值税专用发票犯罪的决定〉的若干问题的解释》的规定，虚开税款数额1万元以上的，或者虚开上述发票致使国家税款被骗取5000元以上，构成本罪。其中，虚开税款数额10万元以上的，属于“数额较大”。有下列情形之一的，属于“有其他严重情节”：（1）因虚开上述发票致使国家税款被骗5万元以上的；(2) 具有其他严重情节的。

2. 虚开增值税专用发票、用于骗取出口退税、抵扣税款发票罪的刑事责任

根据《刑法》第205条第1款的规定，犯虚开增值税专用发票罪的，处3年以下有期徒刑或者拘役，并处2万元以上20万元以下罚金；虚开的税款数额较大或者有其他严重情节的，处3年以上10年以下有期徒刑，并处5万元以上50万元以下罚金；虚开的税款数额巨大或者有其他特别严重情节的，处10年以上有期徒刑或者无期徒刑，并处5万元以上50万元以下罚金或者没收财产。

根据《刑法》第205条第2款的规定，单位犯本罪的，对单位判处罚金，并对其直接负责的主管人员和其他直接责任人员，处3年以下有期徒刑或者拘役；虚开的税款数额较大或者有其他严重情节的，处3年以上10年以下有期徒刑；虚开的税款数额巨大或者有其他特别严重情节的，处10年以上有期徒刑或者无期徒刑。

根据《刑法》第212条的规定，犯虚开增值税专用发票罪，被判处罚金、没收财产的，在执行前，应当先由税务机关追缴所骗取的出口退税款。

七、侵犯知识产权罪

(一) 假冒注册商标罪

1. 假冒注册商标罪的概念和特征

假冒注册商标罪，是指违反商标管理法规，未经注册商标所有人许可，在同一种商品上使用与其注册商标相同的商标，情节严重的行为。

本罪的主要特征是：

(1) 犯罪客体是国家商标管理制度和他人的商标专用权。商标是商品生产经营企业为维护自己商品的信誉而使用的特定记号或图形。商标经向国家商标管理机关申请注册批准即取得商标专用权，即商标所有人对其注册的商标享有专门使用和独立拥有并禁止他人擅自使用的权利。未经商标专用权人许可而使用，不仅侵犯国家商标管理制度，也侵犯注册商标所有人的合法权益。

(2) 客观方面表现为未经注册商标所有人许可，在同一种商品上使用与其注册商标相同的商标的行为。所谓“相同的商标”，是指名称相同的文字商标；图形相同的图形商标；名称图形都相同的组合商标。在认定假冒商标罪时，应当严格把握罪与非罪的界限，应当注意以下几个方面：

其一，使用的是他人已注册的商标。如果使用他人未经注册或虽经注册但

已届有效期（10 年）没有续展而被撤销的商标，不构成本罪。

其二，未经注册商标所有人许可而使用，如经许可或转让而使用是合法行为。

其三，在同一种商品上使用，包括生产、制造、加工、拣选、经营的同一种商品。这里的同一种商品，一般指名称相同的商品，或者名称虽不同，但所指商品是相同的。

其四，要有严重情节，如对他人注册商标信誉造成严重损害，客户大量退货等，才构成犯罪，否则应予行政处罚。

（3）犯罪主体是一般主体。企业事业单位和个人均可构成本罪。

（4）主观方面只能出于故意，表现为明知是他人已注册的商标未经所有人许可而擅自使用。

2. 假冒注册商标罪的刑事责任

根据《刑法》第 213 条的规定，犯假冒注册商标罪的，处 3 年以下有期徒刑或者拘役，并处或者单处罚金；情节特别严重的，处 3 年以上 7 年以下有期徒刑，并处罚金。

（二）侵犯著作权罪

1. 侵犯著作权罪的概念和构成要件

侵犯著作权罪，是指以营利为目的，侵犯他人著作权，违法所得数额较大或者有其他严重情节的行为。

本罪的构成要件是：

（1）本罪的客体是他人的著作权及与著作权相关的权益。著作权，是指公民或单位依法在一定期限内对文学、艺术和科学作品所享有的各种专有权利的总称。它包括著作人身权和著作财产权。著作人身权，是指作者对其作品依法享有的发表权、署名权、修改权和保护作品完整权。著作财产权，是指使用作品的权利和获得报酬的权利以及许可他人使用作品并因此获得报酬的权利。与著作权相关的权益，是指传播作品的人对他赋予作品的传播形式所享有的权利，即著作邻接权，包括出版者、表演者、电台、电视台和录音录像者使用及许可他人使用而获得报酬的权利。总体来看，著作权包括以下人身权和财产权，即发表权、署名权、修改权、保护作品完整权、复制权、发行权、出租权、展览权、表演权、放映权、广播权、信息网络传播权、摄制权、改编权、翻译权、汇编权和应当由著作权人享有的权利 17 项权利。著作权人对发表权、署名权、修改权、保护作品完整权、复制权外的其他权利可以许可他人行使或全部、部分转让，并依照约定或法律规定获得报酬。本罪的对象只能是受我国法律保护而依法享有著作权的作品。

（2）本罪的客观方面，必须具备以下条件：①行为人有侵犯他人著作权的行为。依据《刑法》第217条的规定，侵犯著作权的行为具体有以下四种：一是未经著作权人许可，复制发行其文字作品、音乐、电影、电视、录像作品、计算机软件及其他作品；二是出版他人享有专有出版权的图书的；三是未经录音录像制作者许可，复制发行其制作的录音录像的；四是制作、出售假冒他人署名的美术作品的。修订后的《著作权法》第48条规定，对八种具体侵犯著作权的行为可以追究刑事责任：a. 未经著作权人许可，复制、发行、表演、放映、广播、汇编、通过信息网络向公众传播其作品的，本法另有规定的除外；b. 出版他人享有专有出版权的图书的；c. 未经表演者许可，复制、发行录有其表演的录音录像制品，或者通过信息网络向公众传播其表演的，本法另有规定的除外；d. 未经录音录像制作者许可，复制、发行、通过信息网络向公众传播其制作的录音录像制品的，本法另有规定的除外；e. 未经许可，播放或者复制广播、电视的，本法另有规定的除外；f. 未经著作权人或者与著作权人有关的权利人许可，故意避开或者破坏权利人为其作品、录音录像制品等采取的保护著作权或者与著作权有关的权力的技术措施的，法律、行政法规另有规定的除外；g. 未经著作权人或者与著作权有关的权利人许可，故意删除或者改变作品、录音录像制品等的权利管理电子信息的，法律、行政法规另有规定的除外；h. 制作、出售假冒他人署名的作品的。②侵犯著作权的行为只能发生在著作权的有效保护期限内。因为本罪的对象是依法享有著作权的作品。我国《著作权法》第4条、第5条规定的作品，依法不享有著作权。署名权、修改权、保护作品完整权的保护期不受限制，但发表权等的保护期在《著作权法》第20条、第21条中均有明确规定。③侵犯著作权的行为还必须是违法所得数额较大或有其他严重情节的。依据1998年12月11日最高人民法院《关于非法出版物刑事案件具体应用法律若干问题的解释》，违法所得数额较大，是指个人违法所得在5万元以上、单位在20万元以上的。其他严重情节，是指有下列情形之一的：一是因侵犯著作权曾经两次以上被追究行政责任或民事责任，两年内又实施侵犯著作权的行为的。二是非法经营数额，个人在20万元以上，单位在100万元以上的。三是造成其他严重后果的。

（3）本罪的主体是一般主体，包括自然人和单位。

（4）本罪的主观方面是故意，并且有营利的目的。

2. 侵犯著作权罪的认定

（1）本罪与非罪的界限。实践中，主要应当注意以下问题：①看被侵权作品是否是受法律保护其著作权的作品。对此，应从作品的内容、表现形式和著作权的保护期限等方面进行考察、分析。②看侵犯著作权的行为是否是

《刑法》第 217 条所明文规定的四种行为之一和是否被其他附属刑法规范所禁止的行为。③看后果上违法所得数额是否达到了较大或者是否具有其他严重情节。

（2）本罪与制作、复制、出版淫秽物品罪的界限。它们的根本性区别在于犯罪对象不同，即本罪的对象是受法律保护著作权的作品，而后罪的对象则是淫秽物品，其不但不受法律保护，而且其出版还要受到法律的制裁。因此，制作、复制、出版淫秽物品的，只能以制作、复制、出版淫秽物品罪定罪处罚。实践中，如果行为人制作、复制、出版、贩卖的既不是受法律保护著作权的作品也不属于淫秽物品的作品，但扰乱市场秩序，情节严重的，应当以《刑法》第 225 条规定的非法经营罪定罪处罚。

3. 侵犯著作权罪的刑事责任

依据《刑法》第 217 条、第 220 条的规定，犯本罪的，处 3 年以下有期徒刑或者拘役，并处或者单处罚金；违法所得数额巨大或者有其他特别严重情节的，处 3 年以上 7 年以下有期徒刑，并处罚金。

依据《刑法》第 220 条的规定，单位犯本罪的，对单位判处罚金，并对其直接负责的主管人员和其他直接责任人员，依照自然人犯本罪的规定处罚。

八、扰乱市场秩序罪

（一）损害商业信誉、商品声誉罪

1. 损害商业信誉、商品声誉罪的概念和特征

损害商业信誉、商品声誉罪，是指捏造并散布虚伪事实，损害他人的商业信誉、商品声誉，给他人造成重大损失或者有其他严重情节的行为。

其基本特征有：

（1）单位和个人均可构成本罪。

（2）犯罪人主观方面是故意，一般具有不正当竞争即毁他扬己的目的。至于行为人的动机，可能是多种多样，如急于销售、恶意贬低其他生产经营者等。

（3）客观方面表现为捏造并散布虚伪事实，损害他人的商业信誉、商品声誉，情节严重或者给他人造成重大损失的商业信誉、商品声誉，情节严重或者给他人造成重大损失的行为。

2. 损害商业信誉、商品声誉罪的刑事责任

根据《刑法》第 221 条、第 231 条的规定，犯本罪的，处 2 年以下有期徒刑或者拘役，并处或者单处罚金。单位犯本罪的，对单位判处罚金，并对其直接负责的主管人员和其他直接责任人员，依照上述规定处罚。

（二）虚假广告罪

1. 虚假广告罪的概念和特征

虚假广告罪，是指广告主、广告经营者、广告发布者违反国家规定，利用广告对商品或者服务作虚假宣传，情节严重的行为。

本罪的主要特征是：

（1）犯罪客体是国家对广告的管理制度和公平的市场竞争秩序以及消费者的合法权益。所谓广告，按照《中华人民共和国广告法》的有关规定，是指商品经营者或者服务提供者承担费用，通过一定媒介和形式直接或者间接地介绍自己所推销的商品或者所提供的服务的商业广告。

（2）犯罪主体是特殊主体，只限于广告主、广告经营者、广告发布者。所谓广告主，是指为推销商品或者提供服务，自行或者委托他人设计、制作、发布广告的法人、其他经济组织或者个人。所谓广告经营，是指受委托提供广告设计、制作、代理服务的法人、其他经济组织或者个人。所谓广告发布者，是指为广告主或者广告主委托的广告经营者发布广告的法人、其他经济组织或者个人。

（3）客观方面表现为违反国家有关法律、法规的规定，利用广告对商品或者服务作虚假宣传的行为。《中华人民共和国广告法》第 4 条规定："广告不得含有虚假的内容，不得欺骗和误导消费者。"《中华人民共和国反不正当竞争法》也规定："经营者不得利用广告或者其他方法，对商品的质量、制作成分、性能、用途、生产者、有效期限、产地等作引人误解的虚假宣传。广告的经营者不得在明知或者应知的情况下，代理、设计、制作虚假广告。"这种虚假广告行为是不正当竞争中的欺骗性行为，情节严重即构成犯罪。

（4）主观方面只能故意，一般具有通过虚假广告骗取消费者钱财的目的。

2. 虚假广告罪的处罚

根据《刑法》第 222 条和第 231 条的规定，犯虚假广告罪的，处 2 年以下有期徒刑或者拘役，并处或者单处罚金。单位犯本罪的，对单位判处罚金，并对其直接负责的主管人员和其他直接责任人员，依照上述规定处罚。

（三）强迫交易罪

1. 强迫交易罪的概念和特征

强迫交易罪，是指以暴力、威胁手段，实施了强买、强卖商品，强迫他人提供或者接受服务，强迫他人参与或者退出投标、拍卖，强迫他人转让或者收购公司、企业的股份、债券或者其他资产，强迫他人参与或者退出特定的经营活动，情节严重的行为。

本罪的基本特征：

（1）客观方面表现为以暴力、威胁手段强买、强卖商品、强迫他人提供服务或者强迫他人接受服务，强迫他人参与或者退出投标、拍卖，强迫他人转让或者收购公司、企业的股份、债券或者其他资产，强迫他人参与或者退出特定的经营活动，情节严重的行为。所谓暴力、威胁手段，是指以殴打、捆绑等方式对他人进行人身强制，或者以杀伤人体、毁坏财物等威胁他人，对他人实行精神强制的手段。其具体表现为七种方式：

①强买商品，即在没有协商一致的情况下强迫他人违心地把商品卖给自己，通常是低价购买。

②强卖商品，即在没有协商一致的情况下强迫他人违心地购买自己的商品，通常是高价出卖。

③强迫他人提供服务，指不经协商一致强迫他人为自己提供其本人不愿意从事的服务。

④强迫他人接受服务，即不经协商一致而强迫他人接受本不愿意要的服务。

⑤强迫他人参与或者退出投标、拍卖，即使用暴力或者威胁手段，强迫参与竞标的参与者退出投标、拍卖活动，目的是使自己中标或者在没有竞拍者竞拍的情况下，以不公平的价格购买到拍卖品。

⑥强迫他人转让或者收购公司、企业的股份、债券或者其他资产，即以暴力、威胁手段，强迫他人在不符合市场价值规律和不利于出让人的情况下转让公司、企业的股份、债券或者其他资产，自己从中获取不法利益，而使他人的利益受损。

⑦强迫他人参与或者退出特定的经营活动，即以暴力、威胁手段，强迫他人参与或者退出特定的经营活动的行为。其中，特定的经营活动，是指在不法分子指定的经营活动范围内，由于屈从于暴力、威胁手段，在没有选择的情况下，从事或者退出经营活动的情况。

只要实施了上述强迫交易的行为之一的，而又情节严重，则构成本罪。情节严重，通常是指经常实行强迫交易行为给他人造成重大经济损失、强迫交易手段的强度大、造成的社会影响恶劣等情况。

（2）主体是一般主体。自然人和单位均可构成本罪。

（3）本罪的行为人在主观上一般都具有非法牟利的目的。

2. 强迫交易罪的刑事责任

根据《刑法》第 226 条、第 231 条的规定，实施了以暴力、威胁手段强买、强卖商品、强迫他人提供服务或者强迫他人接受服务，强迫他人参与或者退出投标、拍卖，强迫他人转让或者收购公司、企业的股份、债券或者其他资产，强迫他人参与或者退出特定的经营活动的行为，情节严重的，处3年以下有期徒刑或者拘役，并处或者单处罚金；情节特别严重的，处3年以上7年以下有期徒刑，并处罚金。单位犯本罪的，对单位判处罚金，并对其直接负责的主管人员和其他直接责任人员，依照上述规定处罚。

第三节 破坏社会主义市场经济秩序罪的其他犯罪

一、生产、销售伪劣商品方面的其他犯罪

1. 生产、销售劣药罪

生产、销售劣药罪，是指违反国家药品管理法规，生产、销售劣药，对人体健康造成严重危害的行为。

依据《刑法》第142条和第150条的规定，犯本罪的，处3年以上10年以下有期徒刑，并处销售金额50%以上2倍以下罚金；后果特别严重的，处10年以上有期徒刑或者无期徒刑，并处销售金额50%以上2倍以下罚金或者没收财产。单位犯本罪的，对单位判处罚金，并对其直接负责的主管人员和其他直接责任人员，依照自然人犯本罪的规定处罚。

2. 生产、销售不符合食品安全标准的食品罪

生产、销售不符合食品安全标准的食品罪，是指违反国家食品安全管理法律、法规，生产、销售不符合食品安全标准的食品，足以造成严重食物中毒事故或者其他严重食源性疾病的行为。

依据《刑法》第143条和第150条的规定，犯本罪的，根据其危害的不同，分为三个量刑档次：第一档刑，足以造成严重食物中毒事故或者其他严重食源性疾病的，处3年以下有期徒刑或者拘役，并处罚金；第二档刑，对人体健康造成严重危害或者有其他严重情节的，处3年以上7年以下有期徒刑，并处罚金；第三档刑，后果特别严重的，处7年以上有期徒刑或者无期徒刑，并处罚金或者没收财产。单位犯本罪的，对单位判处罚金，并对其直接负责的主管人员和其他直接责任人员，依照自然人犯本罪的规定处罚。

3. 生产、销售有毒、有害食品罪

生产、销售有毒、有害食品罪，是指违反国家食品安全法律、法规，在生产、销售的食品中掺入有毒、有害的非食品原料的，或者销售明知掺有有毒、有害的非食品原料的食品的行为。

依据《刑法》第144条和第150条的规定，犯本罪的，根据其危害不同，分为三个量刑档次：第一档刑，对于在生产、销售的食品中掺入有毒、有害的

非食品原料的，或者销售明知掺有有毒、有害的非食品原料的食品的，处 5 年以下有期徒刑，并处罚金；第二档刑，对人体健康造成严重危害或者有其他严重情节的，处 5 年以上 10 年以下有期徒刑，并处罚金；第三档刑，致人死亡或者有其他严重情节的，依照《刑法》第 141 条的规定处罚，处 10 年以上有期徒刑、无期徒刑或者死刑，并处罚金或者没收财产。单位犯本罪的，对单位判处罚金，并对其直接负责的主管人员和其他直接责任人员，依照自然人犯本罪的规定处罚。

4. 生产、销售不符合标准的医用器材罪

生产、销售不符合标准的医用器材罪，是指生产不符合保障人体健康的国家标准、行业标准的医疗器械、医用卫生材料，或者销售明知是不符合保障人体健康的国家标准、行业标准的医疗器械、医用卫生材料，足以严重危害人体健康的行为。修订后的本罪属于危险犯。

依据《刑法》第 145 条和第 150 条的规定，犯本罪的，处 3 年以下有期徒刑或者拘役，并处销售金额 50% 以上 2 倍以下罚金；对人体健康造成严重危害的，处 3 年以上 10 年以下有期徒刑，并处销售金额 50% 以上 2 倍以下罚金；后果特别严重的，处 10 年以上有期徒刑或者无期徒刑，并处销售金额 50% 以上 2 倍以下罚金或者没收财产。单位犯本罪的，对单位判处罚金，并对其直接负责的主管人员和其他直接责任人员，依照自然人犯本罪的规定处罚。

5. 生产、销售不符合安全标准的产品罪

生产、销售不符合安全标准的产品罪，是指生产不符合保障人身、财产安全的国家标准、行业标准的电器、压力容器、易燃易爆产品或者其他不符合保障人身、财产安全的国家标准、行业标准的产品，或者销售明知是以上不符合保障人身、财产安全的国家标准、行业标准的产品，造成严重后果的行为。

依据《刑法》第 146 条和第 150 条的规定，犯本罪的，处 5 年以下有期徒刑，并处销售金额 50% 以上 2 倍以下罚金；后果特别严重的，处 5 年以上有期徒刑，并处销售金额 50% 以上 2 倍以下罚金。单位犯本罪的，对单位判处罚金，并对其直接负责的主管人员和其他直接责任人员，依照自然人犯本罪的规定处罚。

6. 生产、销售伪劣农药、兽药、化肥、种子罪

生产、销售伪劣农药、兽药、化肥、种子罪，是指生产假农药、假兽药、假化肥，销售明知是假的或者失去使用效能的农药、兽药、化肥、种子，或者生产者、销售者用不合格的农药、兽药、化肥、种子冒充合格的农药、兽药、化肥、种子，使生产遭受较大损失的行为。

依据《刑法》第 147 条和第 150 条的规定，犯本罪的，处 3 年以下有期徒

刑或者拘役，并处或者单处销售金额 50% 以上 2 倍以下罚金；使生产遭受重大损失的，处 3 年以上 7 年以下有期徒刑，并处销售金额 50% 以上 2 倍以下罚金；使生产遭受特别重大损失的，处 7 年以上有期徒刑或者无期徒刑，并处销售金额 50% 以上 2 倍以下罚金或者没收财产。单位犯本罪的，对单位判处罚金，并对其直接负责的主管人员和其他直接责任人员，依照自然人犯本罪的规定处罚。所谓“重大损失”和“特别重大损失”分别是指损失在 10 万元和 50 万元以上的。

7. 生产、销售不符合卫生标准的化妆品罪

生产、销售不符合卫生标准的化妆品罪，是指生产不符合卫生标准的化妆品，或者销售明知是不符合卫生标准的化妆品，造成严重后果的行为。

依据《刑法》第 148 条和第 150 条的规定，犯本罪的，处 3 年以下有期徒刑或者拘役，并处或者单处销售金额 50% 以上 2 倍以下罚金。单位犯本罪的，对单位判处罚金，并对其直接负责的主管人员和其他直接责任人员，依照自然人犯本罪的规定处罚。

二、走私方面的其他犯罪

1. 走私国家禁止进出口的货物、物品罪

走私国家禁止进出口的货物、物品罪，是指走私武器、弹药、核材料或者伪造的货币，国家禁止出口的文物、黄金、白银和其他贵重金属，或者国家禁止出口的珍贵动物及其制品，珍稀植物及其制品的行为。

根据《刑法》第 151 条的规定，犯本罪的，分为三大类八个量刑档次。第一类是对走私武器、弹药罪，走私核材料，走私假币罪的处罚。对于这类犯罪，根据情节轻重规定了三个量刑档次：第一档刑，走私武器、弹药、核材料或者伪造货币的，处 7 年以上有期徒刑，并处罚金或者没收财产；第二档刑，情节特别严重的，处无期徒刑或者死刑，并处没收财产；第三档刑，情节较轻的，处 3 年以上 7 年以下有期徒刑，并处罚金。

第二类是对走私文物、贵重金属、珍贵动物、珍贵动物制品犯罪的处罚。对于这类犯罪，根据情节轻重规定了三个量刑档次：第一档刑，对于走私国家禁止出口的文物、黄金、白银和其他贵重金属或者国家禁止出口的珍贵动物及其制品的，处 5 年以上 10 年以下有期徒刑，并处罚金；第二档刑，情节特别严重的，处 10 以上有期徒刑或者无期徒刑，并处没收财产；第三档刑，情节较轻的，处 5 年以下有期徒刑，并处罚金。

第三类是对走私珍稀植物及其制品的犯罪的处罚。对于这类犯罪，规定了两个量刑档次：第一档刑，对走私珍稀植物及其制品等国家禁止出口的其他货

物、物品的，处5年以下有期徒刑或者拘役，并处或者单处罚金；第二档刑，情节严重的，处5年以上有期徒刑，并处罚金。单位犯本罪的，对单位判处罚金，并对其直接负责的主管人员和其他直接责任人员，依照自然人犯本罪的规定处罚。

2. 走私废物罪

走私废物罪，是指违反海关法规，逃避海关监管，将境外的固体废物、液态废物和气态废物运输进国（边）境，情节严重的行为。

依据《刑法》第152条第2款规定，犯本罪的，处5年以下有期徒刑，并处或者单处罚金；情节特别严重的，处5年以上有期徒刑，并处罚金。单位犯本罪的，对单位判处罚金，并对其直接负责的主管人员和其他直接责任人员，依照自然人犯本罪的规定处罚。

三、妨害对公司、企业管理秩序方面的其他犯罪

1. 虚报注册资本骗取公司登记罪

虚报注册资本骗取公司登记罪，是指申请公司登记的个人或单位，在申请公司登记时使用虚假证明文件或者采取其他欺诈手段虚报注册资本，欺骗公司登记部门，取得公司登记，虚报注册资本数额巨大、后果严重或者有其他严重情节的行为。

根据《刑法》第158条规定，犯本罪的，处3年以下有期徒刑或者拘役，并处或者单处虚报注册资本金额1%以上5%以下罚金。单位犯本罪的，对单位判处罚金，并对其直接负责的主管人员和其他直接责任人员，处3年以下有期徒刑或者拘役。

2. 虚假出资、抽逃出资罪

虚假出资、抽逃出资罪，是指公司发起人、股东违反《公司法》的规定未交付货币、实物或者未转移财产权，虚假出资，或者在公司成立后又抽逃其出资，数额巨大、后果严重或者有其他严重情节的行为。依据《追诉标准》，应予追诉的是：（1）虚假出资、抽逃出资，给公司、股东、债权人造成的直接经济损失累计数额在10万~50万元的；（2）虽未达到前述数额标准，但具有下列情形之一的：致使公司资不抵债或者无法正常经营的；公司发起人、股东合谋虚假出资、抽逃出资的；因虚假出资、抽逃出资，受过行政处罚两次以上，又虚假出资、抽逃出资的；利用虚假出资、抽逃出资所得资金进行违法活动的。

依据《刑法》第159条的规定，犯本罪的，处5年以下有期徒刑或者拘役，并处或者单处虚假出资金额或者抽逃出资金额2%以上10%以下罚金。单

位犯本罪的，对单位判处罚金，并对其直接负责的主管人员和其他直接责任人员，处5年以下有期徒刑或者拘役。

3. 欺诈发行股票、债券罪

欺诈发行股票、债券罪，是指在招股说明书、认股书、公司、企业债券募集办法中隐瞒重要事实或者编造重大虚假内容，发行股票或者公司、企业债券，数额巨大、后果严重或者有其他严重情节的行为。依据《追诉标准》，应予追诉的是：(1) 发行数额在1000万元以上的；(2) 伪造政府公文、有效证明文件或者相关凭证、单据的；(3) 债权人要求清退，无正当理由不予清退的；(4) 利用非法募集的资金进行违法活动的；(5) 转移或者隐瞒所募集资金的；(5) 造成恶劣影响的。

依据《刑法》第160条的规定，犯本罪的，处5年以下有期徒刑或者拘役，并处或者单处非法募集资金金额1%以上5%以下罚金。单位犯本罪的，对单位判处罚金，并对其直接负责的主管人员和其他直接责任人员，处5年以下有期徒刑或者拘役。

4. 提供虚假财会报告罪

提供虚假财会报告罪，是指依法负有信息披露义务的公司、企业向股东和社会公众提供虚假的或者隐瞒重要事实的财务会计报告，或者对依法应当披露的其他重要信息不按规定披露，严重损害股东或者其他人利益的行为，或者有其他严重情节的行为。依据《追诉标准》，应予追诉的是：(1) 造成股东或者其他人直接经济损失在50万元以上的；(2) 致使股票被取消上市资格或者交易被迫停止的。

依据《刑法》第161条的规定，犯本罪的，对其直接负责的主管人员和其他直接责任人员，处3年以下有期徒刑或者拘役，并处或者单处2万元以上20万元以下罚金。

5. 妨害清算罪

妨害清算罪，是指公司、企业进行清算时，隐匿财产，对资产负债表或者财产清单作虚伪记载或者在未清偿债务前分配公司、企业财产，严重损害债权人或者其他人利益的行为。依据《追诉标准》，妨害清算，造成债权人或者其他人直接经济损失在10万元以上的应予追诉。

依据《刑法》第162条的规定，公司、企业犯本罪的，实行单罚制，即只对其直接负责的主管人员和其他直接责任人员，处5年以下有期徒刑或者拘役，并处或者单处2万元以上20万元以下罚金。

6. 隐匿、故意销毁会计凭证、会计账簿、财务会计报告罪

隐匿、故意销毁会计凭证、会计账簿、财务会计报告罪，是指隐匿或者故

意销毁依法应当保存的会计凭证、会计账簿、财务会计报告，情节严重的行为。依据《追诉标准》，应予追诉的是：（1）隐匿、销毁的会计资料涉及金额在50万元以上的；（2）为逃避依法查处而隐匿、销毁或者拒不交出会计资料的。

依据《刑法》第162条之一规定，犯本罪的处5年以下有期徒刑或者拘役，并处或者单处2万元以上20万元以下罚金。单位犯本罪的，对单位判处罚金，并对其直接负责的主管人员和其他直接责任人员，依照自然人犯本罪的规定处罚。

7. 虚假破产罪

虚假破产罪，是指公司、企业通过隐匿财产、承担虚构的债务或者以其他方法转移、处分财产，实施虚假破产，严重损害债权人或者其他人利益的行为。

根据《刑法》第162条之二规定，犯本罪的，对其直接负责的主管人员和其他直接责任人员，处5年以下有期徒刑或者拘役，并处或者单处2万元以上20万元以下罚金。

8. 对公司、企业人员或者其他单位的工作人员以及外国公职人员或者国际公共组织官员行贿罪

对公司、企业人员或者其他单位的工作人员以及外国公职人员或者国际公共组织官员行贿罪，是指为谋取不当利益，给予公司、企业工作人员或者其他单位的工作人员以及外国公职人员或者国际公共组织官员以财物，数额较大的行为。

依据《刑法》第164条规定，犯本罪的，处3年以下有期徒刑或者拘役；犯本罪数额巨大的，处3年以上10年以下有期徒刑，并处罚金；单位犯本罪的，对单位判处罚金，并对其并对其直接负责的主管人员和其他直接责任人员，依照自然人犯本罪的规定处罚。行贿人在被追诉前主动交代行贿行为的，可以减轻处罚或者免除处罚。

9. 非法经营同类营业罪

非法经营同类营业罪，是指国有公司、企业的董事、经理利用职务便利，自己经营或者为他人经营与其所任职公司、企业同类的营业，获取非法利益，数额巨大的行为。所谓“同类营业”是指与行为人所任职公司、企业相同或相近似的经营业务。依据《追诉标准》，获取非法利益，数额在10万元以上的，应予追诉。

依据《刑法》第165条的规定，犯本罪的，处3年以下有期徒刑或者拘役，并处或者单处罚金；数额特别巨大的，处3年以上7年以下有期徒刑，并

处罚金。

10. 为亲友非法牟利罪

为亲友非法牟利罪，是指国有公司、企业、事业单位的工作人员，利用职务便利，将本单位的盈利业务交由自己的亲友进行经营，或者以明显高于市场的价格向自己的亲友经营管理的单位采购商品或者以明显低于市场的价格向自己的亲友经营管理的单位销售商品，或者向自己的亲友经营管理的单位采购不合格商品，致使国家利益遭受重大损失的行为。依据《追诉标准》，应予追诉的是：（1）造成国家直接经济损失数额在10万元以上的；（2）致使有关单位停产、破产的；（3）造成恶劣影响的。

依据《刑法》第166条的规定，犯本罪的，处3年以下有期徒刑或者拘役，并处或者单处罚金；致使国家利益遭受特别重大损失的，处3年以上7年以下有期徒刑，并处罚金。

11. 签订、履行合同失职被骗罪

签订、履行合同失职被骗罪，是指国有公司、企业、事业单位直接负责的主管人员，在签订、履行合同过程中，因严重不负责任被诈骗，致使国家利益遭受重大损失的行为。依据《追诉标准》，造成国家直接经济损失数额在50万元以上的，或者直接经济损失占注册资本30%以上的，或者金融机构、从事对外贸易经营活动的公司、企业的工作人员，严重不负责任，造成国家外汇被骗购或者逃汇数额在100万美元以上的，应予追诉。

依据《刑法》第167条的规定，犯本罪的，处3年以下有期徒刑或者拘役；致使国家利益遭受特别重大损失的，处3年以上7年以下有期徒刑。

12. 国有公司、企业、事业单位人员失职罪

国有公司、企业、事业单位人员失职罪，是指国有公司、企业的工作人员由于严重不负责任，造成国有公司、企业破产或者严重损失，或者国有事业单位工作人员严重不负责任，造成国有公司、企业破产或者严重损失致使国家利益遭受重大损失的行为。依据《追诉标准》，应予追诉的是：（1）造成国家直接经济损失数额在50万元以上的；（2）致使国有公司、企业停产或者破产的；（3）造成恶劣影响的。

依据《刑法》第168条规定，犯本罪的，处3年以下有期徒刑或者拘役；致使国家利益遭受特别重大损失的，处3年以上7年以下有期徒刑。国有公司、企业、事业单位的工作人员，因徇私舞弊犯本罪的，从重处罚。

13. 国有公司、企业、事业单位人员滥用职权罪

国有公司、企业、事业单位人员滥用职权罪，是指国有公司、企业的工作人员滥用职权，造成国有公司、企业破产或者严重损失，或者国有事业单位工

作人员滥用职权，致使国家利益遭受重大损失的行为。本罪主观方面是间接故意。依据《追诉标准》，应予追诉的是：（1）造成国家直接经济损失数额在30万元以上的；（2）致使国有公司、企业停产或者破产的；（3）造成恶劣影响的。

根据《刑法》第168条的规定，犯本罪的，处3年以下有期徒刑或者拘役；致使国家利益遭受特别重大损失的，处3年以上7年以下有期徒刑。国有公司、企业、事业单位工作人员，因徇私舞弊犯本罪的，依照本条的规定从重处罚。

14. 徇私舞弊低价折股、出售国有资产罪

徇私舞弊低价折股、出售国有资产罪，是指国有公司、企业或者其上级主管部门直接负责的主管人员，徇私舞弊，将国有资产低价折股或者低价出售，致使国家利益遭受重大损失的行为。依据《追诉标准》，应予追诉的是：（1）造成国家直接经济损失数额在30万元以上的；（2）致使国有公司、企业停产或者破产的；（3）造成恶劣影响的。

依据《刑法》第169条的规定，犯本罪的，处3年以下有期徒刑或者拘役；致使国家利益遭受特别重大损失的，处3年以上7年以下有期徒刑。

15. 背信损害上市公司利益罪

背信损害上市公司利益罪，是指上市公司的董事、监事、高级管理人员违背对公司的忠实义务，利用职务便利，操纵上市公司无偿向其他单位或者个人提供资金、商品、服务或者其他资产；以明显不公平的条件，提供或者接受资金、商品、服务或者其他资产的；向明显不具有清偿能力的单位或者个人提供资金、商品、服务或者其他资产；为明显不具有清偿能力的单位或者个人提供担保，或者无正当理由为其他单位或者个人提供担保；无正当理由放弃债权、承担债务的；以及采用其他方式损害上市公司利益，致使上市公司利益遭受重大损失的行为。

根据《刑法》第169条之一规定，犯此罪的，处3年以下有期徒刑或者拘役，并处或者单处罚金；致使上市公司利益遭受特别重大损失的，处3年以上7年以下有期徒刑，并处罚金。上市公司的控股股东或者实际控制人，指使上市公司董事、监事、高级管理人员实施前款行为的，依照背信损害上市公司利益罪处罚。犯此罪的上市公司的控股股东或者实际控制人是单位的，对单位判处罚金，并对其直接负责的主管人员和其他直接责任人员，依照背信损害上市公司利益罪处罚。

四、破坏金融管理秩序方面的其他犯罪

1. 出售、购买、运输假币罪

出售、购买、运输假币罪，是指出售、购买伪造的货币或者明知是伪造的

货币而运输，数额较大的行为。依据2000年4月20日《最高人民法院关于审理伪造货币等案件具体应用法律若干问题的解释》，“数额较大”“数额巨大”“数额特别巨大”分别是指出售、购买或者运输假币总面额在4000元以上不满5万元的、5万元以上不满20万元的和20万元以上的。

依据《刑法》第171条第1款规定，犯本罪的，处3年以下有期徒刑或者拘役，并处2万元以上20万元以下罚金；数额巨大的，处3年以上10年以下有期徒刑，并处5万元以上50万元以下罚金；数额特别巨大的，处10年以上有期徒刑或者无期徒刑，并处5万元以上50万元以下罚金或者没收财产。

2. 金融工作人员购买假币、以假币换取货币罪

金融工作人员购买假币、以假币换取货币罪，是指银行或者其他金融机构的工作人员购买伪造的货币或者利用职务上的便利，以伪造的货币换取货币的行为。本罪中的“情节较轻”，是指假币总面额不满人民币4000元或者币量不足400张（枚）或者具有其他情节较轻情形的。

依据《刑法》第171条第2款、第3款的规定，犯本罪，总面额在4000元以上不满5万元或者币量在400张（枚）以上不足5000张（枚）的，处3年以上10年以下有期徒刑，并处2万元以上20万元以下罚金；数额巨大或者有其他严重情节的，处10年以上有期徒刑或者无期徒刑，并处2万元以上20万元以下罚金或者没收财产；情节较轻的，处3年以下有期徒刑或者拘役，并处或者单处1万元以上10万元以下罚金。所谓“情节较轻的”，是指假币总面额不满人民币4000元或者币量不足400张（枚）或者具有其他情节较轻情形的。所谓“数额巨大”，是指假币的总面额在5万元以上或者币量在5000张（枚）以上的。

伪造货币并出售或者运输伪造的货币的，依照《刑法》第170条伪造货币罪的规定定罪从重处罚。

3. 持有、使用假币罪

持有、使用假币罪，是指明知是伪造的货币而持有、使用，数额较大的行为。依据《最高人民法院关于审理伪造货币等案件具体应用法律若干问题的解释》，“数额较大”“数额巨大”“数额特别巨大”分别是指持有、使用假币的总面额在4000元以上不满5万元的、5万元以上不满20万元的和20万元的。

依据《刑法》第172条规定，犯本罪的，处3年以下有期徒刑或者拘役，并处或者单处1万元以上10万元以下罚金；数额巨大的，处3年以上10年以下有期徒刑，并处2万元以上20万元以下罚金；数额特别巨大的，处10年以上有期徒刑，并处5万元以上50万元以下罚金或者没收财产。

4. 变造货币罪

变造货币罪，是指意图流通，变造货币，数额较大的行为。依据《最高人民法院关于审理伪造货币等案件具体应用法律若干问题的解释》，“数额较大”“数额巨大”分别是指变造货币的总面额在2000元以上不满3万元的和3万元以上的。

依据《刑法》第173条规定，犯本罪的，处3年以下有期徒刑或者拘役，并处或者单处1万元以上10万元以下罚金；数额巨大的，处3年以上10年以下有期徒刑，并处2万元以上20万元以下罚金。

5. 擅自设立金融机构罪

擅自设立金融机构罪，是指未经国家有关主管部门批准，擅自设立商业银行、证券交易所、期货交易所、证券公司、期货经纪公司、保险公司或者其他金融机构的行为。

依据《刑法》第174条规定，犯本罪的，处3年以下有期徒刑或者拘役，并处或者单处2万元以上20万元以下罚金；情节严重的，处3年以上10年以下有期徒刑，并处5万元以上50万元以下罚金。单位犯本罪的，对单位判处罚金，并对其直接负责的主管人员和其他直接责任人员，依照自然人犯本罪的规定处罚。

6. 伪造、变造、转让金融机构经营许可证、批准文件罪

伪造、变造、转让金融机构经营许可证、批准文件罪，是指伪造、变造、转让商业银行、证券交易所、期货交易所、证券公司、期货经纪公司、保险公司或者其他金融机构经营许可证、批准文件的行为。

依据《刑法》第174条规定，犯本罪的，处3年以下有期徒刑或者拘役，并处或者单处2万元以上20万元以下罚金；情节严重的，处3年以上10年以下有期徒刑，并处5万元以上50万元以下罚金。单位犯本罪的，对单位判处罚金，并对其直接负责的主管人员和其他直接责任人员，依照自然人犯本罪的规定处罚。

7. 高利转贷罪

高利转贷罪，是指以转贷牟利为目的，套取金融机构信贷资金高利转贷他人，违法所得数额较大的行为。依据《追诉标准》，应予追诉的是：(1) 个人高利转贷，违法所得数额在5万元以上的；(2) 单位高利转贷，违法所得数额在10万元以上的；(3) 虽未达到上述数额标准，但因高利转贷，受过行政处罚两次以上，又高利转贷的。

依据《刑法》第175条规定，犯本罪的，处3年以下有期徒刑或者拘役，并处违法所得1倍以上5倍以下罚金；违法所得数额巨大的，处3年以上7年

以下有期徒刑，并处违法所得1倍以上5倍以下罚金。单位犯本罪的，对单位判处罚金，并对其直接负责的主管人员和其他直接责任人员，处3年以下有期徒刑或者拘役。

8. 骗取贷款、票据承兑、金融票证罪

骗取贷款、票据承兑、金融票证罪，是指以欺骗手段取得银行或者其他金融机构贷款、票据承兑、信用证、保函等，给银行或者其他金融机构造成重大损失或者有其他严重情节的行为。

根据《刑法》第175条之一规定。犯本罪的，处3年以下有期徒刑或者拘役，并处或者单处罚金；给银行或者其他金融机构造成特别重大损失或者有其他特别严重情节的，处3年以上7年以下有期徒刑，并处罚金。单位犯前款罪的，对单位判处罚金，并对其直接负责的主管人员和其他直接责任人员，依照前款的规定处罚。

9. 非法吸收公众存款罪

非法吸收公众存款罪，是指违反金融管理法规，非法吸收公众存款或者变相吸收公众存款，扰乱金融秩序的行为。依据《追诉标准》，应予追诉的是：(1) 个人非法吸收或者变相吸收公众存款，数额在20万元以上的，或者30户以上的，或者给存款人造成直接经济损失数额在10万元以上的；(2) 单位非法吸收或者变相吸收公众存款，数额在100万元以上的，或者150户以上的，或者给存款人造成直接经济损失数额在50万元以上的。

依据《刑法》第176条规定，犯本罪的，处3年以下有期徒刑或者拘役，并处或者单处2万元以上20万元以下罚金；数额巨大或者有其他严重情节的，处3年以上10年以下有期徒刑，并处5万元以上50万元以下罚金。单位犯本罪的，对单位判处罚金，并对其直接负责的主管人员和其他直接责任人员，依照自然人犯本罪的规定处罚。

10. 伪造、变造金融票证罪

伪造、变造金融票证罪，是指伪造、变造金融票证的行为。本罪的犯罪对象是汇票、本票、支票、委托收款凭证、汇款凭证、银行存单等其他银行结算凭证、信用证或者附随单据、文件和信用卡，但依法信用卡不能成为变造的对象。依据《追诉标准》，伪造、变造金融票证面额在1万元以上的或者数量在10张以上的，应予追诉。

依据《刑法》第177条规定，犯本罪的，处5年以下有期徒刑或者拘役，并处或者单处2万元以上20万元以下罚金；情节严重的，处5年以上10年以下有期徒刑，并处5万元以上50万元以下罚金；情节特别严重的，处10年以上有期徒刑或者无期徒刑，并处5万元以上50万元以下罚金或者没收财产。

单位犯本罪的，对单位判处罚金，并对其直接负责的主管人员和其他直接责任人员，依照自然人犯本罪的规定处罚。

11. 妨害信用卡管理罪

妨害信用卡管理罪，是指违反国家关于信用卡管理的规定，妨害信用卡管理的行为。其具体表现形式有：（1）明知是伪造的信用卡而持有、运输的，或者明知是伪造的空白信用卡而持有、运输，数量较大的；（2）非法持有他人信用卡，数量较大的；（3）使用虚假的身份证明骗取信用卡的：（4）出售、购买、为他人提供伪造的信用卡或者以虚假的身份证明骗领的信用卡的。

根据《刑法》第177条的规定，犯本罪的，处3年以下有期徒刑或者拘役，并处或者单处1万元以上10万元以下罚金；数量巨大或者有其他严重情节的，处3年以上10年以下有期徒刑，并处2万元以上20万元以下罚金。

12. 窃取、收买或者非法提供他人信用卡信息罪

窃取、收买或者非法提供他人信用卡信息罪，是指窃取、收买或者非法提供他人信用卡信息资料的行为。所谓“信用卡信息资料”，是指信用卡磁条中的信息内容，而不是指信用卡本身。主要包括信用卡磁条内储存的涉及信用卡所有人的姓名、性别、年龄、身份证号码、工作单位、家庭住址、信用卡内的存款余额、信用卡的编号、进入密码等一系列信息资料。这些信息资料，除了银行信用卡的制作部门和信用卡所有人外，不为他人所知晓。犯罪分子在利用高科技手段，取得信用卡信息资料后，即可利用此信息资料克隆出与合法信用卡一样的伪造的信用卡，并使用克隆的信用卡窃取合法信用卡内的存款或恶意透支。本罪为选择性罪名，即行为人只要实施了窃取、收买或者非法提供他人信用卡信息资料中的任意一项行为，即可构成本罪。本罪同时也是行为犯，行为人只要实施了窃取、收买或者非法提供他人信用卡信息资料的行为，即构成犯罪既遂。

根据《刑法》第177条的规定，犯本罪的，处3年以下有期徒刑或者拘役，并处或者单处1万元以上10万元以下罚金；数量巨大或者有其他严重情节的，处3年以上10年以下有期徒刑，并处2万元以上20万元以下罚金。

13. 伪造、变造国家有价证券罪

伪造、变造国家有价证券罪，是指伪造、变造国库券或者国家发行的其他有价证券，数额较大的行为。依据《追诉标准》，伪造、变造国家有价证券总面额在2000元以上的，应予追诉。

依据《刑法》第178条第1款、第3款规定，犯本罪的，处3年以下有期徒刑或者拘役，并处或者单处2万元以上20万元以下罚金；数额巨大的，处3年以上10年以下有期徒刑，并处5万元以上50万元以下罚金；数额特别巨大

的，处 10 年以上有期徒刑或者无期徒刑，并处 5 万元以上 50 万元以下罚金或者没收财产。单位犯本罪的，对单位判处罚金，并对其直接负责的主管人员和其他直接责任人员，依照自然人犯本罪的规定处罚。

14. 伪造、变造股票或者公司、企业债券罪

伪造、变造股票或者公司、企业债券罪，是指伪造、变造股票或者公司、企业债券，数额较大的行为。依据《追诉标准》，伪造、变造股票、公司、企业债券总面额在 5000 元以上的，应予追诉。

依据《刑法》第 178 条第 2 款、第 3 款规定，犯本罪的，处 3 年以下有期徒刑或者拘役，并处或者单处 1 万元以上 10 万元以下罚金；数额巨大的，处 3 年以上 10 年以下有期徒刑，并处 2 万元以上 20 万元以下罚金。单位犯本罪的，对单位判处罚金，并对其直接负责的主管人员和其他直接责任人员，依照自然人犯本罪的规定处罚。

15. 擅自发行股票、公司、企业债券罪

擅自发行股票、公司、企业债券罪，是指未经国家有关主管部门批准，擅自发行股票或者公司、企业债券，数额巨大、后果严重或者有其他严重情节的行为。依据《追诉标准》，发行数额在 50 万元以上的，或不能及时清偿或者清退的，或造成恶劣影响的，应予追诉。

依据《刑法》第 179 条规定，犯本罪的，处 5 年以下有期徒刑或者拘役，并处或者单处非法募集资金金额 1% 以上 5% 以下罚金。单位犯本罪的，对单位判处罚金，并对其直接负责的主管人员和其他直接责任人员，处 5 年以下有期徒刑或者拘役。

16. 金融从业人员不当获利罪

金融从业人员不当获利罪，是指证券交易所、期货交易所、证券公司、期货经纪公司、基金管理公司、商业银行、保险公司等金融机构的从业人员以及有关监管部门或者行业协会的工作人员，利用因职务便利获取的内幕消息以外的其他未公开的信息，违反规定，从事与该信息相关的证券、期货交易活动，或者明示、暗示他人从事相关交易活动，情节严重的行为。

根据《刑法》第 180 条规定，犯本罪的，依照内幕交易、泄露内幕信息罪的规定处罚。

17. 编造并传播证券、期货交易虚假信息罪

编造并传播证券、期货交易虚假信息罪，是指编造并且传播影响证券、期货交易的虚假信息，扰乱证券、期货交易市场，造成严重后果的行为。依据《追诉标准》，“造成严重后果”，是指造成投资者直接经济损失数额在 3 万元以上的，或致使交易价格和交易量异常波动的，造成恶劣影响的。

依据《刑法》第181条规定，犯本罪的，处5年以下有期徒刑或者拘役，并处或者单处1万元以上10万元以下罚金。单位犯本罪的，对单位判处罚金，并对其直接负责的主管人员和其他直接责任人员，处5年以下有期徒刑或者拘役。

18. 诱骗投资者买卖证券、期货合约罪

诱骗投资者买卖证券、期货合约罪，是指证券交易所、期货交易所、证券公司、期货经纪公司的从业人员，证券业协会、期货业协会或者证券、期货监督管理部门的工作人员，故意提供虚假信息或者伪造、变造、销毁交易记录，诱骗投资者买卖证券、期货合约，造成严重后果的行为。依据《追诉标准》，造成投资者直接经济损失数额在3万元以上的，或致使交易价格和交易量异常波动的，造成恶劣影响的，应予追诉。

依据《刑法》第181条规定，犯本罪的，处5年以下有期徒刑或者拘役，并处或者单处1万元以上10万元以下罚金；情节特别严重的，处5年以上10年以下有期徒刑，并处2万元以上20万元以下罚金。单位犯本罪的，对单位判处罚金，并对其直接负责的主管人员和其他直接责任人员，处5年以下有期徒刑或者拘役。

19. 操纵证券、期货交易市场罪

操纵证券、期货交易市场罪，是指违反证券、期货交易法规，为获取不正当利益或者转嫁风险，操纵证券、期货交易市场，情节严重的行为。本罪的客观行为方式有：（1）单独或者合谋，集中资金优势、持股或者持仓优势或者利用信息优势联合或者连续买卖，操纵证券、期货交易价格或者证券、期货交易量的；（2）与他人串通，以事先约定的时间、价格和方式相互进行证券、期货交易，影响证券、期货交易价格或者证券、期货交易量的；（3）在自己实际控制的账户之内进行证券交易，或者以自己为交易对象，自买自卖期货合约，影响证券、期货交易价格或者证券、期货交易量的；（4）以其他方法操纵证券、期货交易市场的。依据《追诉标准》，“情节严重”是指非法获利数额在50万元以上的，或致使交易价格和交易量异常波动的，或以暴力、胁迫手段强迫他人操纵交易价格的，或虽未达到上述数额标准，但因操纵证券、期货交易市场，受过行政处罚两次以上，又操纵证券、期货交易市场的。

依据《刑法》第182条规定，犯本罪的，处5年以下有期徒刑或者拘役，并处或者单处罚金。情节特别严重的，处5年以上10年以下有期徒刑，并处罚金。单位犯本罪的，对单位判处罚金，并对其直接负责的主管人员和其他直接责任人员，依照自然人犯本罪的规定处罚。

20. 背信运用受托财产罪

背信运用受托财产罪，是指商业银行、证券交易所、期货交易所、证券公司、期货经纪公司、保险公司或者其他金融机构，违背受托义务，擅自运用客户资金或者其他委托、信托的财产，情节严重的行为。

根据《刑法》第185条之一规定，犯本罪的，对单位判处罚金，并对其直接负责的主管人员和其他直接责任人员，处3年以下有期徒刑或者拘役，并处3万元以上30万元以下罚金；情节特别严重的，处3年以上10年以下有期徒刑，并处5万元以上50万元以下罚金。

21. 违法运用资金罪

违法运用资金罪，是指社会保障基金管理机构、住房公积金管理机构等公众资金管理机构，以及保险公司、保险资产管理公司、证券投资基金管理公司，违反国家规定运用资金的行为。

根据《刑法》第185条之一规定，犯本罪的，对其直接负责的主管人员和其他直接责任人员，依照背信运用受托财产罪处罚。

22. 违法发放贷款罪

违法发放贷款罪，是指银行或者其他金融机构的工作人员违反国家规定发放贷款，数额巨大或者造成重大损失的行为。依据《追诉标准》，“较大损失”是指个人违法向关系人发放贷款，造成直接经济损失数额在10万元以上的，或者单位违法向关系人发放贷款，造成直接经济损失数额在30万元以上的。

依据《刑法》第186条第1款、第3款规定，犯本罪的，处5年以下有期徒刑或者拘役，并处1万元以上10万元以下罚金；数额特别巨大或者造成特别重大损失的，处5年以上有期徒刑，并处2万元以上20万元以下罚金。单位犯本罪的，对单位判处罚金，并对其直接负责的主管人员和其他直接责任人员，依照自然人犯本罪的规定处罚。

23. 吸收客户资金不入账罪

吸收客户资金不入账罪，是指银行或者其他金融机构的工作人员，吸收客户资金不入账，数额巨大或者造成特别重大损失的行为。

依据《刑法》第187条规定，犯本罪的，处5年以下有期徒刑或者拘役，并处2万元以上20万元以下罚金；数额特别巨大或者造成特别重大损失的，处5年以上有期徒刑，并处5万元以上50万元以下罚金。单位犯本罪的，对单位判处罚金，并对其直接负责的主管人员和其他直接责任人员，依照自然人犯本罪的规定处罚。

24. 违规出具金融票证罪

违规出具金融票证罪，是指银行或者其他金融机构的工作人员违反规定，为他人出具信用证或者其他保函、票据、存单、资信证明，情节严重的行为。依据《追诉标准》，应予追诉的是：个人违反规定为他人出具金融票证，造成直接经济损失在10万元以上的；单位违反规定为他人出具金融票证，造成直接经济损失在30万元以上的。

依据《刑法》第188条规定，犯本罪的，处5年以下有期徒刑或者拘役；情节特别严重的，处5年以上有期徒刑。单位犯本罪的，对单位判处罚金，并对其直接负责的主管人员和其他直接责任人员，依照自然人犯本罪的规定处罚。

25. 对违法票据承兑、付款、保证罪

对违法票据承兑、付款、保证罪，是指银行或者其他金融机构及其工作人员在票据业务中，对违反《票据法》规定的票据予以承兑、付款或者保证，造成重大损失的行为。依据《追诉标准》，应予追诉的是：个人对违反《票据法》规定的票据予以承兑、付款、保证，造成直接经济损失数额在50万元以上的；单位对违反《票据法》规定的票据承兑、付款、保证，造成直接经济损失数额在100万元以上的。

依据《刑法》第189条规定，犯本罪的，处5年以下有期徒刑或者拘役；造成特别重大损失的，处5年以上有期徒刑。单位犯本罪的，对单位判处罚金，并对其直接负责的主管人员和其他直接责任人员，依照自然人犯本罪的规定处罚。

26. 逃汇罪

逃汇罪，是指公司、企业或者其他单位违反国家规定，擅自将外汇存放境外，或者将境内的外汇非法转移到境外，数额较大的行为。依据《追诉标准》，单笔或者累计数额在500万美元以上的，应予追诉。

依据《刑法》第190条和《关于惩治骗购外汇、逃汇和非法买卖外汇犯罪的决定》的规定，犯本罪数额较大的，对单位判处逃汇数额5%以上30%以下罚金，并对其直接负责的主管人员和其他直接责任人员处5年以下有期徒刑或者拘役；数额巨大或者有其他严重情节的，对单位判处逃汇数额5%以上30%以下罚金，并对其直接负责的主管人员和其他直接责任人员处5年以上有期徒刑。

27. 骗购外汇罪

骗购外汇罪，是指骗购外汇，数额较大的行为。犯罪对象是外汇，包括：外国货币；外币有价证券，如政府公债、国库券、公司债券、股票息票等；外汇支付凭证，如票据、银行存款凭证、邮政储蓄凭证；其他外汇资金。骗购外汇的方式行为有：（1）使用伪造、变造的海关签发的报关单、进口证明、外汇管理部门核准件等凭证和单据骗购外汇的；（2）重复使用海关签发的报关单、进口证明、外汇管理部门核准件等凭证和单据骗购外汇的；（3）以其他方式骗购外汇的。伪造、变造海关签发的报关单、进口证明、外汇管理部门核准件等凭证和单据，并用于骗购外汇的，从重处罚。依据《追诉标准》，骗购外汇在50万美元以上的，应予追诉。

依据全国人民代表大会常务委员会通过的《关于惩治骗购外汇、逃汇和非法买卖外汇犯罪的决定》第1条规定，犯本罪的，处5年以下有期徒刑或者拘役，并处骗购外汇数额5%以上30%以下罚金；数额巨大或者有其他严重情节的，处5年以上10年以下有期徒刑，并处骗购外汇5%以上30%以下罚金；数额特别巨大或者有其他特别严重情节的，处10年以上有期徒刑或者无期徒刑，并处骗购外汇数额5%以上30%以下罚金或者没收财产。单位犯本罪的，对单位按照规定判处罚金，并且对其直接负责的主管人员和其他直接责任人员，处5年以下有期徒刑或者拘役；数额巨大或者有其他严重情节的，处5年以上10年以下有期徒刑；数额特别巨大或者有其他严重情节的，处10年以上有期徒刑或者无期徒刑。

五、合融诈骗方面的其他犯罪

1. 贷款诈骗罪

贷款诈骗罪，是指以非法占有为目的，诈骗银行或者其他金融机构的贷款，数额较大的行为。本罪所诈骗的只能是银行或者其他金融机构的贷款。诈骗贷款的行为方式有：（1）编造引进资金、项目等虚假理由的；（2）使用虚假的经济合同的；（3）使用虚假的证明文件的；（4）使用虚假的产权证明作担保或者超出抵押物价值重复担保的；（5）以其他方法诈骗贷款的。依据《追诉标准》，贷款诈骗数额在1万元以上的，应予追诉。

依据《刑法》第193条的规定，犯本罪的，处5年以下有期徒刑或者拘役，并处2万元以上20万元以下罚金；数额巨大或者有其他严重情节的，处5年以上10年以下有期徒刑，并处5万元以上50万元以下罚金；数额特别巨大或者有其他特别严重情节的，处10年以上有期徒刑或者无期徒刑，并处5万元以上50万元以下罚金或者没收财产。

2. 票据诈骗罪

票据诈骗罪，是指以非法占有为目的，进行金融票据诈骗活动，数额较大的行为。票据诈骗的行为方式有：（1）明知是伪造、变造的汇票、本票、支票而使用的；（2）明知是作废的汇票、本票、支票而使用的；（3）冒用他人的汇票、本票、支票的；（4）签发空头支票或者与预留印鉴不符的支票，骗取财物的；（5）汇票、本票的出票人签发无资金保证的汇票、本票或者在出票时作虚假记载，骗取财物的。依据《追诉标准》，个人进行金融票据诈骗数额在5000元以上的或者单位进行金融票据诈骗数额在10万元以上的，应予追诉。

依据《刑法》第194条、第200条的规定，犯本罪的，处5年以下有期徒刑或者拘役，并处2万元以上20万元以下罚金；数额巨大或者有其他严重情节的，处5年以上10年以下有期徒刑，并处5万元以上50万元以下罚金；数额特别巨大或者有其他特别严重情节的，处10年以上有期徒刑或者无期徒刑，并处5万元以上50万元以下罚金或者没收财产；数额特别巨大并且给国家和人民利益造成特别重大损失的，处无期徒刑或者死刑，并处没收财产。单位犯本罪的，对单位判处罚金，并对其直接负责的主管人员和其他直接责任人员，处5年以下有期徒刑或者拘役，可以并处罚金；数额巨大或者有其他严重情节的，处5年以上10年以下有期徒刑，并处罚金；数额特别巨大或者有其他特别严重情节的，处10年以上有期徒刑或者无期徒刑。

3. 金融凭证诈骗罪

金融凭证诈骗罪，是指以非法占有为目的使用伪造、变造的委托收款凭证、汇款凭证、银行存单等其他银行结算凭证，骗取财物，数额较大的行为。依据《追诉标准》，个人进行金融凭证诈骗数额在500元以上的或者单位进行金融凭证诈骗数额在10万元以上的，应予追诉。

依据《刑法》第194条、第200条的规定，犯本罪的，依据票据诈骗罪的相应法定刑处罚。

4. 信用证诈骗罪

信用证诈骗罪，是指以非法占有为目的，进行信用证诈骗活动的行为。信用证诈骗的行为方式有：（1）使用伪造、变造的信用证或者附随的单据、文件的；（2）使用作废的信用证的；（3）骗取信用证的；（4）以其他方法进行信用证诈骗活动的。本罪属于行为犯。

依据《刑法》第195条、第200条规定，犯本罪的，处5年以下有期徒刑或者拘役，并处2万元以上20万元以下罚金；数额巨大或者有其他严重情节的，处5年以上10年以下有期徒刑，并处5万元以上50万元以下罚金；数额特别巨大或者有其他特别严重情节的，处10年以上有期徒刑或者无期徒刑，并处5万元以上50万元以下罚金或者没收财产。单位犯本罪的，对单位判处罚金，并对其直接负责的主管人员和其他直接责任人员，处5年以下有期徒刑或者拘役，可以并处罚金；数额巨大或者有其他严重情节的，处5年以上10年以下有期徒刑，并处罚金；数额特别巨大或者有其他特别严重情节的，处10年以上有期徒刑或者无期徒刑，并处罚金。

5. 有价证券诈骗罪

有价证券诈骗罪，是指以非法占有为目的，使用伪造、变造的国库券或者国家发行的其他有价证券，进行诈骗活动，数额较大的行为。依据《追诉标准》，数额在5000元以上的，应予追诉。

依据《刑法》第197条的规定，犯本罪的，处5年以下有期徒刑或者拘役，并处2万元以上20万元以下罚金；数额巨大或者有其他严重情节的，处5年以上10年以下有期徒刑，并处5万元以上50万元以下罚金；数额特别巨大或者有其他特别严重情节的，处10年以上有期徒刑或者无期徒刑，并处5万元以上50万元以下罚金或者没收财产。

六、危害税收征管方面的其他犯罪

1. 抗税罪

抗税罪，是指纳税人、扣缴义务人，违反税收征收法规，以暴力、威胁方法拒不缴纳税款的行为。

依据《刑法》第202条、第212条的规定，犯本罪的，处3年以下有期徒刑或者拘役，并处拒缴税款1倍以上5倍以下罚金；情节严重的，处3年以上7年以下有期徒刑，并处拒缴税款1倍以上5倍以下罚金。对被判处罚金、没收财产的，在执行前，应当先由税务机关追缴税款。

2. 逃避追缴欠税罪

逃避追缴欠税罪，是指纳税人欠缴应纳税款，采取转移或者隐匿财产的手段，致使税务机关无法追缴欠缴的税款额在1万元以上的行为。

依据《刑法》第203条、第211条、第212条的规，犯本罪数额在1万元以上不满10万元的，处3年以下有期徒刑或者拘役，并处或者单处欠缴税款1倍以上5倍以下罚金；数额在10万元以上的，处3年以上7年以下有期徒刑，并处欠缴税款1倍以上5倍以下罚金。单位犯本罪的，对单位判处罚金，并对其直接负责的主管人员和其他直接责任人员，依照自然人犯本罪的规定处罚。对被判处罚金、没收财产的，在执行前，应当先由税务机关追缴税款。

3. 骗取出口退税罪

骗取出口退税罪，是指以假报出口或者其他欺骗手段，骗取国家出口退税款，数额较大的行为。

依据《刑法》第204条、第211条、第212条的规定，犯本罪的，处5年以下有期徒刑或者拘役，并处骗取税款1倍以上5倍以下罚金；数额巨大或者有其他严重情节的，处5年以上10年以下有期徒刑，并处骗取税款1倍以上5倍以下罚金；数额特别巨大或者有其他特别严重情节的，处10年以上有期徒刑或者无期徒刑，并处骗取税款1倍以上5倍以下罚金或者没收财产。单位犯本罪的，对单位判处罚金，并对其直接负责的主管人员和其他直接责任人员，依照自然人犯本罪的规定处罚。对被判处罚金、没收财产的，在执行前，应当先由税务机关追缴税款。

4. 伪造、出售伪造的增值税专用发票罪

伪造、出售伪造的增值税专用发票罪，是指伪造或者出售伪造的增值税专用发票的行为。

依据《刑法》第206条的规定，犯本罪的，处3年以下有期徒刑、拘役或者管制，并处2万元以上20万元以下罚金；数量较大或者有其他严重情节的，处3年以上10年以下有期徒刑，并处5万元以上50万元以下罚金；数量巨大或者有其他特别严重情节的，处10年以上有期徒刑或者无期徒刑，并处5万元以上50万元以下罚金或者没收财产。单位犯本罪的，对单位判处罚金，并对其直接负责的主管人员和其他直接责任人员，处3年以下有期徒刑、拘役或者管制；数量较大或者有其他严重情节的，处3年以上10年以下有期徒刑；数量巨大或者有其他特别严重情节的，处10年以上有期徒刑或者无期徒刑。

5. 非法出售增值税专用发票罪

非法出售增值税专用发票罪，是指违反国家发票管理法规，非法出售增值税专用发票的行为。

依据《刑法》第207条、第211条的规定，犯本罪的，处3年以下有期徒刑、拘役或者管制，并处2万元以上20万元以下罚金；数量较大的，处3年以上10年以下有期徒刑，并处5万元以上50万元以下罚金；数量巨大的，处10年以上有期徒刑或者无期徒刑，并处5万元以上50万元以下罚金或者没收财产。单位犯本罪的，对单位判处罚金，并对其直接负责的主管人员和其他直接责任人员，依照自然人犯本罪的规定处罚。

6. 非法购买增值税专用发票、购买伪造的增值税专用发票罪

非法购买增值税专用发票、购买伪造的增值税专用发票罪，是指非法购买增值税专用发票或者购买伪造的增值税专用发票的行为。

依据《刑法》第208条、第211条的规定，犯本罪的，处5年以下有期徒刑或者拘役，并处或者单处2万元以上20万元以下罚金。单位犯本罪的，对单位判处罚金，并对其直接负责的主管人员和其他直接责任人员，依照自然人犯本罪的规定处罚。

7. 伪造、擅自制造或者出售伪造、擅自制造可以用于骗取出口退税、抵扣税款发票罪

伪造、擅自制造或者出售伪造、擅自制造可以用于骗取出口退税、抵扣税款发票罪，是指伪造、擅自制造或者出售伪造、擅自制造的可以用于骗取出口退税、抵扣税款的其他发票的行为。

依据《刑法》第209条第1款和第211条的规定，犯本罪的，处3年以下有期徒刑、拘役或者管制，并处2万元以上20万元以下罚金；数量巨大的，处3年以上7年以下有期徒刑，并处5万元以上50万元以下罚金；数量特别巨大的，处7年以上有期徒刑，并处5万元以上50万元以下罚金或者没收财产。单位犯本罪的，对单位判处罚金，并对其直接负责的主管人员和其他直接责任人员，依照自然人犯本罪的规定处罚。

8. 伪造、擅自制造或者出售伪造、擅自制造发票罪

伪造、擅自制造或者出售伪造、擅自制造发票罪，是指伪造、擅自制造或者出售伪造、擅自制造发票的行为。

依据《刑法》第209条第2款和第211条的规定，犯本罪的，处2年以下有期徒刑、拘役或者管制，并处或者单处1万元以上5万元以下罚金；情节严重的，处2年以上7年以下有期徒刑，并处5万元以上50万元以下罚金。单位犯本罪的，对单位判处罚金，并对其直接负责的主管人员和其他直接责任人员，依照自然人犯本罪的规定处罚。

9. 非法出售用于骗取出口退税、抵扣税款发票罪

非法出售用于骗取出口退税、抵扣税款发票罪，是指非法出售可以通于骗取出口退税、抵扣税款发票的行为。

依据《刑法》第209条第3款和第211条的规定，犯本罪的，按照《刑法》第209条第1款的规定处罚。

10. 非法出售发票罪

非法出售发票罪，是指非法出售增值税专用发票、可以用于骗取出口退税、抵扣税款之外的其他发票的行为。

依据《刑法》第209条第4款和第211条的规定，犯本罪的，按照《刑法》第209条第2款的规定处罚。

七、侵犯知识产权方面的其他犯罪

1. 销售假冒注册商标的商品罪

销售假冒注册商标的商品罪，是指违反国家商标管理法规，销售明知是假冒注册商标的商品，个人销售数额在10万元以上的或单位销售数额在50万元以上的行为。

依据《刑法》第214条、第220条的规定，犯本罪的，处3年以下有期徒刑或者拘役，并处或者单处罚金；销售金额数额巨大的，处3年以上7年以下有期徒刑，并处罚金。单位犯本罪的，对单位判处罚金，并对其直接负责的主管人员和其他直接责任人员，依照自然人犯本罪的规定处罚。

2. 非法制造、销售非法制造的注册商标标识罪

非法制造、销售非法制造的注册商标标识罪，是指伪造、擅自制造他人注册商标标识或者销售伪造、擅自制造的注册商标标识，情节严重的行为。依据《追诉标准》，“情节严重”是指：数量在2万件（套）以上，或者违法所得数额在2万元以上，或者非法经营数额在20万元以上的；非法制造、销售非法制造的驰名商标标识的；虽未达到前述数额标准，但因非法制造、销售非法制造的注册商标标识，受过行政处罚两次以上，又非法制造、销售非法制造的注册商标标识的；利用贿赂等非法手段推销非法制造的注册商标标识的。

依据《刑法》第215条、第220条的规定，犯本罪的，处3年以下有期徒刑、拘役或者管制，并处或者单处罚金；情节特别严重的，处3年以上7年以下有期徒刑，并处罚金。单位犯本罪的，对单位判处罚金，并对其直接负责的主管人员和其他直接责任人员，依照自然人犯本罪的规定处罚。

3. 假冒专利罪

假冒专利罪，是指违反国家专利法规，假冒他人专利，情节严重的行为。假冒的对象只能是在法律保护期限内的专利。依据《追诉标准》，“情节严重”是指违法所得数额在10万元以上的；给专利权人造成直接经济损失数额在50万元以上的；虽未达到前述数额标准，但因假冒他人专利，受过行政处罚两次以上，又假冒他人专利的；造成恶劣影响的。

依据《刑法》第216条、第220条的规定，犯本罪的，处3年以下有期徒刑或者拘役，并处或者单处罚金。单位犯本罪的，对单位判处罚金，并对其直接负责的主管人员和其他直接责任人员，依照自然人犯本罪的规定处罚。

4. 销售侵权复制品罪

销售侵权复制品罪，是指以营利为目的，销售明知是侵犯他人著作权的复制品，个人违反所得数额在10万元以上，单位在50万元以上的行为。

依据《刑法》第218条、第220条的规定，犯本罪的，处3年以下有期徒刑或者拘役，并处或者单处罚金。依据《刑法》第220条的规定，单位犯本罪的，对单位判处罚金，并对其直接负责的主管人员和其他直接责任人员，依照自然人犯本罪的规定处罚。

5. 侵犯商业秘密罪

侵犯商业秘密罪，是指违反国家商业秘密保护法律法规，侵犯他人商业秘密，给商业秘密权利人造成重大损失的行为。

依据《刑法》第219条、第220条规定，犯本罪的，处3年以下有期徒刑或者拘役，并处或者单处罚金；造成特别严重后果的，处3年以上7年以下有期徒刑，并处罚金；依据《刑法》第220条的规定，单位犯本罪的，对单位

判处罚金，并对其直接负责的主管人员和其他直接责任人员，依照自然人犯本罪的规定处罚。

八、扰乱市场经济秩序方面的其他犯罪

1. 串通投标罪

串通投标罪，是指投保人相互串通投标报价，损害招标人或者其他投标人的利益，情节严重的行为，或者投保人与招标人串通投标，损害国家、集体、公民的合法利益的行为。依据《追诉标准》，应予追诉的是：损害招标人、投标人或者国家、集体、公民的合法利益，造成的直接经济损失数额在50万元以上的；对其他投标人、招标人等投标、招标活动的参加人采取威胁、欺骗等非法手段的；虽未达到前述数额标准，但因串通投标，受过行政处罚两次以上又串通投标的。

依据《刑法》第223条、第231条的规定，犯本罪的，处3年以下有期徒刑或者拘役，并处或者单处罚金。单位犯本罪的，对单位判处罚金，并对其直接负责的主管人员和其他直接责任人员，依照自然人犯本罪的规定处罚。

2. 合同诈骗罪

合同诈骗罪，是指以非法占有为目的，在签订、履行合同过程中，骗取对方当事人财物，数额较大的行为。

依据《刑法》第224条、第231条的规定，犯本罪的，处3年以下有期徒刑或者拘役，并处或者单处罚金；数额巨大或者有其他严重情节的，处3年以上10年以下有期徒刑，并处罚金；数额特别巨大或者有其他特别严重情节的，处10年以上有期徒刑或者无期徒刑，并处罚金或者没收财产。单位犯本罪的，对单位判处罚金，并对其直接负责的主管人员和其他直接责任人员，依照自然人犯本罪的规定处罚。

3. 组织、领导传销活动罪

组织、领导传销活动罪，是指组织、领导以推销商品、提供服务等经营活动为名，要求参加者以缴纳费用或者购买商品、服务等方式获得加入资格，并按照一定顺序组成层级，直接或者间接以发展人员的数量作为计酬或者返利依据，引诱、胁迫参加者继续发展他人参加，骗取财物，扰乱经济社会秩序的传销活动的行为。

根据《刑法》第224条第2款规定，犯本罪的，处5年以下有期徒刑或者拘役，并处罚金；情节严重的，处5年以上有期徒刑，并处罚金。

4. 非法经营罪

非法经营罪，是指违反国家规定，从事非法经营活动，扰乱市场秩序，情

节严重的行为。

依据《刑法》第225条、第231条的规定，犯本罪的，处5年以下有期徒刑或者拘役，并处或者单处违法所得1倍以上5倍以下罚金；情节特别严重的，处5年以上有期徒刑，并处为所得1倍以上5倍以下罚金或者没收财产。单位犯本罪的，对单位判处罚金，并对其直接负责的主管人员和其他直接责任人员，依照自然人犯本罪的规定处罚。

5. 伪造、倒卖伪造的有价票证罪

伪造、倒卖伪造的有价票证罪，是指伪造或者倒卖伪造的车票、船票、邮票或者其他有价票证，数额较大的行为。

依据《刑法》第227条、第231条的规定，犯本罪的，处2年以下有期徒刑、拘役或者管制，并处或者单处票证价额1倍以上5倍以下罚金；数额巨大的，处2年以上7年以下有期徒刑，并处票证价额1倍以上5倍以下罚金。单位犯本罪的，对单位判处罚金，并对其直接负责的主管人员和其他直接责任人员，依照自然人犯本罪的规定处罚。

6. 倒卖车票、船票罪

倒卖车票、船票罪，是指以牟取非法利益为目的，倒卖车票、船票，情节严重的行为。依据《最高人民法院关于审理倒卖车票刑事案件有关问题的解释》规定，高价、变相加价倒卖车票或者倒卖坐席、卧铺签字号及订购车票凭证，票面数额在5000元以上，或者非法获利数额在2000元以上的，属于本罪中“倒卖车票情节严重”。

依据《刑法》第227条第2款、第231条的规定，犯本罪的，处3年以下有期徒刑、拘役或者管制，并处或者单处票证价额1倍以上5倍以下罚金。单位犯本罪的，对单位判处罚金，并对其直接负责的主管人员和其他直接责任人员，依照自然人犯本罪的规定处罚。

7. 非法转让、倒卖土地使用权罪

非法转让、倒卖土地使用权罪，是指以牟利为目的，违反土地管理法规，非法转让、倒卖土地使用权，情节严重的行为。依据《追诉标准》，应予追诉的是：非法转让、倒卖基本农田5亩以上的；非法转让、倒卖基本农田外的耕地10亩以上的；非法转让、倒卖其他土地20亩以上的；非法所得数额在50万元以上的；虽未达到前述数额标准，但因非法转让、倒卖土地使用权受到行政处罚两次以上又非法转让、倒卖土地的或造成恶劣影响的。

依据《刑法》第228条、第231条的规定，犯本罪的，处3年以下有期徒刑或者拘役，并处或者单处非法转让、倒卖土地使用权价额5%以上20%以下罚金；情节特别严重的，处3年以上7年以下有期徒刑，并处非法转让、倒卖土地使用权价额5%以上20%以下罚金。单位犯本罪的，对单位判处罚金，并对其直接负责的主管人员和其他直接责任人员，依照自然人犯本罪的规定处罚。

8. 提供虚假证明文件罪

提供虚假证明文件罪，是指承担资产评估、验资、验证、会计审计、法律服务等职责的中介组织的人员，故意提供虚假证明文件，情节严重的行为。依据《追诉标准》，“情节严重”是指给国家、公众或者其他投资者造成的直接经济损失数额在50万元以上的，虽未达到前述数额标准，但因提供虚假证明文件，受过行政处罚两次以上又提供虚假证明文件的或造成恶劣影响的。

依据《刑法》第229条第1款、第2款和第231条的规定，犯本罪的，处5年以下有期徒刑或者拘役，并处罚金。索取他人财物或者非法收受他人财物犯本罪的，处5年以上10年以下有期徒刑，并处罚金。单位犯本罪的，对单位判处罚金，并对其直接负责的主管人员和其他直接责任人员，依照自然人犯本罪的规定处罚。

9. 出具证明文件重大失实罪

出具证明文件重大失实罪，是指承担资产评估、验资、验证、会计审计、法律服务等职责的中介组织的人员，严重不负责任，出具证明文件有重大失实，造成严重后果的行为。依据《追诉标准》，“造成严重后果”是指给国家、公众或者其他投资者造成的直接经济损失数额在100万元以上的或者造成恶劣影响的。

依据《刑法》第229条第3款、第231条的规定，犯本罪的，处3年以下有期徒刑或者拘役，并处或者单处罚金。单位犯本罪的，对单位判处罚金，并对其直接负责的主管人员和其他直接责任人员，依照自然人犯本罪的规定处罚。

10. 逃避商检罪

逃避商检罪，是指违反《进出口商品检验法》的规定，逃避商品检验，将必须经商检机构检验的进口商品未报经检验而擅自销售、使用，或者将必须经商检机构检验的出口商品未经检验合格而擅自出口，情节严重的行为。依据《追诉标准》，“情节严重”是指给国家、单位或者个人造成的直接经济损失数额在50万元以上的，导致病疫流行、灾害事故或者造成其他严重后果的或者造成恶劣影响的。

依据《刑法》第230条、第231条的规定，犯本罪的，处3年以下有期徒刑或者拘役，并处或者单处罚金。单位犯本罪的，对单位判处罚金，并对其直接负责的主管人员和其他直接责任人员，依照自然人犯本罪的规定处罚。

本章小结

本章的重点是破坏社会主义市场经济秩序罪的一般概念和特征及种类。各种破坏社会主义市场经济秩序罪中的重点犯罪的概念、构成要件和刑事责任。

复习题

（一）思考题

1. 生产、销售伪劣产品罪的客观方面的表现有哪些？

2. 走私普通货物、物品罪的构成要件有哪些？

3. 虚开增值税专用发票或者虚开用于骗取出口退税、抵扣税款之外的其他发票的行为形式有哪些？

4. 什么是伪造货币罪？伪造古钱、废钞是否构成伪造货币罪？为什么？

5. 内幕交易或者泄露内幕信息，情节严重的行为，包括哪些？

6. 什么是洗钱罪？其基本特征有哪些？

7. 信用卡诈骗行为的具体形式有哪些？

8. 什么是保险诈骗罪？其具体表现形式有哪些？

9. 偷税罪本罪与非罪界限的认定。

10. 简述虚假广告罪的主体有哪些？

11. 强迫交易罪客观方面的表现形式有哪些？

12. 什么是走私淫秽物品罪？其罪与非罪的界限是什么？

13. 侵犯著作权罪与销售侵权复制品罪的区别是什么？

（二）名词解释

生产、销售伪劣产品罪　　生产、销售假药罪

走私珍贵动物、珍贵动物制品罪　　走私普通货物、物品罪

走私淫秽物品罪　　公司、企业人员受贿罪

非法经营同类营业罪　　伪造货币罪　　持有、使用假币罪

内幕交易、泄露内幕信息罪　　洗钱罪　　集资诈骗罪

信用卡诈骗罪　　保险诈骗罪　　偷税罪

虚开增值税专用发票、用于骗取出口退税、抵扣税款发票罪

假冒注册商标罪　　侵犯著作权罪　　损害商业信誉、商品声誉罪

虚假广告罪　　强迫交易罪

（三）选择题

1. 偷税罪的主体是（　　）。

A. 一般主体　　B. 纳税人

C. 扣缴义务人　　D. 纳税人、扣缴义务人

2. 某甲为骗取保险金，为自己的厂房投保。在保险合同生效后，指使他人放火烧毁厂房，并殃及附近居民安全。对某甲的行为应（　　）。

A. 以放火罪论处

B. 以保险诈骗罪论处

C. 以放火罪和保险诈骗罪并罚

D. 按牵连犯以放火罪从重处罚

3. 虚假出资、抽逃出资罪的主体包括（　　）。

A. 公司发起人　　B. 股东

C. 公司经理　　D. 公司董事

E. 公司的上级机关

4. 某甲签发空头支票，骗取他人数额较大的财物。某甲的行为构成(　　)。

A. 诈骗罪　　B. 票据诈骗罪

C. 伪造金融票证罪　　D. 伪造金融票证罪和票据诈骗罪

5. 某甲先行伪造人民币 20000 元，又非法持有、使用。对其行为应当(　　)。

A. 以伪造货币罪论处

B. 以持有、使用假币罪论处

C. 以伪造货币罪和持有、使用假币罪数罪并罚

D. 以伪造货币罪定罪从重处罚

6. 侵犯著作权罪的客观表现有（　　）。

A. 未经著作权人许可，复制发行其文字作品、音乐、电影、电视、录像作品、计算机软件及其作品

B. 出版他人享有专有出版权的图书

C. 未经录音录像制作者许可，复制发行其制作的录音录像

D. 制作、出售假冒他人署名的美术作品

E. 出版淫秽物品

7. 走私淫秽物品罪的犯罪主观方面是（　　）。

A. 出于犯罪故意　　B. 以牟利为目的

C. 以传播为目的　　D. 以牟利或者传播为目的

8. 对公司、企业人员行贿罪在犯罪主观方面必须出于（　　）。

A. 犯罪故意　　B. 谋取不正当利益的目的

C. 谋取非法利益的目的　　D. 谋取不道德利益的目的

9. 洗钱罪的犯罪对象是（　　）。

A. 毒品犯罪的违法所得及其收益

B. 走私犯罪的违法所得及其收益

C. 黑社会性质的犯罪的违法所得及其收益

D. 贪污贿赂犯罪的违法所得及其收益

E. 诈骗犯罪的违法所得及其收益

10. 下列侵犯著作权行为中不构成侵犯著作权罪的是（　　）。

A. 出版他人享有专有出版权的图书

B. 未经录音录像制作者的许可，复制、发行其制作的录音录像

C. 制作、出版假冒他人署名的美术作品

D. 剽窃、抄袭他人作品

11. 破坏社会主义市场经济秩序罪包括（　　）。

A. 走私罪　　B. 金融诈骗罪

C. 侵犯知识产权罪　　D. 危害税收征管罪

E. 扰乱市场秩序罪

12. 下列商标侵权行为中属于假冒注册商标罪的是（　　）。

A. 擅自在同一种商品上使用与他人注册商标近似的商标

B. 擅自在同一种商品上使用与他人注册商标相同的商标

C. 擅自在类似商品上使用与他人注册商标近似的商标

D. 擅自在类似商品上使用与他人注册商标相同的商标

13. 伪造货币罪侵犯的直接客体是（　　）。

A. 社会主义经济管理秩序　　B. 社会主义国家利益

C. 国家的货币管理制度　　D. 国家机关的管理活动

14. 非法经营同类营业罪的主体是（　　）。

A. 国有公司、企业的职员　　B. 国有公司、企业的董事、经理

C. 公司、企业的经营人员　　D. 公司、企业的领导人员

（答案：1. D；2. C；3. AB；4. B；5. D；6. ABCD；7. D；8. B；9. ABC；10. D；11. ABCDE；12. B；13. C；14. B）

第十四章　侵犯公民人身权利、民主权利罪

本章主要内容

侵犯公民人身权利、民主权利罪的一般概念和特征及种类。各侵犯公民人身权利、民主权利罪主要犯罪的概念、构成要件和刑事责任，以及该罪各其他犯罪的概念及刑事责任。

本章的重点问题

1. 侵犯公民人身权利、民主权利犯罪的概念和构成要件。

2. 故意杀人罪与故意伤害罪的区别及其实践中应注意的基本问题。

3. 强奸罪的概念、构成要件及认定中应当注意的问题。

4. 拐卖妇女、儿童罪的概念、构成要件及其认定中应当注意的问题。

5. 绑架罪与非法拘禁罪的联系和区别。

6. 刑讯逼供罪的概念、构成要件及其与相关犯罪的区别。

7. 诬告陷害罪与报复陷害罪的概念、构成要件及其认定中应注意的基本问题。

8. 侮辱罪与诽谤罪的关系及其认定中应当注意的问题。

学习目标

了解侵犯公民人身权利、民主权利犯罪的概念、特征；掌握该罪各重点犯罪的概念、构成要件及其实践中应当注意的问题；能够运用相关知识准确分析、判断实践中发生的有关案件。

第一节 侵犯公民人身权利、民主权利罪概述

一、侵犯公民人身权利、民主权利罪的概念和构成要件

侵犯公民人身权利、民主权利罪，是指故意或者过失地侵犯公民人身权利和其他与人身直接有关的权利，以及非法剥夺或者妨害公民自由地行使其依法享有的管理国家事务和参加政治活动权利的行为。

侵犯公民人身权利，是指侵犯公民人身和其他与人身直接有关的权利的行为。如侵犯公民的生命、健康、人身自由、人格和名誉，以及住宅不受侵犯等权利。

侵犯公民民主权利，是指侵犯公民依照宪法和法律所享有的管理国家事务和社会政治生活权利的行为。如侵犯公民的选举权和被选举权、言论自由权、申诉、控告和检举权、宗教信仰自由权、通信自由权等。

本类罪的构成要件是：

（1）本类犯罪侵犯的客体是公民的人身权利和民主权利。公民的人身权利主要包括生命权、健康权、性的不受非法侵犯权、人身自由权、人格名誉权、正常的家庭生活的权利以及与人身直接有关的住宅不受非法侵犯权等内容。公民的民主权利主要包括选举权、被选举权、批评权、申诉权、控告权、举报权、宗教信仰自由权、民族平等权以及通讯自由权等内容。

（2）本类犯罪的客观方面表现为非法地侵犯了公民人身权利、民主权利以及其他与人身直接相关的权利的行为。本类犯罪的具体方式多种多样，但绝大多数犯罪只能由作为方式实施，少数犯罪可以是作为与不作为方式，如故意杀人罪、过失致人死亡罪、故意伤害罪、过失致人重伤罪、虐待被监管人罪，个别犯罪只能由不作为方式实施，如遗弃罪。

（3）本类犯罪的犯罪主体以自然人为主，只有极少数的犯罪涉及单位。除强迫劳动罪是实行只处罚直接责任人员的单罚制的单位犯罪主体外，其他犯罪都是自然人犯罪主体，并且绝大多数都是一般主体，只有少数犯罪是特殊主体，如报复陷害罪、虐待被监管人罪、刑讯逼供罪、暴力取证罪等。应当注意，故意杀人罪、故意伤害致人重伤或者死亡的、强奸罪，其犯罪主体是14周岁以上具有刑事责任能力者。

（4）本类犯罪的主观方面除了过失致人死亡罪和过失致人重伤罪外，其他犯罪只能由故意构成。在本类犯罪中，有些犯罪还必须具有特定的犯罪目的，如诬告陷害罪要求具有意图使他人受刑事追究的目的，拐卖妇女、儿童罪

要求以出卖为目的等。

二、侵犯公民人身权利、民主权利罪的种类

我国《刑法》分则第四章第 232 条至第 262 条对本类罪进行了全面的规定，共有 41 个具体罪名。其中包括：

（一）侵犯公民人身权利的犯罪（23 个罪名）

（1）侵犯公民生命权利的犯罪。具体包括：①故意杀人罪；②过失致人死亡罪。

（2）侵犯公民健康权利的犯罪。具体包括：①故意伤害罪；②组织他人出卖或者非法摘取他人人体器官罪；③过失致人重伤罪。

（3）侵犯妇女、儿童身心健康的犯罪。具体包括：①强奸罪；②强制猥亵、侮辱妇女罪；③猥亵儿童罪。

（4）侵犯公民人身自由的犯罪。具体包括：①非法拘禁罪；②绑架罪；③拐卖妇女、儿童罪；④收买被拐卖的妇女、儿童罪；⑤阻碍解救被收买的妇女、儿童罪；⑥强迫劳动罪；⑦雇用童工从事危重劳动罪；⑧非法搜查罪；⑨非法侵入他人住宅罪。

（5）侵犯公民人格、名誉的犯罪。具体包括：①侮辱罪；②诽谤罪；③诬告陷害罪。

（6）司法工作人员侵犯公民权利的犯罪。具体包括：①刑讯逼供罪；②暴力取证罪；③虐待被监管人罪。

（二）侵犯公民民主权利的犯罪（10 个罪名）

具体包括：①破坏选举罪；②侵犯通信自由罪；③私自开拆、隐匿、毁弃邮件、电报罪；④出售、非法提供和非法获取公民个人信息罪；⑤报复陷害罪；⑥打击报复会计、统计人员罪；⑦煽动民族仇恨、民族歧视罪；⑧出版歧视、侮辱少数民族作品罪；⑨非法剥夺公民宗教信仰罪；⑩侵犯少数风俗习惯罪。

（三）侵犯公民婚姻家庭的犯罪（8 个罪名）

具体包括：①暴力干涉婚姻自由罪；②重婚罪；③破坏军婚罪；④虐待罪；⑤遗弃罪；⑥拐骗儿童罪；⑦组织残疾人、儿童乞讨罪；⑧组织未成年人进行违反治安管理活动罪。

第二节　侵犯公民人身权利、民主权利罪中的重点犯罪

一、故意杀人罪

（一）故意杀人罪的概念和构成要件

故意杀人罪，是指故意非法剥夺他人生命的行为。本罪的构成要件是：

（1）本罪的客体是他人的生命权。生命权利是公民所享有的最基本的人身权利，是行使其他一切权利的自然基础和必要前提，也是刑法保护的具有最高法律价值的权利。人的生命权利，始于出生，终于死亡。即自胎儿从母体中分离出来独立呼吸时起，到大脑机能停止活动时止。

（2）本罪的客观方面表现为实施了非法剥夺他人生命的行为。本罪的犯罪对象只能是有生命的自然人。因此，杀死母腹中的胎儿（即堕胎或造成流产）和戮尸的行为，都不能构成本罪。溺婴是一种故意杀人的行为。至于行为人把尸体误当成活人加以“杀害”的行为，属于对事实的认识错误，应按照故意杀人罪（未遂）处理。所谓“非法”，是指剥夺他人生命并没有法律上的根据。如果是依法剥夺他人生命的行为，则不构成本罪，如符合正当防卫条件下造成不法侵害者死亡的行为，依法对被判处死刑的罪犯执行死刑的行为等。剥夺他人生命的方式和手段是多种多样的，但不外乎是作为和不作为两种类型。不作为方式的杀人，如母亲故意不给婴儿哺乳致其死亡等。

（3）本罪的主体是已满 14 周岁刑事责任能力者。

（4）本罪的主观方面是故意，包括直接故意与间接故意。故意杀人的动机较为复杂，如图财杀人、报复杀人、奸情杀人、义愤杀人、婚恋及家庭纠纷或其他动机。动机不同对构成本罪没有影响，只影响量刑。

（二）故意杀人罪的认定

（1）正确处理“大义灭亲”的杀人案件。所谓“大义灭亲”，通常是指行为人将与自己有近亲属关系的恶逆之人予以杀害的行为。对此类案件的性质，如果不具备正当防卫或防卫过当要求的，应按故意杀人罪追究其刑事责任，但在量刑上可予以从轻处罚。

（2）安乐死的认定。所谓“安乐死”，是指为免除患有不治之症、濒临死亡的病人痛苦，受患者嘱托而使其无痛苦地死亡。对实施安乐死的行为能否不作为犯罪处理，各国法律对此规定不尽一致，由于涉及医学伦理等问题，医学

界、法学界对此意见也不统一。我们认为，没有法律根据，故意剥夺他人生命的行为，都应该构成故意杀人罪。

（3）正确对待和处理自杀事件。自杀是指行为人自己结束自己生命的行为。我国《刑法》没有规定自杀行为构成犯罪。但由于自杀的情况较为复杂，有些自杀行为介入了他人的行为，这就涉及介入行为的法律责任问题。需要具体问题具体分析，确定介入自杀的行为是否构成犯罪。①致人自杀。致人自杀是指由于行为人所实施的某种行为导致他人自杀身亡的情况。对此，应分别以下面四种情形进行处理：一是他人的自杀是由于其他人的正当行为引起的，这里就不存在刑事责任的问题；二是他人自杀是由行为人的错误行为或者轻微违法行为引起的，这种情况不能因为引起了他人自杀，就将上述行为上升为犯罪行为来处理；三是他人自杀是由行为人的严重违法行为引起的，若将这种行为与他人自杀的后果进行综合评价，达到犯罪程度的，应当追究刑事责任；四是他人自杀是由行为人的犯罪行为引起的，但行为人对他人的自杀结果并不具有故意，应按其犯罪行为本身的性质定罪，对引起他人自杀的结果作为选择法定刑幅度的根据或者作为量刑时予以从重考虑的一个情节。②逼人自杀。即行为人凭借某种权势或利用某种特殊关系，以暴力、威胁的方法，故意强迫他人自杀身亡。这是借被害人之手杀死被害人，应以故意杀人罪论处。③教唆自杀或帮助自杀。教唆自杀是指行为人故意用引诱、怂恿、欺骗等方法使他人产生自杀的意图。帮助自杀是指在他人已有自杀意图的情况下，帮助他人实现自杀意图。由于教唆自杀也是行为人借被害人之手杀害被害人，与故意杀人罪并无两样，因此，应以故意杀人罪定罪量刑。对于帮助自杀的行为不能因为被害人有自杀的意愿而排除帮助人帮助行为的社会危害性，仍然应按照故意杀人罪进行处理。④相约自杀。即两个或者两个以上的人相互约定共同结束自己生命的行为。在相约自杀的情况下，若行为人全部自杀身亡，不存在追究刑事责任的问题。若部分人自杀身亡，部分人自杀未死，对未死者的定性就要根据其自杀意图是否真实以及死者的自杀与未死者的行为是否有关来确定。如果相约自杀，自杀意图是各自产生的，自杀行为也是各自实施的，未死者不构成故意杀人罪；如果相约自杀，一方是真自杀，另一方是假自杀，意在以自杀为名剥夺他人生命，对未死者应以故意杀人罪论处；如果在相约自杀中约定，甲先杀死乙，然后甲再自杀，甲自杀未死或者信念改变不再自杀的，对甲应以故意杀人罪论处；如果相约自杀，约定双方同时互杀，结果一方死亡，一方未死的，对未死者应以故意杀人罪论处。

（4）故意杀人罪的认定，还应当注意到《刑法》相关法条的特别规定。①《刑法》第238条第2款规定，非法拘禁使用暴力致人死亡的，以故意杀人罪定罪处罚。②《刑法》第239条规定，绑架他人并杀害被绑架人的，仅定为绑架罪。③《刑法》第247条规定，司法工作人员对犯罪嫌疑人、被告人实行刑讯逼供、使用暴力逼取证人证言致人死亡的，以故意杀人罪从重处罚。④《刑法》第248条规定，监狱、拘留所、看守所等监管机构的监管人员对被监管人进行殴打、体罚虐待，致人死亡的，以故意杀人罪从重处罚。⑤《刑法》第289条规定，聚众"打砸抢"，致人死亡的，以故意杀人罪定罪处罚。⑥《刑法》第292条第2款规定，聚众斗殴致人死亡的，以故意杀人罪定罪处罚。

（三）故意杀人罪的刑事责任

根据《刑法》第232条规定，犯本罪的，处死刑、无期徒刑或者10年以上有期徒刑；情节较轻的，处3年以上10年以下有期徒刑。

二、故意伤害罪

（一）故意伤害罪的概念和构成要件

故意伤害罪，是指非法地故意损害他人身体健康的行为。本罪的构成要件是：

（1）本罪的客体是他人的健康权利。健康权利与生命权利一样，是公民的重要人身权利，任何非法损害他人身体健康的行为，都是对公民人身权利的严重侵犯。侵犯公民身体健康权包括：对人体组织完整性的破坏（如把手砍掉、把耳朵咬掉等）和对人体器官正常机能的破坏（如造成视力、听力减退或丧失等），有时还可能造成了被害人的死亡。

故意伤害自己的健康，不构成故意伤害罪。如果这种自伤行为危害社会利益而触犯《刑法》其他规定的应按有关规定处理。如军人战时自伤身体，逃避执行军事义务，应按《刑法》第434条规定的战时自伤罪论处；为了诬陷他人而自伤身体，应按《刑法》第243条规定的诬告陷害罪论处。

（2）本罪在客观上表现为非法地故意损害他人健康的行为。伤害行为的非法性是构成本罪的客观基础与前提。如果行为人的行为是合法的，不构成犯罪，例如，医生为给病人治疗而合理地截取其有严重病变的器官。伤害行为多种多样，但其基本形式只有作为和不作为两种。伤害有肉体伤害和精神伤害。构成犯罪的伤害结果，有轻伤、重伤、伤害致人死亡，轻微伤和一般的殴打行为，不能构成本罪。重伤、轻伤、轻微伤区分的标准，应按《刑法》第95条和司法部、最高人民法院、最高人民检察院、公安部1990年3月29日颁布的《人体重伤鉴定标准》和同年4月20日颁布的《人体轻伤鉴定标准（试行）》

的规定为准。

（3）本罪的主体是一般主体，即年满16周岁以上具有刑事责任能力者。但根据《刑法》第17条第2款规定，已满14周岁具有刑事责任能力者应当对故意伤害致人重伤或者死亡的情形负刑事责任。

（4）本罪的主观方面是故意。

（二）故意伤害罪的认定

1. 本罪与非罪的界限

一般的殴打行为，通常只造成人体暂时性的疼痛或神经刺激，并不伤及人体的健康。有些伤害案件是由一般打架斗殴转化而成，界定两者的关键是：行为人对被害人的伤害是否达到轻伤以上，是否具有伤害他人故意，是否依法应当追究刑事责任。实践中，不能把凡是打一拳、踢一脚造成后果的行为都认定为故意伤害罪。

2. 本罪与包含故意伤害内容的其他犯罪的界限

《刑法》分则中有的犯罪的构成本身也可包含故意伤害，如抢劫罪、强奸罪中的暴力均可能导致受害人身体伤害；有的犯罪将故意造成他人伤害的结果作为量刑情节。对此，不以故意伤害罪定罪处罚，而直接依照《刑法》的有关规定定罪处罚。正如《刑法》第234条的规定："本法另有规定的，依照规定。"

3. 对以下三种特殊伤害行为的认定

（1）以故意传染性病或者其他疾病的方法伤害他人的行为的定性。①如果行为人有伤害他人的故意，即对于自己行为所造成的后果主观上有所认识；客观上，该行为针对特定对象而实施，该传染性病或其他疾病尚不具有高传播率，而且能够治愈或在一定时间内不至于死亡的，符合故意伤害条件的，应以故意伤害罪论处。②如果行为人故意传播的是鼠疫、天花、霍乱、"非典"等具有高传播率特征的疾病，行为的对象是不特定或多数人的，则可以构成"以危险方法危害公共安全罪"。③如果行为人对特定的人故意传播的是艾滋病、埃博拉病毒以及其他目前人类尚难以治愈的疾病，行为人明知故犯，显然是要置他人于死地，则应以故意杀人罪论处。

（2）利用恐吓、精神刺激的方法故意伤害他人身体健康的行为的定性。利用各种比较特殊的方法，如恐吓或强烈的精神刺激所造成的伤害，可能达到比一般的暴力伤害更为严重的后果，尤其是对少年儿童、妇女、老人及精神状况不佳的人，如在睡觉的被窝里放蛇、故意打恐吓电话，并造成被害人精神失常乃至死亡情形的，如果经鉴定认为属于上述的"生理范畴的神经伤害"，而非仅仅的思想心理范畴的精神伤害的，也可以认定为故意伤害罪。

(3) 盗取他人体内活体器官或人体血液的行为的定性。行为人利用医学技术，以非法占有为目的，采取秘密的方法抽取他人身体内的血液或者摘取他人身体上的器官，造成损害后果的，也构成故意伤害罪。因为体内器官或血液都属于人体的重要组成部分，是人体健康和存活的条件。当然，从某种意义上讲，人体内活体器官或血液也具有经济价值，行为人的非法占有行为也触犯盗窃罪，但属于一行为触犯数罪名的想象竞合犯，而故意伤害罪相对于盗窃罪，是重罪。

4. 本罪与故意杀人罪的界限

它们的根本区别在于故意内容不同：本罪是损害他人身体健康，后罪是剥夺他人生命。实践中，应特别注意伤害中出现被害人死亡和杀人中没有将被害人杀死案件的处理。不能因杀人没有杀死，就将之认定为故意伤害；伤害中出现了被害人死亡就将其认定为故意杀人。具体认定时，应当对侵害行为的起因、被告人与被害人平时的关系、使用的工具、打击的部位、打击的强度、侵害行为的实施方法以及事后的态度等各方面因素进行考察，以准确查明行为人的主观心态。

5. 故意伤害（致人死亡）罪与过失致人死亡罪的界限

两者在客观上都造成了他人的死亡，主观上都没有杀人的故意。区分两者的关键是：行为人主观上是否具有伤害他人身体健康的故意。如果行为人明知自己的行为会给他人造成伤害，并且希望或者放任这种伤害结果的发生，由于伤势过重造成了被害人死亡的，是故意伤害（致人死亡）罪。如果行为人主观上既没有杀人的故意，也没有伤害他人的故意，只是由于自己的过失，从而导致了他人死亡结果的发生，定过失致人死亡罪。

6. 转化型的故意伤害罪

某些行为在一定条件下发生性质变化，《刑法》将之规定为以故意伤害罪定罪处罚的情形。(1)《刑法》第238条规定，非法拘禁使用暴力致人伤残的，以故意伤害罪定罪处罚。(2)《刑法》第247条规定，刑讯逼供或暴力取证致人伤残的，以故意伤害罪从重处罚。(3)《刑法》第248条规定，虐待被监管人致人伤残的，以故意伤害罪从重处罚。(4)《刑法》第289条规定，聚众"打砸抢"，致人伤残的，以故意伤害罪定罪处罚。(5)《刑法》第292条规定，聚众斗殴致人重伤的，以故意伤害罪定罪处罚。

（三）故意伤害罪的刑事责任

根据《刑法》第234条规定，犯本罪的，处3年以下有期徒刑、拘役或管制；致人重伤的，处3年以上10年以下有期徒刑；致人死亡或者以特别残忍手段致人重伤造成严重残废的，处10年以上有期徒刑、无期徒刑或者死刑。

三、过失致人重伤罪

（一）过失致人重伤罪的概念和构成要件

过失致人重伤罪，是指由于行为人过失伤害他人致人重伤的行为。

本罪的构成要件为：

（1）主体为一般主体，即年满16周岁的具备刑事责任能力的自然人均可构成。

（2）主观上是出于过失，即行为人应当预见其行为可能发生致人伤害的结果而没有预见或者已经预见而轻信能够避免，以致伤害结果的发生。

（3）客观方面表现为行为人的过失行为造成了他人身体的重伤结果。本罪客观方面的要求具备两个条件：

①行为人必须造成他人重伤的结果，如果仅造成了轻伤害，不构成本罪。

②行为人本身过失与重伤害结果之间必须具有因果关系。

（4）本罪侵犯的客体是他人的身体权。

（二）过失致人重伤罪的认定

过失致人重伤与故意伤害罪有相似之处，即结果均是伤害了他人的身体，但二者有明显区别：

（1）在犯罪主体方面，已满14周岁不满16周岁的人不能成为过失致人重伤的主体但可成为故意伤害罪的主体。

（2）在主观方面，故意伤害罪的行为人具有伤害的故意，而过失致人重伤罪是行为人并无伤害他人的故意，如果行为人主观上明显有轻伤故意，但由于过失造成他人重伤的，应定为故意伤害罪，而不是过失致人重伤罪。

（3）在客观方面，过失致人重伤罪必须造成重伤结果，而故意伤害罪既可以是重伤结果，也可以是轻伤结果。行为人由于过失当场致人重伤，因抢救无效死亡的，应定为过失杀人罪而不能定所谓的过失重伤致死罪。

（三）过失致人重伤罪的刑事责任

依据《刑法》第235条的规定，犯本罪的，处3年以下有期徒刑或者拘役。

四、强奸罪

（一）强奸罪的概念和构成要件

强奸罪，是指违背妇女意志，以暴力、胁迫或者其他手段强行与妇女发生性交的行为，或者与幼女发生性关系的行为。本罪的构成要件是：

（1）本罪的客体是妇女性的自主权利和幼女的身心健康。本罪的犯罪对象，是女性，包括已满14周岁的女性和未满14周岁的幼女。

（2）本罪的客观方面表现为，行为人违背妇女意志，采用暴力、胁迫或者其他手段，强行与之发生性交的行为或者与幼女发生性关系的行为。行为人与妇女发生性交行为，是在违背妇女意志的情况下进行的。性交是行为人的目的行为，无论该目的是否实现，都不影响强奸罪成立。暴力，是指行为人直接对被害妇女采用殴打、捆绑等危害人身安全或者人身自由，使妇女不能抗拒的手段。胁迫，是指行为人对被害妇女威胁、恐吓，达到精神上的强制的手段或者利用迷信恐吓、欺骗进行挟制、迫害等，迫使妇女忍辱屈从，不敢抗拒。其他手段，是指用暴力、胁迫外的手段，使被害妇女无法抗拒和利用被害妇女不能抗拒的一切手段。如以醉酒、药物麻醉，利用妇女患重病、熟睡之机，冒充妇女丈夫、未婚夫等方法对妇女进行奸淫或利用妇女愚昧无知骗奸等。奸淫幼女主要是采取引诱、欺骗、恐吓等手段。

（3）本罪的主体是年满14周岁具有刑事责任能力的男性。女性不能成为本罪的实行犯，但可以与男子构成本罪的共同犯罪人。

（4）本罪主观上是直接故意，具有强行与妇女发生性交的目的或者奸淫幼女的目的。

（二）强奸罪的认定

（1）本罪与非罪的界限。正确区别强奸与未婚男女在恋爱过程中自愿发生的不正当性行为。未婚男女在恋爱过程中双方自愿的情况下发生的不正当性行为，虽然有时女方也不太情愿、半推半就发生的，但通常没有违背女方的真实意志。因此，不应按强奸罪认定。

（2）强奸与通奸的界限。通奸是双方或者一方有配偶的男女，自愿发生的不正当性交行为。它们的区别是明显的：强奸是以暴力、胁迫或者其他手段强行与妇女发生性交的行为，通奸是双方自愿地进行性交。实践中，区分它们时应特别注意：①有的妇女与人通奸，一旦关系恶化或者事情败露后，为推卸责任、嫁祸于人，把通奸说成强奸的，不能定为强奸罪。②对于所谓“半推半就”案件，要认真分析双方平时的关系，性行为发生的环境和条件，事后女方的态度，告发的动机等情况，不是确系违背妇女意志的，一般不宜按强奸罪论处。③对于第一次性交违背妇女意志，但事后并未告发，后来女方又多次自愿与该男子发生性交的，一般不宜以强奸罪论处。④犯罪分子强奸妇女后，对被害妇女实施精神上的威胁，迫使其继续忍辱屈从的，应以强奸罪论处。⑤男女双方先是通奸，后来女方不愿继续通奸，而男方以暴力或以败坏名誉等进行胁迫，迫使女方继续与之保持通奸关系，以强奸罪论处。

（3）正确认定利用教养关系、从属关系和利用职权的强奸行为。利用教养关系、从属关系和利用职权与妇女发生性行为的，不能都视为强奸。行为人利用其与被害妇女之间特定的关系，迫使其就范，如养（生）父以虐待、克扣生活费迫使养（生）女容忍其奸淫的；或者行为人利用职权，乘人之危，奸淫妇女的，都构成强奸罪。行为人利用职权引诱女方，女方基于互相利用或是为了达到自己的目的，与之发生性行为的，不是强奸罪。

（4）正确认定与精神病或严重痴呆症的女性发生性行为的行为。①如果行为人明知该妇女是精神病患者或者严重痴呆症患者（即智力残疾程度严重者，智力残疾分为白痴、痴愚、愚鲁三种，这里是指前面两种情形）而与之性交的，无论行为人采取什么手段，行为人主动还是患病妇女主动，也不问妇女是否"同意"，均应以强奸罪论处。②如果行为人确实不知对方为精神病或严重痴呆症患者的妇女，在其同意，甚至受到青春型精神病患者（俗称"花痴"）的性挑逗的情况下，与之发生了性交行为，则行为人主观上缺乏违背妇女意志与其性交的目的，不能认定为强奸罪。③如果行为人与间歇性精神病患者在未发病期间或精神病基本痊愈的妇女发生性交，妇女本人同意的，亦不应认定为强奸罪。

（5）强奸罪既遂与未遂的界限。关于强奸罪的既遂标准，理论界主要有射精说、插入说、接触说几种观点。我们认为对妇女应采插入说，即男女生殖器的结合为标准；对幼女应采接触说，即男女生殖器的接触为标准。

（6）已满14周岁不满16周岁的男子与未满14周岁的幼女发生性行为的定性。根据有关司法解释，如果行为人的情节、手段不恶劣，没有造成严重后果的，一般不作为犯罪处理。

（7）不以强奸罪定罪处罚的特定"强奸""奸淫"行为的定罪。①《刑法》第240条规定，拐卖妇女过程中奸淫被拐卖的妇女的，定为拐卖妇女罪。②《刑法》第358条规定，强迫妇女或不满14周岁的幼女卖淫的和强奸后迫使卖淫的，定为强迫卖淫罪。③《刑法》第359条第2款规定，引诱不满14周岁的幼女卖淫的，是引诱幼女卖淫罪。④《刑法》第360条规定，嫖宿不满14周岁的幼女的，是嫖宿幼女罪。

（三）强奸罪的刑事责任

根据《刑法》第236条规定，犯本罪的，处3年以上10年以下有期徒刑；有下列情形之一的，处10年以上有期徒刑、无期徒刑或者死刑：（1）强奸妇女、奸淫幼女情节恶劣的。（2）强奸妇女、奸淫幼女多人的。（3）在公共场所当众强奸妇女的。（4）二人以上轮奸的。（5）致使被害人重伤、死亡或者造成其他严重后果的。奸淫不满十四周岁的幼女的，以强奸论，从重处罚。

五、强制猥亵、侮辱妇女罪

（一）强制猥亵、侮辱妇女罪的概念和构成要件

强制猥亵、侮辱妇女罪，是指违背妇女意志，以暴力、胁迫或者其他方法强制猥亵、侮辱妇女的行为。本罪的构成要件是：

（1）本罪的客体是妇女的人格尊严、名誉和身心健康权利。犯罪对象是已满14周岁的女性，猥亵未满14周岁幼女的属于猥亵儿童罪。

（2）本罪的客观方面表现为行为人实施了违背妇女意志，以暴力、胁迫或者其他方法强制猥亵、侮辱妇女的行为。违背妇女意志，即违背妇女的真实意愿。本罪的行为手段是“暴力、胁迫或者其他方法”，对其理解与强奸罪中手段的理解一致。所谓“猥亵妇女”，是指性交以外的一切以满足性欲或者足以满足刺激性欲的淫秽行为，猥亵行为既可以发生在异性之间，也可以发生在同性之间。所谓“侮辱妇女”，则是指以各种淫秽下流的语言或动作调戏妇女、损害妇女人格、毁坏妇女名誉的行为。猥亵与侮辱一般都具有刺激或满足色欲需要的内容。

（3）本罪的主体为一般主体，即年满16周岁以上具有刑事责任能力者。

（4）本罪的主观方面是故意，一般具有猥亵、侮辱妇女以满足自己反自然性性欲望要求或损害妇女人格的目的。

（二）强制猥亵、侮辱妇女罪的认定

（1）本罪与非罪的界限。行为人实施猥亵、侮辱妇女时没有使用暴力、胁迫或者其他手段，妇女的身体、精神没有受到强制，属于一般猥亵、侮辱妇女的行为，可以依照《中华人民共和国治安处罚法》的规定处罚。对于有的行为人心理变态，在浴室、更衣室、厕所偷窥妇女身体的行为应给予批评教育或行政处分，只有对妇女实施了暴力、胁迫或者其他手段进行猥亵、侮辱的才能构成本罪。

（2）本罪与强奸罪（未遂）的界限。二者都是侵犯妇女身心健康的犯罪，在客观上都使用了暴力、胁迫或者其他方法，在具体表现上往往存在相同或类似之处，如抠摸、搂抱等行为。两罪的主要区别是：①客观方面不完全相同。强奸罪是强行与妇女发生性交，本罪是对妇女强行实施性交以外的猥亵、侮辱行为。②主体不完全相同。强奸罪的主体只能是14周岁以上的男子，本罪则是16周岁以上的男子和女子。③故意内容不同。强奸罪以强行奸淫为目的，本罪是以寻求下流无耻的精神刺激和感官刺激为目的。

（三）强制猥亵、侮辱妇女罪的刑事责任

根据《刑法》第237条规定，犯本罪的，处5年以下有期徒刑或者拘役；聚众或者在公共场所当众犯本罪的，处5年以上有期徒刑。

六、非法拘禁罪

（一）非法拘禁罪的概念和构成要件

非法拘禁罪，是指以非法拘押、禁闭或者其他方法非法剥夺他人人身自由的行为。本罪的构成要件是：

（1）本罪的客体是他人的人身自由权利。本罪的犯罪对象“他人”是指依法享有人身自由权的任何公民。包括中国公民、外国公民和无国籍人。

（2）本罪的客观方面表现为以拘押、禁闭或者其他强制方法非法剥夺他人人身自由的行为。剥夺他人人身自由，是将他人的活动自由完全被控制在一定的空间范围内，并持续一定的时间。“非法拘禁”具备以下特征：①拘禁行为具有强制性，即违背他人的意志、强行使他人处于被管束之下，如逮捕、拘留、监禁、扣押、办封闭式“学习班”“隔离审查”等。②拘禁行为具有非法性，即必须是非法的。非法性包括：无权拘禁他人的一般公民以非法手段拘禁他人，使他人失去人身自由，如绑架他人为人质讨债的；有权拘禁的司法工作人员滥用职权，违反法定程序或条件，非法剥夺他人人身自由。③拘禁行为具有多样性，即剥夺人身自由的方法多种多样，既可以是有形的，也可以是无形的，无论是以暴力、胁迫方法拘禁他人，还是以欺诈方法拘禁他人，均不影响本罪的成立；可以是作为或不作为的方式，如对人民法院依法宣告无罪的或者免予刑罚处罚的在押人员某甲，应立即释放，而公安人员某乙因对某甲有怨恨，故意不履行职责，拒不释放某甲，致使某甲被无故关押数日，某乙就构成不作为的非法拘禁罪。④拘禁行为具有持续性，本罪是典型的继续犯，即非法剥夺人身自由的行为和使他人失去人身自由的状态在一定时间内处于持续地不间断状态，时间持续的长短原则上不影响本罪的成立，只影响量刑。但时间过短、瞬间性剥夺人身自由的行为，则难以成立本罪。

（3）本罪的主体为一般主体，即年满16周岁以上具有刑事责任能力者。

（4）本罪的主观上是故意，并且具有非法剥夺他人人身自由的目的。

（二）非法拘禁罪的认定

（1）行为人为索取债务而非法扣押、拘禁他人，情节严重的，构成本罪。根据最高人民法院2000年6月30日《关于对为索取法律不予保护的债务非法拘禁他人行为如何定罪问题的解释》的规定，行为人为索取高利贷、赌债等

不受法律保护的债务，非法扣押、拘禁他人的，依照《刑法》第238条规定定罪处罚。因此，《刑法》第238条第3款中的“索取债务”既包括合法债务，也包括非法债务。

（2）本罪与故意杀人罪、故意伤害罪的界限。实践中，行为人在非法拘禁过程中，往往对被害人实施暴力。《刑法》第238条第2款明确规定，非法拘禁“使用暴力致人伤残、死亡的”，依照故意伤害罪、故意杀人罪定罪处罚。认定这种情况应注意：①对之只能择一从重定罪处罚，即按故意伤害罪或故意杀人罪定罪处罚；②必须是在非法拘禁过程中因“使用暴力”而“致人伤残、死亡”的。伤残，包括肢体残废和其他对人身健康的重大伤害。

（三）非法拘禁罪的刑事责任

根据《刑法》第238条规定，犯本罪的，处3年以下有期徒刑、拘役、管制或者剥夺政治权利；具有殴打、侮辱情节的，从重处罚；致人重伤的，处3年以上10年以下有期徒刑，致人死亡的，处10年以上有期徒刑。使用暴力致人伤残、死亡的，依照故意伤害罪、故意杀人罪定罪处罚。国家机关工作人员利用职权犯本罪的，从重处罚。

七、绑架罪

（一）绑架罪的概念和构成要件

绑架罪，是指以勒索财物为目的绑架他人，以勒索财物为目的偷盗婴幼儿或者绑架他人作为人质的行为。本罪的构成要件是：

（1）本罪的客体是公民的人身自由和公私财产所有权。

（2）本罪的客观方面表现为，行为人实施了绑架他人勒索财物、偷盗婴幼儿勒索财物或者绑架他人作为人质的行为。绑架罪的本质是采用暴力、胁迫或者其他方法挟持他人或者使他人处于自己的实际控制之下，以实施杀害、伤害或者其他侵犯被绑架人的方式向被绑架人的家人、亲属或其他有利害关系的人或单位发出威胁，迫使后者交付赎金或者满足行为人的其他非法要求。绑架罪的客观行为表现为多重行为。即绑架罪的客观行为是由绑架行为（或偷盗婴幼儿行为）与勒索财物或提出不法要求行为（当行为人是绑架他人作为人质时）两方面组成的。“绑架他人”，是指以暴力、胁迫或者其他手段将他人控制的行为。除不作为外，凡是非法拘禁罪可以使用的方法，都可以成为绑架罪的方法。绑架行为也不以“将被害人劫离原地”为必要条件。“偷盗婴幼儿”是指秘密窃取不满6周岁的儿童的行为。实践中，偷盗婴幼儿的手段多样，凡用各种方法、手段将婴幼儿抱走、哄走、骗走的，均应视为偷盗婴幼儿。绑架罪中的勒索财物或提出不法要求行为，其指向的对象不是被绑架人，而是其近亲属或其他有利害关系的个人或单位。

（3）本罪的主体为一般主体，即年满 16 周岁以上具有刑事责任能力者。但已满 14 周岁不满 16 周岁的人绑架他人并杀害被绑架人的，应当负刑事责任。

（4）本罪的主观方面是故意，行为人的目的在于勒索财物或满足其他不法要求。

（二）绑架罪的认定

1. 本罪与非法拘禁罪的界限

二者有许多相同或相似之处，其主要区别是：（1）犯罪客体不尽相同。本罪是复杂客体犯罪，即他人的人身权利、财产权利和其他权利；后罪是他人的人身自由权利。（2）主观方面不同。本罪有勒索财物或满足行为人其他不法要求的目的；后罪具有非法剥夺他人人身自由的目的。（3）客观方面不同。本罪由手段行为和目的行为即劫持行为与勒索等行为共同组成；后罪只有非法扣押、禁闭或者其他方法实施的非法拘禁行为。实践中，为索取债务绑架他人，除索得债务外还索取了超过债务额的财物或以人质相要挟提出其他不法要求的，该行为同时触犯了非法拘禁罪和绑架罪，属于想象竞合犯，对之应以绑架罪一罪处理。

2. 本罪与故意伤害罪、故意杀人罪的界限

理论上看，它们的区别是明显的。依据《刑法》第 239 条第 2 款规定，绑架他人“致使被绑架人死亡或者杀害被绑架人的”都只能以绑架罪一罪定罪处罚，而不能将之另定为故意杀人罪。但是，如果行为人在实施绑架行为之前就杀害他人，尔后以死者为“人质”谎称其仍活着而向死者的近亲属勒索财物的，应以故意杀人罪和敲诈勒索罪实行数罪并罚。

（三）绑架罪的刑事责任

根据《刑法》第 239 条规定，犯本罪的，处 10 年以上有期徒刑或者无期徒刑，并处罚金或者没收财产；情节较轻的，处 5 年以上 10 以下有期徒刑，并处罚金。

致使被绑架人死亡或者杀害被绑架人的，处死刑，并处没收财产。

八、拐卖妇女、儿童罪

（一）拐卖妇女、儿童罪的概念和构成要件

拐卖妇女、儿童罪，是指以出卖为目的，拐骗、绑架、收买、贩卖、接送、中转妇女、儿童的行为。本罪的构成要件是：

（1）本罪的客体是人身权利中人身不受买卖的权利。

（2）本罪的客观方面表现为拐骗、绑架、收买、贩卖、接送、中转妇女、儿童的行为。本罪的对象是妇女和儿童，不包括已满14周岁的男性。妇女、儿童，不管其国籍和有无身份证明。拐骗，是指以欺骗、利诱等非暴力手段将妇女、儿童拐走、控制的行为。绑架，是指以暴力、胁迫或者其他方法劫持、控制妇女、儿童的行为。收买，是指以金钱或者其他财物买取、换取妇女、儿童的行为，但此处的“收买”是为贩卖而收买。贩卖，是指将妇女、儿童当作商品出售给他人以获取非法利益的行为。接送，是指行为人在拐卖妇女、儿童过程中的接收、运送的行为。中转，是指为拐卖妇女、儿童的罪犯提供中途场所或转移的。行为人只要实施上述六种行为之一的，即可构成本罪。

（3）本罪的主体为一般主体。

（4）本罪的主观上是直接故意，并且具有出卖妇女、儿童的目的。

（二）拐卖妇女、儿童罪的认定

（1）本罪与非罪的界限。实践中，主要应当注意行为人借介绍婚姻、买卖婚姻和收养关系而索取一定财物的行为与本罪的区别。它们的区别主要是：①是否具有欺骗和违背妇女意志的情形。被拐卖妇女除个别情况是出于妇女自愿以外，大多数是被欺骗和违背其意志的；介绍婚姻索取财物、买卖婚姻的行为，其婚姻是建立在女方自愿的基础上，不具有欺骗性；介绍收养儿童，须是出于双方自愿，收养关系才能成立。②收取财物的性质不同。拐卖妇女、儿童收取财物具有交易的性质，行为人获取的财物是妇女、儿童的“身价”；介绍婚姻、介绍收养的，收取的财物具有酬谢的性质，不是将妇女、儿童作为买卖的对象，行为人是在婚姻、收养关系自愿成立的基础上索取酬金。③主观目的不同。行为人拐卖妇女、儿童主观上是以出卖为目的；介绍婚姻、介绍收养儿童索取财物不是将妇女、儿童当成商品，索取的酬劳费用。

（2）本罪中的绑架妇女、儿童以及偷盗婴幼儿出卖的行为与绑架罪的界限。区别的关键是行为人的主观目的不同，即本罪是以出卖为目的；绑架罪是以勒索财物为目的或将妇女、儿童、婴幼儿作人质。

（3）拐卖儿童罪与拐骗儿童罪的界限。它们在客观上都实施了拐骗行为，犯罪对象均是未满14周岁的儿童。二者区别的关键是：犯罪的动机和目的不同。前者的目的是为了出卖；后者则主要是为了收养或者奴役，而非出卖。

（4）本罪中的一罪与数罪问题。对于行为人在拐卖妇女、儿童的过程中同时实施了其他犯罪的，应根据不同情况区别对待：①在拐卖过程中因殴打、捆绑等行为过失导致伤害、死亡结果发生的，应以本罪论处。②奸淫被拐卖妇女或迫使其卖淫的，应以本罪论处。③因遇被害人反抗等原因而故意将被害人杀死或伤害的，应以故意杀人罪或故意伤害罪与本罪一起实行数罪并罚。

（5）行为人与妇女勾结虚假出卖，被他人收买获得钱财后逃跑的，对行为人和该妇女均应以诈骗罪论处；如该妇女在被“买”期间还实施了其他犯罪的，对其应当以诈骗罪和其他相关犯罪实行数罪并罚。

（三）拐卖妇女、儿童罪的刑事责任

根据《刑法》第240条规定，犯本罪的，处5年以上10年以下有期徒刑，并处罚金；有下列情形之一的，处10年以上有期徒刑或者无期徒刑，并处罚金或者没收财产；情节特别严重的，处死刑，并处没收财产：（1）拐卖妇女、儿童集团的首要分子；（2）拐卖妇女、儿童3人以上的；（3）奸淫被拐卖的妇女的；（4）诱骗、强迫被拐卖的妇女卖淫或者将被拐卖的妇女卖给他人迫使其卖淫的；（5）以出卖为目的，使用暴力、胁迫或者麻醉方法绑架妇女、儿童的；（6）以出卖为目的，偷盗婴幼儿的；（7）造成被拐卖妇女、儿童或者其亲属重伤、死亡或者其他严重后果的；（8）将妇女、儿童卖往境外的。

九、诬告陷害罪

（一）诬告陷害罪的概念和构成要件

诬告陷害罪，是指捏造犯罪事实陷害他人，意图使他人受到刑事追究，情节严重的行为。本罪的构成要件是：

（1）本罪的客体是他人的人身权利和司法机关的正常活动。

（2）本罪的客观方面表现为捏造犯罪事实，向有关机关告发，情节严重的行为。包括：①有捏造他人犯罪事实的行为。捏造，是指无中生有，虚构犯罪事实。没有捏造，不构成本罪。②捏造的必须是犯罪事实。如果捏造的不是犯罪事实而是一般违法或不道德事实的，不构成本罪。情节严重的，可以构成诽谤罪。③必须有将捏造的犯罪事实予以告发的行为。告发，可以是向司法机关或被诬告者所在单位及其他有可能向司法机关转送的机关（如新闻媒体）告发。但是，告发必须有特定的对象，即从告发的内容中可以判断或推断出是指向谁的。④构成犯罪还必须达到情节严重的程度。所谓“情节严重”是指手段恶劣，引起被害人精神失常自杀，造成恶劣的社会影响。情节严重不等于被诬告者受到了刑事追诉。

（3）本罪的主体为一般主体。

（4）本罪的主观方面是直接故意，并具有使他人受到刑事追究的目的。如果行为人不是有意诬陷，而是错告或者检举失实的，不构成本罪。

（二）诬告陷害罪的认定

主要注意本罪与非罪的界限。（1）本罪与错告、检举失实行为的界限。《刑法》第243条第3款规定，不是有意诬陷，而是错告，或者检举失实的，不构成本罪。（2）本罪与一般诬告陷害行为的界限。诬告陷害行为只有情节严重的才构成犯罪。对于对情节一般的诬告陷害行为，不应以犯罪论。情节是否严重，可从行为人的动机、所诬告的罪行大小、诬告的方式方法、行为造成的后果影响等方面考察得出结论。

（三）诬告陷害罪的刑事责任

根据《刑法》第243条规定，犯本罪的，处3年以下有期徒刑、拘役或者管制；造成严重后果的，处3年以上10年以下有期徒刑。国家机关工作人员犯本罪的，从重处罚。

十、侮辱罪

（一）侮辱罪的概念和构成要件

侮辱罪，是指以暴力或者其他方法，公然贬低他人人格，损害他人名誉，情节严重的行为。本罪的构成要件是：

（1）本罪的客体是他人的人格、名誉权。侵犯的对象只能是特定的个人。特定的个人既可以是一人，也可以是数人，但是必须是具体的、明确的、有生命的自然人。任何机关、团体、法人组织，均不能成为本罪的侵犯对象。

（2）本罪在客观方面表现为以暴力或者其他方法，公然贬低他人人格，破坏他人名誉的行为。所谓“暴力”，是指采取强制手段使他人人格尊严及名誉受到损害。如强行扒光妇女衣裤，强行给被害人浇灌粪便，强迫被害人做难堪的动作（如让被害人从自己的胯下爬过去）等。如果行为人直接造成对被害人身体的伤害，则应以故意伤害罪论处。所谓“其他方法”，是指以文字、图画、语言、视听资料、网络传媒等方式损害他人人格、名誉。侮辱的行为必须是行为人公然实施的。所谓“公然”，是指在第三者能看到或听到的场合，或者用能够使第三人看到或听到的方法进行侮辱。至于被害人是否在场，不影响本罪的成立。侮辱行为必须是情节严重的才能构成犯罪。情节严重，主要是指侮辱行为手段恶劣，动机卑鄙，后果严重，或影响很坏的情况。

（3）本罪的主体为一般主体。

（4）本罪的主观上是直接故意，即具有贬低他人人格，破坏他人名誉的目的。

（二）侮辱罪的认定

注意侮辱罪与强制猥亵、侮辱妇女罪的界限。区别两者的关键是：（1）行为人的主观目的和动机不同。侮辱罪中的侮辱妇女，行为人目的在于败坏妇女的名誉，贬低其人格，动机多出于私愤报复、发泄不满，这一点与侮辱其他人（男性）、其他侮辱行为（如以大字报进行侮辱）没有什么区别；而猥亵、侮辱妇女行为，行为人的目的在于寻求下流无耻的精神刺激，满足行为人的畸形性欲。（2）对象不同。在有些场合，强制猥亵、侮辱妇女罪，行为人侮辱的对象即妇女具有不特定性；而侮辱罪的对象只能是特定的。

（三）侮辱罪的刑事责任

根据《刑法》第246条规定，犯本罪的，处3年以下有期徒刑、拘役、管制或者剥夺政治权利。犯本罪的，告诉的才处理，但是严重危害社会秩序和国家利益的除外。所谓“严重危害社会秩序和国家利益”，是指犯罪情节特别严重，侮辱行为引起被害人精神失常甚至自杀身亡等严重后果，被害人无法告诉或失去告诉能力或者是侮辱国家领导人、外国元首、外交使节等特定对象，既损害被害人个体的名誉，又危害到国家利益的。

十一、刑讯逼供罪

（一）刑讯逼供罪的概念和构成要件

刑讯逼供罪，是指司法工作人员对犯罪嫌疑人、被告人使用肉刑或者变相肉刑，逼取口供的行为。本罪的构成要件是：

（1）本罪的客体是复杂客体，即公民的人身权利和司法机关的正常活动。

（2）本罪的客观方面表现为行为人利用刑事审讯职权，使用肉刑或变相肉刑逼取犯罪嫌疑人或被告人的口供的行为。肉刑，是指捆绑、吊打、针扎等使犯罪嫌疑人或被告人身体器官遭受损害或肌肤等遭受痛苦的摧残手段。变相肉刑，是指上述肉刑以外的其他对犯罪嫌疑人或被告人的身体进行折磨的方法（如长时间冻饿、日晒、体罚、不准睡觉等）。

（3）本罪的主体是司法工作人员，即具有侦查、检察、审判、监管职责的工作人员。

（4）本罪的主观上是直接故意，具有逼取口供的目的。如果出于其他目的，如泄愤、报复等，而对犯罪嫌疑人或被告人施以肉刑或变相肉刑，构成犯罪的，可以其他罪论处，不构成本罪。

（二）刑讯逼供罪的认定

（1）本罪与非罪的界限。《刑法》虽然没有对刑讯逼供行为构成犯罪规定限制性情节，但是，并非任何刑讯逼供行为都应以犯罪论处。根据最高人民检察院1999年9月16日发布的《关于人民检察院直接受理立案侦查案件立案标准的规定（试行）》的规定，刑讯逼供涉嫌下列情形之一的，应予立案：①手段残忍、影响恶劣的；②致人自杀或者精神失常的；③造成冤、假、错案的；④三次以上或者对三人以上进行刑讯逼供的；⑤授意、指使、强迫他人刑讯逼供的。实践中，对于一般刑讯逼供的行为，可以以一般违法行为论处。

（2）本罪与暴力取证罪的界限。它们在客观方面都有使用暴力的行为，目的是为了获取“证据”。二者区别的关键是犯罪对象不同。本罪的犯罪对象是犯罪嫌疑人和被告人；暴力取证罪的犯罪对象只能是证人。

（3）本罪中的一罪与数罪问题。司法工作人员在讯问犯罪嫌疑人、被告人的过程中，使用刑讯逼供致人伤残、死亡的，应以故意伤害罪、故意杀人罪处罚，而不实施数罪并罚。

（三）刑讯逼供罪的刑事责任

根据《刑法》第247条规定，犯本罪的，处3年以下有期徒刑或者拘役。刑讯逼供致人伤残、死亡的，依照故意伤害罪、故意杀人罪从重处罚。

十二、强迫劳动罪

（一）强迫劳动罪的概念和构成要件

强迫劳动罪，是指用人单位以暴力、威胁或者限制人身自由的方法，强迫他人劳动的行为。

构成本罪须具备如下的条件：

（1）主体为一般主体，即只要是用人单位对强迫职工劳动负有直接责任的人员便可构成。所谓直接责任的人员，通常是指强迫职工劳动行为的决策者、指挥者、直接实施者等有关人员。

（2）行为人必须是明知自己的行为违反劳动法规，会对职工的合法劳动权、休息权乃至人身权利造成一定的危害，仍然实施强迫行为。

（3）必须有违反劳动法规，以限制人身自由的方法强迫职工劳动的行为。这里的限制人身自由的方法，是指监视、禁止自由出入或者其他使职工的人身自由受到限制的方法。强迫职工劳动，是指采用暴力、威胁等手段，违背劳动者意志，迫使其进行劳动。

(4) 强迫职工劳动的行为不需要达到情节严重的程度才构成犯罪。只要采取了限制职工人身自由，强迫其劳动的时间较长、被强迫的人数多、强迫手段残忍、恶劣等情形，即构成该罪。如果在实施强迫行为时，造成职工严重伤害的后果的，则应以《刑法》第234条规定的故意伤害罪论处。

(5) 对于明知他人实施了强迫他人劳动的行为，还为其招募、运送人员或者有其他协助强迫他人劳动行为的，也以本罪论处。

(二) 强迫劳动罪的刑事责任

根据《刑法》第244条规定，犯本罪的，处3年以下有期徒刑或者拘役，并处罚金；情节严重的，处3年以上10年以下有期徒刑，并处罚金。单位犯此罪的，对单位判处罚金，并对其直接负责的主管人员和其他直接责任人员，按照前述规定处罚。

十三、非法搜查罪

(一) 非法搜查罪的概念和构成要件

非法搜查罪，是指非法对他人身体或住宅进行搜查的行为。其具有如下特征：

(1) 行为人为年满16周岁，具有刑事责任能力的自然人。

(2) 行为人主观上是出于故意，即明知自己是在非法搜查他人的人身和住宅，而故意实施搜查行为。至于非法搜查的动机则不影响本罪的成立。

(3) 行为人要有非法搜查他人身体及住宅的行为。根据我国《刑事诉讼法》的规定，只有刑事侦查人员依照法定程序才有权对公民的人身和住宅进行搜查，它是刑事诉讼中的一种强制性侦查措施，其目的是为发现和收集有关犯罪的证据，查获隐藏的犯罪分子。所谓“非法搜查”，是指无权或者滥用职权的人对他人的人身和住宅进行搜查的行为。

(二) 非法搜查罪的刑事责任

根据《刑法》第245条的规定，犯本罪的，处3年以下有期徒刑或者拘役。司法工作人员滥用职权犯本罪的，从重处罚。

十四、破坏选举罪

(一) 破坏选举罪的概念和构成要件

破坏选举罪，是指在选举各级人民代表大会代表和国家机关领导人时，以暴力、威胁、欺骗、贿赂、虚报选举票数、伪造选举文件等手段破坏选举，或者妨碍选民和代表自由行使选举权和被选举权，情节严重的行为。其构成要件有：

（1）客观方面表现为以暴力、威胁、欺骗、贿赂、伪造选举文件、虚报选举票数等破坏选举的行为。所谓贿赂，指用金钱或其他物质收买选民、人大代表、候选人、选举工作人员等，以实现自己的非法目的。只要行为人实施了上述行为之一，情节严重，就构成本罪。情节严重一般是指破坏选举手段恶劣，后果严重或者造成恶劣影响等情况。

（2）本罪的主体为一般主体，主观上为故意，即明知自己的行为是在破坏选举工作，妨害选民和代表行使选举权和被选举权而故意为之。

（二）破坏选举罪的刑事责任

依据《刑法》第256条的规定，犯本罪的，处3年以下有期徒刑、拘役或者剥夺政治权利。

十五、虐待罪

（一）虐待罪的概念和构成要件

虐待罪，是指对共同生活的家庭成员，从肉体上或精神上进行摧残迫害，情节恶劣的行为。本罪的构成要件是：

（1）本罪的客体是复杂客体，即家庭成员在家庭生活中的平等权利和被虐待者的人身权利。

（2）本罪的客观方面表现为经常对被害人进行肉体上与精神上的摧残、迫害。虐待的方式多种多样，如打骂、捆绑、火烫、体罚等肉体虐待和侮辱人格、讽刺等精神上的虐待。虐待行为的方式既可表现为作为，也可表现为不作为方式。这种摧残、折磨必须具有经常性、不间断性的特点。

（3）本罪的主体为特殊主体，只能是与被虐待人共同生活在一个家庭之中，相互之间存有一定的亲属关系、收养关系。如丈夫虐待妻子，子女虐待老人，父母虐待子女，媳妇虐待公婆等。

（4）本罪的主观方面是直接故意，即行为人对被害人实施的各种摧残、折磨手段及其危害结果是持希望的态度。

（二）虐待罪的认定

（1）本罪与非罪的界限。应注意把虐待行为与非虐待行为区别开来。由于虐待罪主观上表现为有意识地对被害人进行肉体上与精神上的摧残、折磨，因此，实践中的诸如因教育方法简单粗暴或家庭矛盾而动辄打骂的行为，并非故意摧残家庭成员身心健康的行为，不能视同于虐待行为而以犯罪论处。

（2）虐待行为“情节恶劣”的认定。虐待罪要求虐待行为达到“情节恶劣”才能构成。认定情节恶劣与否要从虐待的手段、持续的时间、对象、结果、社会影响、行为人的动机等方面进行综合评价。主要表现为：虐待持续时间长、手段残酷、动机卑鄙的；虐待老人、儿童、患重病者或残废而不能独立生活的人的；因虐待家庭成员而受到多次批评教育仍不思悔改的；先后虐待多人，引起公愤的等。

（三）虐待罪的刑事责任

根据《刑法》第260条规定，犯本罪的，处2年以下有期徒刑、拘役或者管制；致使被害人重伤、死亡的，处2年以上7年以下有期徒刑。这里的“致使被害人重伤、死亡”，是指在进行虐待过程中，由于打骂、冻饿等行为过失引起被害人的重伤、死亡。如果行为人故意致使被虐待人重伤、死亡的，应以故意伤害罪、故意杀人罪定罪处罚。虐待罪除因虐待“致使被害人重伤、死亡”的以外，告诉的才处理。

第三节　侵犯公民人身权利、民主权利的其他犯罪

一、侵犯公民人身权利的其他犯罪

1. 过失致人死亡罪

过失致人死亡罪，是指因过失致使他人死亡的行为。

根据《刑法》第233条规定，犯本罪的，处3年以上7年以下有期徒刑；情节较轻的，处3年以下有期徒刑。

2. 猥亵儿童罪

猥亵儿童罪，是指猥亵不满14周岁儿童的行为。

依据《刑法》第237条的规定，犯本罪的，依照强制猥亵、侮辱妇女罪从重处罚。

3. 收买被拐卖的妇女、儿童罪

收买被拐卖的妇女、儿童罪，是指不以出卖为目的，收买被拐卖的妇女、儿童的行为。

依据《刑法》第241条规定，犯本罪的，处3年以下有期徒刑、拘役或者管制。强行与被收买的妇女发生性关系的，以强奸罪论处并与本罪实行数罪并罚；非法剥夺、限制被收买的妇女、儿童的人身自由或者有伤害、侮辱等犯罪行为的，与本罪实行数罪并罚。收买被拐卖的妇女、儿童，又出卖的，依照拐卖妇女、儿童罪定罪处罚。但是，行为人在收买后，按照被收买妇女的意愿，不阻碍其返回原居住地的；对收买儿童没有虐待行为，不阻碍对其进行解救的，可以不追究刑事责任。

4. 阻碍解救被收买的妇女、儿童罪

阻碍解救被收买的妇女、儿童罪，是指以暴力、威胁方法阻碍国家机关工作人员解救被收买的妇女、儿童的行为。

依据《刑法》第 242 条的规定，犯本罪的，依照《刑法》第 277 条规定的妨害公务罪定罪处罚。聚众犯本罪的首要分子，处 5 年以下有期徒刑或者拘役。其他参与者使用暴力、威胁方法的，依照妨害公务罪的规定处罚。

5. 雇用童工从事危重劳动罪

雇用童工从事危重劳动罪，是指违反劳动管理法规，雇用未满 16 周岁的未成年人从事超强度体力劳动的，或者从事高空、井下作业的，或者在爆炸性、易燃性、放射性、毒害性等危险环境下从事劳动，情节严重的行为。

依据《刑法》第 244 条之一的规定，对直接责任人员，处 3 年以下有期徒刑或者拘役，并处罚金；情节严重的，处 3 年以上 17 年以下有期徒刑，并处罚金。造成事故，又构成其他犯罪的，实行数罪并罚。

6. 非法侵入他人住宅罪

非法侵入他人住宅罪，是指未经允许非法进入他人住宅或者经要求退出无故拒不退出的行为。

依据《刑法》第 245 条的规定，犯本罪的，处 3 年以下有期徒刑或者拘役。司法人员滥用职权犯本罪的，从重处罚。

7. 诽谤罪

诽谤罪，是指故意捏造并散布某种事实，损坏他人人格，破坏他人名誉，情节严重的行为。

依据《刑法》第 246 条的规定，犯本罪的，处 3 年以下有期徒刑、拘役、管制或者剥夺政治权利。除严重危害社会秩序和国家机关利益的诽谤行为外，告诉的才处理。

8. 暴力取证罪

暴力取证罪，是指司法工作人员使用暴力逼取证人证言的行为。

依据《刑法》第 247 条规定，犯本罪的，处 3 年以下有期徒刑或者拘役。致人伤残、死亡的，依照《刑法》第 234 条、第 232 条的规定以故意伤害罪、故意杀人罪定罪从重处罚。

9. 虐待被监管人罪

虐待被监管人罪，是指监狱、拘留所、看守所等监管机构的监管人员对被监管人进行殴打或者体罚虐待，情节严重的行为。

依据《刑法》第 248 条的规定，犯本罪的，处 3 年以下有期徒刑或者拘役；情节特别严重的，处 3 年以上 10 年以下有期徒刑。致人伤残、死亡的，依照《刑法》第234条、第232条的规定以故意伤害罪、故意杀人罪定罪从重处罚。

二、侵犯公民民主权利的其他犯罪

1. 煽动民族仇恨、民族歧视罪

煽动民族仇恨、民族歧视罪，是指故意以语言、文字或者其他方法煽动民族仇恨、民族歧视，情节严重的行为。

依据《刑法》第249条的规定，犯本罪的，处3年以下有期徒刑、拘役、管制或者剥夺政治权利；情节特别严重的，处3年以上10年以下有期徒刑。

2. 出版歧视、侮辱少数民族作品罪

出版歧视、侮辱少数民族作品罪，是指在出版物中刊载歧视、侮辱少数民族的内容，情节恶劣造成严重后果的行为。

依据《刑法》第250条的规定，犯本罪的，对直接责任人员，处3年以下有期徒刑、拘役或者管制。

3. 非法剥夺公民宗教信仰自由罪

非法剥夺公民宗教信仰自由罪，是指国家机关工作人员非法剥夺公民的宗教信仰自由，情节严重的行为。

依据《刑法》第251条的规定，犯本罪的，处2年以下有期徒刑或者拘役。

4. 侵犯少数民族风俗习惯罪

侵犯少数民族风俗习惯罪，是指国家机关工作人员侵犯少数民族风俗习惯，情节严重的行为。

依据《刑法》第251条的规定，犯本罪的，处2年以下有期徒刑或者拘役。

5. 侵犯通信自由罪

侵犯通信自由罪，是指隐匿、毁弃或者非法开拆他人信件，侵犯公民通信自由权利，情节严重的行为。

依据《刑法》第252条的规定，犯本罪的，处1年以下有期徒刑或者拘役。

6. 私自开拆、隐匿、毁弃邮件、电报罪

私自开拆、隐匿、毁弃邮件、电报罪，是指邮政工作人员私自开拆或者隐匿、毁弃邮件、电报的行为。

依据《刑法》第253条的规定，犯本罪的，处2年以下有期徒刑或者拘役。犯本罪而窃取财物的，依照盗窃罪从重处罚。

国家机关或者金融、电信、交通、教育、医疗等单位的工作人员，违反国家规定，将本单位在履行职责或者提供服务过程中获得的公民个人信息，出售或者非法提供给他人，情节严重的，处3年以下有期徒刑或者拘役，并处或者单位罚金。

单位犯本罪的，对单位判处罚金，并对其直接负责的主管人员和其他直接责任人员，依照自然人犯本罪的规定处罚。

7. 报复陷害罪

报复陷害罪，是指国家机关工作人员滥用职权、假公济私，对控告人、申诉人、批评人、举报人实行报复陷害的行为。

根据《刑法》第254条规定，犯本罪的，处2年以下有期徒刑或者拘役；情节严重的，处2年以上7年以下有期徒刑。

8. 打击报复会计、统计人员罪

打击报复会计、统计人员罪，是指公司、企业、事业单位、机关、团体的领导人，对依法履行职责、抵制违反会计法、统计法行为的会计、统计人员实行打击报复，情节恶劣的行为。

依据《刑法》第255条的规定，犯本罪的，处3年以下有期徒刑或者拘役。

三、妨害婚姻、家庭的其他犯罪

1. 暴力干涉婚姻自由罪

暴力干涉婚姻自由罪，是指以暴力方法干涉他人婚姻自由的行为。

依据《刑法》第257条的规定，犯本罪的，处2年以下有期徒刑或者拘役；致被害人死亡的，处2年以上7年以下有期徒刑；未致被害人死亡的，告诉的才处理。所谓“致被害人死亡的”，是指因暴力干涉婚姻自由的行为，而直接引起被干涉者自杀死亡，或者在实施暴力过程中导致被害人死亡的。

2. 重婚罪

重婚罪，是指有配偶而与他人结婚或者明知他人有配偶而与之结婚的行为。

依据《刑法》第258条的规定，犯本罪的，处2年以下有期徒刑或者拘役。

3. 破坏军婚罪

破坏军婚罪，是指明知是现役军人的配偶而与之同居或者结婚的行为。

依据《刑法》第259条的规定，犯本罪的，处3年以下有期徒刑或者拘役。利用职权、从属关系，以胁迫手段奸淫现役军人妻子的，依照强奸罪定罪处罚。

4. 遗弃罪

遗弃罪，是指对于年老、年幼、患病或者其他没有独立生活能力的人，负有扶养义务而拒绝扶养，情节恶劣的行为。

依据《刑法》第261条的规定，犯本罪的，处5年以下有期徒刑、拘役或者管制。

5. 拐骗儿童罪

拐骗儿童罪，是指拐骗不满14周岁的未成年人脱离家庭或者监护人的行为。

依据《刑法》第262条的规定，犯本罪的，处5年以下有期徒刑或者拘役。

6. 组织残疾人、儿童乞讨罪

组织残疾人、儿童乞讨罪，是指以暴力、胁迫手段组织残疾人或者不满14周岁的未成年人乞讨的行为。

依据《刑法》第162条之一规定，犯本罪的，处3年以下有期徒刑或者拘役，并处罚金；情节严重的，处3年以上7年以下有期徒刑，并处罚金。

7. 组织未成年人进行违反治安管理活动罪

组织未成年人进行违反治安管理活动罪，是指组织未成年人进行盗窃、诈骗、抢夺、敲诈勒索等违反治安管理活动的行为。

依据《刑法》第262条之二规定，犯本罪的，处3年以下有期徒刑或者拘役，并处罚金；情节严重的，处3年以上7年以下有期徒刑，并处罚金。

本章小结

侵犯公民人身权利、民主权利罪的一般概念和特征及种类。各侵犯公民人身权利、民主权利罪主要犯罪的概念、构成要件和刑事责任，以及该罪各其他犯罪的概念及刑事责任。

复习题

（一）思考题

1. 故意杀人罪有哪些特征？认定故意杀人罪应当注意哪些问题？

2. 认定强奸罪中奸淫幼女的行为应当注意哪些问题？

3. 非法拘禁罪与绑架罪的主要区别？

（二）名词解释

故意杀人罪　故意伤害罪　过失致人重伤罪　强奸罪

强制猥亵、侮辱妇女罪　非法拘禁罪　拐卖妇女、儿童罪

强迫劳动罪　非法搜查罪　侮辱罪　诬告陷害罪
破坏选举罪　刑讯逼供罪　虐待罪

（三）选择题

1. 拐卖妇女过程中又奸淫被拐卖的妇女的，应当（　　）。
A. 以拐卖妇女罪处 10 年以上有期徒刑、无期徒刑或者死刑
B. 以强奸罪从重处罚
C. 按牵连犯从一重罪处断
D. 按拐卖妇女罪和强奸罪实行数罪并罚

2. 卫某与同村的仇某发生互殴，双方均致轻微伤。卫某对本市法医机构作出的轻微伤鉴定不满，遂暗中将自己的原创伤口扩长，导致伤势加重，并另行委托鉴定，结论为轻伤。后卫某以故意伤害罪向法院告发仇某，仇某被羁押 39 天后，司法机关查清了事实真相。卫某的行为构成（　　）。
A. 故意伤害罪　B. 报复陷害罪
C. 诬告陷害罪　D. 伪证罪

3. 重婚罪客观行为表现是（　　）。
A. 与有配偶的人结婚
B. 有配偶的人又与他人结婚
C. 明知他人有配偶而与之结婚
D. 有配偶的人又与他人结婚的或者明知他人有配偶仍与之结婚

4. 下列犯罪属于侵犯公民人身权利的犯罪有（　　）。
A. 故意杀人罪　B. 强奸妇女罪
C. 猥亵儿童罪　D. 绑架罪
E. 非法搜查罪

5. 王某在拐卖女青年李某的途中多次强迫李某向他人卖淫。对王某的行为进行处罚的原则是（　　）。
A. 直接以拐卖妇女罪的法定刑进行处罚
B. 以强迫卖淫罪进行处罚
C. 以拐卖妇女罪和强迫他人卖淫罪进行数罪并罚
D. 按牵连犯从一重罪进行处罚

6. 公安人员张某在审讯犯罪嫌疑人高某时，对其捆绑吊打，致高某颅内大面积出血而死亡。对张某的行为进行处罚的原则是（　　）。
A. 按刑讯逼供罪从重处罚
B. 按故意杀人罪从重处罚
C. 按故意伤害（致人死亡）罪从重处罚

D. 按过失致人死亡罪从重处罚

7. 李某系某国家机关处长，因对其下属高某检举其大吃大喝而心怀不满，便捏造高某在外嫖娼的匿名材料，广为散发，造成十分恶劣的影响。李某的行为构成（　　）。

A. 诬告陷害罪　　B. 报复陷害罪

C. 侮辱罪　　D. 诽谤罪

8. 国家机关工作人员犯下列罪行，依法应当从重处罚的是（　　）。

A. 非法拘禁罪　　B. 报复陷害罪

C. 刑讯逼供罪　　D. 非法侵入他人住宅罪

9. 某甲在聚众斗殴的过程中将对方参与斗殴的某乙打成重伤。某甲的行为构成（　　）。

A. 聚众斗殴罪　　B. 故意伤害罪

C. 过失致人重伤　　D. 聚众扰乱社会秩序罪

10. 下列犯罪中，属于告诉才处理的是（　　）。

A. 重婚罪　　B. 遗弃罪

C. 虐待罪　　D. 破坏军婚罪

11. 在下列行为中，构成侵犯通信自由罪的有（　　）。

A. 偷拆他人信件，张扬他人隐私，破坏他人名誉的

B. 毁弃他人信件，使收信人丧失上大学机会的

C. 多次隐匿或者非法开拆他人信件的

D. 邮电工作人员毁弃他人信件的

E. 多次开拆他人信件而盗窃信中货币的

12. 诬告陷害罪所捏造的必须是（　　）。

A. 不道德的事实　　B. 违反纪律的事实

C. 行政违法的事实　　D. 犯罪事实

13. 国家机关工作人员犯罪，具有下列情节的，从重处罚（　　）。

A. 利用职权犯非法拘禁罪的

B. 犯诬告陷害罪的

C. 掩护、包庇走私毒品的犯罪分子的

D. 犯侮辱罪、诽谤罪的

E. 犯签订合同被骗罪的

（答案：1. A；2. C；3. D；4. ABCDE；5. A；6. B；7. D；8. A；9. B；10. C；11. ABC；12. D；13. ABC）

第十五章　侵犯财产罪

本章主要内容

侵犯财产罪的一般概念和构成要件及种类。各侵犯财产的主要犯罪的概念、构成要件、认定和刑事责任。各侵犯财产的其他犯罪的概念和刑事责任。

本章的重点问题

1. 侵犯财产罪的概念和构成要件。
2. 抢劫罪的概念、构成要件、转化型抢劫罪的成立条件及其认定中应当注意的问题。
3. 盗窃罪的构成要件及其与以盗窃方式构成的其他犯罪的区别。
4. 侵占罪与职务侵占罪的概念、构成要件及其相互区别。
5. 敲诈勒索罪的概念、构成要件及其与抢劫罪、绑架罪的区别。
6. 破坏生产经营罪与破坏型的其他犯罪的区别。

学习目标

了解侵犯财产犯罪的一般概念、构成要件和种类。掌握各重点犯罪的概念、构成要件及其实践中应当注意的问题。能够运用相关知识准确分析、判断实践中发生的有关案件。

第一节　侵犯财产罪概述

一、侵犯财产罪的概念和特征

侵犯财产罪，是指以非法占有为目的，攫取公私财产或者故意毁坏公私财产的行为。

本类罪的构成要件是：

（1）本类罪侵犯的客体是公私财产的所有权。财产所有权，是指所有人依法对自己的财产享有占有、使用、收益和处分的权利。本类罪侵犯的对象是公共财产和私人所有的财产。

所谓公共财产，是指国有财产和劳动群众集体所有的财产，用于公益事业的社会捐助或者专项基金的财产。根据《刑法》第91条的规定，“公共财产”包括：①国有财产；②劳动群众集体所有的财产；③用于扶贫和其他公益事业的社会捐助或者专项基金的财产。在国家机关、国有公司、企业、集体企业和人民团体管理、使用或者运输中的私人财产，以公共财产论。

所谓公民私人所有财产，是指公民私人所有的合法财产，包括公民的合法收入、储蓄、房屋、生活用品、文物、图书资料、林木、牧畜和法律允许公民私人所有的生产资料，个体工商户和私营企业的合法财产以及个人合法所有的股份、股票、债券和其他合法财产。根据《刑法》第92条的规定，“公民私人所有的财产”包括：①公民的合法收入、储蓄、房屋和其他生活资料；②依法归个人、家庭所有的生产资料；③个体户和私营企业的合法财产；④依法归个人所有的股份、股票、债券和其他财产。

（2）本类犯罪在客观方面表现为各种非法侵犯公私财产的行为。它可以分为两类：

①非法占有公私财物的行为，其特点是，只改变公私财产的占有关系，并不损坏公私财物的使用价值。

②故意毁灭或损坏公私财物的行为，其特点是，使公私财物的使用价值丧失一部分或全部。

（3）本类犯罪的主体大多数为一般主体，只有职务侵占罪和挪用资金罪的主体为特殊主体。

（4）本类犯罪都只能是故意犯罪。多数犯罪以非法占有公私财物为目的，有的犯罪以非法损毁公私财物或破坏生产经营为目的。

二、侵犯财产罪的种类

我国《刑法》第263~276条对侵犯财产罪进行了全面的规定，其包括14个条文，14个罪名，按照这些犯罪的主观目的和客观行为方式的不同，可以分为以下三类：

（一）非法占有型的侵犯财产犯罪（8个罪名）

具体包括：（1）抢劫罪；（2）盗窃罪；（3）盗用电信号码、线路、设备、设施罪；（4）诈骗罪；（5）抢夺罪；（6）聚众哄抢罪；（7）侵占罪；（8）敲诈勒索罪。

（二）利用职务侵犯公私财物的犯罪（3个罪名）

具体包括：（1）职务侵占罪；（2）挪用资金罪；（3）挪用特定款物罪。

（三）毁灭、损坏公私财物的犯罪（3个罪名）

具体包括：（1）故意毁坏财物罪；（2）破坏生产经营罪；（3）逃避支付或者不支付劳动者的劳动报酬罪。

第二节 侵犯财产罪的主要犯罪

一、抢劫罪

（一）抢劫罪的概念和构成要件

抢劫罪，是指以非法占有为目的，以暴力、胁迫或者其他方法，当场强行劫取公私财物的行为。本罪的构成要件是：

（1）本罪的客体是复杂客体，即公私财产所有权和被害人的人身权利。这是抢劫罪区别其他侵犯财产罪和侵犯公民人身权利罪的重要标志。犯罪对象是各种公私财物和被害人的人身。财物的范围，只限于动产，如果把不动产的一部分强行分离而抢走，能够强行分离的部分，实际属于动产的性质。

（2）本罪的客观方面表现为对财物的所有人、保管人或者持有者当场使用暴力、胁迫或其他方法，迫使被害人当场交出财物或者当场夺走财物的行为。侵犯人身的行为是抢劫罪的手段行为，非法获取财物的行为是抢劫罪的目的行为。所谓“暴力”行为，是指犯罪分子对被害人身体实施袭击或者其他强制行为，例如，以捆绑、殴打、杀害、伤害、强力禁闭等程度不同的暴力手段排除被害人的反抗以劫取财物。暴力行为具有以下特征：①必须是在取得财物的当场实施；②必须是针对被害人的身体而采取的，但不必达到危及人身健康、生命或使被害人无法抗拒的程度，只要达到使被害人产生恐惧心理，反抗能力受到一定程度的抑制即可；③必须是向财物所有人、持有人或管理人实施；④目的是为了排除抢劫障碍的需要而实施的。暴力的实施是有意识的，其造成的人身伤害并非夺取财物过程中行为人追求的结果。如果行为人在夺取财物过程中无意损害了被害人的身体，不能视为使用了暴力。

所谓“胁迫”行为，是指对被害人当场实施暴力相威胁，使其受到精神上的强制，产生恐惧而不敢反抗，被迫当场交出财物或者当场夺走财物的行为。胁迫行为具有以下特征：①胁迫行为的当场性。即胁迫行为是面对被害者直接实施。胁迫不是面对被害者直接实施，不构成抢劫罪，比如，打电话威胁被害人并要求其交出钱财，属于敲诈勒索罪的手段。胁迫方式可以是语言、某种动作或示意，甚至可以是利用某种特定的危险环境使被害人产生恐惧心理。②胁迫内容的暴力性。抢劫罪的胁迫行为的性质与暴力相威胁不可分割。一般是针对财物所有人、保管人本人，有时也可以针对在场的被害人亲属或者其他有关人员。如果对被害人以将要揭露其隐私或者毁坏其财产相威胁，不构成本罪。③胁迫内容暴力特征的现实性。如果被害人不答应要求，胁迫的内容随时可能兑现，行为人就会立即实施暴力，当场劫取财物。

所谓“其他方法”，是指犯罪分子使用暴力或胁迫以外的使被害人不知反抗或丧失反抗能力的方法。如用酒灌醉、药物麻醉、使用催眠术、用毒药毒昏、电击等。如果行为人只是利用被害人处于不能或不知反抗的状态，行为人没有对被害人的身体施加某种影响，而是乘机将其财物拿走，则只能构成盗窃罪。“其他方法”具有以下特征：①它是侵犯人身权利的行为；②是犯罪人对财物的所有人或者保管人本人的人身施加暴力和胁迫以外的影响，使其失去反抗知觉或丧失反抗能力；③它与其后的非法取得被害人财物的行为具有手段与目的的联系。

（3）本罪的主体是一般主体。根据《刑法》第 17 条第 2 款规定，已满 14 周岁以上具有刑事责任能力者即可构成本罪。

（4）本罪的主观方面是故意，并且具有非法占有公私财物的目的。

（二）抢劫罪的认定

（1）本罪与非罪的界限。抢劫罪是最为严重的侵犯财产犯罪，《刑法》对本罪的成立没有数额和情节上的限制性规定。但是，不能完全不考虑抢得财物的多少和犯罪情节的轻重在认定抢劫罪中的作用。如果抢劫行为的情节显著轻微，抢得财物数额又非常小，根据《刑法》第 13 条“但书”的规定，作为一般违法行为处理，而不应认定为抢劫罪。

（2）本罪既遂与未遂的界限。实践中，一般是以行为人是否实际抢得财物，作为认定本罪既遂与未遂的标准。但对于结果加重犯而言，只要抢劫行为具有法定的加重情形，如抢劫致人伤亡，无论行为人是否抢到财物，都应认定为抢劫的既遂。因为结果加重犯只有成立与否的问题，没有既遂与未遂的问题。

（3）本罪与故意杀人罪、故意伤害（致人死亡）罪的界限。由于抢劫罪中的“暴力”行为本身包含杀人或者伤害他人的行为，如何正确处理抢劫财物过程中导致他人伤亡的案件？处理这类案件应当把握以下方面：一是行为人是否以非法占有公私财物为目的而实施犯罪行为；二是行为人劫取财物的行为是否发生在犯罪当场；三是行为人杀人的行为或致人死亡的行为是否属于为达到劫取财物的目的而排除障碍的手段。结合这几方面具体情况具体分析：

第一，行为人在抢劫过程中，故意伤害或者杀死被害人而劫取财物的，应以抢劫罪一罪论处。这类案件大致分为以下三种情形：①行为人有预谋先杀人尔后当场取财的。在这类案件中，故意杀人是抢劫罪中的方法行为，杀人是手段，劫财是目的，属于手段牵连。②事先虽未预谋，但在一定情况下突然起犯意，先实施杀人后当场劫取财物的。③行为人在抢劫过程中因遭被害人反抗或其他原因，为排除阻力、制止抵抗而决意杀害被害人或放任被害人死亡尔后劫取财物的。

第二，行为人为谋财而先杀人，事后伺机谋取被害人财物（包括动产和不动产）的，因为其主观方面的直接目的是将被害人杀死，并且不是当场劫取财物，其杀人的手段也表示为了排除抢劫障碍，因此，这种情况应定为故意杀人罪。

第三，行为人在抢得财物后，出于灭口、报复、毁灭罪证或者其他动机将被害人杀死的，杀人行为与抢劫行为各自独立为罪，其杀人与抢劫的行为属于两个犯罪过程，对行为人应以故意杀人罪和抢劫罪实行数罪并罚。

第四，行为人故意杀人后起意占有死者生前财物的。对此，应以故意杀人罪和盗窃罪定性，依照数罪并罚的规定处罚。

（4）本罪与以勒索财物为目的的绑架罪的界限。它们都以取得财物为目的；在客观上都可以表现为暴力、胁迫等强制手段；在侵犯的合法权益方面，两者也都同时侵犯了公民的人身权利和财产权利，因而两罪十分近似。区别两者的关键是：①非法剥夺人身自由的方法和劫取财物的对象不同。绑架罪是以非法剥夺人身自由的方法，并以被绑架人的人身安危为要挟，勒索财物行为的指向对象为被绑架人以外的第三人，即被绑架人的近亲属或其他人，而不可能是被绑架人；抢劫罪的方法则一般不表现为非法剥夺人身自由，而且其要挟的人及劫财行为指向的对象一般是同一对象。②劫取财物的时间不同。绑架罪由于是将被绑架人作为人质向第三人索取财物，因此获取财物的时间不可能是绑架行为实施的当时，一般不可能是当场获取财物。而抢劫罪只能是当场及在暴力、胁迫行为实施的当时劫取财物。实践中，对以人质为勒索财物交换条件的，应当以绑架罪论处。对行为人抢劫未逞，又将被害人劫持而向被害人的近亲属或其他人勒索财物或提出不法要求的，应实行数罪并罚。

（5）本罪与抢夺罪的界限。它们的共同点是：主观上都是直接故意，以非法占有为目的；都是当着被害人的面公然实施取得财物的行为；主体都是一般主体。两者的区别主要有：①主体要件有所不同。已满14周岁不满16周岁的人可以成为抢劫罪的主体，但不能构成抢夺罪。②客体性质有所不同。抢劫罪的客体是复杂客体，即既侵犯公私财物所有权，又侵犯公民的人身权利。而抢夺罪的客体是简单客体，即只侵犯公私财物所有权。③客观方面的表现不同。抢劫罪是采用暴力、胁迫或者其他手段迫使被害人交出财物或者直接将财物抢走，而抢夺罪是公然夺取在他人控制下的财物，但不采取强制手段。实践中，对抢夺他人财物造成他人人身伤害的案件如何认定？关键是要查明行为人使用的强力，是针对财物还是被害人。抢夺罪的抢夺财物虽也使用一定强力，但这种强力不是暴力，它直接作用于被抢夺的财物，目的是将财物夺到手中。而抢劫中使用的暴力，是直接指向被害人人身，具有排除被害人反抗的性质和目的。如果行为人原来没有打算使用暴力取财，但在夺取财物时遭到抗拒，转而使用暴力、威胁方法强行劫财，致使被害人受到伤害的，应以抢劫罪论处。

（三）抢劫罪的刑事责任

根据《刑法》第263条规定，犯本罪的，处3年以上10年以下有期徒刑，并处罚金；有下列情形之一的，处10年以上有期徒刑、无期徒刑或者死刑，并处罚金或者没收财产：（1）入户抢劫的。（2）在公共交通工具上抢劫的。（3）抢劫银行或者其他金融机构的。（4）多次抢劫或者抢劫数额巨大的。（5）抢劫致人重伤、死亡的。（6）冒充军警人员抢劫的。（7）持枪抢劫的。（8）抢劫军用物资或者抢险、救灾、救济物资的。

二、盗窃罪

（一）盗窃罪的概念和构成要件

盗窃罪，是指以非法占有为目的，窃取数额较大的公私财物或者多次盗窃、入户盗窃、携带凶器盗窃、扒窃公私财物的行为。本罪的构成要件是：

（1）本罪的客体是公私财物所有权。犯罪对象是公私财物，包括有形财产和电力、煤气、天然气等无形财产。

（2）本罪的客观方面表现为秘密窃取数额较大的公私财物或者多次盗窃公私财物的行为。秘密窃取，是指行为人采取自以为不使财物所有者、持有者、保管者发觉的方法，暗中将财物取走。秘密是指取得财物为暗中进行，是相对财物的所有者、保管者而言的，是行为人自认为没有被所有者、保管者发觉。“数额较大”，是指个人盗窃公私财物价值人民币1000～3000元以上的。“多次盗窃”，是指行为人的盗窃数额虽未达到数额较大起点，但在2年内盗窃3次以上的。

（3）本罪主体为一般主体，即年满16周岁以上具有刑事责任能力者。

（4）本罪的主观方面是直接故意，并具有非法占有公私财物的目的。

（二）盗窃罪的认定

（1）本罪与非罪的界限。《刑法》规定，只有盗窃数额较大或者多次盗窃的，才能构成盗窃罪。因此，划分本罪与非罪的界限，就看盗窃的数额或盗窃的次数。根据最高人民法院《关于审理盗窃案件具体应用法律若干问题的解释》，认定盗窃罪应当注意以下几点：

第一，盗窃未遂，情节严重，如以数额巨大（指个人盗窃公私财物价值人民币3万元至10万元以上的）的财物或者国家珍贵文物等为盗窃目标的，应当定罪处罚。

第二，偷拿自己家的财物或者近亲属的财物，一般可不按犯罪处理；对确有追究刑事责任必要的，处罚时也应与在社会上作案的有所区别。

第三，盗窃公私财物接近“数额较大”的起点，具有下列情节之一的，可以追究其刑事责任：①以破坏性手段盗窃造成公私财产损失的；②盗窃残疾人、孤寡老人或者丧失劳动能力人的财物的；③造成严重后果或者具有其他恶劣情节的。

第四，盗窃公私财物虽已达到“数额较大”的起点标准，但情节轻微，并具有下列情节之一的，可不作为犯罪处理：①已满16周岁不满18周岁的未成年人作案的；②全部退赃、退赔的；③主动投案的；④被胁迫参加盗窃活动，没有分赃或者获赃较少的；⑤其他情节轻微、危害不大的。

第五，根据《刑法》第210条第1款的规定，盗窃增值税专用发票或者可以用于骗取出口退税、抵扣税款的其他发票的，以盗窃罪定罪处罚。盗窃上述发票数量在25份以上的，为“数额较大”。这是此种盗窃行为构成盗窃罪的标准。

第六，多次盗窃构成犯罪，依法应当追诉的，或者最后一次盗窃构成犯罪，前次盗窃行为在1年内的，应当累计其盗窃数额。

（2）盗窃信用卡并使用行为的认定。《刑法》第196条第3款规定：“盗窃信用卡并使用的，依照本法第二百六十四条的规定定罪处罚。”这种盗窃犯罪的行为人，在客观上具有盗窃信用卡并使用的行为，主观上具有非法占有财物为目的。

（3）盗接他人通信线路，复制他人电信码号或者明知是盗接、复制的电信设备、设施而使用行为的认定。《刑法》第265条规定：“以牟利为目的，盗接他人通信线路，复制他人电信码号或者明知是盗接、复制的电信设备、设施而使用的，依照本法第二百六十四条的规定定罪处罚。”构成该条规定的盗窃罪须具备两个条件：①主观上必须以牟利为目的。②在客观上表现为盗接他人通讯线路、复制他人电信码号或者明知是盗接、复制的电信设备、设施而使用的行为。盗接他人通信线路，是指未经权利人许可，采取秘密的方法连接他人的通信线路无偿使用或者转给他人使用，从而给权利人造成损失；复制他人电信码号，是指取得他人的电信码号后，非法加以翻制并无偿使用或者非法出租、出借、转让。

（4）本罪与其他犯罪的界限。实践中，有些盗窃行为指向特定的对象，如枪支、弹药、爆炸物、电力或通讯设备等；有些盗窃行为则以爆炸、投毒等为手段来完成，如毒鱼、炸鱼后将鱼偷走。对这类情况应分别不同情况予以处理。①如果盗窃的是法律明确规定的危害公共安全犯罪的对象，如盗窃枪支、弹药、爆炸物，或者是偷窃正在使用中的电力设备，足以危害公共安全的，应构成危害公共安全罪中的相应犯罪。如果是在盗窃他人财物时，在窃得的提包里意外地发现放有枪支、弹药，应按盗窃罪定罪处罚。如果行为人窃得枪支、弹药后予以非法持有、私藏的，对其应另行认定非法持有、私藏枪支、弹药罪，与先前的盗窃罪数罪并罚。②如果以非法占有为目的，毒死或炸死数量较大的鱼，将其偷走，未引起其他严重后果的，应定为盗窃罪。如果不顾人畜安危，向供饮用的池塘中投放大量剧毒物，或者向堤坝等其他公共设施附近的水库中投掷大量炸药，严重危害公共安全，致人重伤、死亡或者使公私财产遭受重大损失的，应当定为投放危险物质罪或爆炸罪。③盗窃通信设施价值数额不大，但危害公共安全已构成破坏广播电视设施、公用电信设施罪的，或者盗窃通讯设施造成严重后果的，应认定为破坏广播电视设施、公用电信设施罪。④盗窃广播电视设施、公用电信设施、电力设备等特定设备设施同时构成盗窃罪和破坏广播电视设施、公用电信设施等犯罪的，择一重罪定罪处罚。⑤为盗窃其他财物，盗窃机动车辆当犯罪工具使用的，被盗机动车辆的价值计入盗窃数额；为实施其他犯罪盗窃机动车辆，以盗窃罪和所实施的其他犯罪实行数罪并罚。为实施其他犯罪，偷开机动车辆用作犯罪工具使用后，将偷开的机动车辆送回原处或者停放到原处附近，车辆未丢失的，按照其所实施的犯罪从重处罚。⑥为练习开车、游乐等目的，多次偷开机动车辆，并将机动车辆丢失的，以盗窃罪定罪处罚；在偷开机动车辆过程中发生交通肇事构成犯罪，又构成其他罪的，应当以交通肇事罪和其他罪实行数罪并罚；偷开机动车辆造成车辆损坏的，按照《刑法》第275条的规定以故意毁坏财物罪定罪处罚；偶尔偷开机动车辆，情节轻微的，可以不认定是犯罪。

（三）盗窃罪的刑事责任

根据《刑法》第264条规定，犯本罪的，处3年以下有期徒刑、拘役或者管制，并处或者单处罚金；数额巨大或者有其他严重情节的，处3年以上10年以下有期徒刑，并处罚金；数额特别巨大或者有其他特别严重情节的，处10年以上有期徒刑或者无期徒刑，并处罚金或者没收财产。

所谓“数额巨大”，是指个人盗窃公私财物价值人民币3万元至10万元以上的；“数额特别巨大”，是指个人盗窃公私财物价值人民币30万元至50万元以上的。盗窃数额达到“数额较大”或者“数额巨大”的起点，并具有下列情形之一的，可以认定为“其他严重情节”或者“其他特别严重情节”：（1）犯罪集团的首要分子或者共同犯罪中情节严重的主犯；（2）盗窃金融机构的；（3）流窜作案危害严重的；（4）累犯；（5）导致被害人死亡、精神失常或者其他严重后果的；（6）盗窃救灾、抢险、防汛、优抚、扶贫、移民、救济、医疗款物，造成严重后果的；（7）盗窃生产资料，严重影响生产的；（8）造成其他重大损失的。

三、诈骗罪

（一）诈骗罪的概念和构成要件

诈骗罪，是指以非法占有为目的，用虚构事实或者隐瞒真相的方法，骗取数额较大的公私财物的行为。本罪的构成要件是：

（1）本罪的客体是公私财产所有权。侵犯的对象限于公私财物，包括动产和不动产。如果骗取的是其他非物质性利益，不构成本罪。

（2）本罪的客观方面表现为用各种虚构事实或隐瞒真相的方法蒙蔽被害人，使其产生错觉，信以为真，而“自愿”地交出财物。所谓“虚构事实”，是指无中生有，捏造不存在的事实，骗取被害人的信任。虚构事实，既可以全部虚构，也可以部分虚构。所谓“隐瞒真相”，是指对被害人掩盖客观存在的事实，以此哄骗被害人，使其交出财物。《刑法》规定的许多犯罪，使用的方法都可能包含有欺骗的手段，但诈骗罪区别于其他欺骗性犯罪的主要表现：

①行为人完全是制假骗人；②目的在于造成受害人的错觉，以便无偿地从其手中取得公私财物；③这种欺骗行为能够引起有偿交换掩盖无偿占有或者借贷掩盖非法攫取的后果。

诈骗公私财物达到“数额较大”的，才能以本罪论处。对一般诈骗行为，只能予以行政处罚。个人诈骗公私财物 2000 元以上的，属于“数额较大”。诈骗未遂，但情节严重的，应当定罪处罚。

（3）本罪的主体为一般主体。即年满 16 周岁以上具有刑事责任能力者。

（4）本罪的主观方面是直接故意，并且具有非法占有公私财物的目的。

（二）诈骗罪的认定

（1）本罪与非罪的界限。主要是诈骗罪与借贷等经济纠纷的界限。在司法实践中，许多借贷等经济纠纷与诈骗行为难以区别。有的人编造谎言骗借财物，到期不能偿还；有的借贷后由于某种原因拖欠不还。这些行为，特别是其中一些含有行为人欺诈对方内容的行为，容易与诈骗罪相混淆。区分经济纠纷与诈骗罪的关键是：行为人在主观上有无非法占有公私财物的目的，并且这种非法占有是否恶意占有。所谓“恶意占有”是指行为人非法占有他人的财物从始至终都是欺骗行为，任意挥霍非法财物，即使有能力偿还，但行为人总是想方设法逃避。司法实践中，判断行为人有无非法占有目的，主要查明事情的起因、双方平时的关系、有无正当原因不能还款、有无赖账、有无逃避行为以及行为人的态度等方面综合分析。不能简单地认为，凡是在借款当时没有偿还能力的，就是诈骗，不能从未能还款的结果就推定行为人起初就具有非法占有财物的目的。

（2）诈骗罪的既遂与未遂。诈骗罪的既遂，应以行为人实际掌握了财物的支配权为准。即行为人以各种欺骗的方法，使被害人产生错误认识而将财物交给行为人，行为人完全控制了该财物。若诈骗的对象是动产，就应以动产被交付为准；若是针对不动产的诈骗，就应以取得不动产的所有权登记为准。如果因行为人意志以外的原因使上述结果未发生，则构成诈骗罪未遂。

（3）本罪与盗窃罪的界限。这里主要是指以秘密窃取的手段取得支票、提货单、入库单等有价票证后，又冒领货物款项的行为应如何定罪。对这类案件应区别情况，分别对待。如果盗窃的支票、提货单、入库单等已经加盖公章或签名，其本身已经是有效票证，行为人窃取后在有效期内可利用其直接提取货、款的，应定盗窃罪。因为这种情况下，窃取之后的冒领行为是盗窃行为的延续，是实现其窃取目的的一种手段。如果行为人窃取的有价票证已经作废或者未加盖公章、签名的，行为人对之加以变造，使之成为有效票证，并利用其骗取货、款的，应根据票证的类别及行为的具体情况以金融诈骗罪或诈骗罪定罪处刑。

（三）诈骗罪的刑事责任

根据《刑法》第266条规定，犯本罪的，处3年以下有期徒刑、拘役或者管制，并处或者单处罚金；数额巨大或者有其他严重情节的，处3年以上10年以下有期徒刑，并处罚金；数额特别巨大或者有其他特别严重情节的，处10年以上有期徒刑或者无期徒刑，并处罚金或者没收财产。本法另有规定的，依照规定。

根据最高人民法院1996年12月26日颁发的《关于审理诈骗案件具体应用法律的若干问题的解释》，个人诈骗公私财物3万元以上的，属于"数额巨大"；个人诈骗公私财物20万元以上的，属于"数额特别巨大"。诈骗数额在10万元以上，又具有下列情节之一的，也应认定为"情节特别严重"：(1) 诈骗集团的首要分子或者在共同诈骗犯罪中情节严重的主犯；(2) 惯犯或者流窜作案危害严重的；(3) 诈骗法人、其他组织或者个人急需的生产资料，严重影响生产或者造成其他严重后果的；(4) 诈骗救灾、抢险、防汛、优抚、救济、医疗款物，造成严重后果的；(5) 挥霍诈骗的财物，致使诈骗的财物无法返还的；(6) 使用诈骗的财物进行违法犯罪活动的；(7) 曾因诈骗受过刑事处罚的；(8) 导致被害人死亡、精神失常或者其他严重后果的；(9) 具有其他严重情节的。

四、侵占罪

（一）侵占罪的概念和构成要件

侵占罪，是指以非法占有为目的，将代为保管的他人财物或者他人的遗忘物、埋藏物非法占为已有，数额较大，拒不退还或者拒不交出的行为。本罪的构成要件是：

(1) 本罪的客体为公私财物所有权。

(2) 本罪的客观方面表现为：①将代为保管的他人财物非法占为已有，数额较大，拒不退还的行为。代为保管，是指接受他人委托或者根据事实上的管理而成立的对他人财物的持有、管理。"他人财物"，既可以是他人个人的财物，也可以是其他单位的财物。行为人基于委托关系或事实上的管理而拥有的对他人财物的持有和管理权，是构成本罪的前提条件。如果不是将代为保管的他人财物占为已有，而是用盗窃、抢夺、诈骗等方法占有他人财物，不构成本罪。②将他人的遗忘物、埋藏物非法占为已有，数额较大，拒不交出的行为。所谓"遗忘物"，是指由于财物所有人、持有人的疏忽而遗忘在特定地点并失去占有、控制的财物。所谓“埋藏物”，是指埋藏于地下或私人地方的财物。根据《民法通则》的规定，所有人不明确的财物归国家所有，所有人已明确的归所有人。无论是侵占代为保管的他人财物，还是侵占遗忘物、埋藏物，都必须达到数额较大才能构成犯罪。非法占有他人财物后，还必须有拒不退还或拒不交出的行为，才能构成本罪。拒不退还或拒不交出，是指行为人非法侵占他人财物，被人发现，所有人要求其退还或交出时，仍不予退还或交出。如果行为人虽然有非法侵占的行为，但经权利人要求退还或者交出了所侵占的财物，则不构成犯罪。

（3）本罪的主体为一般主体。

（4）本罪的主观方面是故意，且具有非法占有他人财物的目的。

（二）侵占罪的认定

1. 本罪与不当得利的界限

不当得利是指没有法律根据，使他人的利益受到损害而获得的一种不正当利益。不当得利的受益人与侵占罪的行为人都具有非法占有他人财物的行为，但二者有重要区别：①二者非法占有他人财物的故意形成时间不同。侵占罪的行为人在实施侵占行为之前，就产生了明知是他人财物而将其非法占有的故意；而不当得利的受益人在取得不当利益之前，根本没有非法占有他人财物的故意。②二者的行为方式不同。侵占罪的行为人获得财物的方式既可以表现为作为，也可以表现为不作为，但非法占有他人财物这一事实是行为人积极促成的；而不当得利法律事实的出现，是由于受害人的疏忽、过错造成的，受益人获得不当得利是被动的。③财物的性质不同。构成侵占罪行为人获取的财物只限于：代为保管的他人财物、遗忘物、埋藏物。而不当得利的财物范围更为宽泛。

2. 本罪与盗窃罪的界限

本罪与盗窃罪均以非法占有为目的，但两者的区别是明显的：①犯意的内容和形成的时间不同。侵占罪的行为人认识到自己是以非暴力手段非法占有自己业已持有的他人财物，且犯罪故意只能产生于持有他人财物之后；而盗窃罪的行为人认识到自己是以不为财物所有人或持有人知道的秘密方法非法获取他人财物，且犯罪故意只能产生于非法获取他人财物之前。②客观方面的表现不同。在侵占罪中，行为人在实施侵占行为时，他人财物已在行为人的实际控制之下，行为人进而对自己持有的他人财物占有，是以种种理由或者手段拒不退还或者拒不交予财物的所有人、管理人之方法实现的。如果行为人将财物退还或交出，则不构成犯罪。而盗窃罪在客观方面则表现为，行为人通过秘密窃取的方法将不在自己控制下的他人财物非法占为己有，其犯罪手段只能是秘密窃取。即使窃取他人财物之后又主动退还，也构成盗窃罪。③犯罪对象不同。侵占罪的犯罪对象只能是行为人在犯罪前已经代为保管的他人财物或者他人的遗忘物或埋藏物，而盗窃罪的犯罪对象，只能是行为人在犯罪前并不持有的他人财物。

（三）侵占罪的刑事责任

根据《刑法》第270条规定，犯本罪的，处2年以下有期徒刑、拘役或者罚金；数额巨大或者有其他严重情节的，处2年以上5年以下有期徒刑，并处罚金。本罪属于告诉才处理的犯罪。

五、职务侵占罪

（一）职务侵占罪的概念和构成要件

职务侵占罪，是指公司、企业或者其他单位的人员，利用职务上的便利，将本单位财物非法占为己有，数额较大的行为。本罪的构成要件是：

（1）本罪的客体是公司、企业或者其他单位的财产所有权。

（2）本罪的客观方面表现为行为人利用职务上的便利，侵占本单位的财物，数额较大的行为。包括：①本罪只能是利用职务上的便利实施。所谓“利用职务上的便利”，是指担任公司、企业或者其他单位董事、监事、厂长、经理等领导职务的人员，利用其职务范围内形成的权力和地位的便利条件；单位的其他具有管理职能的人员，如财物的主管、经管、保管人员等利用其业务范围内形成的便利条件；单位职工利用其在工作岗位上经手管理本单位财物的便利条件。如果行为人没有利用职务上的便利，不能成立本罪。②必须具有利用职务之便，侵占本单位财物的行为。侵占，是指行为人侵吞、盗窃、骗取或者其他手段非法占有财物。所谓“侵吞”指主管财物人员利用职权将本单位财物据为己有，如将自己持有、使用的单位贵重物品据为己有，无意归还；财会人员伪造、涂改、销毁账目、票据，该上缴的不上缴，应下发的不下发，应记账的不记账，非法占有公私财物。所谓“盗窃”，一般指财物保管人监守自盗，如营业员盗窃所经营的货物或所经手的货款，工人盗窃所领取、使用的原材料、生产工具、设备、生产的成品或半成品等。所谓“骗取”，是指采用伪造、涂改票据等方法骗取本单位财物的行为，如采购员、销售员伪造、涂改有关票据骗取本单位货物、货款，出差人员伪造、涂改有关票据，欺骗本单位财务部门多报差旅费等。所谓“其他方法”，诸如私分或者变相私分本单位财物等。③非法占有财物的数额必须达到“较大”。依据《最高人民法院关于办理违反公司法受贿、侵占、挪用等刑事案件适用法律若干问题的解释》规定，侵占公司、企业财物5000元至2万元以上的，属于“数额较大”；10万元以上的，属于“数额巨大”。④本罪侵犯的对象，必须是行为人所在的公司、企业或者其他单位所有的财物。

（3）本罪的犯罪主体是特殊主体，即公司、企业或者其他单位的人员。但不能是国家工作人员。

（4）本罪的主观方面是故意，并具有非法侵占财物的目的。

（二）职务侵占罪的认定

1. 本罪与贪污罪的区别

本罪与贪污罪在主客观方面有许多相似之处，都是利用职务便利故意非法将财物占为已有。但两者的区别也是明显的：（1）犯罪主体不同。本罪的主体是公司、企业或者其他单位的人员，包括公司、企业和其他单位中的主管人员、职工，不能是国家工作人员；贪污罪的主体只能是国家工作人员和受国有单位委托管理、经营国有财产的人员。（2）犯罪对象不同。本罪的对象是行为人所在公司、企业或单位的财物；贪污罪的对象只能是公共财物或者国有财产。

2. 本罪与盗窃罪、诈骗罪、侵占罪的区别

本罪的具体方式可以表现为盗窃、诈骗或侵占，从理论上说它们的区别也是明显的，如犯罪主体、犯罪对象、客观方面均有所不同。但是，我们认为本罪与盗窃罪、诈骗罪、侵占罪的根本性区别在于公司、企业或者其他单位人员在非法占有本单位财物时是否利用了其职务上的便利，即如果利用职务上的便利盗窃、诈骗或侵占本单位财物的，则构成本罪；否则就应当根据具体的犯罪行为分别以盗窃罪、诈骗罪或侵占罪定罪处罚。

（三）职务侵占罪的刑事责任

依照《刑法》第271条规定，犯本罪的，处5年以下有期徒刑或者拘役；数额巨大的，处5年以上有期徒刑，可以并处没收财产。

国有公司、企业或者其他国有单位中从事公务的人员和国有公司、企业或者其他国有单位委派到非国有公司、企业以及其他单位从事公务的人员有职务侵占行为的，依照《刑法》第382条和383条规定的贪污罪定罪处罚。

六、挪用资金罪

（一）挪用资金罪的概念和特征

挪用资金罪，是指公司、企业或者其他单位的工作人员，利用职务上的便利，挪用本单位资金归个人使用或者借贷给他人，数额较大、超过3个月未还的，或者虽未超过3个月，但数额较大、进行营利活动的，或者进行非法活动的行为。

本罪的主要特征是：

（1）犯罪客体是公私财产所有权。犯罪对象限于本单位资金。

（2）客观方面表现为利用职务上的便利，挪用本单位资金的行为。这里的挪用，指行为人利用自己职务上的便利，未经本单位合法批准，擅自把自己合法持有的本单位资金用于自己的需要，但准备以后归还，因而是使本单位对资金所有权暂时失控而不是非法据为已有。挪用行为内容包括以下三种情形：

一是挪用本单位资金归个人使用，如支付结婚费用、还债款、挥霍等，或者是借给他人用，数额较大，超过3个月未还的（指案发前未还）。

二是挪用本单位资金数额较大，用于营利活动，如炒股票、经商等，虽未超过3个月也构成犯罪。

三是挪用本单位资金进行非法活动的，如赌博、走私、贩卖毒品等。不论挪用金额多少、时间长短，均构成犯罪。

（3）犯罪主体是特殊主体，即公司、企业或者其他单位中不具备国家工作人员身份的人。按《刑法》第185条第1款规定，商业银行、证券交易所、期货交易所、证券公司、期货经纪公司、保险公司或者其他金融机构的工作人员利用职务上的便利，挪用本单位或者客户资金的，也构成本罪。按《刑法》第272条第2款的规定，如果是国有公司、企业或其他单位中从事公务的人员，或上述国有单位委派到非国有单位从事公务的人员，利用职务上的便利，挪用本单位资金的，应以《刑法》第384条挪用公款罪定罪处罚。

（二）挪用资金罪的处罚

根据《刑法》第272条第1款的规定，犯本罪的，处3年以下有期徒刑或者拘役；挪用本单位资金数额巨大或者数额较大不退还的，处3年以上10年以下有期徒刑。

七、敲诈勒索罪

（一）敲诈勒索罪的概念和构成要件

敲诈勒索罪，是指以非法占有为目的，以威胁或者要挟的方法，强行索取公私财物，数额较大或者多次敲诈勒索的行为。本罪的构成要件是：

（1）本罪的客体为公私财物所有权和他人的人身权利或其他利益。

（2）本罪的客观方面表现为以威胁或者要挟的方法，强行索取公私财物的行为。所谓“敲诈”，就是指用口头、书面或者他人转达等方式，公开或者暗示实施威胁与要挟，使被害人在心理上造成恐惧，产生压力，交付财物的行为。威胁和要挟方法有以下特点：①以将要实施的积极侵害行为，对财物所有人或持有人进行恐吓。②扬言将要危害的对象可以是财物的所有人或者管理人本人，也可以是被害人的亲属或者利害关系人。③发出威胁的方式多样，当场以口头、书面或其他方式，电话、书信方式，行为人亲自发出或委托、转托方式等。④威胁要实施的侵害行为多样，可当场实现的或日后实现的。

敲诈勒索与获取财物之间的表现有：①要求被害人在指定的时间、地点交付财物的；②要求被害人答应在规定的时间、地点交付财物的；③以日后对被害人进行侵害相威胁而要求当场交付财物的。威胁的内容并非在取财当场予以实施，此乃是本罪与抢劫罪的显著区别之处。

（3）本罪的主体为一般主体。

（4）本罪的主观方面是直接故意，以非法占有公私财物为目的。

（二）敲诈勒索罪的认定

1. 本罪与非罪的界限

构成本罪，必须是勒索公私财物数额较大的。根据最高人民法院2000年5月12日公布的《关于敲诈勒索罪数额认定标准问题的规定》，敲诈勒索公私财物“数额较大”，以1000~3000元为起点。如果行为人虽然采取了一定的威胁或者要挟方式，但情节显著轻微，数额极小，危害不大的，不构成犯罪。

2. 本罪的既遂与未遂

本罪应以是否取得财物为确定既遂与未遂的标准。如果行为人使用威胁或者要挟的方法非法取得了公私财物，则为敲诈勒索罪（既遂），取得财物的多少以及是否达到行为人所要求取得的财物数额，并不影响既遂的成立。否则，则为敲诈勒索罪（未遂）。

3. 本罪与抢劫罪的界限

本罪与抢劫罪有许多相似之处，犯罪主体均为一般主体；主观方面都是直接故意，而且具有非法占有公私财物的目的；客观方面都实施了威胁的行为。它们的区别主要表现在客观方面：（1）威胁的内容不同。本罪中威胁的内容可以是暴力，也可以是损害名誉、毁坏财产、揭发隐私、历史问题或违法犯罪问题、阻止正当权利的行使等，可以明示，也可以暗示，可以是口头的，也可以是书面的；抢劫罪中威胁的内容则仅限于杀死、伤害等使用暴力威胁，而且必须是口头明示的。（2）威胁的场合不同。本罪中的威胁可以向被害人当面实施，也可以通过书信、电话或者他人转达等其他方式不当面实施；抢劫罪中的威胁则必须是行为人当面向被害人实施。（3）威胁指向的对象不同。本罪中的威胁所指向的对象包括被害人、近亲属以及有利害关系的人；而抢劫罪威胁的对象则必须是持有财物的被害人本人。（4）抢劫罪与敲诈勒索罪对被害人使用以暴力相威胁的时间和要求交出财物的时间不同。以暴力相威胁的方法进行抢劫，犯罪人对被害人实施暴力的时间和要求交出财物的时间，均为当场。被害人如不交出财物，就会立即受到暴力的侵害。但敲诈勒索罪的犯罪人，声称实施以暴力相威胁的时间和要求交出财物的时间都不在当场，或者至少其中之一不在当场。如果行为人在当面实施敲诈勒索行为时，由于遭到被害人的拒绝而把威胁、要挟的内容付诸实施，则该行为不构成敲诈勒索罪，而应构成抢劫犯罪。

（三）敲诈勒索罪的刑事责任

根据《刑法》第274条规定，犯本罪的，数额较大或者多次敲诈勒索的，处3年以下有期徒刑、拘役或者管制，并处或者单处罚金；数额巨大或者有其他严重情节的，处3年以上10年以下有期徒刑，并处罚金；数额特别巨大或者有其他特别严重情节的，处10年以上有期徒刑，并处罚金。

八、故意毁坏财物罪

（一）故意毁坏财物罪的概念和构成要件

故意毁坏公私财物罪，是指故意毁灭或者损坏公私财物，数额较大或者情节严重的行为。其构成特征为：

（1）其主体为一般主体。

（2）主观方面表现为故意，犯罪目的只是毁坏公私财物，使其丧失使用价值，而不是为了非法占有。

（3）客观方面表现为故意毁坏公私财物，数额较大或者有其他严重情节的行为。

（4）侵犯的客体是公私财物的所有权，侵犯的对象是各种公私财物。

（二）故意毁坏财物罪的刑事责任

依据《刑法》第275条，犯本罪的，处3年以下有期徒刑、拘役或者罚金；数额巨大或者有其他特别严重情节的，处3年以上7年以下有期徒刑。

九、破坏生产经营罪

（一）破坏生产经营罪的概念和构成要件

破坏生产经营罪，是指由于泄愤报复或者其他个人目的，毁坏机器设备、残害耕畜或者以其他方法破坏生产经营的行为。本罪的构成要件是：

（1）本罪的客体是正常的生产经营活动和公私财物所有权。所谓“生产经营活动”，是指一切生产、流通、交换、分配环节中的正常生产和经营行为，包括农村承包经营的各种方式。本罪侵犯的对象，包括一切与生产经营活动有关的正在生产、经营中使用的物品，如生产经营中正在使用的机器设备、用具、耕畜、设计图纸、控制系统等。如果是破坏已经闲置或废弃的生产设备、残害病残的无法使役的耕畜的，或与直接生产过程无关的图纸、设备等，不能构成本罪。

（2）本罪的客观方面表现为以毁坏机器设备、残害耕畜或者以其他方法破坏生产经营的行为。所谓“其他方法”，指除毁坏机器设备、残害耕畜以外的任何足以破坏生产经营活动的方法，如损坏锅炉设施，破坏电源装置，损毁重要机器零部件，毁坏农作物，破坏排灌设备等。

（3）本罪的主体为一般主体。

（4）本罪的主观方面是故意，且具有泄愤报复或者其他个人目的。

（二）破坏生产经营罪的认定

1. 本罪与非罪的界限

（1）将本罪与自然事故、技术事故和一般责任事故划分开来。这主要应当查明行为人有无破坏生产经营的故意。（2）从行为的具体情节上划清破坏生产经营罪与破坏生产经营的一般行为的界限。《刑法》虽然没有对构成破坏生产经营罪作情节上的限制，但是，在实践中应当注意，并非任何破坏生产经营的行为都构成犯罪；对于情节、后果显著轻微的，不宜以犯罪论处。

2. 本罪与破坏特定设备设施危害公共安全的有关犯罪的界限

它们在理论上存在一些相同或相似之处，也有明显的区别。我们认为，如果行为人的破坏行为足以危害公共安全且《刑法》有特别规定的，则应以有关危害公共安全的犯罪定罪处罚；如果破坏行为不足以危及公共安全，只影响正常的生产、经营活动的，则应以本罪定罪处罚。

3. 本罪与故意毁坏公私财物罪的界限

两罪的区别主要在于犯罪对象不同。本罪的犯罪对象是正在生产、经营中使用的机器设备、耕畜或者其他有关物品，由于它们处于生产、使用过程中，其意义与价值已经远远超过其“财物”本身。它们除代表财物所有权外，更重要的是还代表着正常的生产、经营活动，不能将它们视为普通财物。故意毁坏公私财物罪的犯罪对象仅仅是公私财物而已，其只代表财物所有权。

（三）破坏生产经营罪的刑事责任

根据《刑法》第276条规定，犯本罪的，处3年以下有期徒刑、拘役或者管制；情节严重的，处3年以上7年以下有期徒刑。

第三节 侵犯财产罪的其他犯罪

一、非法占有型的其他侵犯财产犯罪

1. 抢夺罪

抢夺罪，是指以非法占有为目的，乘人不备，公然夺取公私财物，数额较大的行为。

依据《刑法》第267条的规定，犯本罪的，处3年以下有期徒刑、拘役或者管制，并处或者单处罚金；数额巨大或者有其他严重情节的，处3年以上10年以下有期徒刑，并处罚金；数额特别巨大或者有其他特别严重情节的，处10年以上有期徒刑或者无期徒刑，并处罚金或者没收财产。

2. 聚众哄抢罪

聚众哄抢罪，是指首要分子和积极参加者以非法占有为目的，聚集多人，哄抢滋扰，公然夺取公私财物，数额较大或者有其他严重情节的行为。

依据《刑法》第268条的规定，犯本罪的，处3年以下有期徒刑、拘役或者管制，并处罚金；数额巨大或者有其他特别严重情节的，处3年以10年以下有期徒刑，并处罚金。

3. 拒不支付劳动报酬罪

拒不支付劳动报酬罪，是指以转移财产、逃匿等方法逃避支付劳动者的劳动报酬或者有能力支付而不支付劳动者的劳动报酬，数额较大，经政府有关部门责令支付仍不支付的行为。

依据《刑法》第276条之一规定，犯本罪的，处3年以下有期徒刑或者拘役，并处或者单处罚金；造成严重后果的，处3年以上7年以下有期徒刑，并处罚金。

单位犯前款罪的，对单位判处罚金，并对其直接负责的主管人员和其他直接责任人员，依照前款的规定处罚。

虽有逃避支付或者不支付劳动者的劳动报酬的行为，但是，尚未造成严重后果，在提起公诉前支付劳动者的劳动报酬，并依法承担相应赔偿责任的，可以减轻或者免除处罚。

二、挪用型的其他侵犯财产犯罪

挪用特定款物罪，是指违反国家财经管理制度，挪用用于救灾、抢险、防汛、优抚、扶贫、移民、救济款物，情节严重，致使国家和人民群众利益遭受重大损害的行为。

依据《刑法》第273条规定，犯本罪的，对直接责任人员处3年以下有期徒刑或者拘役；情节特别严重的，处3年以上7年以下有期徒刑。

本章小结

本章的重点是侵犯财产罪的一般概念和构成要件及种类。各侵犯财产的主要犯罪的概念、构成要件、认定和刑事责任。

复习题

（一）思考题

1. 如何区别抢劫罪、绑架罪与敲诈勒索罪？

2. 如何区别盗窃罪、侵占罪与职务侵占罪？

（二）名词解释

抢劫罪　盗窃罪　诈骗罪　侵占罪　敲诈勒索罪

职务侵占罪　挪用资金罪　破坏生产经营罪

（三）选择题

1. 下列行为中，构成盗窃罪的有（　　）。

A. 潜入银行盗窃，但未盗得钱财的

B. 一年以内入户盗窃3次以上，但盗得财物价值较小的

C. 以牟利为目的，盗接他人通信线路的

D. 盗窃他人的商业秘密的

E. 盗窃数额较大的

2. 无业人员姚某、陈某以欺骗手段邀请某发展中心丁某外出饮茶，事先在饮用的茶水中投入了“三瞠仑”昏迷药，丁某饮用后昏迷不醒。姚、陈二人将丁某用车运至某宾馆住下，待丁某醒后便对其威胁并索要赎金50万元。丁某被迫写下条子让会计送来了50万元现款。后姚、陈二人把丁某拉到距宾馆200公里以外扔下。姚、陈的行为构成（　　）。

A. 抢劫罪　　B. 非法拘禁罪

C. 绑架罪　　D. 敲诈勒索罪

3. 以非法占有为目的，对被害人实施威胁，当场强行索取数额较大公私财物的行为构成（　　）。

A. 侵占罪　B. 敲诈勒索罪　C. 抢劫罪　D. 抢夺罪

4. 某甲指使其表弟某股份制公司会计某乙利用职务便利挪用公款10万元归自己购买股票。对某甲应当（　　）。

A. 以贪污罪的共犯论处　B. 以挪用公款罪的共犯论处

C. 以挪用资金罪的共犯论处　D. 不以犯罪论处

5. 下列行为中，构成盗窃罪的有（　　）。

A. 盗窃数额不大，但一年以内入户盗窃三次以上

B. 私接他人的电信线路自己使用，费用较大

C. 盗窃信用卡后又使用，数额较大

D. 盗接供暖公司暖气使用，价值较大

E. 偷开他人的汽车玩耍，将汽车丢失

6. 下列盗窃行为中，可以判处死刑的是（　　）。

A. 盗窃文物数额巨大的　B. 盗窃商场数额巨大的

C. 盗窃仓库数额巨大的　D. 盗窃金融机构数额特别巨大的

7. 某甲潜入一商店盗窃现金5000元，被保安人员抓住后，向保安人员捅了一刀，夺路而逃。某甲的行为构成（　　）。

A. 盗窃罪　B. 抢夺罪

C. 抢劫罪　D. 故意伤害罪

8. 对盗窃信用卡并使用的行为，应当（　　）。

A. 以盗窃罪论处

B. 以信用卡诈骗罪论处

C. 以诈骗罪论处

D. 以盗窃罪和信用卡诈骗罪数罪并罚

9. 邮政工作人员私自开拆邮件而窃取财物，数额较大的，其行为构成（　　）。

A. 私自开拆邮件罪　B. 盗窃罪

C. 贪污罪　D. 职务侵占罪

10. 下列人员中，不能成为职务侵占罪的犯罪主体的是（　　）。

A. 公司工作人员　B. 企业工作人员

C. 民间社会团体的工作人员　D. 国有企业中从事公务的人员

11. 下列四种财物中，不能成为侵占罪的犯罪对象的是（　　）。

A. 代为保管的他人财物　B. 他人的遗失物

C. 他人的遗忘物　　D. 他人的埋藏物

12. 对盗窃罪适用死刑的法定条件是（　　）。

A. 惯窃屡教不改，主观恶性特别严重

B. 盗窃数额特别巨大，情节特别恶劣

C. 盗窃金融机构，数额特别巨大

D. 盗窃用于扶贫、救灾、抢险的专项物资，数额特别巨大

（答案：1. ABCE；2. C；3. C；4. C；5. ABCDE；6. D；7. C；8. A；9. B；10. D；11. B；12. C）

第十六章　妨害社会管理秩序罪

本章主要内容

妨害社会管理秩序罪的一般概念和构成要件及种类。各妨害社会管理秩序的主要犯罪的概念、构成要件、认定和刑事责任。各妨害社会管理秩序的其他犯罪的概念和刑事责任。

本章的重点问题

1. 妨害社会管理秩序罪的概念和构成要件。
2. 妨害公务罪的概念、构成要件和认定时应当注意的问题。
3. 聚众斗殴致人重伤、死亡的定性。
4. 伪证罪与包庇罪的区别。
5. 非法持有毒品罪中“持有”的认定。
6. 组织卖淫罪中“组织”的含义。

学习目标

了解妨害社会管理秩序犯罪的概念、构成要件和种类。掌握各重点犯罪的概念、构成要件及其实践中应当注意的问题，能够运用相关知识准确分析、判断实践中发生的有关案件。

第一节　妨害社会管理秩序罪概述

一、妨害社会管理秩序罪的概念和构成要件

妨害社会管理秩序罪，是指故意或过失地妨害国家对社会的管理活动，破坏社会秩序，情节严重的行为。本类罪的构成要件是：

（1）本类罪侵犯的共同客体，是国家机关对社会的正常管理活动和社会正常秩序。从一定意义上讲，任何犯罪都是从某个方面、在某种程度上破坏了社会管理秩序的。但是，本类罪中的社会管理秩序，是指除《刑法》分则规定的其他各类犯罪所侵犯的社会关系外的社会秩序，具体包括公共管理秩序、正常司法活动、国（边）境管理秩序、国家文物管理秩序、公共卫生秩序、环境资源保护和精神药品、麻醉药品的管理秩序以及正常的社会风尚等。

（2）本类罪在客观上表现为有各种严重妨害社会管理秩序的行为，即妨害国家机关对社会进行正常管理且情节严重的行为。妨害国家机关对社会管理活动的行为方式多种多样，内容复杂，危害程度各异，有的是违反《治安管理处罚法》的一般违法行为，有的则是犯罪行为。因此，实践中不能将所有妨害社会管理秩序的行为都视为犯罪，只有那些情节严重的妨害社会管理秩序行为才能构成本类犯罪。本类罪，有的是行为犯，如非法侵入计算机信息系统罪；有的是结果犯，如破坏集会、游行、示威罪；有的是危险犯，如非法采集、供应血液、制作、供应血液制品罪；有的是情节犯，如聚众扰乱社会秩序罪。有的要求行为必须违反国家规定或有关法律法规等规定，有的要求必须利用特定的方法、手段实施或发生在特定的时间、地点。

（3）本类罪的主体多为自然人犯罪主体，但部分犯罪也可由单位构成。在以自然人为主体的犯罪中，多数是一般主体，少数是特殊主体，如包庇、纵容黑社会性质组织罪的主体只能是国家机关工作人员，医疗事故罪的主体只能是医务人员。

（4）本类罪在主观上绝大多数是故意，少数为过失。如过失损毁文物罪、医疗事故罪。在故意犯罪中，有的还必须具有法定的目的，如倒卖文物罪就必须以营利为目的。

二、妨害社会管理秩序罪的种类

我国《刑法》分则第六章第277条至第367条对妨害社会管理秩序罪进行了全面、系统的规定，将之分为九类犯罪，共有125个具体罪名，分为9节

（部分）。

（一）扰乱公共秩序罪（40个罪名）

包括40个罪名：（1）妨害公务罪；（2）煽动暴力抗拒法律实施罪；（3）招摇撞骗罪；（4）伪造、变造、买卖国家机关公文、证件、印章罪；（5）盗窃、抢夺、毁灭国家机关公文、证件、印章罪；（6）伪造公司、企业、事业单位、人民团体印章罪；（7）伪造、变造居民身份证罪；（8）非法生产、买卖警用装备罪；（9）非法获取国家秘密罪；（10）非法持有国家绝密、机密文件、资料、物品罪；（11）非法生产、销售间谍专用器材罪；（12）非法使用窃听、窃照专用器材罪；（13）非法侵入计算机信息系统罪；（14）非法获取计算机系统数据、非法控制计算机系统罪；（15）非法提供实施侵入、控制计算机系统程序、工具罪；（16）破坏计算机信息系统罪；（17）扰乱无线电通讯管理秩序罪；（18）聚众扰乱社会秩序罪；（19）聚众冲击国家机关罪；（20）聚众扰乱公共场所秩序、交通秩序罪；（21）聚众斗殴罪；（22）寻衅滋事罪；（23）组织、领导、参加黑社会性质组织罪；（24）入境发展黑社会组织罪；（25）包庇、纵容黑社会性质组织罪；（26）传授犯罪方法罪；（27）非法集会、游行、示威罪；（28）非法携带武器、管制刀具、爆炸物参加集会、游行、示威罪；（29）破坏集会、游行、示威罪；（30）侮辱国旗、国徽罪；（31）组织、利用会道门、邪教组织或者利用迷信破坏法律实施罪；（32）组织、利用会道门、邪教组织或者利用迷信致人死亡罪；（33）聚众淫乱罪；（34）引诱未成年人聚众淫乱罪；（35）盗窃、侮辱尸体罪；（36）赌博罪；（37）开设赌场罪；（38）故意延误投递邮件罪；（39）投放虚假危险物质罪；（40）编造、故意传播虚假恐怖信息罪。

（二）妨害司法罪（17个罪名）

包括17个罪名：（1）伪证罪；（2）辩护人、诉讼代理人毁灭证据、伪造证据、妨害作证罪；（3）妨害作证罪；（4）帮助毁灭、伪造证据罪；（5）打击报复证人罪；（6）扰乱法庭秩序罪；（7）窝藏、包庇罪；（8）拒绝提供间谍犯罪证据罪；（9）掩饰、隐瞒犯罪所得、犯罪所得收益罪；（10）拒不执行判决、裁定罪；（11）非法处置查封、扣押、冻结的财产罪；（12）破坏监管秩序罪；（13）脱逃罪；（14）劫夺被押解人员罪；（15）组织越狱罪；（16）暴动越狱罪；（17）聚众持械劫狱罪。

（三）妨害国（边）境管理罪（8个罪名）

包括8个罪名：（1）组织他人偷越国（边）境罪；（2）骗取出境证件罪；（3）提供伪造、变造的出入境证件罪；（4）出售出入境证件罪；（5）运送他人偷越国（边）境罪；（6）偷越国（边）境罪；（7）破坏国家边境的界碑、界桩罪；（8）故意破坏永久性测量标志罪。

（四）妨害文物管理罪（10个罪名）

包括10个罪名：（1）故意损毁文物罪；（2）故意损毁名胜古迹罪；（3）过失损毁文物罪；（4）非法向外国人出售、赠送珍贵文物罪；（5）倒卖文物罪；（6）非法出售、私藏文物藏品罪；（7）盗掘古文化遗址、古墓葬罪；（8）盗掘古人类化石、古脊椎动物化石罪；（9）抢夺、窃取国有档案罪；（10）擅自出卖、转让国有档案罪。

（五）危害公共卫生罪（11个罪名）

包括11个罪名：（1）妨害传染病防治罪；（2）传染病菌种、毒种扩散罪；（3）妨害国境卫生检疫罪；（4）非法组织卖血罪；（5）强迫卖血罪；（6）非法采集、供应血液、制作、供应血液制品罪；（7）采集、供应血液、制作、供应血液制品事故罪；（8）医疗事故罪；（9）非法行医罪；（10）非法进行节育手术罪；（11）逃避动植物防疫、检疫罪。

（六）破坏环境资源保护罪（15个罪名）

包括15个罪名：（1）重大环境污染罪。（2）非法处置进口的固体废物罪。（3）擅自进口固体废物罪。（4）非法捕捞水产品罪。（5）非法猎捕、杀害珍贵、濒危野生动物罪。（6）非法收购、运输、出售珍贵、濒危野生动物、珍贵濒危野生动物及其制品罪。（7）非法狩猎罪。（8）非法占用农用地罪。（9）非法采矿罪。（10）破坏性采矿罪。（11）非法采伐、毁坏国家重点保护植物罪。（12）非法收购、运输、加工、出售国家重点保护植物、国家重点保护植物制品罪。（13）盗伐林木罪。（14）滥伐林木罪。（15）非法收购、运输盗伐、滥伐的林木罪。

（七）走私、贩卖、运输、制造毒品罪（12个罪名）

包括12个罪名：（1）走私、贩卖、运输、制造毒品罪。（2）非法持有毒品罪。（3）包庇毒品犯罪分子罪。（4）窝藏、转移、隐瞒毒品毒赃罪。（5）走私制毒物品罪。（6）非法买卖制毒物品罪。（7）非法种植毒品原植物罪。（8）非法买卖、运输、携带、持有毒品原植物种子、幼苗罪。（9）引诱、教唆、欺骗他人吸毒罪。（10）强迫他人吸毒罪。（11）容留他人吸毒罪。（12）非法提供麻醉药品、精神药品罪。

（八）组织、强迫、引诱、容留、介绍卖淫罪（7个罪名）

包括7个罪名：（1）组织卖淫罪。（2）强迫卖淫罪。（3）协助组织卖淫罪。(4) 引诱、容留、介绍卖淫罪。(5) 引诱幼女卖淫罪。(6) 传播性病罪。(7) 嫖宿幼女罪。

(九) 制造、贩卖、传播淫秽物品罪 (5 个罪名)

包括 5 个罪名：(1) 制作、复制、出版、贩卖、传播淫秽物品牟利罪。(2) 为他人提供书号出版淫秽书刊罪。(3) 传播淫秽物品罪。(4) 组织播放淫秽音像制品罪。(5) 组织淫秽表演罪。

第二节　妨害社会管理秩序罪中的重点犯罪

一、扰乱公共秩序罪

(一) 妨害公务罪

1. 妨害公务罪的概念和构成要件

妨害公务罪，是指以暴力、威胁方法阻碍国家机关工作人员依法执行职务，阻碍全国人民代表大会和地方各级人民代表大会代表依法执行代表职务，在自然灾害和突发事件中阻碍红十字会工作人员依法履行职责的行为，或者故意阻碍国家安全机关、公安机关依法执行国家安全工作任务，虽未使用暴力、威胁方法，但造成严重后果的行为。本罪的构成要件是：

(1) 本罪侵害的客体是国家机关、红十字会机构的正常公务活动。“公务”，此处是指国家机关工作人员与人大代表依法执行职务的活动，红十字会工作人员依法履行职责的活动，以及国家安全机关、公安机关依法履行国家安全工作任务的活动。本罪侵犯的对象只能是正在依法执行职务、履行职责的有关法定人员以及他们执行职务、履行职责所使用的工具，但正在依照法律、行政法规的规定执行行政执法职务的国有事业单位人员和国家机关中受委托从事行政执法活动的事业编制人员也可以成为本罪的侵害对象。[1]

(2) 本罪在客观方面表现为行为人以暴力、威胁的方法阻碍国家机关工作人员、人大代表依法履行职务，或者在自然灾害或者突发事件中以暴力、威胁方法阻碍红十字会工作人员依法履行职责，或者虽未使用暴力、威胁的方法，但故意阻碍国家安全机关与公安机关工作人员依法履行维护国家安全的职务，且造成了严重后果的行为。

---

[1] 参见最高人民检察院 2000 年 3 月 21 日《关于以暴力威胁方法阻碍事业编制人员依法执行行政执法职务是否可以对侵害人以妨害公务罪论处的批复》。

(3) 本罪的主体是一般主体，即年满16周岁具有刑事责任能力者均可以成为本罪的主体。

(4) 本罪的主观方面是故意，即行为人明知有关法定人员是正在依法执行相关职务、履行相关职责，而有意对其予以妨害，意图使之不能或不敢正常执行职务。实施本罪的动机多样，但不影响本罪的成立。

2. 妨害公务罪的认定

(1) 本罪与非罪的界限。认定本罪与非罪的界限，应当注意：①分清本罪与人民群众同国家机关工作人员等的违法乱纪行为作斗争的界限。前者是一种危害社会的犯罪行为，后者是一种纠正危害社会行为的合法行为。②分清本罪与人民群众同国家机关工作人员等发生顶撞行为的界限。当人民群众向某些国家机关工作人员提出合理要求而得不到及时、合理解决时，尤其当个别国家机关工作人员执行职务行为时态度生硬、方法简单、举止粗暴时，引起群众的不满，引发群众与其发生顶撞、冲突的，对之不宜以犯罪论处。③分清本罪与一般违法行为的界限。对情节轻微、尚未达到犯罪程度的妨害公务行为，或者不以暴力、威胁方法阻碍国家安全机关、公安机关依法执行国家安全工作任务，尚未造成严重后果的行为，应以一般违法行为处理。

(2) 一罪与数罪的界限。①本罪常与其他犯罪发生牵连关系，在如何处理上法律规定并不一致。如《刑法》第318条就只将“以暴力、威胁方法抗拒检查的”作为组织他人偷越国（边）境罪加重法定刑的情形之一，没有将之视为数罪，而《刑法》第157条第2款则明确规定对“以暴力、威胁方法抗拒缉私的”以走私罪和妨害公务罪实行数罪并罚。我们认为，对牵连犯的处理，法律或司法解释有规定的按规定办，没有规定的按刑法理论的“从一重罪从重处罚”。②以暴力、威胁方法妨害公务可能因暴力导致了被害人的重伤、死亡或者公私财产的重大损失，这属于刑法理论上的想象竞合犯。对此，应当按照想象竞合犯的处罚原则定罪处罚。

3. 妨害公务罪的刑事责任

根据《刑法》第277条规定，犯本罪的，处3年以下有期徒刑、拘役、管制或者罚金。

（二）招摇撞骗罪

1. 招摇撞骗罪的概念和构成要件

招摇撞骗罪，是指为了谋取非法利益，假冒国家机关工作人员进行招摇撞骗的行为。本罪的构成要件是：

(1) 本罪的客体是国家机关的威信及其正常活动。国家机关工作人员是国家各项职能的具体执行者，他们代表人民行使国家对社会的管理职能。冒充国家机关工作人员招摇撞骗，是利用广大人民群众对国家机关工作人员的信任而实施的犯罪，其必然使国家机关的威信和正常活动受到破坏。

（2）本罪的客观方面表现为行为人实施了冒充国家机关工作人员进行招摇撞骗的行为。①冒充的对象只能是国家机关工作人员。冒充非国家机关工作人员或假冒国家机关名义的，不构成本罪。“冒充”具体是指：非国家机关工作人员冒充国家机关工作人员，下级国家机关工作人员冒充上级国家机关工作人员，甲国家机关的工作人员冒充乙国家机关的工作人员。②行为人有利用冒充的身份进行招摇撞骗的行为。“招摇撞骗”就是以假冒的身份到处行骗，其一般具有时间长、次数多、范围广的特性。如果只是冒充国家机关工作人员身份以炫耀自己而不行骗的，或行骗时不利用假冒身份的，都不是招摇撞骗。

（3）本罪的主体是一般主体，即年满16周岁具备刑事责任能力者均可构成本罪。

（4）本罪的主观方面是故意，通常具有获取非法利益的目的，如骗钱骗物、骗色、骗取荣誉、地位、职称等物质性或非物质性利益。

2. 招摇撞骗罪的认定

实践中，应当注意本罪与诈骗罪的界限。二者都是一种欺骗行为，都可以骗取财物为目的。因此，二者存在交叉关系，但它们的区别也是明显的。①侵犯的客体不同。本罪侵犯的客体是国家机关的正常活动，诈骗罪的客体是财产所有权。②犯罪手段不同。本罪只能以冒充国家机关工作人员的身份行骗，诈骗罪则无此限制，方式多样。③主观目的有所不同。本罪的目的可以是获取物质性或非物质性利益，诈骗罪的目的只能是非法占有公私财物。④构成犯罪的具体要求不同。本罪不以获取了数额较大的公私财物作为成立犯罪的基本标准，诈骗罪则只有骗取了数额较大公私财物的才能成立。

3. 招摇撞骗罪的刑事责任

根据《刑法》第279条规定，犯本罪的，处3年以下有期徒刑、拘役、管制或者剥夺政治权利；情节严重的，处3年以上10年以下有期徒刑。冒充人民警察招摇撞骗的，依照前款的规定从重处罚。

（三）伪造、变造、买卖国家机关公文、证件、印章罪

1. 伪造、变造、买卖国家机关公文、证件、印章罪的概念和构成要件

伪造、变造、买卖国家机关公文、证件、印章罪，是指伪造、变造、买卖国家机关公文、证件、印章的行为。本罪的构成要件是：

（1）本罪的客体是国家机关的正常活动。国家机关的公文、证件、印章，是国家机关及其工作人员进行国家和社会事务管理的必要手段和象征。对之进行伪造、变造、买卖必将严重影响国家机关的威信，妨害国家机关的正常活

动。本罪所侵害的对象只能是国家机关的公文、证件、印章。“公文”是指用于联系公务、指导工作、处理问题的书面文件，如指示、命令等。“证件”是指用于证明身份、资格、学历、权利义务关系或其他事项的凭证，如工作证、营业执照、职称证书等。“印章”是指刻有国家机关名称的公章和专用章。

（2）本罪的客观方面表现为行为人实施了伪造、变造、买卖国家机关公文、证件、印章之一的行为。本罪从犯罪对象和行为方式看，都是选择性罪名。所谓“伪造”，是指仿照真正的国家机关公文、证件、印章的形状、大小、图案、色彩等制作虚假的国家机关公文、证件、印章的行为。所谓“变造”，是指采取涂改、抹擦、拼接等方法，对真实的国家机关公文、证件、印章进行加工，改变其内容的行为。所谓“买卖”，包括购买和出售。

（3）本罪的主体为一般主体。

（4）本罪的主观方面为直接故意。

2. 伪造、变造、买卖国家机关公文、证件、印章罪的认定

（1）本罪与其他伪造性、变造性犯罪的界限。我国《刑法》中以“伪造”冠名的犯罪除本罪外还有不少，如伪造公司、企业、事业单位、人民团体印章罪，伪造、变造居民身份证罪，伪造货币罪，变造货币罪，伪造、变造金融票证罪等。各种伪造性犯罪之间存在一些联系和区别，但最明显的区别是伪造的具体对象不同。因此，实践中对各种伪造性犯罪行为定罪处罚时主要应当根据伪造的具体对象和《刑法》的规定分别予以确定。

（2）本罪中的一罪与数罪。行为人在实施伪造、变造、买卖国家机关公文、证件、印章行为后，又将之作为其他犯罪活动工具的，应当按照吸收犯对待，作为一罪定罪处罚；如果行为人在其他犯罪活动中使用了他人伪造、变造的国家机关公文、证件、印章且构成有关犯罪的，则应当以本罪和其他有关犯罪实行数罪并罚。

3. 伪造、变造、买卖国家机关公文、证件、印章罪的刑事责任

根据《刑法》第280条第1款规定，犯本罪的，处3年以下有期徒刑、拘役、管制或者剥夺政治权利；情节严重的，处3年以上10年以下有期徒刑。

（四）非法侵入计算机信息系统罪

1. 非法侵入计算机信息系统罪的概念和构成要件

非法侵入计算机信息系统罪，是指违反国家规定，侵入国家事务、国防建设、尖端科学技术领域的计算机信息系统的行为。本罪的构成要件是：

（1）本罪的客体是国家事务、国防建设、尖端科学技术领域的计算机信息系统安全。随着计算机信息技术的迅速发展和普及，计算机已成为一种我国管理国家事务、国防建设、尖端科学技术的重要手段和工具。计算机“黑客”

非法进入国家事务、国防建设、尖端科学技术领域计算机信息系统，将造成人为灾难，危及其安全。行为人非法侵入的只能是有关国家事务、国防建设、尖端科学技术领域的计算机信息系统，不能是其他计算机信息系统。“计算机信息系统”，是指由计算机及其相关和配套的设备、设施构成的，按照一定的应用目标和规则对信息进行采集、加工、存储、传输、检索等处理的人机系统。❶

（2）本罪的客观方面表现为行为人实施了非法侵入国家事务、国防建设、尖端科学技术领域的计算机信息系统的行为。包含以下内容：①行为人的行为违反了国家规定。如违反了《计算机信息系统安全保护条例》、《计算机信息网络国际联网安全保护管理办法》等法律法规。对“违反国家规定”，应当按照《刑法》第96条的规定来理解。②行为人有非法侵入国家事务、国防建设、尖端科技领域计算机信息系统的行为。所谓“侵入”，是指行为人凭借其计算机技术，通过破解计算机密码而擅自闯入前述三个领域的计算机信息系统。本罪属于行为犯，即只要有擅自进入前述三个特定领域计算机信息系统的行为就可以构成本罪。

（3）本罪的主体是一般主体，即已满16周岁且具有刑事责任能力的自然人均可构成本罪。

（4）本罪的主观方面为故意，即行为人明知是国家事务、国防建设、尖端科学技术领域的计算机信息系统而擅自侵入。动机如何，不影响本罪的成立。过失，不能构成本罪。

2. 非法侵入计算机信息系统罪的认定

（1）本罪与非罪的界限。对本罪与非罪的认定，应注意以下两点：①客观上看，并非一切侵入计算机信息系统的行为都构成犯罪，只有非法侵入国家事务、国防建设、尖端科学技术领域的计算机信息系统的，才可以本罪论处。②主观上看，只有故意侵入国家事务、国防建设尖端科学技术领域的计算机信息系统的，才能按本罪定罪处罚。因此，行为人非法侵入的不是有关国家事务、国防建设、尖端科学技术领域的计算机信息系统或者误入这些系统的，都不构成本罪。

（2）本罪与破坏计算机信息系统罪的界限。依据《刑法》第286条规定，破坏计算机信息系统罪是指违反国家规定，对计算机信息系统功能进行删除、修改、增加、干扰，造成计算机信息系统不能正常运行，或者对计算机信息系统中存储、处理、传输的数据和应用程序进行删除，修改、增加的操作，或者故意制作、传播计算机病毒等破坏性程序，影响计算机系统正常运行，后果严

❶ 曹子丹，侯国云．中华人民共和国刑法精解［M］．北京：中国政法大学出版社，1997：269.

重的行为。本罪与破坏计算机信息系统罪的主要区别表现在：①犯罪的对象范围不完全相同。本罪非法侵入的只能是有关国家事务、国防建设、尖端科学技术领域的计算机信息系统，后罪所破坏的是一切计算机信息系统。②客观表现不同。本罪是非法侵入，后罪是对计算机信息系统的内容进行破坏。③故意的内容不同。本罪是故意非法侵入特定的计算机信息系统，后罪是故意破坏计算机信息系统。④犯罪成立的标准不同。本罪是行为犯，后罪是结果犯，以"后果严重"为构成犯罪的必要条件。实践中，对非法侵入国家事务、国防建设、尖端科学技术领域的计算机信息系统后又对之进行破坏构成犯罪的，应当以破坏计算机信息系统罪论处。

(3) 利用计算机进行其他犯罪的定罪问题。依据《刑法》第287条规定，对"利用计算机实施金融诈骗、盗窃、贪污、挪用公款、窃取国家秘密或者其他犯罪的，依照本法的有关规定定罪处罚"。即应当按照目的犯罪定罪处罚，"利用计算机"只是手段行为，不独立成罪。

3. 非法侵入计算机信息系统罪的刑事责任

根据《刑法》第285条规定，犯本罪的，处3年以下有期徒刑或者拘役。

(五) 聚众扰乱社会秩序罪

1. 聚众扰乱社会秩序罪的概念和构成要件

聚众扰乱社会秩序罪，是指聚众扰乱社会秩序，情节严重，致使工作、生产、营业和教学、科研无法进行，造成严重损失的行为。本罪的构成要件是：

(1) 本罪的客体是社会秩序。"社会秩序"，此处专指党政机关、企业、事业单位、人民团体的工作、生产、营业和教学、科研秩序。

(2) 本罪的客观方面表现为聚众扰乱社会秩序，情节严重，致使工作、生产、营业和教学、科研无法进行，造成严重损失的行为。聚众，是指首要分子纠集三人以上，在同一时间、地点聚集。扰乱社会秩序，是指以各种非法手段干扰国家机关、企业、事业单位、人民团体正常活动的行为。如聚众在上述单位内起哄闹事，对有关工作人员进行辱骂等。情节严重，主要是指因聚众扰乱致使有关机关、单位、团体的工作、生产、营业和教学、科研无法进行，造成严重损失的。

(3) 本罪的主体只能是聚众扰乱社会秩序的首要分子和其他积极参加者，即并非一切参加聚众扰乱社会秩序者都能构成本罪。

(4) 本罪的主观方面是故意。动机如何，不影响本罪的成立。

2. 聚众扰乱社会秩序罪的认定

(1) 本罪与非罪的界限。实践中，认定本罪与非罪应当注意：①看聚众扰乱社会秩序是否达到了情节严重、致使工作、生活、营业和教学、科研无法进行，造成严重损失的程度；②行为人是否是聚众扰乱社会秩序中的首要分子和其他积极参加者；③人民群众因对有关机关、单位或其工作人员工作不满而到有关部门示威、集会、请愿、抗议影响其正常工作秩序的，不宜简单地以本罪论处。

（2）本罪与其他相关“聚众性”犯罪的界限。我国《刑法》中冠以“聚众”且对有关部门工作秩序或公共秩序造成严重危害的罪名除本罪外，还有一些，如聚众冲击国家机关罪、聚众扰乱公共场所秩序、交通秩序罪等。

本罪与聚众冲击国家机关罪的界限。依据我国《刑法》第290条规定，聚众冲击国家机关罪，是指聚众冲击国家机关，致使国家机关工作无法进行，造成严重损失的行为。它与本罪在所侵犯的客体、对象、客观方面、主体、主观方面都有相同或相似之处。“聚众冲击”是指以聚众形式非法强行侵入国家机关的办公场所或者非法强行侵入办公场所后拒不退出的行为，[1] 或者冲撞或包围国家机关，强行进入国家机关或堵塞国家机关通道以及占据国家机关办公场所等行为。[2] 依此，行为是否具有一定的暴力性或强力性，是聚众扰乱国家机关秩序以聚众扰乱社会秩序罪还是以聚众冲击国家机关罪定罪的重要区别。

本罪与聚众扰乱公共场所秩序、交通秩序罪的界限。聚众扰乱公共场所秩序、交通秩序罪是《刑法》第291条所规定的犯罪。它与本罪在行为方式上和主观方面是相同的，两罪的主要区别有：①侵害具体社会秩序的范围和对象范围不同。本罪侵害的是党政机关、企事业单位、人民团体的正常秩序；后罪侵害的是车站、码头等公共场所的秩序或交通秩序。②犯罪主体不同。本罪的主体是聚众扰乱社会秩序的首要分子和其他积极参加者；后罪的主体只能是聚众犯罪中的首要分子。

3. 聚众扰乱社会秩序罪的刑事责任

根据《刑法》第290条第1款规定，犯本罪的，对首要分子处3年以上7年以下有期徒刑；对其他积极参加的，处3年以下有期徒刑、拘役、管制或者剥夺政治权利。

（六）聚众斗殴罪

1. 聚众斗殴罪的概念和构成要件

聚众斗殴罪，是指聚集多人，在首要分子的领导和指挥下结伙殴斗，破坏

---

[1] 曹子丹，侯国云．中华人民共和国刑法精解［M］．北京：中国政法大学出版社，1997：272．

[2] 高铭暄，马克昌，赵秉志．刑法学［M］．北京：北京大学出版社，高等教育出版社，2000：545－546．

公共秩序的行为。本罪的构成要件是：

（1）本罪的客体是公共秩序。所谓“公共秩序”，是指根据法律和社会公德确立的公共生活规则所维持的社会正常秩序，包括公共场所秩序和非公共场所秩序。犯罪对象是相互斗殴的对方或者普通群众。

（2）本罪在客观方面表现为纠集多人结伙殴斗的行为。纠集多人是指纠集3人以上；结伙殴斗则是指两伙或两伙以上不法分子之间的相互殴斗。斗殴时，可持械或不持械。本罪属于行为犯。

（3）本罪的主体是一般主体，但只能是聚众斗殴的首要分子和其他积极参加者。

（4）本罪的主观方面是故意。实践中，多有报私仇、争霸一方或寻找精神刺激等不正当的目的或动机。

2. 聚众斗殴罪的认定

（1）罪与非罪界限。在认定聚众斗殴罪时，应与因民事纠纷而发生的一般的斗殴行为区别开来。对于群众中因民事纠纷而发生的数人间相互打斗，没有发生严重后果的，不能以本罪论处；即使发生了严重后果，也不构成本罪，应根据案件具体性质对其以其他有关犯罪论处。

（2）聚众斗殴中致人伤亡的定罪。依据《刑法》第292条第2款规定“聚众斗殴，致人重伤、死亡的”分别依照《刑法》第234条、第232条规定的故意伤害罪、故意杀人罪定罪处罚。因此，在聚众斗殴中致人轻伤的，其仍应以“聚众斗殴罪”定罪处罚。

3. 聚众斗殴罪的刑事责任

根据《刑法》第292条规定，犯本罪的，处3年以下有期徒刑、拘役或者管制；有下列情形之一的，对首要分子和其他积极参加的，处3年以上10年以下有期徒刑：（1）多次聚众斗殴的；（2）聚众斗殴人数多，规模大，社会影响恶劣的；（3）在公共场所或者交通要道聚众斗殴，造成社会秩序严重混乱的；（4）持械聚众斗殴的。

（七）组织、领导、参加黑社会性质组织罪

1. 组织、领导、参加黑社会性质组织罪的概念和构成要件

组织、领导、参加黑社会性质组织罪，是指组织、领导、参加以暴力、威胁或者其他手段，有组织地进行违法犯罪活动，称霸一方、为非作恶，欺压、残害群众，严重破坏经济、社会生活秩序的黑社会性质的组织的行为。本罪的构成要件是：

（1）本罪的客体是复杂客体，包括经济秩序、社会生活秩序和公民的人身权利。黑社会性质组织的产生和存在，使法律秩序遭到破坏，公众丧失生活

的安全感，其直接侵犯的社会关系是多方面的。行为人所组织、领导、参加的组织只能是黑社会性质的组织。依据2002年4月28日全国人大常委会《关于〈中华人民共和国刑法〉第二百九十四条第一款的解释》以及2011年2月28日第十一届全国人民代表大会常务委员会第十九次会议通过的《刑法修正案(八)》的规定，“黑社会性质的组织”应当同时具备以下特征：“（一）形成较稳定的犯罪组织，人数较多，有明确的组织者、领导者，骨干成员基本固定；（二）有组织地通过违法犯罪活动或者其他手段获取经济利益，具有一定的经济实力，以支持该组织的活动；（三）以暴力、威胁或者其他手段，有组织地多次进行违法犯罪活动，为非作恶，欺压、残害群众；（四）通过实施违法犯罪活动，或者利用国家工作人员的包庇或者纵容，称霸一方，在一定区域或者行业内，形成非法控制或者重大影响，严重破坏经济、社会生活秩序。”

（2）本罪在客观方面表现为组织、领导、参加黑社会性质组织的行为。本罪是选择性罪名，即只要行为人有组织、领导或者参加黑社会性质组织的行为之一，即可构成本罪。本罪属于行为犯，只要实施了组织、领导、参加黑社会性质组织的行为，即为犯罪既遂。如果行为人犯本罪后又有其他犯罪行为的，依法应对之实行数罪并罚。

（3）本罪的主体是一般主体，凡已满16周岁具有刑事责任能力的人均能成为本罪的主体。

（4）本罪的主观方面是故意，即明知是黑社会性质组织而决意组织、领导或者参加。对于因不了解情况而误入黑社会性质组织，知情后及时退出的，不应认定为本罪。

2. 组织、领导、参加黑社会性质组织罪的认定

（1）本罪与犯罪集团的界限。本罪也是一种集团犯罪，但它是《刑法》规定的一种特定、独立的犯罪。实践中，如果行为人组织、领导、参加的某种犯罪集团同时具备了《刑法》及其立法解释所规定的“黑社会性质的组织”特征的，则应当以本罪定罪处罚；如果只具有一般犯罪集团的特征或不完全具备“黑社会性质的组织”的特征，则只能按照一般犯罪集团的处罚原则或《刑法》的相关规定定罪处罚，不能以本罪论处。

（2）本罪与组织、领导、参加恐怖活动组织罪的界限。我国《刑法》第120条规定了组织、领导、参加恐怖组织罪。它与本罪都属于特殊的集团犯罪，两者的主要区别是组织的性质不同，即一个是恐怖活动组织，另一个是黑社会性质组织。实践中，应当根据查证的事实在确定组织性质的基础上分别定罪处罚。

3. 组织、领导、参加黑社会性质组织罪的刑事责任

根据《刑法》第294条第1款规定，犯本罪的，对组织者、领导者，处7年以上有期徒刑，并处没收财产；对积极参加者，处3年以上7年以下有期徒刑，可以并处罚金或者没收财产；其他参加者，处3年以下有期徒刑、拘役、管制或者剥夺政治权利，可以并处罚金。犯本罪又有其他犯罪行为的，依照数罪并罚的规定处罚。

二、妨害司法罪

（一）伪证罪

1. 伪证罪的概念和构成要件

伪证罪，是指在刑事诉讼中，证人、鉴定人、记录人、翻译人对与案件有重要关系的情节，故意作虚假证明、鉴定、记录、翻译，意图陷害他人或者隐匿罪证的行为。本罪的构成要件是：

（1）本罪的客体是司法机关的正常活动和公民的人身权利。

（2）本罪的客观方面表现为行为人在刑事诉讼过程中，对与案件有重要关系的情节作了虚假的证明、鉴定、记录、翻译，即在刑事诉讼中实施了伪证行为。包含：①伪证行为必须发生在刑事诉讼过程中，包括从刑事案件的立案、侦查、起诉到审判的全过程。②伪证行为具体表现为作虚假的证明、鉴定、记录、翻译。③虚假证明、鉴定、记录、翻译所涉及的内容，必须是与案件有重要关系的情节，即对案件是否构成犯罪、犯罪的性质或罪行的轻重具有重要关系的情节。

（3）本罪的主体是特殊主体，即只能是刑事诉讼中的证人、鉴定人、记录人和翻译人。

（4）本罪的主观方面是故意，并且行为人具有陷害他人或者隐匿罪证的意图、目的。

2. 伪证罪的认定

（1）本罪与非罪的界限。主要应划清“伪证”与“误证”的界限。区别的关键是要查清行为人有无作伪证的故意和有无陷害他人或隐匿罪证的意图。如果是，应成立本罪。如果由于行为人记忆错误而使证词失实，或者鉴定人、翻译人员因业务水平低下，或粗心大意而导致鉴定、记录、翻译出现差错，没有陷害他人意图的，便不能认定为犯罪。

（2）伪证罪与“辩护人、诉讼代理人毁灭证据、伪造证据、妨害作证罪”的界限。它们之间在犯罪客体、主观方面和客观上有相同或相似之处，但两者的主要区别是：①本罪的主体只能是刑事诉讼中的证人、鉴定人、记录人和翻

译人；而该罪主体是一切诉讼活动中的辩护人和诉讼代理人。②客观方面的表现不同。伪证罪只能表现为对与案件有重要关系的情节做虚假的证明、鉴定、记录、翻译的行为；而该罪表现为行为人“毁灭证据、伪造证据，帮助当事人毁灭、伪造证据，威胁、引诱证人违背事实改变证言或者作伪证”的行为。实践中，对辩护人、诉讼代理人在刑事诉讼中伪造证据的，应当依据《刑法》第306条这一特别规定定罪处罚，不能以伪证罪论处。

3. 伪证罪的刑事责任

根据《刑法》第305条的规定，犯本罪的，处3年以下有期徒刑或者拘役；情节严重的，处3年以上7年以下有期徒刑。

（二）窝藏包庇罪

1. 窝藏、包庇罪的概念和构成要件

窝藏、包庇罪，是指对明知是犯罪的人，而为其提供隐藏处所或者财物，帮助其逃匿或者向司法机关作假证明，使其逃避法律制裁的行为。本罪的构成要件是：

（1）本罪的客体是司法机关同犯罪分子作斗争的正常活动。

（2）本罪在客观方面表现为为犯罪分子提供隐藏处所、钱物，帮助其逃匿或者作假证明包庇的行为。犯罪分子，是指已经实施了犯罪的人，包括已决犯，也包括未决犯，但并不包括实际上并未犯罪而为司法机关怀疑为犯罪的人。

（3）本罪的主体为一般主体，即年满16周岁以上具有刑事责任能力者均可构成本罪。

（4）本罪在主观上是故意，即明知是犯罪的人而有意为其提供隐藏处所、财物或向司法机关提供虚假证明。如果不知道对方是犯罪之人而为其提供住所、财物的，不构成本罪。如果行为人事先与犯罪之人通谋，而为其提供隐藏处所、财物，帮助其逃匿或者作假证明包庇的，应当以共同犯罪论处，不能以本罪论处。

2. 窝藏、包庇罪的认定

（1）本罪与非罪的界限。在现实生活中，对明知是犯罪分子或犯罪事实而不予告发，即“知情不举“的，不能构成本罪。本罪是对犯罪人给予积极的帮助，即以作为方式意图使其逃避法律制裁；知情不举是消极地不予以检举揭发，并未实施任何帮助行为，是不作为行为。

（2）本罪与包庇毒品犯罪分子的界限。本罪与《刑法》第349条规定的包庇毒品犯罪分子罪是普通法与特别法的关系。实践中，对于包庇走私、贩卖、运输、制造毒品的犯罪分子的行为，应当以特别法的规定即包庇毒品犯罪分子罪定罪处罚，不以本罪论处。

（3）本罪与帮助犯罪分子逃避处罚罪的界限。《刑法》第417条规定的帮助犯罪分子逃避处罚罪，是指有查禁犯罪活动职责的国家机关工作人员，向犯罪分子通风报信、提供便利，帮助犯罪分子逃避处罚的行为。本罪与后罪的主要区别表现在：①犯罪主体不同。本罪的主体为一般主体；后罪的主体为特殊主体，仅限于有查禁犯罪活动职责的国家机关工作人员，因而从性质上说后罪是一种渎职犯罪。②客观方面不尽相同。本罪可以表现为向司法机关提供不真实的证明，为犯罪分子掩盖罪行，或帮助其湮灭罪迹和毁灭罪证的行为；后罪的客观方面表现为通风报信、提供便利的行为，是利用有关职权实施的且只能发生在查禁犯罪活动的过程中。

（4）本罪与伪证罪的界限。伪证罪中的故意作虚假的证明，为犯罪分子隐匿罪证的行为，与窝藏、包庇罪中对犯罪分子的帮助行为有些近似。它们的主要区别是：①犯罪主体不同。本罪的主体是一般主体，而伪证罪的主体是特殊主体，即只限于证人、鉴定人、记录人和翻译人；②对象不同。本罪的对象是未决犯和已决犯，而伪证罪的对象仅仅是在刑事诉讼过程中的未决犯；③实施的时间不同。本罪可以在侦查、审判之前或者之后实施，而伪证罪只能在刑事诉讼过程中实施。④主观目的不同。本罪的目的是意图使犯罪分子逃避法律制裁即包庇，伪证罪可以是包庇他人也可以是陷害他人。

3. 窝藏、包庇罪的刑事责任

根据《刑法》第310条规定，犯本罪的，处3年以下有期徒刑、拘役或者管制；情节严重的，处3年以上10年以下有期徒刑。犯本罪，事前通谋的，以共同犯罪论处。

三、妨害国（边）境管理罪

组织他人偷越国（边）境罪

1. 组织他人偷越国（边）境罪的概念和构成要件

组织他人偷越国（边）境罪，是指非法组织他人偷越国（边）境的行为。本罪的构成要件是：

（1）本罪的客体是国家对国（边）境的正常管理秩序。

（2）本罪在客观方面表现为行为人实施了组织他人偷越国（边）境的行为。所谓“组织”，是指采取动员、串联、拉拢、欺骗等方法，促使他人偷越国（边）境；积极为偷越活动出谋划策、多方联络；创造条件，安排偷越的时间、地点、路线、运输工具等。所谓“偷越国（边）境”，是指不在规定的地点出入国（边）境，而在不允许通过的地点秘密进出国（边）境，或者虽在规定地点，但以伪造的证件或其他欺骗手段蒙混出入国（边）境。

（3）本罪的主体为一般主体，任何具有刑事责任能力的自然人均可构成本罪。

（4）本罪在主观上是故意。犯罪的动机，多为谋取经济利益，但并不限于此，因此，犯罪的动机也不影响本罪的构成。

2. 组织他人偷越国（边）境罪的认定

（1）本罪与运送他人偷越国（边）境罪的界限。本罪与《刑法》第321条规定的运送他人偷越国（边）境罪，在犯罪主体、犯罪客体及犯罪的主观方面基本相同或相似。二者的主要区别在客观方面：本罪在客观上是为他人偷越国（边）境实施组织行为，运送他人偷越国（边）境罪在客观上表现为他人偷越国（边）境实施运送行为。实践中，如果行为人既实施了组织行为又实施了运送行为的，此时的运送行为应被组织行为吸收，成为组织行为的一部分，按本罪定罪处罚。

（2）本罪中的一罪与数罪问题。①行为人在组织他人偷越国（边）境的过程中，如果造成被组织者重伤、死亡的，或者剥夺或限制被组织者人身自由的，依法不实行数罪并罚，只作为本罪的结果加重犯，适用较重的法定刑。②行为人在组织他人偷越国（边）境的过程中，有杀害、伤害、强奸、拐卖等犯罪行为，或者对检查人员有杀害、伤害等犯罪行为的，依照数罪并罚的原则进行处罚。

3. 组织他人偷越国（边）境罪的刑事责任

根据《刑法》第318条规定，犯本罪的，处2年以上7年以下有期徒刑，并处罚金；有下列情形之一的，处7年以上有期徒刑或者无期徒刑，并处罚金或者没收财产：（1）组织他人偷越国（边）境集团的首要分子；（2）多次组织他人偷越国（边）境或者组织他人偷越国（边）境人数众多的；（3）造成被组织人重伤、死亡的；（4）剥夺或者限制被组织人人身自由的；（5）以暴力、威胁方法抗拒检查的；（6）违法所得数额巨大的；（7）有其他特别严重情节的。

四、妨害文物管理罪

（一）倒卖文物罪概念和构成要件

倒卖文物罪，是指以牟利为目的，倒卖国家禁止经营的文物，情节严重的行为。本罪的构成要件是：

（1）本罪的客体是国家对文物保护的正常管理活动。

（2）本罪在客观方面表现为违反国家文物保护法规，倒卖国家禁止经营的文物，情节严重的行为。其包含：①前提必须是违反了国家对文物保护管理的有关法律、法规，如《文物保护法》、《文物保护法实施细则》等。②必须有倒卖文物的行为。倒卖，是指以出卖为目的而非法收购、销售、运输、转手买卖国家禁止经营的文物。包括：无权从事文物经营活动的单位或者个人从事文物经营业务，从中牟利以及经营国家不允许自由买卖包括拍卖文物的。③倒卖的文物只能是国家禁止经营的文物，不是国家允许自由经营的文物。④客观上必须是情节严重的。例如，多次倒卖或者倒卖的文物数量大的，倒卖国家珍贵文物的，倒卖文物造成文物流失严重后果的等。

（3）本罪主体既可以是符合一般主体条件的自然人，也可以是单位。

（4）本罪主观方面为故意，即明知是国家禁止经营的文物而进行倒卖，目的是为了牟利。对于不具有倒卖的故意和不是以牟利为目的的，均不得以本罪论处。

（二）倒卖文物罪的认定

1. 本罪与非罪的界限

对于不以牟利为目的的行为，买卖国家允许自由买卖的文物的行为，以及倒卖国家禁止经营的文物，没有达到“情节严重”的，均不能以犯罪论处。

2. 本罪与向外国人出售、赠送珍贵文物罪的界限

本罪与《刑法》第325条规定的非法向外国人出售、赠送珍贵文物罪的主要区别：（1）犯罪对象不同。本罪的犯罪对象是国家禁止经营的文物；非法向外国人出售、赠送珍贵文物罪的对象则是珍贵文物。（2）出售的对象不同。本罪出售的对象既可以是中国人，也可以是外国人；非法向外国人出售、赠送珍贵文物罪的对象则只能是外国人。（3）客观方面的表现不同。本罪在客观方面表现为倒卖国家禁止经营的文物，情节严重的行为；非法向外国人出售、赠送珍贵文物罪在客观上表现为将收藏的国家禁止出口的珍贵文物私自出售或者私自赠送给外国人的行为。（4）犯罪的目的不同。本罪要求必须以牟利为目的；而非法向外国人出售、赠送珍贵文物罪并不要求必须以牟利为目的。

3. 本罪与非法出售、私赠文物藏品罪的界限

依据《刑法》第327条规定，非法出售、私赠文物藏品罪，是指国有博物馆、图书馆等单位违反文物保护法规，将国家保护的文物藏品出售或者私自赠送给非国有单位或者个人的行为。本罪与后罪的主要区别是：（1）犯罪对象不同。本罪的对象是国家禁止经营的文物；后罪只能是被国有单位收藏而为国家保护的文物藏品。（2）犯罪主体不同。本罪的主体包括自然人和单位；而后罪是纯正的单位犯罪，且限于国有性质的博物馆和图书馆等。（3）主观

方面不同。本罪主观上必须以营利为目的；后罪主观上无此限制。

（三）倒卖文物罪的刑事责任

根据《刑法》第326条的规定，自然人犯本罪的，处5年以下有期徒刑或者拘役，并处罚金；情节特别严重的，处5年以上10年以下有期徒刑，并处罚金。单位犯本罪的，对单位判处罚金，并对其直接负责的主管人员和其他直接负责人员，依照自然人犯本罪的法定刑处罚。

五、危害公共卫生罪

（一）医疗事故罪

1. 医疗事故罪的概念和构成要件

医疗事故罪，是指医务人员由于严重不负责任，造成就诊人死亡或者严重损害就诊人身体健康的行为。本罪的构成要件是：

（1）本罪的客体为复杂客体，既侵犯了就诊人的生命健康权利，也危害了国家的医疗管理秩序及医疗单位的正常活动。

（2）本罪在客观方面表现为行为人在医务工作中严重不负责任，造成就诊人死亡或者严重损害就诊人身体健康的行为。严重不负责任，主要表现为医务人员严重违反规章制度、诊疗常规、技术操作常规、护理技术操作常规，麻痹大意，掉以轻心；严重损害就诊人身体健康，主要是造成就诊人残废、组织器官损伤导致功能障碍。严重不负责任的行为，只能发生在医务工作中。就诊人的死亡或身体健康的严重损害必须是由医务人员在医务工作中的严重不负责任行为引起的，即两者之间具有因果关系；反之，不构成犯罪。

（3）本罪的主体为特殊主体，即只能是医务人员。所谓医务人员，是指经过医药院校教育或经过各级医疗机构培养训练后，经卫生行政机关批准或承认或经过考核取得相应资格的从事医疗实践工作的各级各类人员。按其性质可分为四类：医疗防疫人员、药剂人员、护理人员和其他医疗技术人员。

（4）本罪在主观上是过失，可以是疏忽大意的过失，也可以是过于自信的过失。

2. 医疗事故罪的认定

实践中，要注意划清医疗事故罪与医疗意外事故、医疗技术事故和一般医疗事故的界限。医疗意外事故，是指由于不可抗力的原因，如病情和病人特殊的体质而发生的难以预料和防范的不良后果，医务人员对此不存在主观上的故意或过失。医疗技术事故，是指医务人员在医疗护理工作中，由于专业技术水平有限，经验不足，技术和设备条件的限制而发生的导致病人死亡或身体健康受到严重损害。一般医疗事故，是指行为人不负责任的程度尚未达到严重的程度。因此，在发生医疗事故的情况下，要注意查清事故的原因，对于上述几种情况，一般不以犯罪论处。

3. 医疗事故罪的刑事责任

根据《刑法》第 335 条的规定，犯本罪的，处 3 年以下有期徒刑或者拘役。

（二）非法行医罪

1. 非法行医罪的概念和构成要件

非法行医罪，是指未取得医生执业资格的人非法行医，情节严重的行为。本罪的构成要件是：

（1）本罪的客体是国家对医务从业人员的管理秩序和就诊人的健康权利。为了保障人民的身体健康，我国对从事医疗行业人员实行资格制度。实践中，有些人为了谋取非法利益，非法设点开展医疗业务，有的给就诊人的身体健康造成了严重的损害，甚至造成了死亡。因此，这种行为不仅侵犯了国家对医疗卫生事业的管理，也侵害了患者的人身权利。

（2）本罪的客观方面表现为非法行医，情节严重的行为。所谓“非法行医”，是指无医生执业资格从事诊疗活动，包括在医疗机构中从事诊疗活动和擅自开业从事医疗活动。所谓“情节严重”，一般是指长期从事非法行医活动，因非法行医受过处罚而不改的，因非法行医多次误诊、误治病人的，非法行医的领域是具有较大危险的领域的等。

（3）本罪的主体为特殊主体，只有未取得医生执业资格的人才可以构成本罪。

（4）本罪的主观方面是故意，多具有牟取非法利益的目的。故意是对非法行医行为而言，对行医中造成病人死亡或严重损害病人身体健康的则是过失。否则，可能构成其他犯罪。

2. 非法行医罪的认定

（1）划清本罪与非罪的界限。根据《刑法》规定，非法行医情节严重的，才构成犯罪。如果情节较轻属于一般违法行为，不应以本罪论处。此外，在我国广大农村，由于历史的原因，有一些“土郎中”“赤脚医生”等，他们利用手中掌握的祖传秘方或具有一定疗效的偏方为群众治病，虽然他们也不具有医生执业资格，但一般不宜以犯罪论处。

（2）划清本罪与医疗事故罪的界限。它们都违反了相应的卫生行政管理法规，且造成了病人死亡或者损害了病人身体健康的情况。它们的区别主要是：①犯罪主体不同。医疗事故罪的主体是医务人员；本罪的主体是未取得医生执业资格的人员。②犯罪的主观方面不同。医疗事故罪的主观方面是过失；本罪的主观方面是故意。

3. 非法行医罪的刑事责任

根据《刑法》第336条规定，犯本罪的，处3年以下有期徒刑、拘役或者管制，并处罚金或者单处罚金；严重损害就诊人身体健康的，处3年以上10年以下有期徒刑，并处罚金；造成就诊人死亡的，处10年以上有期徒刑，并处罚金。

六、破坏环境资源保护罪

（一）严重污染环境罪

1. 严重污染环境罪的概念和构成要件

严重污染环境罪，是指违反国家规定，向土地、水体、大气排放、倾倒或者处置有放射性的废物、含传染病病原体的废物、有毒物质或者其他危险废物，严重污染环境的行为。本罪的构成要件是：

（1）本罪的客体为国家对环境保护和污染防治的管理活动。

（2）本罪在客观方面表现为违反国家规定，向土地、水体、大气排放、倾倒或者处置有放射性的废物、含传染病病原体的废物、有毒物质或者其他危险废物，造成严重污染环境的后果。本罪的客观方面包括：①违反国家规定向土地、水体、大气排放、倾倒或者处置危险废物。如果排放、倾倒或者处置危险废物的行为不违反国家法律、法规的规定，则属于正当合法行为。②行为造成了严重污染环境的后果，包括致使公私财产遭受损失或人身伤亡的后果，或者虽然未造成环境污染事故，但是已经使环境受到严重污染或者破坏的情形。

（3）本罪的主体包括符合一般犯罪主体条件的自然人和单位。

（4）本罪在主观方面无论是故意或者过失都构成该罪。因为，违反国家规定，倾倒、排放或处置危险废物可能是故意的。

2. 严重污染环境罪的认定

（1）划清严重污染环境罪与非罪的界限。排放、倾倒、处置危险废物的方式不违反国家规定的行为，没有发生严重后果的，或者严重后果的发生主要不是由于行为人的过失，而是因为自然因素造成的，均不能以犯罪论处。

（2）严重污染环境罪与危险物品肇事罪的界限。二者的区别主要表现在：①危险物品肇事罪的主体只能是自然人而不能是单位。②危险物品肇事罪表现为违反危险物品的管理规定，在生产、运输、使用过程中发生重大事故的行为。③危险物品肇事罪侵犯的客体是公共安全。

3. 严重污染环境罪的刑事责任

根据《刑法》第338条的规定，犯本罪的，处3年以下有期徒刑或者拘役，并处或单处罚金；后果特别严重的，处3年以上7年以下有期徒刑，并处罚金。后果特别严重一般是指因环境污染事故导致多人重伤、死亡的；或者造成直接经济损失特别巨大的等。根据《刑法》第346条的规定，单位犯本罪的，对单位判处罚金，并对其直接负责的主管人员和其他直接责任人员，依照上述有关自然人犯本罪的规定处罚。

（二）盗伐林木罪

1. 盗伐林木罪的概念和构成要件

盗伐林木罪，是指以非法占有为目的，盗伐森林或者其他林木，数量较大的行为。本罪的构成要件是：

（1）本罪的客体是国家对林木资源的管理制度和他人（包括国家、集体和个人）对林木的所有权。本罪侵害的对象包括国家、集体所有的森林或者其他林木以及公民个人自留山上生长着的森林和其他林木。

（2）本罪的客观方面表现为盗伐森林或者其他林木，数量较大的行为。①行为人实施了擅自砍伐国家、集体所有的森林或其他林木，以及擅自砍伐他人自留山上的成片林木的行为。需要指出的是，个人依法承包经营管理的国家、集体的森林或其他林木，其所有权仍属于国家或集体，任何人包括经营承包者本人，以非法占有为目的而擅自砍伐这些森林或林木的，仍属于盗伐性质。②盗伐了数量较大的森林或者其他林木。“数量较大”，以2~5立方米或者幼树100~200株为起点；盗伐林木“数量巨大”，以20~50立方米或者幼树1000~2000株为起点；盗伐林木“数量特别巨大”，以100~200立方米或者幼树5000~10000株为起点。[1]

（3）本罪的主体包括自然人和单位。

（4）本罪的主观方面是故意，且具有非法占有的目的。非法占有，包括自用、出售谋利，转送他人或单位使用。

2. 盗伐林木罪的认定

（1）本罪与非罪的界限。本罪与非罪的界限在于盗伐林木的数量是否达到了较大的程度。盗伐林木数量较大的，构成本罪。否则，不构成犯罪。

（2）本罪与盗窃罪的界限。从一般意义上说，本罪是盗窃罪的一个特例，二者之间存在法条竞合关系。但由于立法上对盗伐林木的行为作了特别规定，在适用时应坚持特别法优于普通法的原则。二者的主要区别是犯罪客体的不同，本罪所侵犯的是国家对林木资源的管理活动和他人的林木所有权，如果行

---

[1] 参见《最高人民法院关于审理破坏森林资源刑事案件具体应用法律若干问题的解释》，2000年12月11日起施行。

为人盗窃已被砍伐的林木，只能以盗窃罪追究刑事责任。

3. 盗伐林木罪的刑事责任

根据《刑法》第345条第1款、第4款规定，犯本罪的，数量较大的，处3年以下有期徒刑、拘役或者管制，并处或者单处罚金；数量巨大的，处3年以上7年以下有期徒刑，并处罚金；数量特别巨大的，处7年以上有期徒刑，并处罚金。盗伐国家级自然保护区内的森林或者其他林木的，从重处罚。依照《刑法》第346条规定，单位犯本罪的，对单位判处罚金，并对其直接负责的主管人员和其他直接责任人员，依照上述有关自然人犯本罪的规定处罚。

七、走私、贩卖、运输、制造毒品罪

（一）走私、贩卖、运输、制造毒品罪

1. 走私、贩卖、运输、制造毒品罪的概念和构成要件

走私、贩卖、运输、制造毒品罪，是指违反毒品管制法规，走私、贩卖、运输、制造鸦片、海洛因、甲基苯丙胺或者其他毒品的行为。本罪的构成要件是：

（1）本罪的客体是国家对毒品的监管制度和人民的身心健康。走私毒品的行为还侵犯了国家的对外贸易管理制度。犯罪对象只能是毒品。依据《刑法》第357条规定，毒品是指“鸦片、海洛因、甲基苯丙胺（冰毒）、吗啡、大麻、可卡因以及国家规定管制的其他能够使人形成瘾癖的麻醉药品和精神药品”，但不包括砒霜、氰化物、磷化钵等可以直接致人死亡的剧毒品。

（2）本罪的客观方面表现为走私、贩卖、运输、制造毒品的行为。走私毒品，是指明知是毒品而非法将其运输、携带、邮寄进出国（边）境的行为；直接向走私人非法收购走私进口的毒品，或者在内海、领海、界河、界湖运输、收购、贩卖毒品的，以走私毒品罪论处。贩卖毒品，是指明知是毒品而非法地有偿让与毒品，包括买入毒品后又卖出的，以毒品换取其他商品或者货物的，以毒品支付劳务费或偿还债务的，容留他人吸毒并出售毒品的，等等。运输毒品，是指明知是毒品而采用携带、邮寄、利用他人或者使用交通工具等方式，非法在国内将毒品由此地运往彼地的行为，包括委托他人运输。制造毒品，是指非法用毒品原植物提炼或者用毒品原料配制毒品，或者将一种毒品加工成另一种毒品，但不包括种植毒品原植物，因为该种行为已被《刑法》第351条规定为独立的犯罪。

走私、贩卖、运输、制造毒品，无论数额多少，都应当追究刑事责任，予以刑事处罚。本罪为选择性罪名的犯罪，行为人只要实施走私、贩卖、运输、制造毒品行为中的一种行为，即可构成本罪；行为人实施了两种以上行为的，

也只能以一罪论处，不应进行数罪并罚。

（3）本罪主体包括自然人和单位。已满 14 周岁不满 16 周岁者贩卖毒品的，应当负刑事责任。

（4）本罪的主观方面是故意，即明知是毒品而仍然走私、贩卖、运输、制造。行为人一般具有牟利的目的，但是否具有此目的，并不影响本罪的成立。

2. 走私、贩卖、运输、制造毒品罪的认定

（1）本罪与非罪的界限。依照《刑法》规定，走私、贩卖、运输、制造毒品，无论数量多少，都要以犯罪论处。因此，走私、贩卖、运输、制造毒品行为除非情节显著轻微不是犯罪外，其他均应以犯罪论处。

（2）对贩卖假毒品行为的定性。实践中查获的贩卖假毒品案件有两种情况：行为人明知该物品不是毒品而冒充毒品出售和行为人误认为该物品为毒品而出售。对前者，由于行为人缺乏“明知”为毒品的构成要件，而不能认定为贩卖毒品罪。鉴于其主观上具有利用假毒品骗取他人财产的故意，客观上实施了隐瞒事实真相，欺骗他人的行为，应以诈骗罪论处。对于后者，应属于对象错误，即行为人在主观上有贩卖毒品的故意，客观上实施了贩卖毒品的行为，已经具有一定的社会危害，只是由于行为人的认识错误而没有使贩卖毒品的行为实际完成，应以贩卖毒品罪的犯罪未遂处理。

（3）本罪的既遂与未遂的界限。实践中，应当根据本罪行为的四种具体表现，分别确定其犯罪既遂与未遂的区分标准。对于走私毒品的行为，应以毒品是否入境或者出境为标志。走私毒品已经入境或出境的，为既遂；反之，则为未遂。对于贩卖毒品行为，应以毒品是否卖出成交为判断既遂与未遂的标志。对于运输行为，应以毒品是否起运为标志，不能以是否到达目的地为标志。对于制造毒品行为，应以毒品是否实际制成为既遂与未遂的区别标志，制造成功的，为既遂；由于原料、设备等的原因未制造成功或正在制造过程中就被查获的，以未遂论处。

3. 走私、贩卖、运输、制造毒品罪的刑事责任

根据《刑法》第 347 条和第 356 条的规定，走私、贩卖、运输、制造毒品罪的处罚如下：

（1）走私、贩卖、运输、制造毒品，有下列情形之一的，处 15 年有期徒刑、无期徒刑或者死刑，并处没收财产：①走私、贩卖、运输、制造鸦片 1000 克以上、海洛因或者甲基苯丙胺 50 克以上或者其他毒品数量大的；②走私、贩卖、运输、制造毒品集团的首要分子；③武装掩护走私、贩卖、运输、制造毒品的；④以暴力抗拒检查、拘留、逮捕，情节严重的；⑤参与有组织的

国际贩毒活动的。

（2）走私、贩卖、运输、制造鸦片200克以上不满1000克、海洛因或者甲基苯丙胺10克以上不满50克或者其他毒品数量较大的，处7年以上有期徒刑，并处罚金。

（3）走私、贩卖、运输、制造鸦片不满200克、海洛因或者甲基苯丙胺不满10克或者其他少量毒品的，处3年以下有期徒刑、拘役或者管制，并处罚金；情节严重的，处3年以上7年以下有期徒刑，并处罚金。根据最高人民法院2000年4月20日《关于审理毒品案件定罪量刑标准有关问题的解释》，这里的“情节严重”，是指具有下列情形之一的：①走私、贩卖、运输、制造鸦片140克以上不满200克、海洛因或者甲基苯丙胺7克以上不满10克或者其他数量相当的毒品的；②国家工作人员走私、贩卖、运输、制造毒品的；③在戒毒监管场所贩卖毒品的；④向多人贩毒或多次贩毒的；⑤其他情节严重的行为。

（4）单位犯本罪的，对单位判处罚金，并对其直接负责的主管人员和其他直接责任人员，依照上述自然人犯本罪的规定处罚。

（5）利用、教唆未成年人走私、贩卖、运输、制造毒品，或者向未成年人出售毒品的，从重处罚；因走私、贩卖、运输、制造毒品罪和非法持有毒品罪被判过刑，又犯走私、贩卖、运输、制造毒品罪的，从重处罚。

（6）对多次走私、贩卖、运输、制造毒品，未经处理的，毒品数量累计计算。

（二）引诱、教唆、欺骗他人吸毒罪

1. 引诱、教唆、欺骗他人吸毒罪的概念和构成要件

引诱、教唆、欺骗他人吸毒罪，是指故意以引诱、教唆、欺骗为手段，促使他人吸食、注射毒品的行为。该罪的构成要件是：

（1）主体为一般主体，凡年满16周岁具备刑事责任能力的自然人均可构成本罪的主体。

（2）在主观方面为故意，即明知是毒品，而引诱、教唆、欺骗他人吸食或注射。过失不构成本罪。

（3）客观方面表现为违反国家禁毒法律、法规，以引诱、教唆、欺骗手段，致使他人吸食、注射毒品的行为。欺骗是指以捏造事实或隐瞒真相的方法，使他人在不知道是毒品的情况下吸食或注射毒品。至于被欺骗的人吸食、注射毒品是否成瘾，不影响本罪的成立。但是，行为人实施欺骗行为的后果、次数、人数等，应作为量刑情节予以考虑。

（4）侵犯了国家对毒品的管制。

2. 引诱、教唆、欺骗他人吸毒罪的刑事责任

依据《刑法》第353条第1款、第3款的规定，犯本罪的，处3年以下有期徒刑、拘役或者管制，并处罚金；情节严重的，处3年以上7年以下有期徒刑，并处罚金。引诱、教唆、欺骗或者强迫未成年人吸食、注射毒品的，从重处罚。依照《刑法》第356条的规定，因走私、贩卖、运输、制造、非法持有毒品罪被判过刑，又犯本罪的，从重处罚。

八、组织、强迫、引诱、容留、介绍卖淫罪

(一) 组织卖淫罪

1. 组织卖淫罪的概念和构成要件

组织卖淫罪，是指以招募、雇用、强迫、引诱、容留等手段，控制多人从事卖淫的行为。本罪的构成要件是：

(1) 本罪的客体是社会治安秩序和社会主义道德风尚。犯罪对象为他人，包括妇女和男子。“他人”的数量，一般认为应在三人以上。

(2) 本罪的客观方面表现为组织他人卖淫的行为。组织，是指通过招募、雇用、强迫、诱骗、容留等手段，使他人进行有组织的卖淫活动。实践中，组织他人卖淫的表现形式有：①设置卖淫场所或者变相卖淫场所，故意容留或招募一些卖淫人员在该场所内卖淫；②虽然没有设置固定的卖淫场所，但行为人通过自己掌握控制的卖淫人员，有组织地进行卖淫活动。卖淫，是指以与他人发生不正当的性关系，出卖肉体换取各种物质利益或非物质利益的行为。

(3) 本罪的主体为一般主体。

(4) 本罪的主观方面是故意，即明知自己组织他人卖淫的行为危害社会而仍然为之。至于犯罪目的，多为牟利的目的，也可能是招揽生意、推销产品以及玩弄女性等目的。不管出于何种目的，只要故意组织他人卖淫的，即可构成本罪。

2. 组织卖淫罪的认定

(1) 本罪与协助组织卖淫罪的关系。《刑法》第358条第3款规定的协助组织卖淫罪，是指帮助、辅助他人实施组织卖淫犯罪的行为。从一般意义上讲，协助组织卖淫的行为从属于组织卖淫的行为，应认定为组织卖淫罪的共犯。但《刑法》考虑到这种行为的严重的社会危害程度，避免将本罪的主体以从犯论进而从轻、减轻处罚或免除处罚，从而导致刑罚畸轻现象，便将协助组织他人卖淫的行为规定为独立的犯罪，因此，协助组织他人卖淫的行为与组织他人卖淫的行为，不构成共同犯罪，应当分别定罪量刑处罚。

(2) 在组织卖淫的犯罪活动中，对被组织卖淫的人有强迫卖淫行为、引诱、容留、介绍卖淫行为的，应当作为组织卖淫罪的量刑情节予以考虑，不实

行数罪并罚。

（3）在组织卖淫的犯罪中，还常伴随有非法拘禁、侮辱、强奸、伤害等行为的发生。如果非法拘禁、侮辱、伤害致人轻伤的，强奸与组织卖淫有联系的，如为迫使对方就范而强奸的，可以以牵连犯的处罚原则处理。如果没有联系的，要实行数罪并罚。

3. 组织卖淫罪的刑事责任

根据《刑法》第358条规定，犯本罪的，处5年以上10年以下有期徒刑，并处罚金；有下列情形之一的，处10年以上有期徒刑或者无期徒刑，并处罚金或者没收财产：①组织他人卖淫，情节严重的；②在组织卖淫中强迫不满14周岁的幼女卖淫的；③在组织卖淫中强迫多人卖淫或者多次强迫他人卖淫的；④强奸后迫使卖淫的；⑤造成被强迫卖淫的人重伤、死亡或者其他严重后果的。具有上述情形之一，情节特别严重的，处无期徒刑或者死刑，并处没收财产。《刑法》第361条规定，旅馆业、饮食服务业、文化娱乐业、出租汽车业等单位的主要负责人，利用本单位的条件犯本罪的，从重处罚。

（二）传播性病罪

1. 传播性病罪的概念和构成要件

传播性病罪，是指明知自己患有梅毒、淋病等严重性病而卖淫、嫖娼的行为。本罪的主要特征是：

（1）犯罪主体是特殊主体，即患有严重性病的卖淫者或者嫖客。

（2）主观方面出于故意。行为人明知自己患有梅毒、淋病等严重性病而进行卖淫、嫖娼。

（3）客观方面表现为明知自己患有严重性病而卖淫、嫖娼的行为。

（4）犯罪客体为复杂客体，既包括国家的传染病防治管理制度，也包括社会治安管理秩序，同时还包括他人的身体健康权利。

2. 传播性病罪的刑事责任

根据刑法第360条第1款的规定，犯本罪的，处5年以下有期徒刑、拘役或者管制，并处罚金。

九、制造、贩卖、传播淫秽物品罪

（一）制作、复制、出版、贩卖、传播淫秽物品牟利罪概念和构成要件

制作、复制、出版、贩卖、传播淫秽物品牟利罪，是指以牟利为目的，制作、复制、出版、贩卖、传播淫秽物品的行为。本罪的构成要件是：

(1) 本罪的客体是社会主义道德风尚和国家文化市场管理制度。犯罪对象只能是淫秽物品。根据《刑法》第 367 条的规定："淫秽物品，是指具体描绘性行为或者露骨宣扬色情的诲淫性的书刊、影片、录像带、录音带、图片及其他淫秽物品。有关人体生理、医学知识的科学著作不是淫秽物品。包含有色情内容的有艺术价值的文学、艺术作品不视为淫秽物品。"

(2) 本罪的客观方面表现为行为人实施了制作、复制、出版、贩卖、传播淫秽物品的行为。制作，是指原始的生产、录制、摄制、编写、翻译、绘画、刻印、洗印等行为。复制，是指通过翻印、翻拍、复印、复写、复录等方式对已有的淫秽物品进行仿造的行为，其特点是具有淫秽物品的再现性。出版，是指出版单位以合法名义编辑、印刷、发行淫秽书刊和录像制品。如果不是出版单位的其他单位、个人制作、发行淫秽书刊和音像制品，则应视为制作行为而非出版行为。贩卖，是指出售、有偿转让、交换淫秽物品。传播，是指以秘密或公开的方式在社会上广泛散布或流传淫秽物品的行为，如出租、播放、携带、邮寄等。本罪是选择性罪名。

(3) 犯罪主体既可以是自然人，也可以是单位。

(4) 本罪的主观方面是故意，并具有牟利的目的。

(二) 制作、复制、出版、贩卖、传播淫秽物品牟利罪的认定

(1) 本罪与非罪的界限。①在司法实践中认定本罪时，主要应划清淫秽物品和非淫秽物品的界限。对有些作品是否属于淫秽物品，应当进行专门鉴定。②对不以牟利为目的，制作、复制淫秽物品的行为，不能以犯罪论处。在认定行为人是否出于牟利的目的时，从其制作、复制的数量一般可以作出判断。

(2) 本罪与传播淫秽物品罪的区别。《刑法》第 364 条第 1 款规定的传播淫秽物品罪，是指不以牟利为目的，传播淫秽的书刊、影片、音像、图片或其他淫秽物品，情节严重的行为。两罪的主要区别在于主观方面有无牟利的目的。如果传播行为具有牟利性质的，以本罪论处；否则，以传播淫秽物品罪定罪处罚。

(三) 制作、复制、出版、贩卖、传播淫秽品牟利罪的刑事责任

根据《刑法》第 363 条第 1 款的规定，犯本罪的，处 3 年以下有期徒刑、拘役或者管制，并处罚金；情节严重的，处 3 年以上 10 年以下有期徒刑；情节特别严重的，处 10 年以上有期徒刑或者无期徒刑，并处罚金或者没收财产。《刑法》第 366 条规定，单位犯本罪的，对单位判处罚金，并对其直接负责的主管人员和其他直接责任人员，依照自然人犯本罪的规定处罚。

第三节　妨害社会管理秩序的其他犯罪

一、扰乱公共秩序方面的其他犯罪

1. 煽动暴力抗拒法律实施罪

煽动暴力抗拒法律实施罪，是指煽动群众使用暴力抗拒国家法律、行政法规实施的行为。

依据《刑法》第278条的规定，犯本罪的，处3年以下有期徒刑、拘役、管制或者剥夺政治权利；造成严重后果的，处3年以上7年以下有期徒刑。

2. 盗窃、抢夺、毁灭国家机关公文、证件、印章罪

盗窃、抢夺、毁灭国家机关公文、证件、印章罪，是指盗窃、抢夺、毁灭国家机关公文、证件、印章的行为。

依照《刑法》第280条第1款的规定，犯本罪的，处3年以下有期徒刑、拘役、管制或者剥夺政治权利；情节严重的，处3年以上10年以下有期徒刑。

3. 伪造公司、企业、事业单位、人民团体印章罪

伪造公司、企业、事业单位、人民团体印章罪，是指伪造公司、企业、事业单位、人民团体的印章的行为。

依照《刑法》第280条第2款的规定，犯本罪的，处3年以下有期徒刑、拘役、管制或者剥夺政治权利。

4. 伪造、变造居民身份证罪

伪造、变造居民身份证罪，是指违反国家居民身份证管理法规，伪造、变造居民身份证的行为。

依照《刑法》第280条第3款的规定，犯本罪的，处3年以下有期徒刑、拘役、管制或者剥夺政治权利；情节严重的，处3年以上7年以下有期徒刑。

5. 非法生产、买卖警用装备罪

非法生产、买卖警用装备罪，是指非法生产、买卖人民警察制式服装、车辆号牌等专用标志、警械，情节严重的行为。

依照《刑法》第281条的规定，犯本罪的，处3年以下有期徒刑、拘役或者管制，并处或者单处罚金。单位犯本罪的，对单位判处罚金，并对其直接负责的主管人员和其他直接责任人员，依照自然人犯本罪的规定处罚。

6. 非法获取国家秘密罪

非法获取国家秘密罪，是指以窃取、刺探、收买方法，非法获取国家秘密的行为。

依照《刑法》第282条第1款的规定，犯本罪的，处3年以下有期徒刑、拘役、管制或者剥夺政治权利；情节严重的，处3年以上7年以下有期徒刑。情节严重，如多次或者大量非法获取国家重要机密的；因非法获取国家机密受过行政处分，再次实施本罪行为的；使用非法获得的国家机密造成严重后果或恶劣社会影响的等。

7. 非法持有国家绝密、机密文件、资料、物品罪

非法持有国家绝密、机密文件、资料、物品罪，是指非法持有国家绝密、机密的文件、资料或者其他物品，拒不说明来源与用途的行为。

依照《刑法》第282条第2款的规定，犯本罪的，处3年以下有期徒刑、拘役或者管制。

8. 非法生产、销售间谍专用器材罪

非法生产、销售间谍专用器材罪，是指非法生产、销售窃听、窃照等专用间谍器材的行为。

依照《刑法》第283条的规定，犯本罪的，处3年以下有期徒刑、拘役或者管制。

9. 非法使用窃听、窃照专用器材罪

非法使用窃听、窃照专用器材罪，是指非法使用窃听、窃照专用器材，造成严重后果的行为。

依照《刑法》第284条的规定，犯本罪的处2年以下有期徒刑、拘役或者管制。

10. 非法窃取计算机系统数据、非法控制计算机系统罪

非法窃取计算机系统数据、非法控制计算机系统罪，是指违反国家规定，侵入《刑法》第285条第1款规定以外的计算机信息系统或者采用其他技术手段，获取该计算机信息系统中存储、处理或者传输的数据，或者对该计算机信息系统实施非法控制，情节严重的行为。

依据《刑法》第285条第2款的规定，犯本罪的，处3年以下有期徒刑或者拘役，并处或者单处罚金；情节特别严重的，处3年以上7年以下有期徒刑，并处罚金。

11. 非法提供侵入、控制计算机系统程序、工具罪

非法提供侵入、控制计算机系统程序、工具罪，是指提供专门用于侵入、非法控制计算机信息系统的程序、工具，或者明知他人实施侵入、非法控制计算机信息系统的违法犯罪行为而为其提供程序、工具，情节严重的行为。

依据《刑法》第285条第3款的规定，犯本罪的，依照非法提供侵入、控制计算机系统程序、工具罪的规定处罚。

12. 破坏计算机信息系统罪

破坏计算机信息系统罪，是指违反国家规定，对计算机信息系统功能进行删除、修改、增加、干扰，造成计算机信息系统不能正常运行，以及对计算机信息系统中存储、处理或者传输的数据和应用程序进行删除、修改、增加的操作，或者故意制作、传播计算机病毒等破坏性程序，影响计算机系统正常运行，后果严重的行为。

依照《刑法》第286条的规定，犯本罪的，后果严重的，处5年以下有期徒刑或者拘役。后果特别严重的，处5年以上有期徒刑。

13. 扰乱无线电通讯管理秩序罪

扰乱无线电通讯管理秩序罪，是指违反国家规定，擅自设置、使用无线电台（站），或者擅自占用频率，经责令停止使用后拒不停用，干扰无线电通讯正常进行，造成严重后果的行为。

依照《刑法》第288条的规定，犯本罪的，处3年以下有期徒刑、拘役或者管制，并处或者单处罚金。单位犯本罪的，对单位判处罚金，并对其直接负责的主管人员和其他直接责任人员，依照上述规定处罚。

14. 聚众冲击国家机关罪

聚众冲击国家机关罪，是指聚众冲击国家机关，致使国家机关工作无法进行，造成严重损失的行为。

依照《刑法》第290条第2款的规定，对犯本罪的首要分子，处5年以上10年以下有期徒刑；对其他积极参加者，处5年以下有期徒刑、拘役、管制或者剥夺政治权利。

15. 聚众扰乱公共场所秩序、交通秩序罪

聚众扰乱公共场所秩序、交通秩序罪，是指聚众扰乱车站、码头、民用航空站、商场、公园、影剧院、展览会、运动场或者其他公共场所秩序，聚众堵塞交通或者破坏交通秩序，抗拒、阻碍国家治安管理工作人员依法执行职务，情节严重的行为。

依照《刑法》第291条的规定，对犯本罪的首要分子，处5年以下有期徒刑、拘役或者管制。

16. 投放虚假危险物质罪

投放虚假危险物质罪，是指故意投放虚假的爆炸性、毒害性、放射性、传染病病原体等物质，严重扰乱社会秩序的行为。

依据《刑法》第291条之一规定，犯本罪的，处5年以下有期徒刑、拘役或者管制；造成严重后果的，处5年以上有期徒刑。

17. 编造、故意传播虚假恐怖信息罪

编造、故意传播虚假恐怖信息罪，是指编造爆炸威胁、生化威胁、放射威胁等恐怖信息，或者明知是编造的恐怖信息而故意传播，严重扰乱社会秩序的行为。

依据《刑法》第291条之一规定，犯本罪的，处5年以下有期徒刑、拘役或者管制；造成严重后果的，处5年以上有期徒刑。

18. 寻衅滋事罪

寻衅滋事罪，是指寻衅滋事，破坏社会秩序的行为。

依照《刑法》第293条的规定，犯本罪的，处5年以下有期徒刑、拘役或者管制。纠集他人多次实施寻衅滋事行为，严重破坏社会秩序的，处5年以上10年以下有期徒刑，可以并处罚金。

19. 入境发展黑社会组织罪

入境发展黑社会组织罪，是指我国境外的黑社会组织人员到我国境内发展组织成员的行为。

依照《刑法》第294条第2款和第4款的规定，犯本罪的，处3年以上10年以下有期徒刑；犯本罪又有其他犯罪行为的，依照数罪并罚的规定处罚。

20. 包庇、纵容黑社会性质组织罪

包庇、纵容黑社会性质组织罪，是指国家机关工作人员包庇黑社会性质的组织，或者纵容黑社会性质的组织进行违法犯罪活动的行为。

依照《刑法》第294条第3款的规定，犯本罪的，处5年以下有期徒刑；情节严重的，处5年以上有期徒刑。

21. 传授犯罪方法罪

传授犯罪方法罪，是指向他人传授犯罪方法的行为。

依照《刑法》第295条的规定，犯本罪的，处5年以下有期徒刑、拘役或者管制；情节严重的，处5年以上10年以下有期徒刑；情节特别严重的，处10年以上有期徒刑或者无期徒刑。

22. 非法集会、游行、示威罪

非法集会、游行、示威罪，是指举行集会、游行、示威，没有依照法律规定申请或者申请未获许可，或者未按照主管机关许可的起止时间、地点、路线进行，又拒不服从解散命令，严重破坏社会秩序的行为。

依照《刑法》第296条的规定，犯本罪的，处5年以下有期徒刑、拘役、管制或者剥夺政治权利。

23. 非法携带武器、管制刀具、爆炸物参加集会、游行、示威罪

非法携带武器、管制刀具、爆炸物参加集会、游行、示威罪，是指违反法

律规定，携带武器、管制刀具或者爆炸物参加集会、游行、示威的行为。

依照《刑法》第 297 条的规定，犯本罪的，处 3 年以下有期徒刑、拘役、管制或者剥夺政治权利。

24. 破坏集会、游行、示威罪

破坏集会、游行、示威罪，是指扰乱、冲击或者以其他方法破坏依法举行的集会、游行、示威，造成公共秩序混乱的行为。

依照《刑法》第 298 条的规定，犯本罪的，处 5 年以下有期徒刑、拘役、管制或者剥夺政治权利。

25. 侮辱国旗、国徽罪

侮辱国旗、国徽罪，是指在公众场合故意以焚烧、毁损、涂画、玷污、践踏等方式侮辱中华人民共和国国旗、国徽的行为。

依照《刑法》第 299 条的规定，犯本罪的，处 3 年以下有期徒刑、拘役、管制或者剥夺政治权利。

26. 组织、利用会道门、邪教组织、利用迷信破坏法律实施罪

组织、利用会道门、邪教组织、利用迷信破坏法律实施罪，是指组织、利用会道门、邪教组织或者利用迷信破坏国家法律、行政法规实施的行为。

依照《刑法》第 300 条第 1 款的规定，犯本罪的，处 3 年以上 7 年以下有期徒刑；情节特别严重的处 7 年以上有期徒刑。

27. 组织、利用会道门、邪教组织、利用迷信致人死亡罪

组织、利用会道门、邪教组织、利用迷信致人死亡罪，是指组织、利用会道门、邪教组织或者利用迷信蒙骗他人，致人死亡的行为。

依照《刑法》第 300 条第 2 款的规定，犯本罪的，依照本条第 1 款的规定处罚。

28. 聚众淫乱罪

聚众淫乱罪，是指聚众进行淫乱活动的行为。

依照《刑法》第 301 条的规定，犯本罪的，对首要分子或者多次参加的，处 5 年以下有期徒刑、拘役或者管制。

29. 引诱未成年人聚众淫乱罪

引诱未成年人聚众淫乱罪，是指引诱未成年人参加聚众淫乱活动的行为。

依照《刑法》第 301 条第 2 款的规定，犯本罪的，依照本条第 1 款从重处罚。

30. 盗窃、侮辱尸体罪

盗窃、侮辱尸体罪，是指秘密窃取尸体或者公然侮辱尸体的行为。

依照《刑法》第 302 条的规定，犯本罪的，处 3 年以下有期徒刑、拘役或

者管制。

31. 赌博罪

赌博罪，是指以营利为目的，聚众赌博或者以赌博为业的行为。

依照《刑法》第303条第1款的规定，犯本罪的，处3年以下有期徒刑、拘役或者管制，并处罚金。开设赌场的，处3年以下有期徒刑、拘役或者管制，并处罚金。

32. 开设赌场罪

开设赌场罪，是指开设专门用于进行赌博的场所的行为。

依据《刑法》第303条第2款的规定，犯本罪的，处3年以下有期徒刑、拘役或者管制，并处罚金；情节严重的，处3年以上10年以下有期徒刑，并处罚金。

33. 故意延误投递邮件罪

故意延误投递邮件罪，是指邮政工作人员严重不负责任，故意延误投递邮件，致使公共财产、国家和人民利益遭受重大损失的行为。

依照《刑法》第304条的规定，犯本罪的，处2年以下有期徒刑或者拘役。

二、妨害司法方面的其他犯罪

1. 辩护人、诉讼代理人毁灭证据、伪造证据、妨害作证罪

辩护人、诉讼代理人毁灭证据、伪造证据、妨害作证罪，是指在刑事诉讼中，辩护人、诉讼代理人毁灭、伪造证据，帮助当事人毁灭、伪造证据，威胁、引诱证人违背事实改变证言或者作伪证的行为。

依照《刑法》第306条的规定，犯本罪的，处3年以下有期徒刑或者拘役；情节严重的，处3年以上7年以下有期徒刑。

2. 妨害作证罪

妨害作证罪，是指以暴力、威胁、贿买等方法阻止证人作证或者指使他人作伪证的行为。

依照《刑法》第307条第1款、第3款的规定，犯本罪的，处3年以下有期徒刑或者拘役；情节严重的，处3年以上7年以下有期徒刑。司法工作人员犯本罪的，从重处罚。

3. 帮助毁灭、伪造证据罪

帮助毁灭、伪造证据罪，是指帮助当事人毁灭、伪造证据，情节严重的行为。

依照《刑法》第307条第2款的规定，犯本罪的，处3年以下有期徒刑或者拘役。根据本条第3款的规定，司法工作人员犯本罪的，从重处罚。

4. 打击报复证人罪

打击报复证人罪，是指故意对证人进行打击报复的行为。

依照《刑法》第308条的规定，犯本罪的，处3年以下有期徒刑或者拘役；情节严重的，处3年以上7年以下有期徒刑。

5. 扰乱法庭秩序罪

扰乱法庭秩序罪，是指聚众哄闹、冲击法庭或者殴打司法工作人员，严重扰乱法庭秩序的行为。

依照《刑法》第309条的规定，犯本罪的，处3年以下有期徒刑、拘役、管制或者罚金。

6. 拒绝提供间谍犯罪证据罪

拒绝提供间谍犯罪证据罪，是指明知他人有间谍犯罪行为，在国家安全机关向其调查有关情况、收集有关证据时，拒绝提供，情节严重的行为。

依照《刑法》第311条的规定，犯本罪的，处3年以下有期徒刑、拘役或者管制。

7. 掩饰、隐瞒犯罪所得、犯罪所得利益罪

掩饰、隐瞒犯罪所得、犯罪所得利益罪，是指行为人明知是犯罪所得及其产生的收益而予以窝藏、转移、收购或者代为销售或者以其他方法掩饰、隐瞒的行为。

依照《刑法》第312条的规定，犯本罪的，处3年以下有期徒刑、拘役或者管制，并处或者单处罚金；情节严重的，处3年以上7年以下有期徒刑，并处罚金。单位犯本罪的，对单位判处罚金，并对其直接负责的主管人员和其他直接责任人员，依照自然人犯罪规定处罚。

8. 拒不执行判决、裁定罪

拒不执行判决、裁定罪，是指对人民法院的判决、裁定有能力执行而拒不执行，情节严重的行为。

根据《刑法》第313条的规定，犯本罪的，处3年以下有期徒刑、拘役或者罚金。

9. 非法处置查封、扣押、冻结的财产罪

非法处置查封、扣押、冻结的财产罪，是指隐藏、转移、变卖、故意毁损已被司法机关查封、扣押、冻结的财产，情节严重的行为。

依照《刑法》第314条的规定，犯本罪的，处3年以下有期徒刑、拘役或者罚金。

10. 破坏监管秩序罪

破坏监管秩序罪，是指依法被关押的罪犯，破坏监管秩序，情节严重的

行为。

依照《刑法》第315条的规定，犯本罪的，处3年以下有期徒刑。

11. 脱逃罪

脱逃罪，是指依法被关押的罪犯、被告人、犯罪嫌疑人从关押的处所逃逸的行为。

依照《刑法》第316条第1款的规定，犯本罪的，处5年以下有期徒刑或者拘役。

12. 劫夺被押解人员罪

劫夺被押解人员罪，是指劫夺押解途中的罪犯、被告人、犯罪嫌疑人的行为。

依照《刑法》第316条第2款的规定，犯本罪的，处3年以上7年以下有期徒刑；情节严重的，处7年以上有期徒刑。

13. 组织越狱罪

组织越狱罪，是指依法被关押的犯罪嫌疑人、被告人、罪犯相互勾结，组织起来越狱的行为。

依照《刑法》第317条第1款的规定，犯本罪的，对首要分子和积极参加者，处5年以上有期徒刑；对其他参加的，处5年以下有期徒刑和拘役。

14. 暴动越狱罪

暴动越狱罪，是指依法被关押的犯罪嫌疑人、被告人、罪犯相互勾结，使用暴力手段集体越狱逃跑的行为。

依照《刑法》第317条第2款的规定，犯本罪的，对首要分子和积极参加的，处10年以上有期徒刑或者无期徒刑；情节特别严重的，处死刑；其他参加的，处3年以上10年以下有期徒刑。

15. 聚众持械劫狱罪

聚众持械劫狱罪，是指聚集多人持械劫夺狱中在押人犯的行为。

依照《刑法》第317条第2款的规定，犯本罪的，对首要分子和积极参加的，处10年以上有期徒刑或者无期徒刑；情节特别严重的，处死刑；其他参加的，处3年以上10年以下有期徒刑。

三、妨害国（边）境管理方面的其他犯罪

1. 骗取出境证件罪

骗取出境证件罪，是指以劳务输出、经贸往来或者其他名义，弄虚作假，骗取护照、签证等出境证件，为组织他人偷越国（边）境使用的行为。

依据《刑法》第319条的规定，犯本罪的，处3年以下有期徒刑，并处罚

金；情节严重的，处3年以上10年以下有期徒刑。单位犯本罪的，对单位判处罚金，并对其直接负责的主管人员和其他直接责任人员，依照自然人犯罪的规定处罚。

2. 为他人提供伪造、变造的出入境证件罪

为他人提供伪造、变造的出入境证件罪，是指为他人提供伪造、变造的护照、签证等出入境证件的行为。

依据《刑法》第320条的规定，犯本罪的，处5年以下有期徒刑，并处罚金；情节严重的，处5年以上有期徒刑，并处罚金。

3. 出售出入境证件罪

出售出入境证件罪，是指向他人出售护照、签证等出入境证件的行为。

依据《刑法》第320条的规定，犯本罪的，处5年以下有期徒刑，并处罚金；情节严重的，处5年以上有期徒刑，并处罚金。

4. 运送他人偷越国（边）境罪

运送他人偷越国（边）境罪，是指违反国家边境管理规定，运送他人偷越国（边）境的行为。

依据《刑法》第321条的规定，犯本罪的，处5年以下有期徒刑、拘役或者管制，并处罚金；有下列情形之一的，处5年以上10年以下有期徒刑，并处罚金：①多次实施运送行为或者运送人数众多的；②所使用的船只、车辆等交通工具不具备必要的安全条件，足以造成严重后果的；③违法所得数额巨大的；④有其他特别严重情节的。在运送他人偷越国（边）境中造成被运送人重伤、死亡，或者以暴力、威胁方法抗拒检查的，处7年以上有期徒刑，并处罚金。犯本罪而对被运送人有杀害、伤害、强奸、拐卖等犯罪行为，或者对检查人员有杀害、伤害等犯罪行为的，应按数罪并罚的规定处罚。

5. 偷越国（边）境罪

偷越国（边）境罪，是指违反国（边）境管理法规，偷越国（边）境，情节严重的行为。

根据《刑法》第322条规定，犯本罪的，处1年以下有期徒刑、拘役或者管制，并处罚金。

6. 破坏界碑、界桩罪

破坏界碑、界桩罪，是指明知是国家边境的界碑、界桩而故意进行破坏的行为。

依照《刑法》第323条的规定，犯本罪的，处3年以下有期徒刑或者拘役。

7. 破坏永久性测量标志罪

破坏永久性测量标志罪，是指明知是永久性测量标志而故意进行破坏的

行为。

依照《刑法》第323条的规定，犯本罪的，处3年以下有期徒刑或者拘役。

四、妨害文物管理方面的其他犯罪

1. 故意损毁文物罪

故意损毁文物罪，是指故意损毁国家保护的珍贵文物或者被确定为全国重点文物保护单位、省级文物保护单位的文物的行为。

依据《刑法》第324条第1款的规定，犯本罪的，处3年以下有期徒刑或者拘役，并处或者单处罚金；情节严重的，处3年以上10年以下有期徒刑，并处罚金。

2. 故意损毁名胜古迹罪

故意损毁名胜古迹罪，是指故意损毁国家保护的名胜古迹，情节严重的行为。

依据《刑法》第324条第2款的规定，犯本罪的，处5年以下有期徒刑或者拘役，并处或者单处罚金。

3. 过失损毁文物罪

过失损毁文物罪，是指过失损毁国家保护的珍贵文物或者被确定为全国重点文物保护单位、省级文物保护单位的文物，造成严重后果的行为。

依据《刑法》第324条第3款的规定，犯本罪的，处3年以下有期徒刑或者拘役。

4. 非法向外国人出售、赠送珍贵文物罪

非法向外国人出售、赠送珍贵文物罪，是指违反文物保护法规，将收藏的国家禁止出口的珍贵文物私自出售或者私自赠送给外国人的行为。

依据《刑法》第325条的规定，自然人犯本罪的，处5年以下有期徒刑或者拘役，可以并处罚金；单位犯本罪的，对单位判处罚金，并对其直接负责的主管人员和其他直接责任人员，依照自然人犯本罪的规定处罚。

5. 非法出售、私赠文物藏品罪

非法出售、私赠文物藏品罪，是指国有博物馆、图书馆等单位，违反文物保护法规，将国家保护的文物藏品出售或者私自赠送给非国有单位或者个人的行为。

依据《刑法》第327条的规定，犯本罪的，对单位判处罚金，并对其直接负责的主管人员和其他直接责任人员，处3年以下有期徒刑或者拘役。

6. 盗掘古文化遗址、古墓葬罪

盗掘古文化遗址、古墓葬罪，是指盗掘具有历史、艺术、科学价值的古文化遗址、古墓葬的行为。

依据《刑法》第328条第1款的规定，犯本罪的，处3年以上10年以下有期徒刑，并处罚金；情节较轻的，处3年以下有期徒刑、拘役或者管制，并处罚金；有下列情形之一的，处10年以上有期徒刑或者无期徒刑，并处罚金或者没收财产：①盗掘确定为全国重点文物保护单位和省级文物保护单位的古文化遗址、古墓葬的；②盗掘古文化遗址、古墓葬集团的首要分子；③多次盗掘古文化遗址、古墓葬的；④盗掘古文化遗址、古墓葬，并盗窃珍贵文物或者造成珍贵文物严重破坏的。

7. 盗掘古人类化石、古脊椎动物化石罪

盗掘古人类化石、古脊椎动物化石罪，是指盗掘国家保护的具有科学价值的古人类化石、古脊椎动物化石的行为。

依据《刑法》第328条第2款的规定，犯本罪的，依照本条第1款的规定处罚。

8. 抢夺、窃取国有档案罪

抢夺、窃取国有档案罪，是指抢夺、窃取国有档案的行为。

依据《刑法》第329条第1款、第3款的规定，犯本罪的，处5年以下有期徒刑或者拘役。犯本罪同时又构成其他犯罪的，依照处罚较重的规定定罪处罚。

9. 擅自出卖、转让国有档案罪

擅自出卖、转让国有档案罪，是指违反《档案法》的规定，擅自出卖、转让国家所有的档案，情节严重的行为。

依据《刑法》第329条第2款的规定，犯本罪的，处3年以下有期徒刑或者拘役。犯本罪同时又构成其他犯罪的，依照处罚较重的规定定罪处罚。

五、危害公共卫生方面的其他犯罪

1. 妨害传染病防治罪

妨害传染病防治罪，是指违反《传染病防治法》的规定，引起甲类传染病（鼠疫、霍乱）传播或者有传播严重危险的行为。

根据《刑法》第330条的规定，犯本罪的，处3年以下有期徒刑或者拘役；后果特别严重的，处3年以上7年以下有期徒刑。

2. 传染病菌种、毒种扩散罪

传染病菌种、毒种扩散罪，是指从事实验、保藏、携带、运输传染病菌种、毒种的人员，违反国务院行政部门的有关规定，造成传染病菌种、毒种扩散，后果严重的行为。

依据《刑法》第331条的规定，犯本罪的，处3年以下有期徒刑或者拘役；后果特别严重的，处3年以上7年以下有期徒刑。

3. 妨害国境卫生检疫罪

妨害国境卫生检疫罪，是指违反国境卫生检疫规定，引起检疫传染病传播或者有引起检疫传染病传播严重危险的行为。

依据《刑法》第332条的规定，犯本罪的，处3年以下有期徒刑或者拘役，并处或者单处罚金；单位犯本罪的，对单位判处罚金，并对其直接负责的主管人员和其他直接责任人员，依照自然人犯本罪的规定处罚。

4. 非法组织卖血罪

非法组织卖血罪，是指违反国家有关规定，非法组织他人出卖血液的行为。

依据《刑法》第333条的规定，犯本罪的，处5年以下有期徒刑，并处罚金。实施本罪行为，对他人造成伤害的，以故意伤害罪定罪处罚。

5. 强迫卖血罪

强迫卖血罪，是指以暴力、威胁方法强迫他人出卖血液的行为。

依据《刑法》第333条的规定，犯本罪的，处5年以上10年以下有期徒刑，并处罚金。实施本罪行为，对他人造成伤害的，以故意伤害罪定罪处罚。

6. 非法采集、供应血液、制作、供应血液制品罪

非法采集、供应血液、制作、供应血液制品罪，是指非法采集、供应血液或者制作、供应血液制品，不符合国家规定的标准，足以危害人体健康的行为。

依据《刑法》第334条第1款的规定，犯本罪的，处5年以下有期徒刑或者拘役，并处罚金；对人体健康造成严重危害的，处5年以上10年以下有期徒刑，并处罚金；造成特别严重后果的，处10年以上有期徒刑或者无期徒刑，并处罚金或者没收财产。

7. 采集、供应血液、制作、供应血液制品事故罪

采集、供应血液、制作、供应血液制品事故罪，是指经国家主管部门批准采集、供应血液或者制作、供应血液制品的部门，不依照规定进行检测或者违背其他操作规定，造成危害他人身体健康后果的行为。

依据《刑法》第334条第2款的规定，犯本罪的，对单位判处罚金，并对其直接负责的主管人员和其他直接责任人员，处5年以下有期徒刑或者拘役。

8. 非法进行节育手术罪

非法进行节育手术罪，是指未取得医生执业资格的人擅自为他人进行节育复通手术、假节育手术、终止妊娠手术或者摘取宫内节育器，情节严重的

行为。

依据《刑法》第336条第2款的规定，犯本罪的，处3年以下有期徒刑、拘役或者管制，并处或者单处罚金；严重损害就诊人身体健康的，处3年以上10年以下有期徒刑，并处罚金；造成就诊人死亡的，处10年以上有期徒刑，并处罚金。

9. 妨害动植物防疫、检疫罪

妨害动植物防疫、检疫罪，是指违反进出境动植物防疫、检疫的国家规定，引起重大动植物疫情，或者有引起重大动植物疫情危险，情节严重的行为。

依据《刑法》第337条的规定，犯本罪的，处3年以下有期徒刑或者拘役，并处或者单处罚金；单位犯本罪的，对单位判处罚金，并对其直接负责的主管人员和其他直接责任人员，依照自然人犯本罪的规定处罚。

六、破坏环境资源保护方面的其他犯罪

1. 非法处置进口的固体废物罪

非法处置进口的固体废物罪，是指违反国家规定，将境外固体废物进境倾倒、堆放、处置的行为。

依据《刑法》第339条第1款、第346条的规定，犯本罪的，处5年以下有期徒刑或者拘役，并处罚金；造成重大环境污染事故，致使公私财产遭受重大损失或者严重危害人体健康的，处5年以上10年以下有期徒刑，并处罚金；后果特别严重的，处10年以上有期徒刑，并处罚金。单位犯本罪的，对单位判处罚金，并对其直接负责的主管人员和其他直接责任人员，依照自然人犯本罪的规定处罚。

2. 擅自进口固体废物罪

擅自进口固体废物罪，是指未经国务院有关主管部门许可，擅自进口固体废物用作原料，造成重大环境污染事故，致使公私财产遭受重大损失，或者严重危害人体健康的行为。

依据《刑法》第339条第2款、第346条的规定，犯本罪的，处5年以下有期徒刑或者拘役，并处罚金；后果特别严重的，处5年以上10年以下有期徒刑，并处罚金。单位犯本罪的，对单位判处罚金，并对其直接负责的主管人员和其他直接责任人员，依照自然人犯本罪的规定处罚。

3. 非法捕捞水产品罪

非法捕捞水产品罪，是指违反保护水产资源法规，在禁渔区、禁渔期或者使用禁用的工具、方法捕捞水产品，情节严重的行为。

依据《刑法》第340条、第346条的规定，犯本罪的，处3年以下有期徒刑、拘役、管制或者罚金。单位犯本罪的，对单位判处罚金，并对其直接负责的主管人员和其他直接责任人员，依照自然人犯本罪的规定处罚。

4. 非法猎捕、杀害珍贵、濒危野生动物罪

非法猎捕、杀害珍贵、濒危野生动物罪，是指猎捕、杀害国家重点保护的珍贵、濒危野生动物的行为。

依据《刑法》第341条第1款、第346条的规定，犯本罪的，处5年以下有期徒刑或者拘役，并处罚金；情节严重的，处5年以上10年以下有期徒刑，并处罚金；情节特别严重的，处10年以上有期徒刑，并处罚金或者没收财产。单位犯本罪的，对单位判处罚金，并对其直接负责的主管人员和其他直接责任人员，依照自然人犯本罪的规定处罚。

5. 非法收购、运输、出售珍贵、濒危野生动物、珍贵、濒危野生动物制品罪

非法收购、运输、出售珍贵、濒危野生动物、珍贵、濒危野生动物制品罪，是指非法收购、运输、出售国家重点保护的珍贵、濒危野生动物及其制品的行为。

依据《刑法》第341条第1款、第346条的规定，个人和单位犯本罪的法定刑及其处罚原则与非法猎捕、杀害珍贵、濒危野生动物罪一致。

6. 非法狩猎罪

非法狩猎罪，是指违反狩猎法规，在禁猎区、禁猎期或者使用禁用的工具、方法进行狩猎，破坏野生动物资源，情节严重的行为。

依据《刑法》第341条第2款、第346条的规定，犯本罪的，处3年以下有期徒刑、拘役、管制或者罚金。单位犯本罪的，对单位判处罚金，并对其直接负责的主管人员和其他直接责任人员，依照自然人犯本罪的规定处罚。

7. 非法占用农用地罪

非法占用农用地罪，是指违反土地管理法规，非法占用耕地、林地等农用地，改变被占用土地用途，数量较大，造成耕地、林地等农用地大量毁坏的行为。

依据《刑法》第342条、第346条的规定，犯本罪的，处5年以下有期徒刑或者拘役，并处或者单处罚金。单位犯本罪的，对单位判处罚金，并对其直接负责的主管人员和其他直接责任人员，依照自然人犯本罪的规定处罚。

8. 非法采矿罪

非法采矿罪，是指违反《矿产资源法》的规定，未取得采矿许可证擅自采矿的，擅自进入国家规划矿区、对国民经济具有重要价值的矿区和他人矿区

范围采矿的，擅自开采国家规定实行保护性开采的特定矿种，情节严重的行为。

依据《刑法》第343条第1款、第346条的规定，犯本罪的，处3年以下有期徒刑、拘役或者管制，并处或者单处罚金；情节特别严重的，处3年以上7年以下有期徒刑，并处罚金。单位犯本罪的，对单位判处罚金，并对其直接负责的主管人员和其他直接责任人员，依照自然人犯本罪的规定处罚。

9. 破坏性采矿罪

破坏性采矿罪，是指违反《矿产资源法》的规定，采取破坏性的方法开采矿产资源，造成矿产资源严重破坏的行为。

依据《刑法》第343条第2款、第346条的规定，犯本罪的，处5年以下有期徒刑或者拘役，并处罚金。单位犯本罪的，对单位判处罚金，并对其直接负责的主管人员和其他直接责任人员，依照自然人犯本罪的规定处罚。

10. 非法收购、运输、加工、出售国家重点保护植物、国家重点保护植物制品罪

非法收购、运输、加工、出售国家重点保护植物、国家重点保护植物制品罪，是指违反国家规定，非法收购、运输、加工、出售国家保护的珍贵树木或者国家重点保护的其他植物及其制品的行为。

依据《刑法》第344条、第346条的规定，犯本罪的，处3年以下有期徒刑、拘役或者管制，并处罚金；情节严重的，处3年以上7年以下有期徒刑，并处罚金。单位犯本罪的，对单位判处罚金，并对其直接负责的主管人员和其他直接责任人员，依照自然人犯本罪的规定处罚。

11. 非法采伐、毁坏国家重点保护植物罪

非法采伐、毁坏国家重点保护植物罪，是指违反国家规定，非法采伐、毁坏国家珍贵树木或者国家重点保护的其他植物的行为。

根据《刑法》第344条规定，犯本罪的，处3年以下有期徒刑、拘役或者管制，并处罚金；情节严重的，处3年以上7年以下有期徒刑，并处罚金。依照《刑法》第346条的规定，单位犯本罪的，对单位判处罚金，并对其直接负责的主管人员和输直接责任人员，依照上述有关自然人犯本罪的规定处罚。

12. 滥伐林木罪

滥伐林木罪，是指违反《森林法》的规定，滥伐森林或者其他林木，数量较大的行为。

依据《刑法》第345条第2款、第4款和第346条的规定，犯本罪的，处3年以下有期徒刑、拘役或者管制，并处或者单处罚金；数量巨大的，处3年

以上7年以下有期徒刑，并处罚金。单位犯本罪的，对单位判处罚金，并对其直接负责的主管人员和其他直接责任人员，依照自然人犯本罪的规定处罚。滥伐国家级自然保护区内的森林或者其他林木的，从重处罚。

13. 非法收购、运输盗伐、滥伐的林木罪

非法收购、运输盗伐、滥伐的林木罪，是指非法收购、运输明知是盗伐、滥伐的林木，情节严重的行为。

依据《刑法》第345条第3款、第346条的规定，犯本罪的，处3年以下有期徒刑、拘役或者管制，并处或者单处罚金；情节特别严重的，处3年以上7年以下有期徒刑，并处罚金。单位犯本罪的，对单位判处罚金，并对其直接负责的主管人员和其他直接责任人员，依照自然人犯本罪的规定处罚。

七、毒品方面的其他犯罪

1. 非法持有毒品罪

非法持有毒品罪，是指违反国家毒品管制法规，明知是毒品而非法持有，数量较大的行为。

根据《刑法》第348条规定，非法持有鸦片1000克以上、海洛因或者甲基苯丙胺50克以上或者其他毒品数量大的，处7年以上有期徒刑或者无期徒刑，并处罚金；非法持有鸦片200克以上不足1000克、海洛因或者甲基苯丙胺10克以上不足50克或其他毒品数量较大的，处3年以下有期徒刑、拘役或者管制，并处罚金；情节严重的，处3年以上7年以下有期徒刑，并处罚金。《刑法》第356条规定，因走私、贩卖、运输、制造、非法持有毒品被判过刑，又犯非法持有毒品罪的，从重处罚。

2. 包庇毒品犯罪分子罪

包庇毒品犯罪分子罪，是指明知是走私、贩卖、运输、制造毒品的犯罪分子而包庇的行为。

依据《刑法》第349条第1款、第356条的规定，犯本罪的，处3年以下有期徒刑、拘役或者管制；情节严重的，处3年以上10年以下有期徒刑。因走私、贩卖、运输、制造、非法持有毒品罪被判过刑又犯本罪的，从重处罚。

缉毒人员或者其他国家机关工作人员，掩护、包庇走私、贩卖、运输、制造毒品的犯罪分子的，依照本条的规定从重处罚。

3. 窝藏、转移、隐瞒毒品、毒赃罪

窝藏、转移、隐瞒毒品、毒赃罪，是指明知是毒品或者毒赃，而加以窝藏、转移、隐瞒的行为。

依据《刑法》第349条、第356条的规定，犯本罪的，处3年以下有期徒

刑、拘役或者管制；情节严重的，处3年以上10年以下有期徒刑。因走私、贩卖、运输、制造、非法持有毒品罪被判过刑又犯本罪的，从重处罚。

4. 走私制毒物品罪

走私制毒物品罪，是指违反国家规定，非法运输、携带醋酸酐、乙醚、三氯甲烷或者其他用于制造毒品的原料或者配剂进出境的行为。

依据《刑法》第350条第1款、第3款和第356条的规定，犯本罪的，处3年以下有期徒刑、拘役或者管制，并处罚金；数量大的，处3年以上10年以下有期徒刑，并处罚金。单位犯本罪的，对单位判处罚金，并对其直接负责的主管人员和其他直接责任人员，依照自然人犯本罪的规定处罚。因走私、贩卖、运输、制造、非法持有毒品罪被判过刑又犯本罪的，从重处罚。

5. 非法买卖制毒物品罪

非法买卖制毒物品罪，是指违反国家规定，在境内非法买卖醋酸酐、乙醚、三氯甲烷或者其他用于制造毒品的原料或者配剂的行为。

依据《刑法》第350条第1款、第3款和第356条的规定，本罪的法定刑及其处罚原则与走私制毒物品罪完全相同。

6. 非法种植毒品原植物罪

非法种植毒品原植物罪，是指违反国家毒品原植物种植管制法规，私自种植罂粟、大麻等原植物，情节严重的行为。“情节严重”，是指有以下情形之一：种植罂粟500株以上不满3000株或者其他毒品原植物数量较大的；经公安机关处理后又种植的；抗拒铲除的。

依据《刑法》第351条、第356条的规定，犯本罪的，处5年以下有期徒刑、拘役或者管制，并处罚金；非法种植罂粟3000株以上或者其他毒品原植物数量大的，处5年以上有期徒刑，并处罚金或者没收财产。非法种植罂粟或者其他毒品原植物，在收获前自动铲除的，可以免除处罚。因走私、贩卖、运输、制造、非法持有毒品罪被判刑又犯本罪的，从重处罚。

7. 非法买卖、运输、携带、持有毒品原植物种子、幼苗罪

非法买卖、运输、携带、持有毒品原植物种子、幼苗罪，是指非法买卖、运输、携带、持有数量较大的未经灭活的罂粟等毒品原植物种子或者幼苗的行为。

依据《刑法》第352条、第356条的规定，犯本罪的，处3年以下有期徒刑、拘役或者管制，并处或者单处罚金。因走私、贩卖、运输、制造、非法持有毒品罪被判过刑又犯本罪的，从重处罚。

8. 强迫他人吸食毒品罪

强迫他人吸食毒品罪，是指违背他人意愿，强迫他人吸食、注射毒品的

行为。

依据《刑法》第353条第2款、第3款和第356条的规定，犯本罪的，处3年以上10年以下有期徒刑，并处罚金。强迫未成年人吸食、注射毒品的，从重处罚。因走私、贩卖、运输、制造、非法持有毒品罪被判过刑又犯本罪的，从重处罚。

9. 容留他人吸毒罪

容留他人吸毒罪，是指为他人吸食、注射毒品提供场所的行为。

依据《刑法》第354条、第356条的规定，犯本罪的，处3年以下有期徒刑、拘役或者管制，并处罚金。因走私、贩卖、运输、制造、非法持有毒品罪被判刑又犯本罪的，从重处罚。

10. 非法提供麻醉药品、精神药品罪

非法提供麻醉药品、精神药品罪，是指依法从事生产、运输、管理、使用国家管制的麻醉药品、精神药品的人员，违反国家规定，向吸食、注射毒品的人提供国家规定管制的、能够使人形成瘾癖的麻醉药品、精神药品的行为。

依据《刑法》第355条、第356条的规定，犯本罪的，处3年以下有期徒刑或者拘役，并处罚金；情节严重的，处3年以上7年以下有期徒刑，并处罚金。向走私、贩卖毒品的犯罪分子或者以牟利为目的，向吸食、注射毒品的人提供国家规定管制的能够使人形成瘾癖的麻醉药品、精神药品的，以走私、贩卖毒品罪定罪处罚。单位犯本罪的，对单位判处罚金，并对其直接负责的主管人员和其他直接责任人员，依照自然人犯本罪的规定处罚。因走私、贩卖、运输、制造、非法持有毒品罪被判过刑又犯本罪的，从重处罚。

八、卖淫方面的其他犯罪

1. 强迫卖淫罪

强迫卖淫罪，是指以暴力、胁迫或者其他强制手段，迫使他人卖淫的行为。

依据《刑法》第358条第1款、第2款的规定，犯本罪的，处5年以上10年以下有期徒刑，并处罚金；有下列情形之一的，处10年以上有期徒刑或者无期徒刑，并处罚金或者没收财产：（1）组织他人卖淫，情节严重的。（2）强迫不满14周岁的幼女卖淫的。（3）强迫多人卖淫或者多次强迫他人卖淫的。（4）强奸后迫使卖淫的。（5）造成被强迫的人重伤、死亡或者其他严重后果的；犯本罪情节特别严重的，处无期徒刑或者死刑，并处没收财产。

2. 协助组织卖淫罪

协助组织卖淫罪，是指为组织卖淫的人招募、运送人员或者有其他协助组织他人卖淫的行为。

依据《刑法》第358条第3款的规定，犯本罪的，处5年以下有期徒刑，并处罚金；情节严重的，处5年以上10年以下有期徒刑，并处罚金。

3. 引诱、容留、介绍卖淫罪

引诱、容留、介绍卖淫罪，是指以金钱、物质或其他利益诱使他人卖淫，或为他人卖淫提供场所，或为卖淫进行介绍的行为。

依据《刑法》第359条第1款的规定，犯本罪的，处5年以下有期徒刑、拘役或者管制，并处罚金；情节严重的，处5年以上有期徒刑，并处罚金。

4. 引诱幼女卖淫罪

引诱幼女卖淫罪，是指引诱不满14周岁的幼女卖淫的行为。

依据《刑法》第359条第2款的规定，犯本罪的，处5年以下有期徒刑，并处罚金。

5. 嫖宿幼女罪

嫖宿幼女罪，是指嫖宿不满14周岁幼女的行为。

依据《刑法》第360条第2款的规定，犯本罪的，处5年以上有期徒刑，并处罚金。

九、淫秽物品方面的其他犯罪

1. 为他人提供书号出版淫秽书刊罪

为他人提供书号出版淫秽书刊罪，是指违反国家书刊出版管理法规，为他人出版淫秽书刊提供书号，出版淫秽书刊的行为。

依据《刑法》第363条第2款、第366条的规定，犯本罪的，处3年以下有期徒刑、拘役或者管制，并处或者单处罚金。单位犯本罪的，对单位判处罚金，并对其直接负责的主管人员和其他直接责任人员，依照自然人犯本罪的规定处罚。

2. 传播淫秽物品罪

传播淫秽物品罪，是指传播淫秽书刊、影片、音像、图片或者其他淫秽物品，情节严重的行为。

依据《刑法》第364条第1款、第4款和第366条的规定，犯本罪的，处2年以下有期徒刑、拘役或者管制。向不满18周岁的未成年人传播淫秽物品的，从重处罚。单位犯本罪的，对单位判处罚金，并对其直接负责的主管人员和其他直接责任人员，依照自然人犯本罪的规定处罚。

3. 组织播放淫秽音像制品罪

组织播放淫秽音像制品罪，是指不以营利为目的，组织他人播放淫秽的电影、录像等音像制品的行为。

依据《刑法》第364条第2~4款和第366条的规定，犯本罪的，处3年以下有期徒刑、拘役或者管制，并处罚金；情节严重的，处3年以上10年以下有期徒刑，并处罚金。制作、复制淫秽的电影、录像等音像制品组织播放的，依本罪从重处罚。向不满18周岁的未成年人传播淫秽物品的，从重处罚。单位犯本罪的，对单位判处罚金，并对其直接负责的主管人员和其他直接责任人员，依照自然人犯本罪的规定处罚。

4. 组织淫秽表演罪

组织淫秽表演罪，是指组织他人进行淫秽表演的行为。

依据《刑法》第365条、第366条的规定，犯本罪的，处3年以下有期徒刑、拘役或者管制，并处罚金；情节严重的，处3年以上10年以下有期徒刑，并处罚金。单位犯本罪的，对单位判处罚金，并对其直接负责的主管人员和其他直接责任人员，依照自然人犯本罪的规定处罚。

本章小结

本章的重点是妨害社会管理秩序罪的一般概念和构成要件及种类。各妨害社会管理秩序的主要犯罪的概念、构成要件、认定和刑事责任。

复习题

（一）思考题

1. 招摇撞骗罪与诈骗罪的区别是什么？
2. 窝藏、包庇罪与伪证罪的区别是什么？
3. 妨害公务罪的客观方面特征是什么？
4. 什么是医疗事故罪？医疗事故罪与非法行医罪有何区别？
5. 传播性病罪的主要特征是什么？

（二）名词解释

妨害公务罪　招摇撞骗罪　聚众斗殴罪　赌博罪

伪证罪　组织他人偷越国（边）境罪　倒卖文物罪

医疗事故罪　非法行医罪　盗伐林木罪

组织卖淫罪　强迫卖淫罪　传播性病罪

制作、复制、出版、贩卖、传播淫秽物品牟利罪

(三) 选择题

1. 农民吉某、古某购买废氯气罐二只后，在某小学墙外水池内倾倒残留的氯气（液体），一个月后水池干枯，氯气挥发，致使200名小学生中毒。吉某、古某的行为构成（　　）。

A. 过失投放危险物罪　　B. 重大环境污染事故罪

C. 危害公共卫生罪　　D. 重大责任事故罪

2. 洪某非法种植罂粟，在收获前响应政府号召，自动将罂粟铲除，对洪某（　　）。

A. 应当从轻处罚　　B. 应当免除处罚

C. 可以免除处罚　　D. 可以减轻处罚

3. 非法行医罪的主体是（　　）。

A. 未按操作规程进行医疗的医护人员　　B. 任何人

C. 未取得医生执业资格的人　　D. 没有医疗实践经验的人

4. 下列行为中，构成伪证罪的是（　　）。

A. 法院书记员因疏忽，漏记了案件重要事实

B. 辩护人伪造证据

C. 侦查人员帮助犯罪嫌疑人伪造证据

D. 鉴定人故意做虚假鉴定

5. 王某因走私毒品罪被判过刑，后又犯运输毒品罪，对王某应当(　　)。

A. 从重处罚　　B. 加重处罚

C. 按照法律规定的刑罚处罚　　D. 按吸收犯处罚

6. 对引诱不满十四周岁的幼女卖淫的行为进行处罚的原则是（　　）。

A. 以奸淫幼女罪论处　　B. 以强迫卖淫罪论处

C. 以引诱卖淫罪论处　　D. 以引诱幼女卖淫罪论处

7. 某甲在聚众斗殴的过程中将对方参与斗殴的某乙打成重伤。某甲的行为构成（　　）。

A. 聚众斗殴罪　　B. 故意伤害罪

C. 过失致人重伤　　D. 聚众扰乱社会秩序罪

8. 伪证罪只能发生在（　　）。

A. 立案侦查以前　　B. 起诉之后

C. 立案、侦查、起诉和审判过程中　　D. 判决宣告以后

9. 国家机关工作人员犯罪，具有下列情节的，从重处罚（　　）。

A. 利用职权犯非法拘禁罪的

B. 犯诬告陷害罪的

C. 掩护、包庇走私毒品的犯罪分子的

D. 犯侮辱罪、诽谤罪的

E. 犯签订合同被骗罪的

10. 盗伐林木罪在主观上出自（　　）。

A. 直接故意或间接故意

B. 故意，并有非法占有的目的

C. 故意，并有为本单位谋取不正当利益的目的

D. 故意或过失

E. 故意，并有为个人谋取其他利益的目的

（答案：1. B；2. C；3. C；4. D；5. A；6. D；7. B；8. C；9. ABC；10. BC）

第十七章　危害国防利益罪

本章主要内容

危害国防利益罪的一般概念和特征及种类。危害国防利益罪中各重点犯罪的概念、构成要件、认定和刑事责任。该类罪中其他各罪的概念和刑事责任。

本章的重点问题

1. 危害国防利益罪的概念和构成要件。
2. 阻碍军人执行职务罪的构成要件及与阻碍军事行动罪的区别。
3. 破坏武器装备、军事设施、军事通信罪的主要特征。
4. 聚众冲击军事禁区罪与聚众扰乱军事管理区秩序罪的界限。
5. 冒充军人招摇撞骗罪的认定。

学习目标

了解危害国防利益犯罪的概念、特征和种类。掌握所介绍的本类犯罪中的各重点犯罪的概念、构成要件及其实践中应当注意的问题，能够运用相关知识准确分析、判断实践中发生的有关案件。

第一节 危害国防利益罪概述

一、危害国防利益罪的概念和构成要件

危害国防利益罪，是指违反国防法律法规，拒绝或者逃避履行国防义务，危害作战和军事行动，危害国防物质基础和国防建设活动，妨害国防管理秩序，损害部队声誉，依法应当受刑罚处罚的行为。

危害国防利益罪是1997年《刑法》修订时新增设的一类犯罪。其有以下构成要件：

（一）本类罪侵害的客体是国防利益

国防利益是国家利益不可或缺的重要内容，它有着丰富的内涵。国防利益是指国家为捍卫国家主权、领土完整和安全，防备和抵御侵略与颠覆，维护部队声誉而进行的军事及与军事有关的建设和斗争等活动的利益。任何人实施破坏武器装备、军事设施的行为、冲击军事禁区等的行为都会危害国防利益。因此，国家对这些行为中的情节严重或造成重大后果者都要给予刑罚打击。

（二）本类罪的客观方面

表现为违反国防法律、法规，拒绝或者逃避履行国防义务，危害作战和军事行动，危害国防物质基础和国防建设活动，妨害国防管理秩序，损害部队声誉的行为。其中，拒绝、逃避履行国防义务，是指预备役人员战时拒绝、逃避征召或者军事训练以及公民战时拒绝、逃避服役等具有严重危害性的行为；危害作战和军事行动，是指以暴力、威胁方法阻碍军人依法执行职务，战时故意向武装部队提供虚假敌情，战时造谣惑众扰乱军心，战时拒绝或者故意延误军事订货，战时拒绝军事征用等具有严重危害性的行为；危害国防物质基础和国防建设活动，是指破坏武器装备、军事设施、军事通讯，向武装部队提供不合格武器装备、军事设施，伪造、变造、买卖或者盗窃、抢夺武装部队公文、证件、印章以及非法生产、买卖武装部队制式服装、车辆牌照等专用标志等具有严重危害性的行为；妨害国防管理秩序，是指聚众冲击军事禁区或者扰乱军事管理区，煽动军人逃离部队，或者明知是逃离部队的军人而雇用，在征兵工作中徇私舞弊，接送不合格兵员等具有严重危害性的行为；损害部队声誉，是指冒充军人招摇撞骗的行为。

（三）本类罪的主体

多为一般主体，少数犯罪可由单位构成。如战时拒绝、故意延误军事订货

罪，非法生产、买卖军用标志罪等。

(四) 本类罪的主观方面

多是故意，个别犯罪则是过失。如过失提供不合格武器装备、军事设施罪。

二、危害国防利益罪的种类

《刑法》第368条到第381条用14个条文对危害国防利益罪作了全面的规定，共有23个罪名。其中，平时、战时均可构成的危害国防利益犯罪有16个具体罪名，只能在战时构成的危害国防利益犯罪有7个罪名。

(1) 阻碍军人执行职务罪；(2) 阻碍军事行动罪；(3) 破坏武器装备、军事设施、军事通信罪；(4) 过失损坏武器装备、军事设施、军事通信罪；(5) 故意提供不合格武器装备、军事设施罪；(6) 过失提供不合格武器装备、军事设施罪；(7) 聚众冲击军事禁区罪；(8) 聚众扰乱军事管理区秩序罪；(9) 冒充军人招摇撞骗罪；(10) 煽动军人逃离部队罪；(11) 雇用逃离部队军人罪；(12) 接送不合格兵员罪；(13) 伪造、变造、买卖武装部队公文、证件、印章罪；(14) 盗窃、抢夺武装部队公文、证件、印章罪；(15) 非法生产、买卖武装部队制式服装罪；(16) 伪造、盗窃、买卖或者非法提供、使用武装部队专用标志罪；(17) 战时拒绝、逃避征召、军事训练罪；(18) 战时拒绝、逃避服役罪；(19) 战时故意提供虚假敌情罪；(20) 战时造谣扰乱军心罪；(21) 战时窝藏逃离部队军人罪；(22) 战时拒绝、故意延误军事订货罪；(23) 战时拒绝军事征收、征用罪。

第二节 危害国防利益罪中的重点犯罪

一、阻碍军人执行职务罪

(一) 阻碍军人执行职务罪的概念和构成要件

阻碍军人执行职务罪，是指以暴力、威胁方法对依法执行军事职务的军人进行妨碍、阻挠的行为。本罪的构成要件是：

(1) 本罪的直接客体是军人依法执行职务的活动。依法执行职务，是指军人依照上级合法军事命令而执行职务。

(2) 本罪客观方面表现为行为人实施了以暴力、威胁方法阻碍军人依法执行职务的行为。“暴力、威胁”的理解参见妨害公务罪中的“暴力、威胁”。

阻碍军人依法执行职务，是指对军人依法执行职务造成障碍，使其不能顺利执行职务，如推翻或烧毁军车，从而使执行职务的军人受阻等。

（3）本罪的主体是一般主体，但只能是非军人。

（4）本罪的主观方面是故意，过失不能构成本罪。

（二）阻碍军人执行职务罪的认定

1. 本罪与妨害公务罪的界限

它们的关键性区别是客体和对象不同。本罪侵犯的客体是军人依法执行职务的活动，而后者侵犯的则是国家机关的管理活动；本罪侵犯的对象只能是正在依法执行职务的军人，后者则为军人以外的正在执行职务、履行职责的国家机关工作人员等。

2. 本罪与阻碍执行军事职务罪的界限

《刑法》第426条规定的阻碍执行军事职务罪，是指以暴力、威胁方法阻碍指挥人员或者值班、值勤人员执行职务的行为。二者的区别表现在：（1）犯罪主体不同。本罪的主体为非军人；后罪的主体则是具有军人身份的军职人员。（2）犯罪对象不同。本罪侵犯的对象是正在依法执行职务的现役军人，包括指挥人员和普通士兵；后罪则是正在执行军事职务的指挥人员和值班值勤军人。

3. 本罪的一罪与数罪问题

在认定本罪的一罪与数罪问题上，应当注意：（1）因使用暴力方法犯本罪，致使军人重伤、死亡的，或者犯本罪时抢夺、抢劫军人枪支及其他武器装备的，应当按想象竞合犯处罚原则处理，即对行为人从一重罪定罪处罚。（2）走私人员以暴力、威胁方法阻碍边防军人依法缉私的，应对行为人按走私罪与阻碍军人执行职务罪实行数罪并罚。

（三）阻碍军人执行职务罪的刑事责任

根据《刑法》第368条第1款规定，犯本罪的，处3年以下有期徒刑、拘役、管制或者罚金。

二、破坏武器装备、军事设施、军事通信罪

（一）破坏武器装备、军事设施、军事通信罪的概念和构成要件

破坏武器装备、军事设施、军事通信罪，是指出于泄愤报复或者其他个人目的，对武器装备、军事设施以及军事通信进行破坏的行为。本罪的构成要件是：

（1）本罪的客体是军队战斗力的物质保障。犯罪对象是武器装备、军事设施、军事通信。“武器装备”，是指直接用于实施和保障作战行动的武器、

武装系统和军事技术器材，包括“冷兵器”、火箭、火炮、枪械导弹、爆破器材、坦克等。“军事设施”，是指直接用于军事目的的固定设施，包括建筑、场地和设备，如军需品仓库、射击场、军用机场、营区、训练场、试验场、军用公路、铁路、专用线、军用输油、输水管道等。“军事通信”，是指军队运用各种通信手段，为实施指挥和武器控制而进行的信息传递，通常运用的手段有无线电通信、有线电通信、光通信、运动通信、简易信号通信等。

（2）本罪在客观方面表现为实施了破坏武器装备、军事设施、军事通信的行为。破坏行为可以表现为作为形式，如砸毁、炸毁、对军事设施实施干扰等，也可以表现为不作为形式，如故意不履行保管、维修义务而使其遭到破坏。手段上可以是以危险方法或技术手段实施破坏。

（3）本罪的主体为一般主体。

（4）本罪的主观方面是故意，即明知是武器装备、军事设施、军事通信而破坏。过失不构成本罪。

（二）破坏武器装备、军事设施、军事通信罪的认定

1. 本罪与破坏交通设施罪、破坏易燃易爆设备罪、破坏广播电视设施、公用电信设施罪等特定设备设施犯罪的界限

本罪与后三罪在主观、客观方面以及犯罪主体上相同。区别的关键是：（1）同类客体和直接客体不同。本罪侵犯的客体是国防利益，直接客体是军队战斗力的物质保障；后三罪侵犯的同类客体是公共安全，直接客体是各正在使用中的特定设备设施所代表的公共安全。（2）犯罪对象不同。本罪破坏的对象仅限于武器装备、军事设施和军事通信；后三罪则应是非武器装备、军事设施和军事通信。

2. 本罪与盗窃罪的界限

在司法实践中应注意区别以盗窃固定在军事设施上的设备、器材为表现形式的破坏军事设施罪与以盗窃军事设施内的军用物资为形式的盗窃罪的界限。两罪有相同或相似之处，但主要区别是：所盗设备、器材是否固定在军事设施上，作为军事设施的一个不可缺少的组成部分。盗窃固定在军事设施上作为军事设施组成部分的设备、器材的，应以本罪论处，如盗割驻军的电话线以及通信光缆的行为即构成破坏军事通信罪而不构成盗窃罪。如果盗窃军事设施内存放的器材，应定为盗窃罪（如盗窃枪支、弹药的，应定盗窃枪支、弹药罪）。

（三）破坏武器装备、军事设施、军事通信罪的刑事责任

根据《刑法》第369条规定，犯本罪的，处3年以下有期徒刑、拘役或者管制；破坏重要武器装备、军事设施、军事通信的，处3年以上10年以下有

期徒刑；情节特别严重的，处10年以上有期徒刑、无期徒刑或者死刑。战时犯本罪的，从重处罚。

三、冒充军人招摇撞骗罪

（一）冒充军人招摇撞骗罪的概念和构成要件

冒充军人招摇撞骗罪，是指以谋取非法利益为目的，冒充军人招摇撞骗的行为。本罪的构成要件是：

（1）本罪的客体是军队的良好威信及其正常活动。

（2）客观方面表现为冒充军人招摇撞骗的行为。冒充军人，既包括非军人冒充军人，也包括军衔、职务较低的军人冒充军衔、职务较高的军人。“军人”包括中国人民解放军的现役军官、文职干部、士兵及具有军籍的学员和中国人民武装警察部队的现役警官、文职干部、士兵及具有军籍的学员。招摇撞骗，是指打着军人的名义、招牌，在社会上进行欺骗活动。一般表现为以下几种情形：①公然穿戴现役军人制式服装、衔牌进行招摇撞骗；②使用伪造、假冒的军人身份证件进行招摇撞骗；③以其他足以使他人产生误解的方式，冒充现役军人进行招摇撞骗的行为。

（3）犯罪主体是一般主体。

（4）犯罪的主观方面是故意，且具有谋取非法利益的目的。非法利益，包括金钱、财物等物质利益，也包括荣誉待遇、异性的感情等非物质利益。如果行为人谋取的不是非法利益，如只是为顺利住宿或购买车船票而冒充军人的，不构成本罪。

（二）冒充军人招摇撞骗罪的认定

1. 本罪与诈骗罪的界限

本罪与诈骗罪在犯罪的主观方面和犯罪的客观方面有相似之处。二者的区别主要表现在：（1）侵犯的客体不同。本罪侵犯的客体是军队的声誉及其正常活动；诈骗罪侵犯的则是公私财产所有权。（2）犯罪手段不同。本罪的手段仅限于冒充军人的身份或者职务进行；而诈骗罪的犯罪手段则无限制。（3）犯罪目的有所不同。诈骗罪中行为人的目的是非法占有公私财物；本罪的目的是追求非法利益，其内容较诈骗罪之目的要宽泛。（4）构成犯罪的要求不同。本罪成立犯罪对所骗取的财物数额没有要求；而诈骗罪则要求只有达到“数额较大”程度，才能构成。

2. 本罪与招摇撞骗罪的界限

两罪的主要区别表现在：（1）侵害的客体不同。本罪侵犯的客体主要是军队的声誉及其正常活动；招摇撞骗罪侵犯的则是国家机关的威信和正常活动。（2）冒充的对象不同。本罪冒充的是军人；招摇撞骗罪冒充的则是军人以外的国家机关工作人员。从理论上讲，两者之间存在法条竞合关系。当行为人之行为同时符合两罪之构成要件时，应依据特别法优于普通法的原则，以本罪定性处理。

（三）冒充军人招摇撞骗罪的刑事责任

根据《刑法》第372条规定，犯本罪的，处3年以下有期徒刑、拘役、管制或者剥夺政治权利；情节严重的，处3年以上10年以下有期徒刑。

四、雇用逃离部队军人罪

（一）雇用逃离部队军人罪的概念和构成要件

雇用逃离部队军人罪，是指明知是逃离部队的现役军人而雇用，情节严重的行为。其构成要件有：

（1）在客观方面表现为行为人实施了故意雇用逃离部队的现役军人，而且是情节严重的行为。此情节严重是指雇用多名逃离部队军人的；多次雇用逃离部队军人的；雇用逃离部队军人而影响部队作战任务或者其他重要任务的；雇用后，部队多次到雇用单位要人而拒绝放人的等。

（2）主体为一般主体中有雇用能力的各类企业、事业单位、团体以及个体工商户的负责人，以及其他自然人。

（3）主观方面是故意，即明知是逃离部队的现役军人而决意雇用，过失不构成本罪。

（二）犯雇用逃离部队军人罪的刑事责任

根据《刑法》第373条的规定，犯本罪的，处3年以下有期徒刑、拘役或者管制。

五、接送不合格兵员罪

（一）接送不合格兵员罪的概念和构成要件

接送不合格兵员罪，是指在征兵工作中徇私舞弊，接送不合格兵员，情节严重的行为。本罪的构成要件是：

1. 本罪的客体是国家征兵工作的正常活动

我国《国防法》第50条第2款规定：“各级兵役机关和基层人民武装机构应当依法办理兵役工作，按照国务院和中央军事委员会的命令完成征兵任务，保证兵员质量。其他有关国家机关、社会团体和企事业单位应当依法完成民兵和预备役工作，协助兵役机关完成征兵任务。”据此规定，各级兵役机关和基层人民武装机关向部队输送合格兵员是其国防义务。

2. 本罪的客观方面

表现为行为人实施了在征兵工作中徇私舞弊，接送不合格兵员入伍，情节严重的行为。具体包括：(1) 接送年龄未达到规定标准的不合格兵员。(2) 接送未取得规定学历的不合格兵员。(3) 接送身体健康状况不符合规定的不合格兵员。(4) 接送有劣迹的不合格兵员。(5) 接送具有犯罪行为、犯罪前科或正在服刑的犯罪分子等不合格兵员。(6) 其他接送不合格兵员的行为。本罪是情节犯，必须是行为情节严重的才构成犯罪。情节严重，是指接送不合格兵员人数较多；由于接送不合格兵员严重影响部队建设或造成其他严重后果的。

3. 本罪的主体为特殊主体

只能是在征兵工作中负有征兵职责的征兵工作人员，包括地方武装部门负责征兵工作的人员和征兵部队的工作人员。

4. 本罪主观方面是故意

即行为人明知自己的徇私舞弊行为是违反有关法律规定的，明知自己的行为可能产生危害征兵工作的后果，仍希望或放任这种结果的发生。

（二）接送不合格兵员罪的刑事责任

根据《刑法》第 374 条规定，犯本罪的，处 3 年以下有期徒刑或者拘役；造成特别严重后果的，处 3 年以上 7 年以下有期徒刑。所谓“特别严重后果”，是指不合格兵员到部队后，严重影响完成作战和其他重要军事任务的，实施严重刑事犯罪，引起重大事故、造成多人重伤死亡的等。

第三节　危害国防利益的其他犯罪

一、平时、战时均可构成的其他危害国防利益犯罪

1. 阻碍军事行动罪

阻碍军事行动罪，是指故意阻碍武装部队的军事行动，造成严重后果的行为。

依据《刑法》第 368 条第 2 款的规定，犯本罪的，处 5 年以下有期徒刑或者拘役。

2. 过失损坏武器装备、军事设施、军事通信罪

过失损坏武器装备、军事设施、军事通信罪，是指过失破坏武器装备、军事设施、军事通信，造成严重后果的行为。

依据《刑法》第369条第2款的规定，犯本罪的，造成严重后果的，处3年以下有期徒刑或者拘役；造成特别严重后果的，处3年以上7年以下有期徒刑。战时犯本罪的，从重处罚。

3. 故意提供不合格武器装备、军事设施罪

故意提供不合格武器装备、军事设施罪，是指明知是不合格的武器装备、军事设施而故意提供给武装部队的行为。

依据《刑法》第370条第1款的规定，犯本罪的，处5年以下有期徒刑或者拘役；情节严重的，处5年以上10年以下有期徒刑；情节特别严重的，处10年以上有期徒刑、无期徒刑或者死刑。单位犯本罪的，对单位判处罚金，并对其直接负责的主管人员和其他直接责任人员依照自然人犯本罪的规定处罚。

4. 过失提供不合格武器装备、军事设施罪

过失提供不合格武器装备、军事设施罪，是指由于过失而向武装部队提供了不合格的武器装备、军事设施，造成严重后果的行为。

依据《刑法》第370条第2款的规定，犯本罪的，处3年以下有期徒刑或者拘役；造成特别严重后果的，处3年以上7年以下有期徒刑。

5. 聚众冲击军事禁区罪

聚众冲击军事禁区罪，是指聚众冲击军事禁区，严重扰乱军事禁区秩序的行为。

依据《刑法》第371条第1款的规定，犯本罪的，对首要分子，处5年以上10年以下有期徒刑；对其他积极参加者，处5年以下有期徒刑、拘役、管制或者剥夺政治权利。

6. 聚众扰乱军事管理区秩序罪

聚众扰乱军事管理区秩序罪，是指聚众扰乱军事管理区秩序，情节严重，致使军事管理区工作无法进行，造成严重损失的行为。

根据《刑法》第371条第2款的规定，对犯本罪的首要分子，处3年以上7年以下有期徒刑；对犯本罪的其他积极参加者，处3年以下有期徒刑、拘役、管制或者剥夺政治权利。

7. 煽动军人逃离部队罪

煽动军人逃离部队罪，是指以口头、书面等方式唆使、鼓动现役军人逃离部队，情节严重的行为。

依据《刑法》第373条的规定，犯本罪的，处3年以下有期徒刑、拘役或者管制。

8. 伪造、变造、买卖武装部队公文、证件、印章罪

伪造、变造、买卖武装部队公文、证件、印章罪，是指伪造、变造、买卖

武装部队公文、证件、印章的行为。

依据《刑法》第375条第1款的规定，犯本罪的，处3年以下有期徒刑、拘役、管制或者剥夺政治权利；情节严重的，处3年以上10年以下有期徒刑。

9. 盗窃、抢夺武装部队公文、证件、印章罪

盗窃、抢夺武装部队公文、证件、印章罪，是指盗窃、抢夺武装部队公文、证件、印章的行为。

依据《刑法》第375条第1款的规定，犯本罪的，处3年以下有期徒刑、拘役、管制或者剥夺政治权利；情节严重的，处3年以上10年以下有期徒刑。

10. 非法生产、买卖武装部队制式服装罪

非法生产、买卖武装部队制式服装罪，是指非法生产、买卖武装部队制式服装，情节严重的行为。

依据《刑法》第375条第2款的规定，犯本罪的，处3年以下有期徒刑、拘役或者管制，并处或者单处罚金。单位犯本罪的，对单位判处罚金，并对其直接负责的主管人员和其他直接责任人员，依照自然人犯本罪的规定处罚。

11. 伪造、盗窃、买卖或者非法提供、使用武装部队车辆号牌等专用标志罪

伪造、盗窃、买卖或者非法提供、使用武装部队车辆号牌等专用标志罪，是指伪造、盗窃、买卖或者非法提供、使用武装部队车辆号牌等专用标志，情节严重的行为。

依据《刑法》第375条第3款的规定，犯本罪的，处3年以下有期徒刑、拘役或者管制，并处或者单处罚金；情节特别严重的，处3年以上7年以下有期徒刑，并处罚金。单位犯本罪的，对单位判处罚金，并对其直接负责的主管人员和其他直接责任人员，依照自然人犯本罪的规定处罚。

二、只能在战时构成的其他危害国防利益犯罪

1. 战时拒绝、逃避征召、军事训练罪

战时拒绝、逃避征召、军事训练罪，是指预备役人员在战时拒绝、逃避征召或者军事训练，情节严重的行为。

依据《刑法》第376条第1款的规定，犯本罪的，处3年以下有期徒刑或者拘役。

2. 战时拒绝、逃避服役罪

战时拒绝、逃避服役罪，是指公民战时拒绝、逃避服役，情节严重的行为。

依据《刑法》第376条第2款的规定，犯本罪的，处2年以下的有期徒刑

或者拘役。

3. 战时故意提供虚假敌情罪

战时故意提供虚假敌情罪，是指战时故意向武装部队提供虚假敌情，造成严重后果的行为。

依据《刑法》第377条的规定，犯本罪的，处3年以上10以下有期徒刑；造成特别严重后果的，处10年以上有期徒刑或者无期徒刑。

4. 战时造谣扰乱军心罪

战时造谣扰乱军心罪，是指战时造谣惑众、扰乱军心的行为。

依据《刑法》第378条的规定，犯本罪的，处3年以下有期徒刑、拘役或者管制；情节严重的，处3年以上10年以下有期徒刑。

5. 战时窝藏逃离部队军人罪

战时窝藏逃离部队军人罪，是指战时明知是逃离部队的军人而为其提供隐藏处所、财物，情节严重的行为。

依据《刑法》第379条的规定，犯本罪的，处3年以下有期徒刑或者拘役。

6. 战时拒绝、故意延误军事订货罪

战时拒绝、故意延误军事订货罪，是指战时拒绝或者故意延误军事订货，情节严重的行为。

依据《刑法》第380条的规定，犯本罪的，对单位判处罚金，并对其直接负责的主管人员和其他直接责任人员，处5年以下有期徒刑或者拘役；造成严重后果的，处5年以上有期徒刑。

7. 战时拒绝军事征收、征用罪

战时拒绝军事征收、征用罪，是指战时拒绝军事征收、征用，情节严重的行为。

依据《刑法》第381条的规定，犯本罪的，处3年以下有期徒刑或者拘役。

本章小结

本章的重点是危害国防利益罪的一般概念和特征及种类。危害国防利益罪中各重点犯罪的概念、构成要件、认定和刑事责任。

复习题

（一）思考题

1. 阻碍军人执行职务罪的构成要件有哪些？其与阻碍军事行动罪有何区别？

2. 破坏武器装备、军事设施、军事通信罪在认定中应注意哪些问题？

3. 接送不合格兵员罪的具体表现方式有哪些？

（二）名词解释

阻碍军人执行职务罪　　破坏武器装备、军事设施、军事通信罪

冒充军人招摇撞骗罪　　雇用逃离部队军人罪

接送不合格兵员罪　　非法生产、买卖军用标志罪

（三）选择题

1. 下列犯罪中属于危害国防利益罪的是（　　）。

A. 阻碍军人执行职务罪

B. 阻碍执行军事职务罪

C. 武器装备肇事罪

D. 擅自出卖、转让军队房地产罪

2. 王某长期走私，有一天在走私过程中，为了逃避武警缉私大队的搜查，将一名战士打成轻伤，则王某构成（　　）。

A. 走私罪

B. 妨害公务罪

C. 阻碍军人依法执行职务罪

D. 同时构成走私罪和阻碍军人依法执行职务罪，应数罪并罚

（答案：1. A；2. D）

第十八章　贪污贿赂罪

本章主要内容

贪污贿赂罪的一般概念、特征和种类。该类罪中各主要犯罪的概念、构成要件、认定和刑事责任。该类罪中各其他犯罪的概念和刑事责任。

本章的重点问题

1. 贪污罪的主体范围。

2. 国家工作人员和非国家工作人员相互勾结共同侵占本单位财物行为的处理。

3. 挪用公款罪中“挪用公款归个人使用”的含义。

4. 受贿罪的构成特征。

5. 单位受贿罪、对单位行贿罪中“单位”的范围。

6. 行贿罪的构成要件。

学习目标

了解贪污贿赂犯罪的概念、构成要件和种类。掌握各重点犯罪的概念、构成要件及其实践中应当注意的问题。能够运用相关知识准确分析、判断实践中发生的有关案件。

第一节　贪污贿赂罪概述

一、贪污贿赂罪的概念和特征

贪污贿赂罪，是指行为人贪污、挪用、私分公共财物，索取、收受贿赂，破坏公务行为的廉洁性，或者以国家工作人员、国有单位为对象进行贿赂，收买公务行为的一类犯罪的总称。

其特征是：

（1）其客体主要是国家工作人员公务行为的廉洁性，多数犯罪同时也侵犯了公共财产或国有资产的所有权。

（2）在客观方面一般表现为国家工作人员利用职务上的便利，贪污、挪用、私分公共财物或国有资产，收受或者索取贿赂，牟取非法利益，亵渎公务行为的廉洁性。

（3）多数犯罪的主体是特殊主体，即必须是国家工作人员；少数犯罪的主体是一般主体。

（4）在主观方面只能由直接故意构成，行为人一般具有明确的犯罪目的，间接故意和过失都不能构成此类犯罪。

二、贪污贿赂罪的种类

根据《刑法》分则第 8 章第 382 条到第 396 条的规定，贪污贿赂罪共有 13 个具体罪名，即：（1）贪污罪。（2）挪用公款罪。（3）受贿罪。（4）单位受贿罪。（5）利益影响力受贿罪。（6）行贿罪。（7）对单位行贿罪。（8）介绍贿赂罪。（9）单位行贿罪。（10）巨额财产来源不明罪。（11）隐瞒境外存款罪。（12）私分国有资产罪。（13）私分罚没财物罪。

第二节　贪污贿赂罪中的重点犯罪

一、贪污罪

（一）贪污罪的概念和构成要件

贪污罪，是指国家工作人员利用职务上的便利，侵吞、窃取、骗取或者以其他手段非法占有公共财物的行为。本罪的构成要件是：

1. 本罪的客体是复杂客体

既侵犯国家工作人员的职务行为的廉洁性，也侵犯公共财产的所有权。其中主要客体是国家工作人员职务行为的廉洁性。本罪的犯罪对象是公共财产。公共财产是指：①国有财产；②劳动群众集体所有的财产；③用于扶贫和其他公益事业的社会捐助或专项基金的财产；④在国有单位中管理、使用或者运输的私人财产，以公共财产论。

2. 本罪的客观方面

表现为行为人利用职务上的便利，侵吞、窃取、骗取或者以其他手段非法占有公共财物的行为。包括：(1) 非法占有公共财物必须利用职务上的便利。所谓利用职务上的便利，是指利用本人职务范围内的权力和地位形成的主管、经手、管理财物的便利条件，而不是指利用因工作关系熟悉工作环境、凭工作人员的身份便于进出某些单位，较易接近作案目标或对象等与职权无关的方便条件。如会计利用管账这一职务上便利，作假账骗取公共财物，出纳利用管钱的职务上的便利非法占有公款的行为均属于贪污行为。如果会计利用与出纳一起工作的便利条件，私自配制保险柜的钥匙，将保险柜中的现金盗走，其行为就不是利用其职务上的便利进行的，不是贪污，而是盗窃。(2) 侵吞、窃取、骗取或以其他手段非法占有公共财物。侵吞，是指行为人利用职务上的便利，将自己主管、经手、管理的公共财物，非法占为已有。如将自己合法管理或使用的公共财物加以扣留，应交而隐匿不交，应支付而不支付，应入账而不入账，从而占为已有。窃取，是指行为人利用职务上的便利，采取秘密方式将自己合法管理的财产占为已有。如"监守自盗"。骗取，是指行为人利用职务上的便利，采用虚构事实或隐瞒真相的方法非法占有公共财物。如采购人员谎报出差费或者多报出差费骗取公款。"其他手段"，是指行为人利用职务上的便利，采用侵吞、窃取、骗取以外的方法，非法占有公共财物。如利用职权，巧立名目，在几个领导人中私分大量公款、公物等。此外，国有保险公司的工作人员和国有保险公司委派到非国有保险公司从事公务的人员，利用职务上的便利，故意编造未曾发生的保险事故进行虚假理赔，骗取保险金归自己所有的；国家工作人员在国内公务活动或对外交往中接受礼物，依照国家规定应当交公而不交公，数额较大的；携带挪用的公款潜逃的，均应以贪污罪论处。

3. 本罪的主体是特殊主体

具体包括两类人员：(1) 国家工作人员。其范围包括从事公务的人员，以及在中国共产党各级机关和中国人民政治协商会议的各级机关中从事公务的人员。(2) 受国家机关、国有公司、企业、事业单位、人民团体委托管理、经营国有财产的人员。其主要指承包、租赁等方式管理、经营国有财产的人员。其他人员与前述两类人员勾结、伙同贪污的，以贪污罪论。

4. 本罪的主观方面是故意，并以非法占有为目的

（二）贪污罪的认定

1. 本罪与非罪的界限

实践中，应当注意从以下方面予以区别：（1）主观上有无贪污即非法占有公共财物的故意。如因工作疏忽或业务不熟出现错款、错账的，就不是贪污。（2）看贪污的数额。根据我国《刑法》规定，通常个人贪污数额5000元以上的才构成本罪。（3）看贪污的情节。如贪污不满5000元但情节较重的，应以本罪论处。情节较重一般是指多次贪污屡教不改、贪污救灾、抢险、救济等特定款物、贪污公款用于非法活动的等。

2. 本罪与盗窃罪、诈骗罪、侵占罪、职务侵占罪的界限

本罪在行为方式上也可表现为盗窃行为、诈骗行为和侵占行为，其与盗窃罪、诈骗罪、侵占罪、职务侵占罪的区别主要有：（1）犯罪客体与对象不同。本罪是复杂客体，即国家公职人员职务行为的廉洁性和公共财产的所有权，犯罪对象是公共财物；盗窃罪、诈骗罪、侵占罪的客体是简单客体，即公私财产所有权，犯罪对象是公私财产，侵占罪的对象只能是代为保管物、埋藏物、遗忘物；职务侵占罪虽是复杂客体犯罪，但其客体是公司、企业或其他单位人员职务的廉洁性和行为人所在单位财物的所有权，犯罪对象只能是行为人所在单位的财物。（2）客观方面表现不同。本罪行为人进行窃取、骗取和侵占财物时必须利用其职务上从事公务的便利，盗窃罪、诈骗罪与侵占罪与本人职务没有任何关系，职务侵占罪所利用的便利只能是从事单位职务的便利。（3）犯罪主体不同。本罪的主体只能是国家工作人员和受国有单位委托管理、经营国有财产的人员；盗窃罪、诈骗罪、侵占罪的主体为一般主体，职务侵占罪的主体是公司、企业或者其他单位人员，不能是国家工作人员。

3. 本罪的共犯问题

我国《刑法》第382条第3款规定：“与前两款所列人员勾结，伙同贪污的，以共犯论处。”但对国家工作人员与非国家工作人员勾结共同侵占本单位财物的，如何定罪处罚？对此，《最高人民法院关于审理贪污、职务侵占案件如何认定共同犯罪几个问题的解释（2000年6月27日）》认为对此种“内外勾结”应具体分析：（1）如果是利用国家工作人员职务上的便利共同侵占本单位财物的，以本罪的共犯处理。（2）如果利用非国家工作人员职务上的便利共同侵占本单位财物的，以职务侵占罪的共犯处理。（3）如果分别利用各自职务上的便利，共同将本单位财物非法占为己有的，则按照主犯的犯罪性质定罪。

（三）贪污罪的刑事责任

根据《刑法》第383条规定，犯本罪的，根据情节轻重，分别按照以下情况处罚：（1）个人贪污数额在10万元以上的，处10年以上有期徒刑或者无期徒刑，可以并处没收财产；情节特别严重的，处死刑，并处没收财产。（2）个人贪污数额在5万元以上不满10万元的，处5年以上有期徒刑，可以并处没收财产；情节特别严重的，处无期徒刑，并处没收财产。（3）个人贪污数额在5000元以上不满5万元的，处1年以上7年以下有期徒刑；情节严重的，处7年以上10年以下有期徒刑。个人贪污数额在5000元以上不满1万元，犯罪后有悔改表现、积极退赃的，可以减轻处罚或者免予刑事处罚，由其所在单位或者上级主管机关给予行政处分。（4）个人贪污数额不满5000元，情节较重的，处2年以下有期徒刑或者拘役；情节较轻的，由其所在单位或者上级主管酌情给予行政处分。对多次贪污未经处理的，按照累计贪污数额处罚。

二、挪用公款罪

（一）挪用公款罪的概念和构成要件

挪用公款罪，是指国家工作人员利用职务上的便利，挪用公款归个人使用，进行非法活动的，或者挪用公款数额较大、进行营利活动，或者挪用公款数额较大，超过3个月未还的行为。本罪的构成要件是：

1. 本罪的客体是复杂客体

即侵犯国家工作人员的职务廉洁性和公共财产的占有、使用、收益权。犯罪对象是公款即公共财产中呈货币或者有价证券形态的部分。

2. 本罪的客观方面

表现为行为人利用职务上的便利，挪用公款归个人使用，进行非法活动，或者挪用公款数额较大进行营利活动，或者挪用公款数额较大超过3个月未还的行为。包括：（1）前提是利用职务上的便利进行挪用公款。利用职务上的便利，是指行为人利用其主管、经手、管理公款的便利条件。（2）挪用公款的目的是归个人使用。“归个人使用”，包括：①将公款供本人、亲友或者其他自然人使用的；②以个人名义将公款供其他单位使用的；③个人决定以单位名义将公款供其他单位使用，谋取个人利益的。（3）有以下挪用公款的法定行为之一：①挪用公款进行非法活动。非法活动包括违法和犯罪活动。这种情况从立法上看没有数额和时间的限制，但最高人民法院的司法解释规定应以挪用公款5000~10000元作为追究刑事责任的数额起点。②挪用公款归个人使用进行营利活动，数额较大的。数额较大，是指挪用公款1万~3万元的。③挪用公款归个人使用，数额较大，超过3个月未还的行为。超过3个月未还，是指案发前（司法机关、主管部门或有关单位发现前）未予归还的。

3. 本罪的主体是特殊主体

即只能是国家工作人员，不包括受国有单位委托经营、管理国有财产的人员。

4. 本罪的主观方面是故意，其目的是非法取得公款的使用权，不是非法侵夺公款

（二）挪用公款罪的认定

1. 本罪与挪用资金罪的界限

二者在犯罪的主观方面及客观方面均有相似之处，其主要区别是：(1) 犯罪客体的内容与对象不同。本罪的客体是公共财产的所有权和国家工作人员职务的廉洁性，犯罪对象是公款；挪用资金罪的客体是单位资金的所有权和单位职务的廉洁性，犯罪对象是非国有单位的资金。(2) 犯罪主体不同。本罪的主体是国家工作人员，挪用资金罪是非国有公司、企业的人员，不能是国家工作人员。受国有单位委托经营、管理国有财产的人员利用职务上的便利，挪用公款的，依据有关司法解释应以挪用资金罪论处。

2. 本罪与挪用特定款物罪的界限

(1) 犯罪客体和对象不同。本罪是复杂客体犯罪，犯罪对象是公款；挪用特定款物罪侵犯的是国家的财经管理制度，犯罪对象是法定的救灾、抢险、防汛、优抚、扶贫、移民、救济款物。(2) 犯罪主体不同。本罪的主体是国家工作人员；挪用特定款物罪的主体则是管理、支配、经手特定款物的直接责任人员。(3) 挪用的用途不同。本罪是挪用公款归个人使用，即“公款私用”；挪用特定款物罪是“公款公用”，即为公而改变特定款物的特殊用途。如果挪用特定款物归个人使用的，以挪用公款罪从重处罚。(4) 构成犯罪的客观标准不同。挪用特定款物必须是使国家、人民利益遭受重大损害的才构成犯罪，本罪则无此要求。

3. 本罪与贪污罪的界限

它们之间有联系也有区别。其区别主要是：(1) 次要客体不完全相同。本罪的次要客体是公款的占有、使用、收益权，贪污罪的次要客体是公共财物的所有权即所有权的整体。(2) 客观方面的行为方式不同。本罪是利用职务上的便利挪用公款进行非法活动，或者挪用公款进行营利活动，或者挪用公款数额较大超过3个月未归还的行为；贪污罪是利用职务上的便利侵吞、窃取、骗取或以其他手段非法占有公共财物的行为。(3) 主体范围不同。本罪的主

体限于国家工作人员；贪污罪的主体除国家工作人员外，还包括受国有单位委托管理、经营国有财产的人员。(4）主观方面不同。本罪以使用公款为目的，贪污罪则以非法占有公共财物为目的。但挪用公款而携公款潜逃的，以贪污罪论处。

(三）挪用公款罪的刑事责任

根据《刑法》第384条规定，犯本罪的，处5年以下有期徒刑或者拘役；情节严重的，处5年以上有期徒刑。挪用公款数额巨大不退还的，处10年以上有期徒刑或者无期徒刑。情节严重，是指挪用公款数额巨大，或者数额虽未达到巨大，但挪用公款手段恶劣；多次挪用公款；因挪用公款严重影响生产、经营，造成严重损失等情形。数额巨大，营利活动型和超期未还型为15万元至20万元以上，非法活动型为5万元至10万元以上。“挪用公款数额巨大不退还的”，是指挪用公款数额巨大，因客观原因在一审判决前不能还的。因挪用公款索取、收受贿赂构成犯罪，依照数罪并罚的原则处理；挪用公款进行违法活动又构成其他犯罪的，依照数罪并罚的原则处理。挪用用于救灾、抢险、防汛、优抚、扶贫、移民、救济款物归个人使用的，从重处罚。

三、受贿罪

(一）受贿罪的概念和构成要件

受贿罪，是指国家工作人员利用职务上的便利，索取他人财物的，或者非法收受他人财物，为他人牟取利益的行为。本罪的构成要件是：

(1）本罪的客体是国家工作人员职务的廉洁性。因索取他人财物而构成受贿罪的，客观上还侵犯了被迫交付财物的人的财产权利。目前，对受贿的内容应当严格执行《刑法》的规定，即是财物或物质性利益。

(2）本罪客观方面表现为行为人利用职务上的便利，索取他人财物，或者非法收受他人财物为他人谋取利益的行为。包括：①行为人必须利用职务上的便利。“利用职务上的便利”，是指行为人直接利用本人现有职务范围内的权力，即自己主管、负责或者承办某项公共事务的职权及其所形成的便利条件，[1] 或者利用本人职权或地位形成的便利条件，通过其他国家工作人员职务上的便利而受贿的即间接利用职务上的便利，也即“斡旋受贿”。②行为人必须实施了索取他人财物或者非法收受他人财物的行为。“索取贿赂”，是指行

[1] 参见1999年8月6日《最高人民检察院关于人民检察院直接受理立案侦查案件立案标准的规定（试行)》。

为人在公务活动中主动向他人索要财物，包括向他人勒索财物。其特征是索贿的主动性和交付财物的被动性。“收受贿赂”，是指行为人对他人给付的财物予以接受。其特征是给付财物的主动性、自愿性和接受财物的被动性。③为他人谋取利益。此乃收受贿赂型受贿罪的基本条件之一，“索取贿赂”构成受贿罪并不要求“为他人谋取利益”。“为他人谋取利益”，只要求有许诺为他人谋取利益的即可，不以是否实际谋到利益、是在收受贿赂之前、当时还是在之后谋取利益为准，且利益可以是合法或非法的。

受贿除上述两种基本形式外，以下两种情形也依法视为受贿：①《刑法》第385条第2款规定“国家工作人员在经济往来中，违反国家规定，收受各种名义的回扣、手续费，归个人所有的，以受贿论处”。回扣，是指在经济往来中，卖方从卖得的价款中返还给买方单位或者其委托代理人的款项。手续费，是指在经济往来中买卖双方当事人或居间活动的经纪人因从事经济活动而获取的酬金。②斡旋受贿，即《刑法》第388条规定的“国家工作人员利用本人职权或者地位形成的便利条件，通过其他国家工作人员职务上的行为，为请托人谋取不正当利益，索取请托人财物或者收受请托人财物的，以受贿论处”。依此，斡旋受贿为行贿人所谋取的利益只能是不正当利益。

（3）本罪的主体是特殊主体，只能是国家工作人员。已离退休的国家工作人员，利用本人原有职权或者地位所形成的便利条件，通过在职的国家工作人员职务上的行为，为请托人谋取利益，而本人从中向请托人收取财物的，不能构成本罪。但是，如果与请托人退休前约定，退休后收受财物的，则应以受贿罪定罪处罚。

（4）本罪的主观方面是直接故意，即明知索贿或受贿会损害国家工作人员的职务廉洁性，仍然决意为之。

（二）受贿罪的认定

1. 本罪与非罪的界限

本罪与非罪的区别应注意：（1）从数额和情节上区分本罪与受贿行为。个人受贿，一般以5000元为构成犯罪的数额起点；数额不到5000元，但情节严重的也构成受贿罪。“情节严重”，一般是指受贿行为使国家和人民利益遭受严重损失、受贿行为造成恶劣影响、索取他人财物手段恶劣、受贿后订立攻守同盟、抗拒侦查或者拒不退赃等情形。（2）本罪与接受亲友财物、取得合法报酬的区别。前者是亲友出于亲情或友谊，单方面、无条件地赠与财物，或者单纯利用亲友关系为请托人办事，收受了请托人的答谢礼物。但是，利用职务上的便利为亲友谋取利益从而接受亲友财物的，可以构成受贿罪。后者是行为人在法律、政策允许范围内凭借自己的知识、劳动，在业余时间为他人提供服务而获得的正当报酬。其与受贿有本质的区别。

2. 本罪与公司、企业人员受贿罪、单位受贿罪的界限

它们之间的区别主要是：(1) 客体不同。本罪的客体是国家工作人员的职务廉洁性；而公司、企业人员受贿罪的客体是公司、企业的管理秩序；单位受贿罪的客体是国有单位公务活动的廉洁性。(2) 客观方面有所不同。本罪客观方面的索贿不以为他人谋取利益为要件，只有收受贿赂才要求为他人谋取利益；公司、企业人员受贿罪和单位受贿罪，无论索贿还是受贿均要求为他人谋取利益的要件。(3) 犯罪主体不同。本罪是国家工作人员；公司、企业人员受贿罪是非国家工作人员；单位受贿罪的主体是国有单位。

3. 索贿方式构成本罪的与敲诈勒索罪的界限

本罪中索取他人财物的行为有时也包括勒索他人财物的行为。索贿方式构成本罪的与敲诈勒索罪有相似之处，理论上的区别是明显的，如犯罪客体、客观方面、犯罪主体均不同。当国家工作人员索取他人财物时，如何定罪处罚？最根本的是看索取财物时是否利用了职务上的便利条件。如果行为人利用职务上的便利索取他人财物的，是受贿；否则，就是敲诈勒索罪或其他违法犯罪行为。

(三) 受贿罪的刑事责任

根据《刑法》第 386 条规定，犯本罪的，依《刑法》第 383 条关于贪污罪的处罚规定处罚，具体处罚标准是：(1) 个人受贿数额在 10 万元以上的，处 10 年以上有期徒刑或无期徒刑，可以并处没收财产；情节特别严重的，处死刑，并处没收财产。(2) 个人受贿数额在 5 万元以上不满 10 万元的，处 5 年以上有期徒刑，可以并处没收财产；情节特别严重的，处无期徒刑，并处没收财产。(3) 个人受贿数额在 5000 元以上不满 5 万元的，处 1 年以上 7 年以下有期徒刑；情节严重的，处 7 年以上 10 年以下有期徒刑。个人受贿数额在 5000 元以上不满 1 万元，犯罪后有悔改表现、积极退赃的，可以减轻处罚或者免予刑事处罚，由其所在单位或者上级主管机关给予行政处分。(4) 个人受贿不满 5000 元，情节较重的，处 2 年以下有期徒刑或者拘役；情节较轻的，由其所在单位或者上级主管机关给予行政处分。对多次受贿未经处理的，按照累计数额计算。索贿的从重处罚。

四、行贿罪

(一) 行贿罪的概念和构成要件

行贿罪，是指为谋取不正当利益，给予国家工作人员以财物的行为。本罪

的构成要件是：

(1) 本罪的客体是国家工作人员的职务廉洁性。犯罪对象仅限于国家工作人员。

(2) 本罪的客观方面表现为行为人给予国家工作人员以财物的行为。给予财物的方式可以是主动给予或被动给予，可以是在日常生活中或者“在经济往来中，违反国家规定，给予国家工作人员以财物，数额较大的，或者违反国家规定，给予国家工作人员以各种名义的回扣、手续费的”。但是，如果“因被勒索而给予国家工作人员以财物，没有获得不正当利益的，不是行贿”。

(3) 本罪主体为一般主体，即是年满 16 周岁具有刑事责任能力的自然人。

(4) 本罪主观方面是故意，且具有谋取不正当利益的目的。不正当利益，包括非法利益和违背国家政策、规章、制度而得到的利益。如为逃避刑事责任而给予司法工作人员以财物的，不具备升学、就业等条件者为获得升学、就业机会的。如是为获取正当利益而给予国家工作人员以财物的，给予财物者不是行贿，但接受财物者的行为是受贿。因被勒索给予国家工作人员以财物，但并未获得不正当利益的，不是行贿。

(二) 行贿罪的认定

1. 行贿罪与非罪的界限

本罪与馈赠行为的界限。二者的区别主要是：(1) 行为人的目的和动机不同。行贿是行为人为了使对方利用职务之便为自己谋取不正当的利益；馈赠行为则是为了增加亲友的情谊，不是以财物收买权力。(2) 内容和方式不同。行贿往往是秘密进行的，给予财物是附条件的；馈赠行为则是公开进行的，给付财物是无条件的。

本罪与一般行贿行为的界限。区分二者应当注意：(1) 通常是从数额、情节等方面来把握。为谋取不正当利益给予国家工作人员以财物，数量较小，又不具有其他严重情况的，属于一般行贿行为；数量较大或者具有其他严重情节的，才构成本罪。(2) 在经济往来中给予国家工作人员以财物的，应当看是否违反国家规定以及给予财物的数额是否达到较大。违反国家规定且给予财物数额较大的，才构成本罪。(3) 经济往来中给予国家工作人员回扣、手续费的，应当看给予回扣、手续费是否违反国家规定。违反国家规定而给予回扣、手续费的，才可构成本罪。

2. 本罪与对公司、企业人员行贿罪、单位行贿罪、对单位行贿罪的界限

它们之间在主观上都是为了谋取不正当利益，客观上有给予他人以财物的行为。但它们的区别主要在于犯罪主体和犯罪对象上。本罪只能是自然人，单

位行贿罪的主体只能是单位，对公司、企业人员行贿罪和对单位行贿罪的主体可以是自然人和单位。本罪和单位行贿罪所行贿的对象均限于国家工作人员，对公司、企业人员行贿罪所行贿对象是公司、企业中的非国家工作人员，对单位行贿罪所行贿的对象只能是国有单位。在主观目的上，单位行贿罪是为单位谋取不正当利益，对单位行贿罪可以为个人或单位谋取不正当利益，其他两罪是为个人谋取不正当利益，但《刑法》第 393 条规定在单位行贿中因行贿取得的违法所得归个人所有的，则应当以行贿罪定罪处罚。

3. 行贿罪一罪与数罪的界限

司法实践中，有的行为人在实施犯罪后，为逃脱或者减轻罪责，而给有关国家工作人员以财物，或者在实施犯罪之前或者在犯罪过程中，为使犯罪得以顺利实施而给有关国家工作人员以财物，又构成行贿罪的，应按行贿罪与行为人实施的其他犯罪实行数罪并罚。

（三）行贿罪的刑事责任

根据《刑法》第 390 条规定，犯本罪的，处 5 年以下有期徒刑或者拘役；因行贿谋取不正当利益，情节严重的，或者使国家利益遭受重大损失的，处 5 年以上 10 年以下有期徒刑；情节特别严重的，处 10 年以上有期徒刑或者无期徒刑，可以并处没收财产。行贿人在被追诉前主动交代行贿行为的，可以减轻或者免除处罚。

五、单位受贿罪

（一）单位受贿罪的概念和构成要件

单位受贿罪，是指国家机关、国有公司、企业、事业单位、人民团体索取、收受他人财物，为他人谋取利益，或者在经济往来中，在账外暗中收受各种名义的回扣、手续费，情节严重的行为。其构成要件是：

（1）犯罪主体只能由国有机关、国有公司、企业、事业单位、人民团体构成，其他的集体所有制、个人所有制性质的单位不能构成本罪。

（2）犯罪主观方面只能出于直接故意，并且具有为本单位牟取利益的目的。如果是为个人牟利的，则不能认定为单位受贿，而应按个人受贿论处。

（3）犯罪客观方面表现为索取、收受他人贿赂，为他人谋取利益，或者在经济往来中，在账外暗中收受各种名义的回扣、手续费，情节严重的行为。

（4）犯罪侵犯的客体是国家机关、国有公司、企业、事业单位、人民团体职务行为的廉洁性。

(二) 单位受贿罪的刑事责任

依据《刑法》第387条规定，犯本罪的，对单位判处罚金，并对直接负责的主管人员和其他直接人员，处5年以下有期徒刑或者拘役。

六、私分国有资产罪

(一) 私分国有资产罪的概念和特征

私分国有资产罪，是指国家机关、国有公司、企业、事业单位、人民团体，违反国家规定，以单位名义将国有资产集体私分给个人，数额较大（10万元）的行为。

这里所谓“违反国家规定”，既包括违反国家的法律规定，也包括违反国家行政法规、部门法规或地方性法规的规定。所谓“以单位名义集体私分给个人”，是指私分国有资产不是根据哪个人的意思决定的，也不是只分给少数的，更不是由单位少数干部私分，而是由单位决定在单位主体或大部分成员之间进行私分。

(二) 私分国有资产罪的刑事责任

依据《刑法》第396条第1款规定，犯本罪的，对其直接负责的主管人员和其他直接责任人员，处3年以下有期徒刑或者拘役，并处或者单处罚金；数额巨大的，处3年以上7年以下有期徒刑，并处罚金。

第三节 贪污贿赂罪的其他犯罪

一、贿赂型的其他犯罪

1. 利用影响力受贿罪

利用影响力受贿罪，是指国家工作人员的近亲属或者其他与该国家工作人员关系密切的人，通过该国家工作人员职务上的行为，或者利用该国家工作人员职权或者地位形成的便利条件，通过其他国家工作人员职务上的行为，为请托人谋取不正当利益，索取请托人财物或者收受请托人财物，数额较大或者有其他较重情节的行为。

依据《刑法》第388条之一的第1款规定，犯本罪的，处3年以下有期徒刑或者拘役，并处罚金；数额巨大或者有其他严重情节的，处3年以上7年以下有期徒刑，并处罚金；数额特别巨大或者有其他特别严重情节的，处7年以上有期徒刑，并处罚金或者没收财产。

《刑法》第388条之一的第2款规定，离职的国家工作人员或者其近亲属以及其他与其关系密切的人，利用该离职的国家工作人员原职权或者地位形成的便利条件实施本条第1款行为的，依照第1款的规定定罪处罚。

2. 对单位行贿罪

对单位行贿罪，是指个人或单位为谋取不正当利益，给予国家机关、国有公司、企业、事业单位、人民团体以财物的，或者在经济往来中违反国家规定，给予各种名义的回扣、手续费的行为。

依据《刑法》第391条规定，犯本罪的，处3年以下有期徒刑或者拘役。单位犯本罪的，对单位判处罚金，并对其直接负责的主管人员和其他直接责任人员，依照自然人犯本罪的规定处罚。

3. 介绍贿赂罪

介绍贿赂罪，是指在行贿人与受贿人之间进行沟通、撮合，使行贿与受贿得以实现，情节严重的行为。

依据《刑法》第392条规定，犯本罪的，处3年以下有期徒刑或者拘役。介绍贿赂人在被追诉前主动交代介绍贿赂行为的，可以减轻或者免除处罚。

4. 单位行贿罪

单位行贿罪，是指单位为谋取不正当利益，给予国家工作人员以财物或者违反国家规定，在经济往来中给予国家工作人员各种名义的回扣、手续费，情节严重的行为。

依据《刑法》第393条规定，犯本罪的，对单位判处罚金，并对其直接负责的主管人员和其他直接责任人员，处5年以下有期徒刑或者拘役。因行贿取得的违法所得归个人所有的，以行贿罪定罪处罚。

二、财产来源不明和私分型犯罪

1. 巨额财产来源不明罪

巨额财产来源不明罪，是指国家工作人员的财产或者支出明显超过合法收入，且差额巨大的，经责令说明来源，本人不能说明其来源合法的行为。

依据《刑法》第395条第1款规定，犯本罪的，处5年以下有期徒刑或者拘役；差别特别巨大的，处5年以上10年以下有期徒刑。财产的差额部分予以追缴。

2. 隐瞒境外存款罪

隐瞒境外存款罪，是指国家工作人员对于个人在境外的存款，应当依照国家规定申报而隐瞒不报，数额较大的行为。

依据《刑法》第395条第2款规定，犯本罪的，处2年以下有期徒刑或者拘役；情节较轻的，由其所在单位或者上级主管机关酌情给予行政处分。

3. 私分罚没财物罪

私分罚没财物罪，是指司法机关、行政执法机关违反国家规定，将应当上缴国家的罚没财物，以单位名义集体私分给个人的行为。

依据《刑法》第396条第2款规定，犯本罪的，对其直接负责的主管人员和其他直接责任人员，处3年以下有期徒刑或者拘役，并处或者单处罚金；数额巨大的，处3年以上7年以下有期徒刑，并处罚金。

本章小结

本章的重点是贪污贿赂罪的一般概念、特征和种类。该类罪中各主要犯罪的概念、构成要件、认定和刑事责任。

复习题

（一）思考题

1. 贪污罪的主体包括哪些人？

2. 贪污罪与职务侵占罪的区别是什么？

3. 挪用公款罪中的挪用行为的具体表现有哪些？挪用公款罪与挪用资金罪、挪用特定款物罪的区别有哪些？

4. 如何理解受贿罪中“为他人谋取利益”要件？

5. 受贿罪与单位受贿罪、行贿罪与单位行贿罪、对单位行贿罪有何区别？

（二）名词解释

贪污罪　挪用公款罪　受贿罪　行贿罪

单位受贿罪　私分国有资产罪

（三）选择题

1. 受贿罪的构成要件是（　）。

A. 主体是国家工作人员

B. 利用职务上的便利

C. 索取他人财物或者非法收受他人财物

D. 为他人实际谋取了利益

E. 亲自收受他人财物

2. 国家工作人员挪用救灾款物归个人使用的（ ）。

A. 以挪用特定款物罪从重处罚

B. 以挪用特定款物罪加重处罚

C. 以挪用公款罪从重处罚

D. 以挪用公款罪加重处罚

3. 我国《刑法》规定，贪污行为构成犯罪的数额起点一般是（ ）。

A. 500 元　B. 1000 元　C. 2000 元　D. 5000 元

4. 受贿罪的犯罪客体是（ ）。

A. 国家机关的正常管理活动

B. 国家对经济活动的管理秩序

C. 国家工作人员职务行为的廉洁性

D. 交付财物的人的财产所有权

5. 下列人员中不能成为贪污罪的主体的是（ ）。

A. 国家机关工作人员

B. 国有企业的厂长、经理

C. 国家机关委派到中外合资企业从事公务的人员

D. 外商委派到中外合资企业担任经理的人员

6. 国家工作人员在国内公务活动或对外交往中接受礼物应当交公而不交公，数额较大的，其行为构成（ ）。

A. 受贿罪　B. 贪污罪

C. 职务侵占罪　D. 不构成犯罪

（答案：1. ABC；2. C；3. D；4. C；5. D；6. B）

第十九章　渎职罪

本章主要内容

渎职罪的概念、特征和种类。该类罪中各重点犯罪的概念、构成要件、认定和刑事责任。该类罪中各其他犯罪的概念和刑事责任。

本章的重点问题

1. 滥用职权罪的构成特征。
2. 玩忽职守罪的构成特征及其与滥用职权罪的区别。
3. 故意泄露国家秘密罪的构成特征。
4. 徇私枉法罪的概念和特征。

学习目标

了解渎职犯罪的概念、构成要件和种类。掌握各重点犯罪的概念、构成要件及其实践中应当注意的问题，能够运用相关知识准确分析、判断实践中发生的有关案件。

第一节 渎职罪概述

一、渎职罪的概念和特征

渎职罪，是指国家工作人员滥用职权、玩忽职守或者徇私舞弊，妨害国家机关的正常管理活动，致使国家和人民利益遭受严重损失的行为。本类罪的构成要件是：

（1）本类罪侵犯的客体是国家机关的正常管理活动。国家机关的正常管理活动，是指各级各类国家机关依法行使国家管理职权的正常活动。在我国，国家机关的一切权力来源于人民，一切国家机关工作人员都是人民的公仆。国家机关工作人员在从事公务、履行管理职能的过程中，都必须恪尽职守、遵纪守法、廉洁奉公，切实维护国家和人民的利益，使国家机关的管理活动合法、公正和高效地进行。

（2）本类罪在客观方面表现为国家机关工作人员滥用职权、玩忽职守、徇私舞弊，不履行或不正确履行应当履行的职责，并使公共财产、国家和人民利益遭受重大损失的行为。

（3）本类罪的主体为特殊主体，即除故意和过失泄露国家秘密罪外，其他犯罪的主体只能是国家机关工作人员。国家机关工作人员，是指在国家权力机关、行政机关、审判机关、检察机关、军事机关中从事公务的人员以及在党的各级机关、中国人民政治协商会议的各级机关中从事公务的人员。但是，依据全国人民代表大会常务委员会《关于〈中华人民共和国刑法〉第九章渎职罪主体适用问题的解释》，“在依照法律、法规规定行使国家行政管理职权的组织中从事公务的人员，或者在受国家机关委托代表国家机关行使职权的组织中从事公务的人员，或者虽未列入国家机关人员编制但在国家机关中从事公务的人员，在代表国家机关行使职权时，有渎职行为，构成犯罪的，依照《刑法》关于渎职罪的规定追究刑事责任”。

（4）本类罪在主观方面多是故意，少数犯罪是过失。如玩忽职守罪，国家机关工作人员签订、履行合同失职被骗罪，失职致使在押人员脱逃罪等。

二、渎职罪的种类

根据《刑法》分则第九章第397条至第419条，规定了37个具体的渎职犯罪罪名。其中，一般国家机关工作人员的渎职罪有9个罪名，司法工作人员的规定的渎职罪有8个罪名，其他特定国家机关工作人员的渎职罪有20个罪名，这37种犯罪可以分为以下三种类型：

（一）一般国家机关工作人员渎职罪（9个罪名）

具体包括：（1）滥用职权罪。（2）玩忽职守罪。（3）故意泄露国家秘密罪。（4）过失泄露国家秘密罪。（5）国家机关工作人员签订、履行合同失职被骗罪。（6）非法批准征用、占用土地罪。（7）非法低价出让国有土地使用权罪。（8）招收公务员、学生徇私舞弊罪。（9）失职造成珍贵文物毁损、流失罪。

（二）司法工作人员渎职罪（8个罪名）

具体包括：（1）徇私枉法罪。（2）枉法裁判罪。（3）执行判决、裁定失职罪。（4）执行判决、裁定滥用职权罪。（5）枉法仲裁罪。（6）私放在押人员罪。（7）失职致使在押人员脱逃罪。（8）徇私舞弊减刑、假释、暂予监外执行罪。

（三）其他特定国家机关工作人员渎职罪（20个罪名）

具体包括：（1）徇私舞弊不移交刑事案件罪。（2）滥用管理公司、证券职权罪。（3）徇私舞弊不征、少征税款罪。（4）徇私舞弊发售发票、抵扣税款、出口退税罪。（5）违法提供出口退税凭证罪。（6）违法发放林木采伐许可证罪。（7）环境监管失职罪。（8）食品安全监管失职罪。（9）传染病防治失职罪。（10）放纵走私罪。（11）商检徇私舞弊罪。（12）商检失职罪。（13）动植物检疫徇私舞弊罪。（14）动植物检疫失职罪。（15）放纵制售伪劣商品犯罪行为罪。（16）办理偷越国（边）境人员出入境证件罪。（17）放行偷越国（边）境人员罪。（18）不解救被拐卖、绑架妇女、儿童罪。（19）阻碍解救被拐卖、绑架妇女、儿童罪。（20）帮助犯罪分子逃避处罚罪。

第二节　渎职罪中的重点犯罪

一、滥用职权罪

（一）滥用职权罪的概念和构成要件

滥用职权罪，是指国家机关工作人员违反法律规定的权限和程序，非法行使本人职务范围内的权力，或者超越其职权实施有关行为，致使公共财产、国家和人民利益遭受重大损失的行为。本罪的构成要件是：

（1）本罪的客体是国家机关的正常管理活动，即各级各类国家机关对社会生活各个领域的管理活动。

(2) 本罪的客观方面表现为滥用职权，致使公共财产、国家和人民利益遭受重大损失。包括两方面的内容：一是必须有滥用职权的行为。“滥用职权”，是指违反职责要求，任意行使职权或者超越权限行使职权。如行为人超越法定职权范围，擅自决定或处理无权决定或处理的事项；不按照法定的条件、程序、方式、要求任意决定或处理其职权范围内的事项。二是客观上还必须是因滥用职权的行为致使公共财产、国家和人民利益遭受了重大损失的后果。否则，不构成本罪。“重大损失”是指以下情形之一：①造成死亡1人以上，或者重伤2人以上，或者轻伤5人以上的；②造成直接经济损失20万元以上的；③造成有关公司、企业等单位停产、严重亏损、破产的；④严重损害国家声誉，或者造成恶劣社会影响的；⑤其他致使公共财产、国家和人民利益遭受重大损失的。

(3) 本罪的主体为特殊主体，即只有国家机关工作人员才能成为本罪的主体。

(4) 本罪的主观方面是故意，可以是直接故意或间接故意。动机多样，但不影响本罪的成立。

(二) 滥用职权罪的认定

(1) 本罪与一般滥用职权行为的界限。关键在于滥用职权的行为是否发生了公共财产、国家和人民利益遭受重大损失的后果。

(2) 本罪与《刑法》规定的其他滥用职权犯罪即“特定滥用职权罪”的界限。为了增加《刑法》条文的可操作性，《刑法》将本罪规定为滥用职权的一般性罪名外，还规定了一些特定的滥用职权犯罪，如徇私枉法罪、私放在押人员罪等。本罪与各特定的滥用职权犯罪之间是普通法条与特别法条的关系，即法条竞合关系。对此，应当根据《刑法》第397条第1款中“本法另有规定的，依照规定”的规定定罪处罚，即在滥用职权犯罪行为不符合《刑法》所规定的特定滥用职权犯罪而符合本罪构成要件时，才以本罪定罪处罚。

(三) 滥用职权罪的刑事责任

根据《刑法》第397条规定，犯本罪的，处3年以下有期徒刑或者拘役；情节特别严重的，处3年以上7年以下有期徒刑。国家机关工作人员徇私舞弊，犯本罪的，处5年以下有期徒刑或者拘役；情节特别严重的，处5年以上10年以下有期徒刑。

二、玩忽职守罪

(一) 玩忽职守罪的概念和构成要件

玩忽职守罪，是指国家机关工作人员严重不负责任，不履行或者不认真履行职责，致使公共财产、国家和人民利益遭受重大损失的行为。本罪的构成要件是：

（1）本罪的客体是国家机关的正常管理活动。

（2）本罪在客观方面表现为玩忽职守，致使公共财产、国家和人民利益遭受重大损失的行为。包括两方面的内容：一是必须有玩忽职守的行为。玩忽职守，是指行为人严重不负责任，不履行职责、义务或者不正确履行职责、义务的行为。不履行职责，是指违背职责要求，不履行根据职责应当履行的职责。它通常表现为不作为方式。不正确履行职责，是指不按照法定的条件、程序和方式履行职责。如领导人员对重大事务的决策，不进行调查研究，不听取群众和专家意见，不履行论证和审批程序，主观臆断，盲目拍板，导致决策出现重大失误，或者对待工作草率马虎、敷衍搪塞。不正确履行职责通常表现为作为方式，但也可以是作为与不作为的复合体。二是客观上还必须是因玩忽职守造成了公共财产、国家和人民利益重大损失的后果。否则，不构成犯罪。“重大损失”是指以下情形之一者：①造成死亡1人以上，或者重伤3人以上，或者轻伤10人以上的；②造成直接经济损失30万元以上的，或者间接损失100万元以上的；③徇私舞弊造成直接经济损失20万元以上的；④造成有关公司、企业等单位停产、严重亏损、破产的；⑤严重损害国家声誉，或者造成恶劣社会影响的；⑥海关、外汇管理部门的工作人员严重不负责任，造成巨额外汇被骗或逃汇的；⑦其他致使公共财产、国家和人民利益遭受重大损失的。

（3）本罪的主体为特殊主体，一般而言，只有具有国家机关工作人员身份的人才能为本罪主体。

（4）本罪的主观方面是过失，即行为人应当预见自己对工作严重不负责任可能造成国家和人民利益的重大损失，由于疏忽大意而没有预见或者虽然已经预见但轻信能够避免的一种心理态度。

（二）玩忽职守罪的认定

（1）本罪与一般玩忽职守行为的界限。二者的区别在于客观上是否因玩忽职守造成了公共财产、国家和人民利益的重大损失。只有行为人的玩忽职守行为已造成了重大损失的，才构成本罪。

（2）本罪与滥用职权罪的界限。本罪与滥用职权罪规定在一个法条之中，它们之间有一些相同或相似之处，如在犯罪主体、客体和客观后果方面。二者的主要区别是：①主观罪过形式不同。本罪是过失犯罪，滥用职权罪则为故意犯罪。②客观行为的表现形式不同。本罪是玩忽职守，可通过作为或不作为方式实施；滥用职权罪则只能以作为方式实施。

（3）本罪与重大责任事故罪的界限。本罪与重大责任事故罪在主观上都是过失，客观上都要求造成了严重的危害结果。二者的主要区别：①犯罪主体不同。本罪的主体是国家机关工作人员；重大责任事故罪的主体是工厂、矿山、林场、建筑企业或者其他企业、事业单位的职工。②客观行为实施的环境不同。本罪是在国家机关工作人员履行管理职责、义务时实施即在国家公务活动中实施的；重大责任事故罪则是职工在生产、作业或者指挥生产、作业过程中实施的。③客体不同。本罪是对国家机关的管理秩序的侵犯；重大责任事故罪侵犯的是生产、作业活动的安全。

（4）本罪与其他特定玩忽职守犯罪的界限。《刑法》除规定本罪作为玩忽职守方面的一般性罪名外，还规定了其他一些特定的玩忽职守型犯罪，如商检失职罪。它们之间是普通法与特别法的关系。对此，应当按照《刑法》第397条第1款的“本法另有规定的，依照规定”定罪处罚，即在玩忽职守犯罪行为不符合《刑法》所规定的特定玩忽职守犯罪而符合本罪构成要件时，才以本罪定罪处罚。

（三）玩忽职守罪的刑事责任

根据《刑法》第397条规定，犯本罪的，处3年以下有期徒刑或者拘役；情节特别严重的，处3年以上7年以下有期徒刑。国家机关工作人员徇私舞弊，犯本罪的，处5年以下有期徒刑或者拘役；情节特别严重的，处5年以上10年以下有期徒刑。

三、故意泄露国家秘密罪

（一）故意泄露国家秘密罪的概念和构成要件

故意泄露国家秘密罪，是指国家机关工作人员或者非国家机关工作人员违反《保守国家秘密法》的规定，故意泄露国家秘密，情节严重的行为。本罪的构成要件是：

（1）本罪的客体是国家的保密制度。国家保密制度，是指有关保守国家秘密的法律、法规、规章、办法所规定的国家秘密事项、保密范围以及有关制度的总称。本罪的犯罪对象是国家秘密。国家秘密是指关系到国家的安全和利益，依照法律程序确定的，在一定时期内只限于一定范围的人知悉的事项。依据秘密的重要程度，国家秘密分为“绝密”“机密”“秘密”三级，它们均是本罪侵犯的对象。

（2）本罪的客观方面表现为违反保密法规，泄露国家秘密，情节严重的行为。泄露可以是作为或不作为的方式。作为的泄露，是指用积极的行为实施

《保守国家秘密法》所禁止的泄露行为。不作为的泄露，是指有义务实施并且能够实施《保守国家秘密法》所规定的保守秘密行为而没有实施的泄露行为。依据有关解释，“情节严重”是指以下情形之一者：①泄露绝密级或机密级国家秘密的；②泄露秘密级国家秘密3项以上的；③向公众散布、传播国家秘密的；④泄露国家秘密已造成严重危害后果的；⑤利用职权指使或者强迫他人违反保密法规泄露国家秘密的；⑥以牟取私利为目的泄露国家秘密的；⑦其他情节严重的情形。

(3) 本罪的主体主要是国家机关工作人员，但也可以是年满16周岁以上具有刑事责任能力的非国家机关工作人员，即本罪的主体是一般主体。

(4) 本罪的主观方面是故意，即行为人明知是国家秘密而故意加以泄露。犯罪目的和动机一般不影响犯罪的成立，但如果出于危害国家安全的目的而故意泄露国家秘密的则应以其他相关犯罪定罪处罚。

(二) 故意泄露国家秘密罪的认定

(1) 本罪与为境外窃取、刺探、收买、非法提供国家秘密情报罪的界限。它们之间的区别主要是：①侵犯的客体不同。本罪的客体是国家的保密制度，后者是国家安全。②客观构成要件不同。主要表现在：一是犯罪对象范围不同。本罪只限于国家秘密，后者包括国家秘密和国家情报。二是行为方式及将国家秘密泄露给谁的要求不同。本罪是对已掌握国家秘密的泄露且在将国家秘密泄露给谁上没有特定要求；后者限于为境外的组织和个人窃取、刺探、收买、非法提供国家秘密和情报。三是构成犯罪的具体标准不同。本罪是情节犯，只有情节严重的才构成犯罪；后者是行为犯，构成犯罪无具体情节要求。③主体要求不同。本罪只能是已掌握、了解国家秘密者；后者既可以是已掌握、了解国家秘密者，也可以是尚未掌握、了解国家秘密、情报者。如掌握、了解国家秘密者故意将国家秘密向境外机构、个人非法提供的，属想象竞合犯，应从一重罪定罪处罚，即以为境外窃取、刺探、收买、非法提供国家秘密罪论处。

(2) 本罪与侵犯商业秘密罪的界限。它们之间的主要区别是：①犯罪客体不同。本罪侵犯的是国家的保密制度；后罪侵犯的是知识产权。②主体不同。本罪的主体是掌握、了解国家秘密者；后罪的主体是任何人。③侵犯的对象不同。本罪侵犯的对象是国家秘密；后罪的对象仅限于商业秘密。如果行为人将自己知悉的属于国家秘密范畴的商业秘密泄露出去，则属想象竞合的情况，应按从一重罪处断的原则处理。

(三) 故意泄露国家秘密罪的刑事责任

根据《刑法》第398条规定，犯本罪的，处3年以下有期徒刑或者拘役；

情节特别严重的，处 3 年以上 7 年以下有期徒刑。非国家机关工作人员犯本罪的，依照上述规定酌情处罚。

四、徇私枉法罪

（一）徇私枉法罪的概念和构成要件

徇私枉法罪，是指司法工作人员徇私枉法、徇情枉法，对明知是无罪的人而使他受追诉，对明知是有罪的人而故意包庇不使他受追诉，或者在刑事审判活动中故意违背事实和法律作枉法裁判的行为。本质的构成要件是：

（1）本罪的客体是国家司法机关的正常活动或国家的司法公正。

（2）本罪的客观方面表现为行为人在刑事活动中徇私枉法、徇情枉法的行为。包括：①本罪只能发生在刑事诉讼过程中，不能发生在民事诉讼、行政诉讼或其他行政执法活动中。具体是发生在审判发生法律效力之前的刑事诉讼活动中。②本罪只能是利用刑事司法职权实施的。具体是指利用对犯罪行为的立案、侦查、起诉、审判职权实施的。③行为人实施了以下三种之一的徇私枉法行为：一是对明知是无罪的人而使他受追诉。即行为人明知是无罪之人而故意将其纳入刑事诉讼程序，对其进行立案侦查、采取刑事强制措施、提起公诉、审判等。二是对明知是有罪的人而故意包庇不使他受追诉。即指行为人采取不正当的手段伪造、隐匿、毁灭有罪之人的犯罪证据、篡改有罪之人的有罪供述、威逼证人改变证词、为即将受到刑事追究的有罪之人通风报信使其逃逸等行为，也包括行为人出于一己之私而对有罪之人的犯罪行为不进行刑事追诉，对犯罪嫌疑人违法变更或取消强制措施而使犯罪嫌疑人逃避刑事制裁等。三是在刑事审判活动中故意违背事实和法律作枉法裁判。

（3）本罪的主体是特殊主体，即只能是司法工作人员。根据我国《刑法》第 94 条的规定，司法工作人员是指有侦查、检察、审判、监管职责的工作人员。

（4）本罪的主观方面只能是故意。过失，不能构成本罪。

（二）徇私枉法罪的认定

（1）本罪与妨害作证罪，帮助毁灭、伪造证据罪，窝藏、包庇罪的界限。本罪中的包庇行为也可能表现为威胁、贿买等方法阻止证人提供证明犯罪分子有罪的证据、帮助犯罪分子逃匿等行为，使本罪与这些罪之间有些相似之处。它们之间的区别主要有：①侵犯客体不同。前者的客体是司法机关的正常活动与司法公正；后者的客体为社会管理秩序中的司法秩序。②客观表现也有明显差异。前者整个活动都与行为人职务有关；而后者行为与行为人职务没有关系。如果司法机关的工作人员在职务活动以外实施帮助毁灭、伪造证据及窝藏、包庇行为，应以妨害作证罪或窝藏、包庇罪论处；如果在职务活动之中实施帮助毁灭、伪造证据及窝藏、包庇行为的，则属于一行为触犯数罪名的情况，应按从一重罪处断的原则处理。③主体不同。徇私枉法罪的主体限于司法机关的工作人员；后者为一般主体。

（2）本罪与受贿罪的关系。如果司法工作人员在刑事诉讼过程中，利用自己经办或者主管刑事案件的职务之便，非法收受或者索取他人财物，作枉法追诉或者枉法裁判的，其行为同时构成受贿罪与徇私枉法罪，两罪之间具有牵连关系，应按处理牵连犯的原则从一重罪处断。对此，《刑法》第399条第4款作了“依照处罚较重的规定定罪处罚”的规定。

（三）徇私枉法罪的刑事责任

根据《刑法》第399条第1款规定，犯本罪的，处5年以下有期徒刑或者拘役；情节严重的，处5年以上10年以下有期徒刑；情节特别严重的，处10年以上有期徒刑。

五、私放在押人员罪

（一）私放在押人员罪的概念和构成要件

私放在押人员罪，是指司法工作人员私放在押的犯罪嫌疑人、被告人或者罪犯的行为。本罪的构成要件是：

（1）本罪的客体是司法机关对依法在押人员的正常监管制度。私放的对象只能是依法在押的犯罪嫌疑人、被告人或者罪犯，但不管其是否真正有罪。因此，私放的对象不能是尚未在押的犯罪嫌疑人、被告人或者罪犯和依法在押的被行政拘留、司法拘留、劳动教养者。

（2）本罪的客观方面表现为司法工作人员利用职务上的便利，私放在押的犯罪嫌疑人、被告人或者罪犯的行为。私放，是指行为人利用职务便利，非法将犯罪嫌疑人、被告人或罪犯放走的行为。其具体表现为：①私自将在押的犯罪嫌疑人、被告人、罪犯放走。②伪造、变造有关法律文书，以使在押的犯罪嫌疑人、被告人或者罪犯脱逃。③为在押的犯罪嫌疑人、被告人、罪犯通风报信、提供条件，帮助其脱逃。④其他私放在押的犯罪嫌疑人、被告人或者罪犯的行为。私放可以是作为方式，也可以是不作为方式，如明知在押人员逃跑，负有阻止和追捕职责的司法工作人员而故意放弃职守，任由其逃跑。

（3）本罪的主体只能是司法工作人员，具体是指对依法在押人员负有监管、看守、押解职责的司法工作人员，执行监所看守任务的武警也可成为本罪主体。

(4）本罪的主观方面只能是故意。动机多样，但不影响本罪的成立。如果因疏忽大意、严重不负责任等过失而导致依法在押的有关人员脱逃的，不构成本罪，但造成严重后果的应以失职致使在押人员脱逃罪论处。

（二）私放在押人员罪的认定

1. 本罪与脱逃罪的帮助犯的界限

脱逃罪的帮助犯，是指为脱逃行为提供条件，帮助在押人员脱离关押的行为。本罪在本质上也是对脱逃行为的一种帮助行为。但我国《刑法》已将此种行为作为了一种独立的犯罪，因此对司法工作人员利用职权私放在押人员的就不能以脱逃罪的帮助犯论处。实践中，如果司法工作人员没有利用职务上的便利，实施其他帮助在押人员脱逃行为的，则应以脱逃罪的帮助犯论处。

2. 本罪与徇私枉法罪的界限

两罪的犯罪主体都是司法工作人员，主观上可能都具有使在押人员逃避法律制裁的犯罪故意，并且客观上都可能产生在押人员脱离关押的后果。其区别主要在于客观方面，即本罪是行为人利用其对有关在押人员监管、看守职务上的便利，不经合法程序，私自释放在押人员的；徇私枉法罪则是假借和利用合法的刑事诉讼程序，对有罪或无罪的人，作枉法的追诉或不追诉，或者作枉法的裁判，使无罪的人受到了不应有的刑事追究，或者使有罪的人逃避刑事追究。

（三）私放在押人员罪的刑事责任

根据《刑法》第400条第1款规定，犯本罪的，处5年以下有期徒刑或者拘役；情节严重的，处5年以上10年以下有期徒刑；情节特别严重的，处10年以上有期徒刑。

六、国家机关工作人员签订、履行合同失职被骗罪

（一）国家机关工作人员签订、履行合同失职被骗罪的概念和构成要件

国家机关工作人员签订、履行合同失职被骗罪，是指国家机关工作人员在签订、履行合同的过程中，因严重不负责任而被诈骗，致使国家利益遭受重大损失的行为。本罪的构成要件是：

(1）本罪的客体是国家机关对国家经济工作的管理职能。

(2）本罪的客观方面表现为行为人在签订、履行合同中严重不负责任而上当受骗，致使国家利益遭受了重大损失。包括：①被诈骗只能发生在签订、

履行合同过程中。②行为人在签订、履行合同中严重不负责任，有不履行或不认真履行职责被诈骗的行为。③因行为人严重不负责任的行为导致了国家利益遭受重大损失的后果，即严重不负责任与重大损失之间存在刑法上的因果关系。“重大损失”是指以下情形之一：造成直接经济损失30万元以上的；其他致使国家利益遭受重大损失的情形。

（3）本罪的主体为特殊主体，即只能是各级政府及其职能主管部门的工作人员。

（4）本罪的主观方面为过失。

（二）国家机关工作人员签订、履行合同失职被骗罪的认定

（1）本罪与非罪的界限。实践中，在认定本罪与非罪时，主要应当注意：行为人被诈骗的事实是否发生在签订、履行合同过程中，被诈骗的原因是否是因为行为人的严重不负责任行为所致，被诈骗在后果上是否达到了致使国家利益遭受重大损失的程度。

（2）本罪与签订、履行合同失职被骗罪的界限。它们之间的相同或相似之处颇多，但最显著的区别是犯罪主体不同。即本罪的主体是国家机关工作人员，签订、履行合同失职被骗罪的主体不是国家机关工作人员，而只能是国有公司、企业、事业单位直接负责的主管人员。

（三）国家机关工作人员签订、履行合同失职被骗罪的刑事责任

根据《刑法》第406条规定，犯本罪的，处3年以下有期徒刑或者拘役；致使国家利益遭受特别重大损失的，处3年以上7年以下有期徒刑。

第三节　渎职的其他犯罪

一、一般国家机关工作人员的其他渎职犯罪

1. 过失泄露国家秘密罪

过失泄露国家秘密罪，是指过失泄露国家秘密，情节严重的行为。

依据《刑法》第398条规定，犯本罪的，处3年以下有期徒刑或者拘役；情节特别严重的，处3年以上7年以下有期徒刑。

2. 非法批准征收、征用、占用土地罪

非法批准征收、征用、占用土地罪，是指国家机关工作人员徇私舞弊，违反土地管理法规，滥用职权，非法批准征收、征用、占用土地，情节严重的行为。

依据《刑法》第410条规定，犯本罪的，处3年以下有期徒刑或者拘役；

致使国家或者集体利益遭受特别重大损失的，处3年以上7年以下有期徒刑。

3. 非法低价出让国有土地使用权罪

非法低价出让国有土地使用权罪，是指国家机关工作人员徇私舞弊，违反土地管理法规，滥用职权，非法低价出让国有土地使用权，情节严重的行为。

依据《刑法》第410条规定，犯本罪，处3年以下有期徒刑或者拘役；致使国家或者集体利益遭受重大损失的，处3年以上7年以下有期徒刑。

4. 招收公务员、学生徇私舞弊罪

招收公务员、学生徇私舞弊罪，是指国家机关工作人员在招收公务员、学生工作中徇私舞弊，情节严重的行为。

依据《刑法》第418条规定，犯本罪的，处3年以下有期徒刑或者拘役。

5. 失职造成珍贵文物损毁、流失罪

失职造成珍贵文物损毁、流失罪，是指国家机关工作人员严重不负责任，造成珍贵文物损毁或者流失，后果严重的行为。

依据《刑法》第419条规定，犯本罪的，处3年以下有期徒刑或者拘役。

二、司法工作人员的其他渎职犯罪

1. 民事、行政枉法裁判罪

民事、行政枉法裁判罪，是指审判机关工作人员，在民事、行政审判活动中，故意违背事实和法律作枉法裁判，情节严重的行为。

依据《刑法》第399条第2款规定，犯本罪的，处5年以下有期徒刑或者拘役；情节特别严重的，处5年以上10年以下有期徒刑。

2. 执行判决、裁定滥用职权罪

执行判决、裁定滥用职权罪，是指在执行判决、裁定活动中，滥用职权，违法采取诉讼保全措施、强制措施，致使当事人或者其他人的利益遭受重大损失的行为。

依据《刑法》第399条第3款规定，犯本罪的，处5年以下有期徒刑或者拘役；致使当事人或者其他人的利益遭受特别重大损失的，处5年以上10年以下有期徒刑。

3. 执行判决、裁定失职罪

执行判决、裁定失职罪，是指在执行判决、裁定活动中，严重不负责任，不依法采取诉讼保全措施、不履行法定执行职责，致使当事人或者其他人的利益遭受重大损失的行为。

依据《刑法》第399条第3款规定，犯本罪的，处5年以下有期徒刑或者拘役；致使当事人或者其他人的利益遭受特别重大损失的，处5年以上10年以下有期徒刑。

4. 枉法仲裁罪

枉法仲裁罪，是指依法承担仲裁职责的人员，在仲裁活动中故意违背事实和法律作枉法裁决，情节严重的行为。

依据《刑法》第399条之一的规定，犯本罪的，处3年以下有期徒刑或者拘役；情节特别严重的，处3年以上7年以下有期徒刑。

5. 失职致使在押人员脱逃罪

失职致使在押人员脱逃罪，是指司法工作人员由于严重不负责任，致使在押的犯罪嫌疑人、被告人或者罪犯脱逃，造成严重后果的行为。

依据《刑法》第400条第2款规定，犯本罪的，处3年以下有期徒刑或者拘役；造成特别严重后果的，处3年以上10年以下有期徒刑。

6. 徇私舞弊减刑、假释、暂予监外执行罪

徇私舞弊减刑、假释、暂予监外执行罪，是指司法工作人员徇私舞弊，对不符合减刑、假释、暂予监外执行条件的罪犯，予以减刑、假释或者暂予监外执行的行为。

依据《刑法》第401条规定，犯本罪的，处3年以下有期徒刑或者拘役；情节严重的，处3年以上7年以下有期徒刑。

三、其他特定国家机关工作人员的其他渎职犯罪

1. 徇私舞弊不移交刑事案件罪

徇私舞弊不移交刑事案件罪，是指行政执法人员徇私舞弊，对依法应当移交司法机关追究刑事责任的而不移交，且情节严重的行为。

根据《刑法》第402条规定，犯本罪的，处3年以下有期徒刑或者拘役；造成严重后果的，处3年以上7年以下有期徒刑。

2. 滥用管理公司、证券职权罪

滥用管理公司、证券职权罪，是指国家有关主管部门的国家机关工作人员，徇私舞弊，滥用职权，对不符合法律规定条件的公司设立、登记申请或者股票、债券发行、上市申请，予以批准或者登记，致使公共财产、国家和人民利益遭受重大损失的行为。

依据《刑法》第403条规定，犯本罪的，处5年以下有期徒刑或者拘役。上级部门强令登记机关及其工作人员实施本罪的，对其直接负责的主管人员，依照本罪规定处罚。

3. 徇私舞弊不征、少征税款罪

徇私舞弊不征、少征税款罪，是指税务机关的工作人员徇私舞弊，不征或

者少征税款，致使国家税收遭受重大损失的行为。

依据《刑法》第404条规定，犯本罪的，处5年以下有期徒刑或者拘役；造成特别重大损失的，处5年以上有期徒刑。

4. 徇私舞弊发售发票、抵扣税款、出口退税罪

徇私舞弊发售发票、抵扣税款、出口退税罪，是指税务机关的工作人员违反法律、行政法规的规定，在办理发售发票、抵扣税款、出口退税工作中，徇私舞弊，致使国家利益遭受重大损失的行为。

依据《刑法》第405条第1款规定，犯本罪的，处5年以下有期徒刑或者拘役；致使国家利益遭受特别重大损失的，处5年以上有期徒刑。

5. 违法提供出口退税凭证罪

违法提供出口退税凭证罪，是指非税务机关的国家机关工作人员违反国家规定，在提供出口货物报关单、出口收汇核销单等出口退税凭证的工作中，徇私舞弊，致使国家利益遭受重大损失的行为。

依据《刑法》第405条第2款规定，犯本罪的，处5年以下有期徒刑或者拘役；致使国家利益遭受特别重大损失的，处5年以上有期徒刑。

6. 违法发放林木采伐许可证罪

违法发放林木采伐许可证罪，是指林业主管部门的工作人员违反《森林法》的规定，超过批准的年采伐限额发放林木采伐许可证或者违反规定滥发林木采伐许可证，情节严重，致使森林遭受严重破坏的行为。

依据《刑法》第407条规定，犯本罪的，处3年以下有期徒刑或者拘役。

7. 环境监管失职罪

环境监管失职罪，是指负有环境保护监督管理职责的国家机关工作人员严重不负责任，导致发生重大环境污染事故，致使公私财产遭受重大损失或者造成人身伤亡的严重后果的行为。

依据《刑法》第408条规定，犯本罪的，处3年以下有期徒刑或者拘役。

8. 食品安全监管失职罪

食品安全监管失职罪，是指负有食品安全监管职责的国家机关工作人员，滥用职权或者玩忽职守，导致发生重大食品安全事故或者造成其他严重后果的行为。

根据《刑法》第408条之一的规定，犯本罪的，处5年以下有期徒刑或者拘役；造成特别严重后果的，处5年以上10年以下有期徒刑。徇私舞弊犯该罪的，从重处罚。

9. 传染病防治失职罪

传染病防治失职罪，是指从事传染病防治的政府卫生行政部门的工作人

员，严重不负责任，导致传染病传播或者流行，情节严重的行为。

依据《刑法》第409条规定，犯本罪的，处3年以下有期徒刑或者拘役。

10. 放纵走私罪

放纵走私罪，是指海关工作人员徇私舞弊，放纵走私，情节严重的行为。

根据《刑法》第411条规定，犯本罪的，处5年以下有期徒刑或者拘役；情节特别严重的，处5年以上有期徒刑。

11. 商检徇私舞弊罪

商检徇私舞弊罪，是指国家商检部门、商检机构的工作人员，徇私舞弊，伪造检验结果的行为。

依据《刑法》第412条第1款规定，犯本罪的，处5年以下有期徒刑或者拘役；造成严重后果的，处5年以上10年以下有期徒刑。

12. 商检失职罪

商检失职罪，是指国家商检部门、商检机构的工作人员严重不负责任，对应当检验的物品不检验，或者延误检验出证、错误出证，致使国家利益遭受重大损失的行为。

依据《刑法》第412条第2款规定，犯本罪的，处3年以下有期徒刑或者拘役。

13. 动植物检疫徇私舞弊罪

动植物检疫徇私舞弊罪，是指动植物检疫机关的检疫人员徇私舞弊，伪造检疫结果的行为。

依据《刑法》第413条第1款规定，犯本罪的，处5年以下有期徒刑或者拘役；造成严重后果的，处5年以上10年以下有期徒刑。

14. 动植物检疫失职罪

动植物检疫失职罪，是指动植物检疫机关的检疫人员严重不负责任，对应当检疫的检疫物不检疫，或者延误检疫出证、错误出证，致使国家利益遭受重大损失的行为。

依据《刑法》第413条第2款规定，犯本罪的，处3年以下有期徒刑或者拘役。

15. 放纵制售伪劣商品犯罪行为罪

放纵制售伪劣商品犯罪行为罪，是指对生产、销售伪劣商品犯罪行为负有追究职责的国家机关工作人员，徇私舞弊，不履行法律规定的追究职责，情节严重的行为。

依据《刑法》第414条规定，犯本罪的，处5年以下有期徒刑或者拘役。

16. 办理偷越国（边）境人员出入境证件罪

办理偷越国（边）境人员出入境证件罪，是指负责办理护照、签证以及其他出入境证件的国家机关工作人员，对明知是企图偷越国（边）境的人员，予以办理出入境证件的行为。

依据《刑法》第415条规定，犯本罪的，处3年以下有期徒刑或者拘役；情节严重的，处3年以上7年以下有期徒刑。

17. 放行偷越国（边）境人员罪

放行偷越国（边）境人员罪，是指边防、海关等国家机关工作人员，对明知是偷越国（边）境的人员，予以放行的行为。

依据《刑法》第415条规定，犯本罪的，处3年以下有期徒刑或者拘役；情节严重的，处3年以上7年以下有期徒刑。

18. 不解救被拐卖、绑架妇女、儿童罪

不解救被拐卖、绑架妇女、儿童罪，是指对被拐卖、绑架的妇女、儿童负有解救职责的国家机关工作人员，接到被拐卖、绑架妇女、儿童及其家属的要求或者接到其他人的举报，而对被拐卖、绑架妇女、儿童不进行解救，造成严重后果的行为。

依据《刑法》第416条第1款规定，犯本罪的，处5年以下有期徒刑或者拘役。

19. 阻碍解救被拐卖、绑架妇女、儿童罪

阻碍解救被拐卖、绑架妇女、儿童罪，是指负有解救被拐卖、绑架妇女、儿童职责的国家机关工作人员利用职务阻碍解救被拐卖、绑架的妇女、儿童的行为。

依据《刑法》第416条第2款规定，犯本罪的，处2年以上7年以下有期徒刑；情节较轻的，处2年以下有期徒刑或者拘役。

20. 帮助犯罪分子逃避处罚罪

帮助犯罪分子逃避处罚罪，是指有查禁犯罪活动职责的国家机关工作人员向犯罪分子通风报信、提供便利，帮助犯罪分子逃避处罚的行为。

依据《刑法》第417条规定，犯本罪的，处3年以下有期徒刑或者拘役；情节严重的，处3年以上10年以下有期徒刑。

本章小结

本章的重点是渎职罪的概念、特征和种类。该类罪中各重点犯罪的概念、构成要件、认定和刑事责任。

复习题

(一) 思考题

1. 滥用职权罪的构成要件是什么?

2. 什么是玩忽职守罪?如何理解玩忽职守罪与滥用职权罪的区别?

3. 什么是徇私枉法罪?徇私枉法罪与民事、行政枉法裁判罪有何区别?

4. 如何理解故意泄露国家秘密罪与为境外窃取、刺探、收买、非法提供国家秘密情报罪的区别?

5. 国家机关工作人员签订、履行合同失职被骗罪的主要特征是什么?

(二) 名词解释

滥用职权罪　　玩忽职守罪　　故意泄露国家秘密罪

徇私枉法罪　　私放在押人员罪

国家机关工作人员签订、履行合同失职被骗罪

(三) 选择题

1. 滥用职权罪的主观方面是行为人必须出于(　　)。

A. 故意　　B. 过于自信的过失

C. 疏忽大意的过失　　D. 谋取不正当利益的目的

2. 徇私枉法罪发生的领域是(　　)。

A. 刑事诉讼　　B. 行政审判

C. 行政执法　　D. 民事审判

3. 司法工作人员徇私枉法又受贿构成犯罪的,对其行为应当(　　)。

A. 以徇私枉法罪论处

B. 以受贿罪论处

C. 以徇私枉法罪和受贿罪数罪并罚

D. 以徇私枉法罪和受贿罪中处罚较重的犯罪定罪处罚

4. 玩忽职守罪与重大责任事故罪的相同点是(　　)。

A. 犯罪主体相同　　B. 客体相同

C. 客观行为发生的过程相同　　D. 主观方面相同

(答案:1. A;2. A;3. D;4. D)

第二十章　军人违反职责罪

本章主要内容

军人违反职责罪的概念、特征和种类。该类罪中各罪的概念和刑事责任。

本章的重点问题

1. 军人违反职责罪的概念和构成要件。

2. 战时临阵脱逃罪与逃离部队罪的概念和构成要件。

学习目标

了解军人违反职责犯罪的概念、构成要件和种类。

第一节　军人违反职责罪概述

一、军人违反职责罪的概念和构成要件

军人违反职责罪，是指军人违反职责，危害国家军事利益，依照法律应当受刑罚处罚的行为。本类罪的构成要件是：

（一）本类犯罪的客体，是国家的军事利益

国家的军事利益，是指国家在国防建设、作战、备战能力、军队物质保障、军事机要、军事科学研究等方面的利益。

（二）本类犯罪的客观方面表现为军人违反职责，危害国家军事利益的行为

军人违反职责的行为，有的表现为作为，如盗窃武器装备、军用物资罪、阻碍执行军事职务罪等；有的表现为不作为，如遗弃伤病军人罪等。还有些犯罪可由作为和不作为方式实施，如战时违抗命令罪等。犯罪的时间和地点，对于本类罪的认定和处理，有特别重要的意义。一方面，有相当一部分犯罪，如战时自伤罪等以“战时”“战场”“军事行动区”等时间和地点作为犯罪构成必要要件；另一方面，上述时间和地点是某些军人违反职责罪的从重处罚情节，如对逃离部队罪、玩忽军事职守罪等，都规定了“战时从重处罚”。

（三）本类犯罪的主体是特殊主体，即现役军人

主要是指：中国人民解放军的现役军官、文职干部、士兵及具有军籍的学员和中国人民警察部队的现役警官、文职干部、士兵及具有军籍的学员以及执行军事任务的预备役人员和其他人员。

（四）本类犯罪的主观方面，大多数犯罪是故意，少数犯罪是过失

如武器装备肇事罪、过失泄露军事秘密罪等就是过失。犯罪动机多种多样，但不影响本类罪的成立。

二、军人违反职责罪的种类

《刑法》分则第十章第420～451条规定了本类犯罪，共计规定了32个具体的罪名。从理论上可将之分为危害作战利益的犯罪，违反部队管理制度的犯罪，危害军事秘密的犯罪，危害部队物资保障的犯罪和侵犯部属、伤病军人、平民、战俘利益的犯罪四大类。

其具体包括：(1)战时违抗命令罪。(2)隐瞒、谎报军情罪。(3)拒传、假传军令罪。(4)投降罪。(5)战时临阵脱逃罪。(6)擅离、玩忽军事职守罪。(7)阻碍执行军事职务罪。(8)指使部属违反职责罪。(9)违令作战消极罪。(10)拒不救援友邻部队罪。(11)军人叛逃罪。(12)非法获取军事秘密罪。(13)为境外窃取、刺探、收买、非法提供军事秘密罪。(14)故意泄露军事秘密罪。(15)过失泄露军事秘密罪。(16)战时造谣惑众罪。(17)战时自伤罪。(18)逃离部队罪。(19)武器装备肇事罪。(20)擅自改变武器装备编配用途罪。(21)盗窃、抢夺武器装备、军用物资罪。(22)盗窃、抢夺枪支、弹药、爆炸物罪。(23)非法出卖、转让武器装备罪。(24)遗弃武器装备罪。(25)遗失武器装备罪。(26)擅自出卖、转让军队房地产罪。(27)虐待部属罪。(28)遗弃伤病军人罪。(29)战时拒不救治伤病军人罪。(30)战时残害居民、掠夺居民财物罪。(31)私放俘虏罪。(32)虐待俘虏罪。

第二节　军人违反职责罪分述

一、危害作战利益的犯罪

1. 战时违抗命令罪

战时违抗命令罪，是指部属人员在战时故意违背抗拒执行上级的命令、指示，对作战造成危害的行为。

依据《刑法》第421条的规定，犯本罪的，处3年以上10年以下有期徒刑；致使战斗、战役遭受重大损失的，处10年以上有期徒刑、无期徒刑或者死刑。

2. 隐瞒、谎报军情罪

隐瞒、谎报军情罪，是指行为人故意捏造军事情报或者故意把某种不真实的军情加以报告，或者将应该向上级报告的军情隐而不报，给作战造成危害的行为。

依据《刑法》第422条的规定，犯本罪的，处3年以上10年以下有期徒刑；致使战斗、战役遭受重大损失的，处10年以上有期徒刑、无期徒刑或者死刑。

3. 拒传、假传军令罪

拒传、假传军令罪，是指拒不传达上级命令，或者伪造、篡改上级军令并予以传达，对作战造成危害的行为。

依据《刑法》第422条的规定，犯本罪的，处3年以上10年以下有期徒刑；致使战斗、战役遭受重大损失的，处10年以上有期徒刑、无期徒刑或者死刑。

4. 投降罪

投降罪，是指在战场上因贪生怕死，自动放下武器投降敌人的行为。

依据《刑法》第423条的规定，犯本罪的，处3年以上10年以下有期徒刑；情节严重的，处10年以上有期徒刑或者无期徒刑。投降后为敌人效劳的，处10年以上有期徒刑、无期徒刑或者死刑。

5. 战时临阵脱逃罪

战时临阵脱逃罪，是指在战场上或者在战斗状态下，因贪生怕死、畏惧战斗而脱离战斗岗位的行为。

依据《刑法》第424条的规定，犯本罪的，处3年以下有期徒刑；情节严重的，处3年以上10年以下有期徒刑；致使战斗、战役遭受重大损失的，处10年以上有期徒刑、无期徒刑或者死刑。

6. 违令作战消极罪

违令作战消极罪，是指指挥人员违抗命令，临阵畏缩，作战消极，造成严重后果的行为。

依据《刑法》第428条规定，犯本罪的，处5年以下有期徒刑；致使战斗、战役遭受重大损失或者有其他特别严重情节的，处5年以上有期徒刑。

7. 拒不救援友邻部队罪

拒不救援友邻部队罪，是指在战场上明知友邻部队处境危急请求救援，能救援而不救援，致使友邻部队遭受重大损失的行为。

依据《刑法》第429条规定，犯本罪的，对指挥人员，处5年以下有期徒刑。

8. 战时造谣惑众罪

战时造谣惑众罪，是指战时故意在部队中制造并散布谣言，动摇军心的行为。

依据《刑法》第433条的规定，犯本罪的，处3年以下有期徒刑；情节严重的，处3年以上10年以下有期徒刑。勾结敌人造谣惑众，动摇军心的，处10年以上有期徒刑或者无期徒刑；情节特别严重的，可以判处死刑。

9. 战时自伤罪

战时自伤罪，是指在战时，现役军人由于畏惧战斗、贪生怕死，用自伤身体的手段逃避履行军事义务的行为。

依据《刑法》第434条的规定，犯本罪的，处3年以下有期徒刑；情节严重的，处 3 年以上 7 年以下有期徒刑。

二、违反部队管理制度的犯罪

1. 擅离、玩忽军事职守罪

擅离、玩忽军事职守罪，是指指挥人员或者值班、值勤人员，擅离职守或者玩忽职守，造成严重后果的行为。

依据《刑法》第 425 条规定，在非战时犯本罪的，处 3 年以下有期徒刑或者拘役；造成特别严重后果的，处 3 年以上 7 年以下有期徒刑。战时犯本罪的，处 5 年以上有期徒刑。

2. 阻碍执行军事职务罪

阻碍执行军事职务罪，是指以暴力、威胁方法阻碍指挥人员或者值班、值勤人员执行职务的行为。

依据《刑法》第 426 条规定，犯本罪的，处 5 年以下有期徒刑或者拘役；情节严重的，处 5 年以上有期徒刑；致人重伤、死亡或者有其他特别严重情节的，处无期徒刑或者死刑。战时从重处罚。

3. 指使部属违反职责罪

指使部属违反职责罪，是指指挥人员滥用职权，指使部属违反职责，造成严重后果的行为。

依据《刑法》第 427 条规定，犯本罪的，处 5 年以下有期徒刑或者拘役；情节特别严重的，处 5 年以上 10 年以下有期徒刑。

4. 军人叛逃罪

军人叛逃罪，是指军职人员在履行公务期间，擅离岗位，叛逃境外或者在境外叛逃，危害国家军事利益的行为。

依据《刑法》第 430 条规定，犯本罪的，处 5 年以下有期徒刑或者拘役；情节严重的，处 5 年以上有期徒刑；驾驶航空器、舰船叛逃者或具有其他特别严重情节的，处 10 年以上有期徒刑、无期徒刑或者死刑。

5. 逃离部队罪

逃离部队罪，是指违反国家兵役法规，逃离部队，情节严重的行为。

依据《刑法》第 435 条的规定，犯本罪的，处 3 年以下有期徒刑或者拘役。战时犯本罪的，处 3 年以上 7 年以下有期徒刑。

6. 私放俘虏罪

私放俘虏罪，是指违反战场纪律，私自释放俘虏的行为。

依据《刑法》第 447 条规定，犯本罪的，处 5 年以下有期徒刑；私放重要俘虏、私放俘虏多人或者有其他严重情节的，处 5 年以上有期徒刑。

三、危害军事秘密的犯罪

1. 非法获取军事秘密罪

非法获取军事秘密罪，是指以窃取、刺探、收买等方法，非法获取国家军事秘密的行为。

依据《刑法》第431条第1款的规定，犯本罪的，处5年以下有期徒刑；情节严重的，处5年以上10年以下有期徒刑；情节特别严重的，处10年以上有期徒刑。

2. 为境外窃取、刺探、收买、非法提供军事秘密罪

为境外窃取、刺探、收买、非法提供军事秘密罪，是指明知是境外的机构、组织、人员而为其窃取、刺探、收买、非法提供国家军事秘密的行为。

依据《刑法》第431条第2款的规定，犯本罪的，处10年以上有期徒刑、无期徒刑或者死刑。

3. 故意泄露军事秘密罪

故意泄露军事秘密罪，是指违反保守国家秘密法规，故意泄露国家军事秘密，情节严重的行为。

依据《刑法》第432条的规定，犯本罪的，处5年以下有期徒刑或者拘役；情节特别严重的，处5年以上10年以下有期徒刑。战时犯本罪的，处5年以上10年以下有期徒刑；情节特别严重的，处10年以上有期徒刑或者无期徒刑。

4. 过失泄露军事秘密罪

过失泄露军事秘密罪，是指违反保守国家秘密法规，过失泄露国家军事秘密，情节严重的行为。

依据《刑法》第432条的规定，犯本罪的，与故意泄露军事秘密罪处同样的刑罚。

四、危害部队物资保障的犯罪

1. 武器装备肇事罪

武器装备肇事罪，是指违反武器装备使用规定，情节严重，因而发生重大事故，致人重伤、死亡或者造成其他严重后果的行为。

依据《刑法》第436条的规定，犯本罪的，处3年以下有期徒刑或者拘役；后果特别严重的，处3年以上7年以下有期徒刑。

2. 擅自改变武器装备编配用途罪

擅自改变武器装备编配用途罪，是指违反武器装备管理规定，擅自改变武

器装备编配用途，造成严重后果的行为。

依据《刑法》第 437 条的规定，犯本罪的，处 3 年以下有期徒刑或者拘役；造成特别严重后果的，处 3 年以上 7 年以下有期徒刑。

3. 盗窃、抢夺武器装备、军用物资罪

盗窃、抢夺武器装备、军用物资罪，是指军职人员出于非法占有的目的，秘密窃取或公然夺取部队的武器装备、军用物资的行为。

依据《刑法》第 438 条第 1 款的规定，犯本罪的，处 5 年以下有期徒刑或者拘役；情节严重的，处 5 年以上 10 年以下有期徒刑；情节特别严重的，处 10 年以上有期徒刑、无期徒刑或者死刑。

4. 盗窃、抢夺枪支、弹药、爆炸物罪

盗窃、抢夺枪支、弹药、爆炸物罪，是指军职人员出于非法占有的目的，秘密窃取或公然夺取部队的枪支、弹药、爆炸物的行为。

依据《刑法》第 438 条第 2 款的规定，犯本罪的，依照《刑法》第 127 条的规定，处 3 年以上 10 以下有期徒刑；情节严重的，处 10 年以上有期徒刑、无期徒刑或者死刑。

5. 非法出卖、转让武器装备罪

非法出卖、转让武器装备罪，是指未经武器装备的主管部门批准，非法出卖、转让部队武器装备的行为。

依据《刑法》第 439 条的规定，犯本罪的，处 3 年以上 10 年以下有期徒刑；出卖、转让大量武器装备或者有其他特别严重情节的，处 10 年以上有期徒刑、无期徒刑或者死刑。

6. 遗弃武器装备罪

遗弃武器装备罪，是指武器装备的使用者、保管者、指挥者违抗命令，遗弃武器装备的行为。

依据《刑法》第 440 条的规定，犯本罪的，处 5 年以下有期徒刑或者拘役；遗弃重要或者大量武器装备的，或者有其他严重情节的，处 5 年以上有期徒刑。

7. 遗失武器装备罪

遗失武器装备罪，是指遗失武器装备，不及时报告或者有其他严重情节的行为。

依据《刑法》第 441 条的规定，犯本罪的，处 3 年以下有期徒刑或者拘役。

8. 擅自出卖、转让军队房地产罪

擅自出卖、转让军队房地产罪，是指违反有关部门规定，擅自出卖、转让军队房地产，情节严重的行为。

依据《刑法》第442条的规定，犯本罪，对直接责任人员，处3年以下有期徒刑或者拘役；情节特别严重的，处3年以上10年以下有期徒刑。

五、侵犯部属、伤病军人、平民、战俘利益的犯罪

1. 虐待部属罪

虐待部属罪，是指处于领导职位的军职人员，滥用职权，虐待部属，情节恶劣，致人重伤或者造成其他严重后果的行为。

依据《刑法》第443条的规定，犯本罪的，处5年以下有期徒刑或者拘役；致人死亡的，处5年以上有期徒刑。

2. 遗弃伤病军人罪

遗弃伤病军人罪，是指在战场上故意遗弃伤病军人，情节恶劣的行为。

依据《刑法》第444条的规定，犯本罪的，对直接责任人员，处5年以下有期徒刑。

3. 战时拒不救治伤病军人罪

战时拒不救治伤病军人罪，是指战时在救护治疗职位上的军职人员，对危重伤病军人有条件救治而拒不救治的行为。

依据《刑法》第445条的规定，犯本罪的，处5年以下有期徒刑或者拘役；造成伤病军人重残、死亡或者有其他严重情节的，处5年以上10年以下有期徒刑。

4. 战时残害居民、掠夺居民财物罪

战时残害居民、掠夺居民财物罪，是指战时在军事行动地区，残害无辜居民或者掠夺无辜居民财物的行为。

依据《刑法》第446条的规定，犯本罪的，处5年以下有期徒刑；情节严重的，处5年以上10年以下有期徒刑；情节特别严重的，处10年以上有期徒刑、无期徒刑或者死刑。

5. 虐待俘虏罪

虐待俘虏罪，是指对俘虏实施虐待，情节恶劣的行为。

依据《刑法》第448条的规定，犯本罪的，处3年以下有期徒刑。

本章小结

军人违反职责罪的概念、特征和种类。该类罪中各罪的概念和刑事责任。

复习题

（一）思考题

1. 军人违反职责罪的概念和构成要件是什么？

2. 军人叛逃罪的主要特征是什么？

（二）名词解释

军人违反职责罪

（三）选择题

1. 危害作战利益的犯罪，有（　　）。

A. 遗失武器装备罪　　B. 战时临阵脱逃罪

C. 战时违抗军令罪　　D. 盗窃军用物资罪

E. 逃离部队罪

2. 只能由不作为形式构成的犯罪有（　　）。

A. 逃离部队罪　　B. 虐待罪

C. 遗弃伤员罪　　D. 拒不救援友邻部队罪

（答案：1. BC；2. CD）